「憲法改正」の比較政治学

駒村圭吾
待鳥聡史 編

近藤康史　上田健介
岡山　裕　川岸令和
吉田　徹　南野　森
近藤正基　赤坂幸一
伊藤　武　田近　肇
浅羽祐樹　國分典子
瀧井一博　西村裕一 著

はしがき

　憲法と政治の関係が大きく変わりつつある。安倍晋三首相は2016（平成28）年3月2日、参議院予算委員会における質疑で、憲法改正を自らの在任中に成し遂げたいと考えている、と述べた。この発言によって直ちに日本国憲法の改正が具体的な政治日程にのるとまでは言えない。また、2004（平成16）年の読売新聞社、2012（平成24）年の自民党がそれぞれ草案を公表するなど、21世紀に入ってから日本国憲法を改正する意見は従来よりも広がりをみせ、すでにある程度まで具体的になってきていたかもしれない。だが、たとえば中曾根康弘元首相がそうであったように、政治家としては憲法改正を主張していたとしても、首相在任中には取り組む気はないとするのが一般的であったことに比べると、安倍首相の積極的な姿勢は明らかであろう。2015（平成27）年には従来の内閣法制局の解釈を変更していわゆる安保法制（平和安全法制）を成立させたこととあわせ、日本国憲法をめぐる状況は、従来とは異なったステージに至っている印象は強い。

　このような変化に対しては、もちろんのことながら賛否両論がある。賛成する人々は、国際環境や政治的課題の変化に対応するためには、政治的意思決定のあり方、政策のあり方、国家と個人の関係などを大規模に見直す必要があり、そのためには日本国憲法の改正が必要だと主張する。その際に、国民から選挙によって負託を受けた政治家、特に首相をはじめとする与党議員が積極的に主導するのは当然だという。他方で反対する人々は、そのような変化が生じているからこそ、日本国憲法が掲げる国民主権や平和主義といった基本原則の価値はむしろ高まっているのであり、それを維持し続けることこそが最善の判断であると考えている。憲法の解釈には内閣法制局や最高裁判所、あるいは学界において積み上げられてきた論理が重要であり、一時的に権力を握っているに過ぎない与党政治家がそれを無視するのは、立憲主義をないがしろにする許されない行動であるという。

　日本国憲法の改正をめぐる立場には、論点や相違点は細部にわたって数

え切れないほどあるが、大きくみればこのような構図があるように思われる。この相違は、多くの場合にそれぞれの政治的立場を反映していることもあり、容易に解消することはできないだろう。それを不毛だと切って捨てるのは蛮勇に過ぎる。とはいえ、そこに巨大な時間とエネルギーの消耗があることも確かである。実際に改正に至るかどうかは別にして、日本の政治や社会が直面している課題について、日本国憲法を切り口として多くの人々が考えるようになるのだとすれば、憲法改正をめぐる議論が固定的な政治的立場の対立に終始してしまうのは、あまりに惜しい気がしてならない。

　憲法改正を政治的論争の焦点としてではなく、学術的な対象として考えたときに、立場の相違はそれほど自明であり、解消困難なものなのだろうか。言い換えるならば、憲法学と政治学・国制史の研究者が共同で憲法改正を学術的に、かつより丁寧に考えることによって、憲法と政治の関係についての理解を深め、議論の質を上げることはできないだろうか。本書の基本的な企図は、このようなところにある。

　たとえば、憲法学の研究者の多くは、日本以外の先進民主主義諸国において、今日に至るまで様々な憲法改正がなされてきたことを知っており、そこにどのような理論的意図や批判があったのか、そしてどの部分はいかなる場合にも改正されるべきでない根本的な原則で、どの部分が変更可能なルールだと考えられているのかも知っている。一方、少なくない政治学の研究者は、自らが研究対象とする国や時代において、議会と国民を巻き込んだ最も大規模な制度改革として進められる憲法改正が、いかなる動機で着手され、どのような経過をたどって実現あるいは断念されたのか、それが何をもたらしたのかについて知っている。

　本書においては、動態分析と規範分析の両面からこのような知見を集約することによって、国際比較や史的展開の文脈に置いたとき、そもそも「憲法」とは何なのか、「憲法改正」とはどのような営為なのかを考えようと試みる。それらによって得られた知見を活用すれば、政治的論争への態度とは離れて、現代日本の憲法をめぐる議論を相対化することができるのではないだろうか。日本国憲法の改正に対する個々の研究者のスタンスは

様々かもしれないが、それは学術的には何ら支障にはならない。

　本書の具体的な構成としては、次のようになっている。

　まず第Ⅰ部〔待鳥聡史・駒村圭吾〕において、動態分析を担う政治学や国制史の立場と、規範分析を担う憲法学の立場から、「憲法」と「憲法改正」とは何を意味しているのかについて理論的な検討を行い、本書全体の視座を設定する。この視座は、第Ⅱ部以降の各国についての分析に際して、常に明示的に言及されているわけではないが、概ね共有され、意識されることになる。

　分析対象として扱われる諸国は、第Ⅱ部がイギリス〔近藤康史・上田健介〕、第Ⅲ部がアメリカ〔岡山裕・川岸令和〕、第Ⅳ部がフランス〔吉田徹・南野森〕、第Ⅴ部がドイツ〔近藤正基・赤坂幸一〕、第Ⅵ部がイタリア〔伊藤武・田近肇〕、第Ⅶ部が韓国〔浅羽祐樹・國分典子〕、そして第Ⅷ部が日本〔瀧井一博・西村裕一〕である。配列は、日本以外については近代立憲主義に基づく憲法が成立した順番に従った。各国とも現行憲法に関して論じているが、日本については主として明治憲法体制期を扱っている。これは、現代日本の憲法をめぐる議論への手がかりを提供しようとする本書の意図から考えて、現行憲法とその改正に関して正面から特定の立場を打ち出すことは望ましくないという判断によるものである。だが同時に、各執筆者はそれぞれに現代日本を意識しながら論を進めていることも、改めて言うまでもないであろう。

　各国事例を扱う第Ⅱ部以下の構成は共通している。まず序において、憲法学の執筆者が当該国の憲法改正史や改正手続についての概観を与える。続く１章では、政治学あるいは国制史学の執筆者が具体的な改正事例に注目して、当該国において憲法とその改正をめぐってどのような構想が存在したのか、それが政治過程においてどのように扱われ、憲法改正はいかに進められてきたのかについての分析を行う。それぞれの国で、憲法改正といえば何が焦点になってきたのか、どのような契機があって改正が試みられてきたのか、その際に改正を主導したのはどの政治勢力か、といった点についてのパターンや傾向を把握できるであろう。２章ではそれに対して、憲法学の執筆者が、当該国においては憲法がどのようなものとして理論的

に位置づけられ、改正をめぐる議論に影響を与えてきたのか、また実際に行われた改正にはどのような評価がなされているのか、といった点を考察する。憲法改正そのものは政治的な営みであるとしても、そこには専門家が担う理論的あるいは規範的な議論が不即不離の関係で存在していたことが明らかになるだろう。

　「憲法」も「憲法改正」も、その具体的なあり方は多様であり、それらをめぐる議論や評価はさらに多様である。本書を通じてそのことへの理解が深まり、日本での憲法をめぐる議論が二項対立的な構図を超えるきっかけになるならば、編者・執筆者一同、これにまさる喜びはない。

2016年5月

編者・執筆者を代表して
待鳥 聡史

はしがき　i　　　　　　　　　　　　　　　　　　　目　次

第Ⅰ部　「憲法改正」への視座

Ⅰ-1章
政治学からみた「憲法改正」
待鳥聡史..2

Ⅰ　はじめに（2）
Ⅱ　憲法論争の構図（3）
　　1　改憲派・現状維持派・護憲派（3）
　　2　論争の焦点（5）
Ⅲ　政治学的分析の前提（6）
　　1　2つの偏り（6）
　　2　基幹的政治制度への注目（8）
　　3　「憲法改正」とは何か（10）
Ⅳ　戦後日本の「憲法改正」（13）
　　1　基幹的政治制度の変遷（13）
　　2　そこにみられる特徴（15）
Ⅴ　おわりに（17）

Ⅰ-2章
憲法学にとっての「憲法改正」
駒村圭吾..19

Ⅰ　はじめに
　　――「憲法」を「変える」とはどういうことか？（19）
Ⅱ　「憲法」とは何か？（21）
　　1　形式と実質、実定性と自然性（21）
　　2　制定法と解釈法（22）
　　3　憲法の制定法と解釈法（24）
　　4　憲法条項の規範性（27）
Ⅲ　続、「憲法」とは何か？
　　――Constitutional LawとConstitution（30）
Ⅳ　「変える」とはどういうことか？（34）
Ⅴ　比較政治学・国制史学との
　　対話へ向けて（36）

第Ⅱ部　イギリス

Ⅱ-序　概観　40

Ⅱ-1章
イギリスにおける憲政改革
――貴族院改革の事例から
近藤康史..45

Ⅰ　イギリスの憲法改正と比較政治的視点（45）
Ⅱ　争点としての憲法改正（49）
Ⅲ　イギリスの貴族院改革（53）
　　1　貴族院の争点化と対立の構図（53）
　　2　20世紀の貴族院改革（56）
Ⅳ　ブレア・ブラウン労働党政権期の
　　貴族院改革（1997〜2010年）（60）
　　1　ブレア・ブラウン労働党政権と貴族院改革（60）
　　2　アジェンダ設定から「第1段階」まで（62）
　　3　第2段階：貴族院の民主化（65）
　　4　小括（70）
Ⅴ　その後と結論（70）
　　1　保守-自民連立政権期の貴族院改革
　　　　（2010年以後）（70）
　　2　結論と含意（72）

Ⅱ-2章
イギリスにおける憲法変動の改革論
――コンセンサス、市民参加や
エントレンチメントのあり方などをめぐって
上田健介..75

Ⅰ　はじめに（75）
Ⅱ　憲法変動のあり方（77）
　　1　憲法法源と憲法変動（77）
　　2　憲法変動のための特別な立法手続（81）
　　3　成文憲法導入論（85）
Ⅲ　現在の憲法変動のあり方に対する評価（88）
　　1　否定的評価（88）
　　2　肯定的見解（90）
Ⅳ　憲法変動のあり方の改革論（94）
　　1　内容面に関する議論（94）
　　2　形式面に関する議論（100）
　　3　法原理の問題――根本的な憲法変動が
　　　　生じている可能性（102）
Ⅴ　おわりに（106）

第Ⅲ部　アメリカ

Ⅲ-序　概観　110

Ⅲ-1章
憲法修正なき憲法の変化の政治的意義
——ニューディール期アメリカ合衆国の「憲法革命」を題材に

岡山　裕……………………………………114

Ⅰ　はじめに（114）
Ⅱ　憲法修正によらない憲法の変化（116）
　1　アメリカにおける憲法の変わり方（116）
　2　部門間の権力闘争と憲法の変化（119）
Ⅲ　初期ニューディールにおける立法と執行（122）
　1　ローズヴェルト政権の「最初の100日間」（122）
　2　政権の憲法上の配慮（124）
Ⅳ　大統領と最高裁の「対決」へ（127）
　1　最高裁のニューディールへの柔軟な対応（127）
　2　政権と最高裁の「対決」へ（130）
Ⅴ　「憲法革命」は起きたのか？（132）
　1　「裁判所詰め込み案」とそれへの反応（132）
　2　最高裁の翻意をめぐって（135）
Ⅵ　おわりに（138）

Ⅲ-2章
立憲主義のディレンマ
——アメリカ合衆国の場合

川岸令和……………………………………141

Ⅰ　はじめに（141）
Ⅱ　革命の制度化としての第5条（144）
　1　不完全さの認識（144）
　2　第5条についての認識（146）
Ⅲ　高い硬性度（147）
　1　27改正条項（147）
　2　低い頻度と稀薄な内容（149）
　3　「困難性」（150）
Ⅳ　第5条の外で起こる憲法の変化（153）
　1　最高裁の憲法解釈（153）
　2　議会の制定法（156）
　3　大統領の行動（157）
　4　非公式の憲法変動の機能（158）
Ⅴ　第5条によらない憲法改正論（160）
　1　二元的デモクラシー論（160）
　2　ニューディールの場合（162）
Ⅵ　結びに代えて
　　——立憲主義のディレンマに耐えて（168）

第Ⅳ部　フランス

Ⅳ-序　概観　172

Ⅳ-1章
「大統領化」の中のフランス憲法改正

吉田　徹……………………………………176

Ⅰ　危機から生まれた政治体制の安定（176）
Ⅱ　第五共和制の起源
　　——バイユー演説とエピナル演説（179）
Ⅲ　第五共和制の始まり（181）
Ⅳ　「62年体制」の完成（184）
Ⅴ　「62年体制」の遺産（188）
Ⅵ　2008年改正の位置づけ（190）
Ⅶ　2008年改正の政治的起源（194）
Ⅷ　おわりに（199）

Ⅳ-2章
憲法変動と学説
——フランス第五共和政の一例から

南野　森……………………………………200

Ⅰ　憲法の実験室（200）
Ⅱ　1962年改正の政治的言説（203）
　1　国民投票への経緯と事前の言説
　　（discours a priori）（203）
　2　国民投票の結果と事後の言説
　　（discours a posteriori）（208）
Ⅲ　1962年改正をめぐる法的言説（210）
　1　事前の学説（doctrine a priori）（210）
　2　憲法裁判官（juges constitutionnels）（213）
　3　事後の学説（doctrine a posteriori）（215）
Ⅳ　憲法をめぐる学説と政治（218）

第V部 ドイツ　　　　　　　　　　　　　Ⅴ-序　概観　226

Ⅴ-1章
ドイツにおける憲法改正の政治
近藤正基……………………………………231

- Ⅰ　はじめに（231）
- Ⅱ　戦後ドイツ政治の特徴（233）
- Ⅲ　基本法改正の政治史
  ──基本法制定から再統一後まで（236）
  1. 主要な基本法改正と政治（236）
  2. 連邦−州関係をめぐる基本法改正と政治（243）
- Ⅳ　基本法改正の政治過程
  ──第1次メルケル政権の改革（246）
  1. 基本法改正の概観（247）
  2. 第1次・第2次連邦制改革の政治過程（249）
  3. リスボン条約承認に伴う基本法改正と自動車税改革の政治過程（257）
- Ⅴ　おわりに（260）

Ⅴ-2章
ドイツにおける憲法改正論議
赤坂幸一……………………………………263

- Ⅰ　考察の対象──憲法秩序の変動（263）
  1. 記述的・規範的憲法／形式的・実質的意味における憲法（263）
  2. explicit/implicitな憲法改革（266）
  3. 欧州統合と憲法多元主義（267）
- Ⅱ　基本法改正論議と、憲法附属法・連邦憲法裁判所判例による憲法改革（268）
  1. 実現に至らなかった基本法改正論議（269）
  2. 基本法改正論議の現況（270）
  3. 基本法改正と憲法附属法・憲法裁判所判例による憲法改革のダイナミズム（272）
- Ⅲ　憲法慣習による憲法改革（278）
  1. 議事法研究と憲法習律（278）
  2. ドイツ議会法における不文準則（280）
  3. ドイツ型憲法習律の特質・成立要件（283）
  4. 新たな憲法習律の生成──憲法秩序の変動（284）
- Ⅳ　おわりに（286）
  1. 「憲法学の責任」（286）
  2. 憲法秩序のダイナミズム（286）

第Ⅵ部 イタリア　　　　　　　　　　　　Ⅵ-序　概観　290

Ⅵ-1章
イタリアにおける憲法改正の政治力学
伊藤　武……………………………………293

- Ⅰ　イタリアにおける憲法改正問題の位相（293）
- Ⅱ　戦後イタリアの憲法改正をめぐる議論と問題（295）
  1. 共和国憲法の制定と「憲法的妥協」（295）
  2. 問題点の検討（298）
  3. イタリアにおける憲法改正論（300）
- Ⅲ　第一共和制時代の憲法改正（303）
  1. 1940年代〜1960年代（303）
  2. 1970年代〜1980年代（305）
- Ⅳ　体制移行期（1990年代前半）の憲法改正（307）

Ⅵ-2章
憲法保障としての憲法改正
──イタリアの「憲法改正」観
田近　肇……………………………………319

- Ⅰ　はじめに（319）
- Ⅱ　改正可能性という憲法保障（320）
- Ⅲ　改正困難性という憲法保障（324）
  1. 厳格な改正手続？（324）
  2. 憲法改正の限界とその統制（328）
- Ⅳ　憲法改正手続によらない憲法の変動（331）
  1. 憲法の解釈・運用の変化（331）
  2. 戦争放棄条項をめぐる変動（333）
- Ⅴ　おわりに（335）

- V 第二共和制時代(1994年以降)の憲法改正(309)
  - 1 中道左派政権時代(1996〜2001年)(309)
  - 2 中道右派政権時代(2001〜2006年)(312)
  - 3 モンティ政権時代(2011〜2012年)(314)
  - 4 大連立政権下での憲法改正——レッタ政権・レンツィ政権(2013〜2016年)(314)
- VI 小括(316)

第VII部　韓国

VII-序　概観　342

VII-1章
韓国における1987年憲法の持続と憲法体制の変化
浅羽祐樹……346

- I はじめに(346)
- II 憲法典改正の歴史(348)
- III 1987年憲法の持続とその理由(350)
  - 1 大統領にかかるステイク(351)
  - 2 選挙サイクルと分割政府(352)
  - 3 選出部門と非選出部門の関係(353)
  - 4 新興民主主義体制の定着(354)
- IV 1987年憲法改正の試み(355)
  - 1 議院内閣制への改憲案(356)
  - 2 ワンポイント改憲案(357)
  - 3 小結(359)
- V 韓国における基幹的政治制度(359)
  - 1 大統領・国会間関係(359)
  - 2 議会制度(360)
  - 3 執政制度としての非選出部門(361)
  - 4 中央・地方間関係(362)
  - 5 人事(363)
  - 6 選挙制度(364)
  - 7 小結(365)
- VI 憲法典の改正なき憲法体制の変化(365)
  - 1 対話的違憲審査の理論・司法政治論という観点(365)
  - 2 1人2票制(368)
  - 3 1票の格差是正(369)
  - 4 小結(372)
- VII おわりに(372)

VII-2章
韓国における「広義」の憲法改正と憲法裁判所の機能
國分典子……375

- I はじめに(375)
- II 憲法内容確定機関としての憲法裁判所(378)
  - 1 憲法裁判所の位置づけ(378)
  - 2 大法院との関係(379)
  - 3 国会との関係(383)
  - 4 憲法の基本原理との関係——憲法裁判所の基本原理内容確定機能(389)
  - 5 小結(395)
- III 韓国における憲法概念の理解(396)
  - 1 学説における憲法概念の捉え方(396)
  - 2 憲法裁判所の憲法概念理解——新行政首都移転事件決定(397)
  - 3 新行政首都移転事件決定への批判(399)
  - 4 小結(401)
- IV おわりに(402)

第VIII部　日本

VIII-序　概観　406

VIII-1章
日本憲法史における伊藤博文の遺産
瀧井一博……………………………409

I　日本の憲法文化？
　——大日本帝国憲法と日本国憲法を
　　つなぐもの（409）

II　伊藤の憲法観
　——「一片の紙切れ」（412）
　1　枢密院憲法草案審議での発言（412）
　2　憲法調査と「国制」の発見（415）

III　明治憲法の成立
　——伊藤の国家デザイン（420）
　1　憲法から国制へ（420）
　2　主権者の造形——「表彰(Representation)」
　　としての天皇（422）
　3　憲政への旋回（425）

IV　進化する「憲法」
　——国民による政治へ（428）
　1　政党政治への転身？——立憲政友会の
　　創設（428）
　2　政党政治から憲法政治へ（431）

V　伊藤博文の遺産（435）
　1　協働の原理としての立憲主義（435）
　2　憲法改正論議への示唆——憲法の
　　威厳性の復権？（437）

VIII-2章
憲法改革・憲法変遷・解釈改憲
——日本憲法学説史の観点から
西村裕一……………………………441

I　「憲法改革」とは何か（441）
　1　「憲法改革」と「憲法変遷」（441）
　2　「憲法改革」と「解釈改憲」（444）

II　明治憲法（447）
　1　憲法変遷論（447）
　2　憲法解釈方法論（450）
　3　小括（454）

III　日本国憲法（456）
　1　憲法変遷論（456）
　2　解釈改憲論（459）
　3　小括（462）

IV　政治と法の間（464）
　1　憲法の規範力（464）
　2　憲法改革・再考（467）

あとがき　471

第Ⅰ部

「憲法改正」への視座

I-1章
政治学からみた「憲法改正」

待鳥聡史（京都大学）

I　はじめに
II　憲法論争の構図
III　政治学的分析の前提
IV　戦後日本の「憲法改正」
V　おわりに

I　はじめに

　今日の日本では、憲法をめぐる政治的対立が強まっている。合憲／違憲、護憲／改憲、立憲主義といった言葉が政治的論争の焦点になるのは、久しくなかったことであるように思われる。政治的論争、すなわち広範な政治家や有権者が関心をもち、議論を戦わせている事柄であるならば、政治現象の動態を扱おうとする政治学が分析対象とすることは当然のことであろう[1]。

　だが、憲法改正に対して政治学からアプローチしようとする場合、まずはどのような視座を定めるべきか、という問題から出発する必要がある。言い換えるならば、分析を行う前提として、そもそも憲法改正の政治学的

---

1) 以下の本章では、特に断らない限り、「政治学的」と「動態的」という概念を互換的に用いる。この両者は、本書全体を通してほぼ同じ意味で用いられている。

分析とは何に、どのように取り組むことなのか、というところから検討を始めねばならないのである。とりわけ日本では、近代国家として憲法典の改正を行ったことがないため、そこに至る政治過程を分析して、帰納的に特徴を見出すことは不可能である[2]。むしろ演繹的に、「憲法」とは何か、「憲法改正」とは何か、というところを起点として、政治学的な着眼点を追究することが求められる。

　本章はこのような認識を出発点として、最近の憲法論争からは離れ、政治学の立場から憲法改正を分析するための視座を提起することを最大の狙いとする。あわせて、本書全体を通読することで、憲法学の立場からは同じ現象がどのように理解されるのかを対比させることができるようになるのも、本書の目指すところである。全体の序論にあたる第Ⅰ部に収められた本章では、政治学的にみて、憲法改正とは何なのか、どのような現象だと考えられるのか、さらにはなぜそのような現象が起こるのか、といった点について、戦後日本を中心的に取り上げながら、検討を加えていくことにしたい。

II　憲法論争の構図

1　改憲派・現状維持派・護憲派

　近年特に激しくなっているが、戦後日本に憲法をめぐる論争がなかったわけではない。第二次世界大戦直後の新憲法制定期における天皇制存廃の論争はひとまず措くにしても、現行憲法制定後には改正に積極的な立場と反対の立場が鋭く対立してきたことは、広く知られていることであろう。憲法改正に積極的な立場は改憲派とされ、その中心を担ったのは「自主憲法制定」を訴える保守系の政治家や文化人であった。憲法改正に反対する人々が護憲派だが、革新系の政党や労働組合がその主たる担い手であった。つまり、憲法改正をめぐる対立は、保守と革新という戦後日本政治の二大

---

[2]　改めて言うまでもなく、現憲法の制定は明治憲法の改正という形式をとったことになっているが、実際には新しい憲法を白紙から書き上げたというに近い。具体的な経緯については、Ⅷ-序を参照。

陣営が対峙する構図と重なり合っていた。

　ただし、政権与党であった自民党は、綱領よりも低い位置づけの「党の使命」や「党の政綱」において「現行憲法の自主的改正」を謳ったものの、とりわけ1960（昭和35）年以降には憲法改正を実質的に断念した[3]。その背景には、日米安保条約の改定への反対運動により、憲法改正を含むハイポリティックスが政治的資源を消耗させ、自民党にとって高くつくことを教えたことが大きい。それと並んで、党内に革新系とは一線を画しつつも憲法改正には慎重な勢力が存在したことも影響したものと考えられる。憲法改正を断念することに伴い、自民党政権は外交・安全保障分野において政策的必要が生じた場合に、柔軟に憲法解釈を変えることで対応するようになった。しかし、これに対しては「解釈改憲」という批判も長くなされてきた[4]。

　結局のところ、戦後日本における憲法をめぐる政治の構図は、保守系の改憲派、保守系だが当面は解釈改憲で最低限の対応を図ればよいとする現状維持派、革新系の護憲派という3つの勢力によって構成され、長らく膠着状態にあった。その間に現状維持派は内閣法制局による解釈を積み重ね、憲法をめぐる政治的論争そのものを鎮静化させてきた。

　最近のいわゆる安保法制をめぐる対立は、その意味で若干位相が変化しているのかもしれない。すなわち、政権側が提示しているのは安全保障上の新しい政策課題への憲法解釈を通じた対応で、戦後日本政治の文脈では現状維持派のスタンスに近い。だが、安保法制に反対する人々は政権の立場を実質的な改憲派として描き出し、現状維持派ぬきの「改憲か護憲か」という構図を作り出すことで、反対運動の盛り上げに成功したとも言える[5]。そもそも解釈改憲には、憲法典の改正は行わないという意味での

---

[3]　自民党の各種文書は同党ウェブサイト（https://www.jimin.jp/aboutus/declaration/）で確認できる［2016年3月13日最終アクセス］。

[4]　解釈改憲批判については、たとえば、奥平康弘＝山口二郎編『集団的自衛権の何が問題か』（岩波書店・2014年）。「解釈改憲」という用語や概念をめぐる学術的な検討は、本書Ⅷ-2章〔西村〕を参照。

[5]　それは政治運動としては当然であろう。だがそのために、現状維持派の根幹を支えてきた内閣法制局による憲法解釈の権限の実質的な独占が、むしろ追認されている印象がある。権力分立のあり方からすればこのことがむしろ問題視されてもおかしくはなく、実際にも戦後

護憲的要素と、解釈は柔軟に変更するという改憲的要素の両面があることから、このような位置づけの変化が生じたのだと考えられよう。

2　論争の焦点

　憲法についての政治的対立の構図が長らく固定化されたことは、戦後日本の憲法改正をめぐる論争に、いくつかの特徴を与えることになった。

　ひとつには、議論が現行憲法9条の改正や解釈に集中したことである。第9条をめぐる具体的な対立や様々な見解については、本章の主題とは直接関係しないので立ち入らない。だが、改憲派であれ護憲派であれ、最大の関心事は再軍備をどうするか、にあったことは確かであろう。そして、戦後日本の再軍備は日米安保条約と密接に関係している以上、護憲派のいう再軍備への反対は、アメリカの戦争に巻き込まれるとして、日米の同盟関係に対する否定的態度ともリンクした。この点では改憲派も同様で、アメリカから押しつけられた憲法に代わって自主憲法を制定し、積極的に再軍備せよと主張することは、いわゆる対米自立論に容易に結びつく。現状維持派の最大の存在意義は、おそらくこの点にあった。日米同盟を維持することに価値を置き、そのために柔軟な憲法解釈を行うことが現状維持派の特徴で、有権者の多くも結局はこの立場に支持を与えてきたと考えられる[6]。第9条以外の条文への関心は、ほぼ一貫して低調であった。

　もうひとつの、より重要だと思われる特徴は、憲法改正が「憲法典の改正」と同一視されたことである。憲法改正をめぐる議論が第9条の解釈に集中した結果として、憲法典の改正の当否が改憲派や護憲派のメルクマールとなった。詳細な概念定義はⅠ-2章〔駒村〕に譲るが、憲法学の専門家は、アメリカやヨーロッパ諸国などでの比較憲法研究の成果を取り込みつ

　長らく護憲派が強く批判してきた解釈改憲に中心的役割を果たしてきたのは内閣法制局であった。このことを指摘する見解として、井上達夫『リベラルのことは嫌いでも、リベラリズムは嫌いにならないでください』（毎日新聞出版・2015年）46～55頁。

6）　各種世論調査では、日米安保条約に賛成という回答が1960年代後半以来ほぼ一貫して賛成を上回っている。その一方で、憲法9条の維持を望む意見は、どの調査でも1980年代まで長らく60％以上であり、近年でもなお多くの調査で改正を望む意見より多い。西平重喜『世論調査による同時代史』（ブレーン出版・1987年）。

つ「実質的意味の憲法」や「慣習的憲法規範」といった用語で、憲法典ではないが憲法と同じ機能や地位をもつルールが存在することを認め、「憲法典は、その内容においても表現においても、実質的意味における憲法の法源としては不完全なものである」とも論じる[7]。だがその一方で、「現代の『憲法』(『立憲主義』)のあり方としては、あくまでも制定憲法を決定的なものとして考える必要がある」というスタンスも有力視されてきたのであって、成文憲法典の明示的な改正に焦点を絞り込むことにつながってきたことも確かであろう[8]。

ここには「専門家向け」と「一般向け」のダブルスタンダードも垣間見える。近年目立つように、専門家以外には、憲法の擁護と憲法典の擁護、さらには立憲主義擁護と民主主義擁護とを同一視する傾向がある人々もそれなりに広く存在する。こうした人々に、憲法と憲法典の相違や、憲法典の重要性が相対的であることが理解されているかどうかは疑わしい[9]。だがともかくも、憲法典を「決定的なものとして考える」立場は明快であり、メディアや初等・中等教育を通じて、憲法改正をめぐる議論を憲法典改正に限定づける効果をもったと考えられる。

III 政治学的分析の前提

1 2つの偏り

憲法改正を政治学的に分析しようとするとき、まずなされるべきは、憲

---

7) 小嶋和司＝大石眞『憲法概観［第7版］』(有斐閣・2011年) 17頁。なお、この文献の共著者である大石眞の見解に対しては、本書Ⅷ-2章〔西村〕が批判的検討を加えている。
8) 引用箇所は、佐藤幸治『立憲主義について』(左右社・2015年) 14頁。
9) その意味で、長谷部恭男『憲法とは何か』(岩波書店・2006年))が憲法典を過剰に重視することを戒めつつ、何が憲法かを実質的に定めるのは専門家集団である法学者だという見解を提示していることは示唆的である。彼はまた、内閣法制局が立法過程において果たす役割についても重視する(同「比較の中の内閣法制局」『憲法の円環』(岩波書店・2013年) 133頁以下)。この見解は、先に挙げた井上による批判の対象になっているが、上記のような長谷部の立場からは専門家集団としての内閣法制局の解釈といわゆる解釈改憲は区別されるということになるのであろう。彼の議論の理論的基礎のひとつとなっているブルース・アッカーマンの見解については、たとえば、Bruce Ackerman, *Living Constitution*, 120 HARVARD LAW REVIEW 1737 (2007).

法を政治との相互作用の中に位置づけることであろう。すなわち、憲法が政治をどのように規定し、政治が憲法の解釈や運用にどのような影響を与えているかを考えるところから、検討が始まるのである。本書第Ⅱ部から第Ⅷ部の各国比較において「動態から考える」ための章を置き、国制史や政治学の専門家による分析を収めているのは、そのような意味をもつ。

　現代日本への含意として、ここから2つの点を指摘できよう。

　ひとつには、憲法をめぐる論争において最近少しずつ表れるようになった権利章典についての関心は、政治学的分析という観点からはあまり大きな意味をもたないことである。憲法における権利章典は、独立戦争期に成文憲法を制定したアメリカのヴァージニア邦憲法に規定されたのが最初だとされる。その意図は、権利章典を明文に規定することで政府（政治権力）による社会構成員の権利の侵害を防ぐところにあった。だが、本来的には憲法は社会構成員が政治権力を創出するための契約文書としての性格があり、政府の権限は限定的に列挙されている以上、権利章典がなかったとしても社会構成員がもつ自然権は確保されるはずであった。事実、アメリカ合衆国憲法は各邦での批准段階まで権利章典をもたなかったが、それはこのような考え方によるものであった[10]。

　今日では権利章典の中核的部分、すなわち基本的人権について否定することは先進諸国においてまったく現実味がなく、権利章典が課題になるとすれば新しい権利の追加のみである。しかし、長谷部恭男が指摘するように、それはもっぱら象徴的な意味しかなく、憲法の実質的な内容を変えるものとは言い難い[11]。新しい権利の追加が憲法と政治の相互作用に与える影響は、好意的にみてもごく限定的であり、このことは経験分析からも確かめられている。最近、比較政治学の観点から各国の憲法改正について体系的な検討を行っているケネス・盛・マッケルウェインらは、憲法改正が

---

[10] ただし、権利章典がないのは不備だという見解はフィラデルフィア憲法制定会議のときから強く、各邦での憲法案批准に際しても批判が大きかったため、すぐに修正条文として追加された。M・L・ベネディクト（常本照樹訳）『アメリカ憲法史』（北海道大学図書刊行会・1994年）、松井茂記『アメリカ憲法入門［第7版］』（有斐閣・2012年）、阿川尚之『憲法で読むアメリカ史』（筑摩書房・2013年）。

[11] 長谷部・前掲注9）『憲法とは何か』18～19頁。

行われるのはもっぱら統治機構に関連した箇所なのであって、権利章典ではないと指摘する。そして、統治機構についての規定が曖昧で短く、法律に委ねられている部分が大きいことが日本国憲法の特徴であり、それゆえに改正がなされていないと考えられるとする[12]。

　もうひとつには、憲法と政治の相互作用のうち、後者すなわち政治が憲法の解釈や運用に与える影響については、従来の憲法論争において十分すぎるほど扱われてきたことである。Ⅱでみた戦後日本の憲法論争における現状維持派とは、政府による憲法の解釈や運用の効果を最大限に見積もり、それを通じて必要な政策課題への対応が可能だという立場であった。現状維持派に対する、護憲派からの解釈改憲批判や改憲派からの姑息だという批判はいずれも、政治的な解釈や運用への過剰な依存を否定しようとするものだったと言える。つまり、立場によって評価は異なっていたが、憲法が政府による解釈や運用によって実質的に変化すること、政治が憲法に影響を与えることについては、論争の共通前提だったように思われる。

2　基幹的政治制度への注目

　だとすれば、憲法改正の政治学的分析という企てに必要なのは、憲法が政治をどのように規定しているのかを考えることである。近代立憲主義のもとでの憲法は本来的に、国家のあり方を制度的に定め、それを通じて政治権力を創出するとともに、その担い手を抑制することを意図したルールである。具体的には、政治権力の担い手を抑制する方法としては権力分立が知られており、ほとんどの憲法学の概説書にはそのような記述がみられる。だが、憲法が政治を規定するという視座からは、権力分立による抑制のみに注目するのは不十分だということになる。権力分立に注目するだけでは、政治権力を創出する方法について考えておらず、抑制する方法についても権力分立だけに限られないからである。

---

[12] Kenneth Mori McElwain and Christian G. Winkler, *What's Unique about the Japanese Constitution? A Comparative and Historical Analysis*, 41(2) JOURNAL OF JAPANESE STUDIES 249 (2015). なお、比較政治学を専攻する粕谷祐子が運営するブログ「デモクラシー・ラボ」(http://democracy0.blogspot.com)では、憲法に関する最近の政治学の動向が広く紹介されている[2016年5月6日最終アクセス]。

この点について今日の政治学は、代議制民主主義を委任・責任の連鎖関係として捉え、政治権力の創出と抑制について包括的に考えるための手がかりを得ている[13]。すなわち、政治学ではそれを自然権とは必ずしも呼ばないが、社会構成員たる有権者が本来もつ政治的意思決定を担う権利を、選挙を通じて政治家に委任する。政治家は委任に基づき、議会などにおいて政治的意思決定を行うが、政治家相互間の役割の分担や権限の分割がなされており、権力分立はその1つの方法である。そして、政治家によってなされた政治的意思決定の実施については官僚に再委任する。委任とは制度的に定められた一種の契約であり、委任を受けた代理人である政治家や官僚が説明責任を果たせないとき、選挙による落選や政権交代、左遷などが待ち構えている（図1参照）。委任・責任の連鎖関係は、有権者・政治家・官僚がそれぞれにもつ誘因を形成することを通じて、政治権力を創出するとともに抑制する役割を担うのである。

図1　委任・責任の連鎖関係

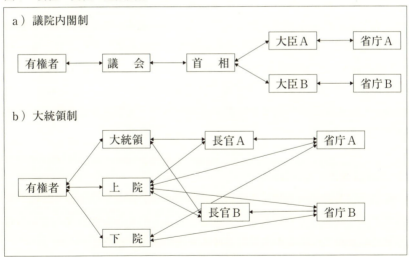

出典：Strøm, *supra* note 13, at 269. ただし、一部修正した。

---

13) Kaare Strøm, *Delegation and Accountability in Parliamentary Democracies*, 37 European Journal of Political Research 261 (2000); 川人貞史『議院内閣制』（東京大学出版会・2015年）、待鳥聡史『代議制民主主義』（中央公論新社・2015年）。

したがって、憲法が政治をどのように規定しているかを考えるときには、政治権力を創出するための選挙についてのルールと、政治権力を抑制するための政治家・官僚の役割分担や権限分割についてのルールに注目することが、最も適切だと考えられる[14]。前者は言うまでもなく選挙制度であり、後者はときに執政制度と呼ばれるが、これら2つをあわせて「基幹的政治制度」と総称するのがよいだろう[15]。

　基幹的政治制度のすべてが憲法典で定められているわけではない。選挙制度に関しては、有権者を適切に代表する議会や政治家によって政治的意思決定が担われることを、抽象的に定めているに過ぎない場合が多い。執政制度については権力分立と重なる部分もあり、比較的詳細な規定が置かれている場合が多いが、本書第Ⅲ部〔岡山・川岸〕で取り上げるアメリカで司法審査権が判例によって確立したことからわかる通り、部門間関係のすべてが条文に明示されているわけではない。先に触れたマッケルウェインらの研究も指摘するように、日本の場合にはとりわけこのことが当てはまり、基幹的政治制度の一部しか憲法典には規定されていない[16]。

　ここで大事になるのが、Ⅱで言及した実質的意味の憲法である。実質的意味の憲法とは、「国家や政府の組織原理・組織規範」あるいはそれらが「立憲主義を内容とするもの」とされる。その場合、制定法であるとは限らず、制定法の場合にもタイトルに「憲法」と付いている必要もない[17]。すなわち、基幹的政治制度を定める諸ルールを、実質的意味の憲法と考えるべきなのである。

3　「憲法改正」とは何か

　憲法とは基幹的政治制度を定める諸ルールだとみなす立場をとれば、憲法改正についてもその延長線上で議論することができるだろう。すなわち、基幹的政治制度の変革が実質的意味の憲法の改正である。

---

14)　建林正彦＝曽我謙悟＝待鳥聡史『比較政治制度論』(有斐閣・2008年)。
15)　待鳥・前掲注13)。
16)　McElwain and Winkler, *supra* note 12, at 263-267.
17)　小嶋＝大石・前掲注7)2～3頁。本書Ⅰ-2章〔駒村〕も参照。

ただし、少なくとも戦後の日本では、選挙制度は公職選挙法や政治資金規正法のように技術的側面を色濃くもつ法律に基づいて定められており、執政制度も国家行政組織法や内閣法の小規模改正によって微修正されている例は枚挙に暇がない。そのすべてを基幹的政治制度の変革と呼ぶことは適切ではないと思われる。他方で、アッカーマンに依拠しながら長谷部が強調するように「憲法政治」と「通常政治」を区分することも、原理的には重要ではあるものの、操作的な定義としてはあまり有効ではない[18]。

　そこで、やや図式的で簡便に過ぎるかもしれないが、さしあたりは次のように考えてみたい。

　まず選挙制度については、議席決定方式・選挙区定数・投票方式・選挙サイクルの4つのいずれかについて変更が行われた場合に、基幹的政治制度の変革とみなす。これらはいずれも、誰を政治家に選んで政治権力を委ねるか、という選挙の機能に決定的な影響を与える[19]。執政制度については、大統領制・半大統領制・議院内閣制の間での変化、これらの変化がなくとも執政長官（大統領や首相）に与えられる権限や政治的資源の大きな変化、政治家と官僚との間に存在する権限や政治的資源配分の変化、という3つに注目することにしよう。3つの変化はいずれも、政治家相互間の分業関係を大きく変える。

　つまり、選挙制度の4要素、執政制度の3要素のいずれかが変化した場合に、「実質的意味の憲法改正」とみなすのである。このほか、V-1章〔近藤（正）〕が扱うドイツのように、連邦制国家であれば、連邦政府（中央政府）と州政府の関係を規定する諸ルールも含めるべきであるなど、この定義だけでは不十分であることも否定はできない。だが、少なくとも上に述べた諸要素が変化した場合には、基幹的政治制度の変革があったと言うことは可能であろう。

　実質的意味の憲法改正を上に述べたような基幹的政治制度の変革だと定式化すると、その具体的な方法についても、新しい見方が求められる。すなわち、憲法改正とは憲法典の修正に限られないことになる。基幹的政治

---

18) 長谷部・前掲注9)『憲法とは何か』115〜123頁。
19) 建林＝曽我＝待鳥・前掲注14)。

制度を定める法律の改正は当然視野に入るが、判例や慣行を通じた新しい憲法習律の形成なども、憲法改正の方法として分析の焦点に加えられるべきである。やや思い切った言い方をすれば、憲法典の修正に議会の特別多数や国民投票が必要だとされていても、多数派が望むことや広範な合意が形成されることは、憲法改正に至る道筋の1つに過ぎないとさえ考えられる。憲法改正にとって、合意や多数派形成の範囲、あるいは合意や多数派形成がどのような意味をもつのかについても、いわゆる「硬性憲法」と「軟性憲法」の対比のみで簡単に終えてしまうことのできない、動態的な検討を要することになる。

　憲法改正にはしばしば国民的合意あるいは超党派的合意が望まれるが、本書の各章で扱う各国の実例から明らかなのは、そのような合意が必ずしも存在するとは限らないことである。この点は、狭い意味の憲法改正すなわち憲法典の修正についてすら当てはまる。Ⅳ-1章〔吉田〕が明らかにしているように、フランスにおける1962年の憲法改正は、それ自体がドゴールの権力掌握過程の一部であった。また、Ⅵ-1章〔伊藤〕が分析する近年のイタリアに典型的にみられるように、超党派的合意を追求すると議会で時間切れになってしまうことが多かったために、最終的には超党派的合意から逸脱してでも改正を進めることもある。憲法典に定められている以外の基幹的政治制度の変革の場合には、当然ながら一層その傾向は顕著になる。韓国（本書第Ⅶ部）やドイツ（本書第Ⅴ部）のように憲法裁判所が果たす役割が大きい場合には、判例を通じて基幹的政治制度の変革を求める結果として実質的な意味の憲法が改正される（変動する）ことも珍しくない。アメリカ（本書第Ⅲ部）が採用する付随的司法審査の場合であっても、合衆国憲法の初期やニューディール期には判例が大きな役割を果たしたのである。硬性憲法において憲法典修正に求められる特別な手続の真意や、いわゆる解釈改憲の位置づけを考えるうえでも、むしろこのような憲法改正に求められる「合意」や「多数派」の多様さが手がかりを与えてくれるのではないだろうか。

IV　戦後日本の「憲法改正」

1　基幹的政治制度の変遷

　Ⅲで提示した、基幹的政治制度の変革を憲法改正と捉える理解を前提にしたとき、戦後日本にも該当例がいくつか存在することがわかる。本書に関心をもたれる方々にとっては周知の事実ばかりだと思われるので、ごく簡単にまとめておくにとどめる。

　まず選挙制度からみよう。戦後日本の選挙制度は、4要素のうち選挙サイクルについての変革はほとんど経験していない。2010年にイギリスが導入した首相の解散権を制約する立法を行えば、選挙サイクルの変革とほぼ同じ効果をもたらすと考えられるが、それに近い例としては地方レヴェルで1965（昭和40）年に議会の自主解散が認められたのが唯一である。ただし、自主解散だけではなく首長の辞職や死去などによって、首長選挙と議会選挙のサイクルがずれる地方政府が増えており、選挙サイクルに実質的な変化が生じていると考えることもできる[20]。また、国政では1980（昭和55）年と1986（昭和61）年の2回、衆議院の解散によって、衆議院と参議院の選挙が同時に行われた。

　残る3つの要素、すなわち議席決定方式・選挙区定数・投票方式については、国政レヴェルでいずれも変化を経験している。1980（昭和55）年から参議院の全国区（大選挙区単記非移譲制）が比例区（全国1区の拘束名簿式比例代表制）に変わり、3要素すべてが変化した。1996（平成8）年から衆議院が中選挙区単記非移譲制から小選挙区比例代表並立制に変わって、やはり3要素のすべてが刷新された。2001（平成13）年からは参議院比例区が非拘束名簿式となり、投票方式が変わることとなった。このほか、いわゆる1票の格差是正のために、選挙区ごとの定数の変更や区割りの変更が衆参両院で行われている。地方レヴェルについては、近年の市町村合併に伴い、合併直後に新しい全市ではなく旧市町村を選挙区として定数を配分し

---

20)　その政治的意味については、砂原庸介「地方における政党政治と二元代表制」レヴァイアサン47号（2010年）89頁以下を参照。

た議会選挙が実施されたが、例外という扱いにとどまっている。

　執政制度変革の３要素のうち、大統領制・半大統領制・議院内閣制の間の移行は、戦後日本には生じていない。現行憲法となった1947（昭和22）年に採用して以来、一貫して議院内閣制が継続している。残る２つの要素のうち、首相の権限や政治的資源については、1980年代の中曾根政権期と1990年代後半の橋本政権期にそれぞれ行われた官邸機能強化によって増大した[21]。中曾根政権期の変革では、内閣危機管理監の創設や内閣情報調査室の拡充など、官邸による危機管理に重点が置かれた。橋本政権期の変革は大規模な行政改革の一環であり、2001（平成13）年以降に実質的な変化が生じたものだが、内閣官房・内閣府の人員増や新官邸の建築など、首相が政治的意思決定の主導権を握りやすくすることを最大の関心事とした。官僚との権限や政治的資源の配分の変化についても、官邸機能強化とほぼ重なり合うようにして着手されたが、2014（平成26）年に内閣人事局が設置されるなど、現在もなお官邸への集権化の途上にあると言えよう。なお、地方レヴェルの執政制度改革はほとんど行われていない。

　そして、これらの基幹的政治制度の変革には、必ずしも常に超党派的合意や国民の間の広いコンセンサスが存在したわけではなかった。一例だけ挙げておこう。1990年代の選挙制度改革の過程では、自民党には小選挙区制導入を推進する立場と中選挙区制を維持しようとする立場が混在しており、社会党をはじめとする当時の野党には、比例代表制か小選挙区比例代表併用制を導入しようとする意見や選挙制度改革よりも腐敗防止を先行させるべきだといった意見があった。小選挙区制と比例代表制を混合した仕組みである現行制度が導入される際には、首相の細川護熙と自民党総裁の河野洋平の会談によって合意が形成されたが、共産党は最後まで反対を続けた。小選挙区比例代表並立制に対する有権者の支持が、導入前の段階で国民的コンセンサスとなったとまでは言えなかった。基幹的政治制度の変革は、個々の政党や政治家、さらにはその支持基盤となっている人々や団体にとっての死活的利害が関係する以上、広い合意を前提条件にするの

21）　信田智人『官邸外交』（朝日新聞社・2004年）、待鳥聡史『首相政治の制度分析』（千倉書房・2012年）。

はあまり現実的ではないのである。

2　そこにみられる特徴

　戦後日本における基幹的政治制度、すなわち選挙制度と執政制度の変革を通じた、アクターの誘因構造の変化とその帰結としての委任・責任の連鎖関係の変容には、次のような特徴を指摘することができる。

　第1には、委任・責任の連鎖関係を変えるほどの基幹的政治制度の変革は、時期的に集中していることである。1947（昭和22）年の日本国憲法施行に伴い、基幹的政治制度はそれまでとは大きく異なったものになった。先にも述べたように（脚注2））、これは憲法改正というよりは新しい憲法の制定であり、基幹的政治制度（実質的意味の憲法）を中心とする憲法体制の構築であった。それは、行政改革による官邸機能強化のように比較的早くから変革に着手されたものはあったにしても、ほぼ50年にわたって存続してきた。基幹的政治制度の大規模な変革は、1990年代半ばから2000年代初頭にかけて、短期間かつ大規模に進められたのである。

　1990年代は先進諸国の多くで選挙制度改革など代議制民主主義の変革が行われた時期であるが、選挙制度と執政制度の両方を大規模に改革し、かつ基幹的政治制度に密接に関係する中央－地方関係（政治家間の垂直的分業関係）や司法制度（中央政府における役割分担の一部）も変革するなど、国際比較から考えても日本の改革は大規模であった。1997（平成9）年12月の行政改革会議最終報告は、行政改革の目標として「この国のかたち」の再構築を謳った[22]。それは行政改革のみを通じて達成されたわけではないが、諸改革の重合的効果は「この国のかたち」の再構築、すなわち実質的意味の憲法改正だったと言って差し支えないだろう。先に紹介したアッカーマンや長谷部の言葉を使えば、1990年代はまさに「憲法政治」の時代であった。

　第2の特徴として、このように包括的な変革、あるいは実質的意味の憲法改正が進められながら、それを構成する個々の改革の方向性は整合して

---

[22]　報告書は以下のURL参照。http://www.kantei.go.jp/jp/gyokaku/report-final/［2016年3月13日最終アクセス］

いなかった。基幹的政治制度に限定しても、たとえば衆議院の選挙制度改革で導入された小選挙区比例代表並立制と、参議院の選挙制度改革で採用された非拘束名簿式比例代表制（正確には、それと小選挙区・中選挙区との混合制）は、異なった性質をもつ。前者は有権者に政党投票誘因を与え、政治家が所属政党執行部の規律に従う誘因を強めて、集権化された大政党中心の政治過程を作り出す。後者は、有権者に候補者投票誘因を生み出すとともに、政治家は個人としての業績誇示や小政党への所属を不利だと考えなくなり、大政党内部の規律を弱める。政治家間および政治家と官僚の分業関係である執政制度についても、官邸機能強化は首相や内閣への権力集中を促すが、議院内閣制のもとで内閣の権力基盤となる国会については、衆議院と参議院の権限関係は一切改革されず、首相の影響力は参議院には及びにくいまま残された。

　時期的に集中し、かつ範囲や効果において包括的でありながら、方向性がまちまちであったことは、近年の日本が経験した変革を実質的意味の憲法改正として把握することを妨げているように思われる。その背景には、改革が各分野における1980年代の経験から出発していることや、政治的意思決定を行う単位が細分化されているうえに自律性をもつという戦後日本政治の特徴を前提にしたことが指摘できよう[23]。1990年代の「憲法政治」は、通底する課題認識がありながらも、分野ごとのそれまでの経緯や事情を反映しつつ個別的に変革がなされたのである。先に行政改革会議の最終報告書が「この国のかたち」の再構築を謳ったと述べた。行政改革という基幹的政治制度変革の1つのテーマを扱うに過ぎない会議が、いわば単独で「この国のかたち」を変えられると考えたことの帰結なのだとすれば、それ自体が行政官僚制の役割を過大評価しがちであった、1980年代からの認識を反映していたとも言える。

---

23) Satoshi Machidori, *The Last Two Decades in Japanese Politics*, in Examining Japan's Lost Decades 135 （Yoichi Funabashi and Barak Kushner eds., 2015）.

V おわりに

　本章では、憲法改正の政治学的分析を進めるための視座を確立することを目指して、戦後日本を事例として取り上げながら検討を進めてきた。戦後日本では、憲法改正をめぐる政治的論争は、日本国憲法9条という憲法典の特定条文を中心に繰り広げられてきた。それは、第9条への態度が保守と革新というより大きな政治的対立におけるコミットメントの象徴であった以上、当然のことではあった。だが同時に、そのことは憲法と政治の相互作用のうち、政治が憲法の解釈や運用に影響を与えるという側面ばかりが強調されることにつながり、憲法が政治のあり方を規定する側面は捨象されてしまうことになった。

　近代立憲主義に基づいた憲法は、政治権力を抑止するとともにそれに正統性を与える役割を果たす以上、憲法と政治の関係理解は双方向的でなければならないはずである。改正について特別多数決や国民投票のような高いハードルを設ける硬性憲法典の改正のみを憲法改正とするのが、憲法学における通説あるいは常識かもしれない。だが、政治学的な分析を行ううえでは、憲法が政治との関係で果たしている機能や役割に注目し、それが変化したことをもって憲法改正だと考えた方が適切ではないだろうか。憲法学においても、主として機能的な観点から、法源として憲法典以外を含む「実質的意味の憲法」が存在するという見解は、広く受け入れられているのである。

　このような認識を出発点にすると、憲法が政治権力を作り出し、かつそれを抑制することに注目して、選挙制度と執政制度からなる基幹的政治制度の変革を実質的意味の憲法改正として把握する視座が、政治学的には意味をもつことになろう。戦後日本では、憲法典の改正こそ行われていないが、実質的意味の憲法改正は行われている。とりわけ、1990年代半ばから2000年代初頭にかけての基幹的政治制度の改革は大規模なもので、憲法改正あるいは憲法体制の変革という表現が妥当する。ただし、短期間で大規模に進められた基幹的政治制度の改革ではあったが、その方向性につ

いては一貫していたとは言えなかったため、実質的意味の憲法改正という認識が形成されていないようにも思われる。

　実質的意味の憲法改正という視座は、国際比較や時系列比較の中で憲法のあり方やその改正について政治学的に考えるためにも有益であろう[24]。憲法典をもたないイギリス（本書第Ⅱ部）や、最高裁判例が実質的意味の憲法を大きく変えてきたアメリカ（本書第Ⅲ部）を例に挙げるまでもなく、国際的には憲法のあり方は実に様々であり、その改正についても実に多様である。硬性憲法典のみが憲法で、その改正のみが憲法改正であるという立場からは、このような多様な「憲法」と「憲法改正」をめぐる比較分析は難しい。本書が全体として憲法をめぐる議論に何らかの貢献をなしうることにつながるとすれば、まさにこの点における視座の転換と視野の拡大に関してであろう。さらにそこから、日本ではまだ萌芽的段階にとどまっている司法政治論を、政治学の研究課題として本格的に展開するうえでも、本書の視座は何らかの意味をもちうるのではないだろうか[25]。

---

24) 憲法学で言う「憲法変動」や「憲法変遷」が、ここで言う実質的意味の憲法改正に近い概念かもしれない。ただし、憲法変動や憲法変遷はより概念的で幅広く、主体が明確でない「習律」や「慣習」の変化を含むとされる。そのため、政治学の経験分析に資する操作的定義ではないように思われる。なお、「習律」のあり方については、Ⅴ-2章〔赤坂〕も参照。
25) Ⅲ-1章〔岡山〕やⅦ-1章〔浅羽〕は、まさにそのことを例証している。

I-2章
憲法学にとっての「憲法改正」

駒村圭吾（慶應義塾大学）

I　はじめに――「憲法」を「変える」とはどういうことか？
II　「憲法」とは何か？
III　続、「憲法」とは何か？――Constitutional Law と Constitution
IV　「変える」とはどういうことか？
V　比較政治学・国制史学との対話へ向けて

I　はじめに――「憲法」を「変える」とはどういうことか？

　憲法学者は憲法改正の企てに敏感に反応する。政権政党から自主憲法制定ののろしが上がるたびに「憲法の危機」を叫んできた。全員が常に、とまでは言わないが、基本はそうであった。実際、大方の改憲の試みは大筋で危機に類するものであった。もちろん、筆者が学界全体を代弁することはできないけれども、とりわけ近時の自民党憲法改正草案の登場と安倍晋三内閣によるその推進は、筆者を含め、多くの憲法学者が真の危機であるとみていると思う。
　が、他方で、改憲に抗する姿勢がやや自動症化しつつあった面も否定できないのではないか。あるいは、危機の想定範囲を明文改憲あるいは解釈改憲に限定し、それとの理念的対峙を主戦場とする戦略に傾いてはこなかったか。この点、「憲法改正」というタームで私たちが認識すべき事象を、

広く人為的な制度変化一般を視野に入れて、今一度確認し直す必要があるのではないか。危機感が共有されつつある今こそ、それを試みる意義は大きいのではないか。

近時の改憲動向には筆者自身強く危機感を抱いていることは冒頭に触れた通りであり、それへの抵抗運動に水を差すつもりは毛頭ない。本書でこれから展開される議論は、かかる抵抗運動を相対化するものでももちろんない。否、むしろ、立憲主義を受け容れ自由を謳歌することの代償として人民には「不断の警戒 (eternal vigilance)」[1]が求められると説いてきたアメリカ的伝統に倣えば、政権政党の改憲提案に反応するだけでなく、より広い文脈に点在する潜在的危機にも警戒的でなければならないと思うのである。

そもそも、「憲法改正」と言っても、そこにいう「憲法」も「改正」も実は自明のものではない。憲法96条所定の明文テクスト改正を第1に考えることは、実定法学にとっては当然の出発点であろう。しかし、出発点にとどまり続けることができるかどうかは、やはり「憲法とは何か」「憲法を変えるとはどういうことか」という問い、すなわち守るべき憲法とは一体何であり、何からそれをまたいかにして守るのか、との問いに憲法学がどのような回答を寄せるかに依存した問題である。その考究の上に立ってこそ、護憲派の戦略は（そしておそらく改憲派の戦略にとっても）意味のあるものになるだろう。とりわけ、比較的厳重な硬性憲法の形式を採用する日本国憲法においては、かかる考察を経てこそ、明文改憲以外の改憲現象の首根っこを押さえ、憲法変動の全像を見極めることが可能になる。

本書は、憲法改正として語られる現象を制度の変動問題と捉え、各国の事例分析を踏まえて、「憲法とは何か」「憲法を変えるとはどのようなことか」を改めて考える、そのきっかけを作るために企画された。政治学・国制史学から提示される制度論的・歴史学的事例分析を憲法学がいかに受けとめるか、そこからいかなる規範的含意を汲み取るか。本章では憲法学からの視座提供として、改憲現象の広がりを確認しておきたい。Ⅱ・Ⅲでは

---

1) CARLOS MARTYN and WENDELL PHILLIPS, THE AGITATOR 185 (1890).

「憲法とは何か」を扱う。Ⅳでは「憲法を変えるとはどういうことか」を概観する。そしてⅤでは、本書全体に対する期待と関心を、筆者個人の問題意識に則して、記しておくことにしたい。

Ⅱ 「憲法」とは何か？

1 形式と実質、実定性と自然性

憲法の基本書の冒頭では、たいてい「憲法とは何か」という論題から説き起こされるのが普通である。そこでは、憲法の定義（典型的には≪国家統治の作用と組織に関する基本法≫という具合にその実質を明示する定義）が掲げられ、それに続いて、いかなる素材を憲法として認識するかに関する議論すなわち憲法の法源論が展開される。

まず、憲法の定義であるが、法学の世界では常識中の常識である「形式」と「実質」の区分に基づいて、①「形式的意味の憲法」と②「実質的意味の憲法」が区別される。①は、「憲法」という名称の付された法典を指す。他方、②は、「憲法」という名称では呼ばれていないものの、国法体系中、国家統治の作用と組織に密接に関わり、実質的に憲法の一部と位置づけうるような一群の基本的な法規範を指す。以上を法源論に落とし込むと、①は、「憲法典」のことを指し、②は、実質的に憲法の一部を構成する法律群（総称して「憲法附属法」と呼ばれる）を指すことになる（わが国の例で言えば、皇室典範、国会法、内閣法、裁判所法、公職選挙法、等々）。

これらに加えて、③「立憲的意味の憲法」という類型が語られることがある[2]。上にみた憲法の実質的定義つまり≪国家統治の作用と組織に関する基本法≫という定式は、実は、どのような統治体制とも結びつく。しかし、憲法という言葉に込められた支配的理解を念頭に置けば、それは「単に国の政治秩序の基本ではなく、それ以上のもの」を意味するはずであるとするのが通常であり、そのような考えと結びついて提起されたのが、この「立憲的意味の憲法」である。それによれば、憲法は憲法でも、近代

---

[2] 芦部信喜『憲法学Ⅰ 憲法総論』(有斐閣・1992年) 9頁、野中俊彦＝中村睦男＝高橋和之＝高見勝利『憲法Ⅰ［第5版］』(有斐閣・2012年) 5～8頁。

立憲主義を基礎とする憲法、つまり、フランス人権宣言（1789年）16条が明示するように、権利の保障と権力の分立を内容とし、専断的権力を制限することを目的とする法規範としての憲法こそが、論ずるに値する"憲法"である。より突き詰めれば、近代の理念や思想（個人権（individual rights）の発想や公私の領域区分など）をその精髄とする憲法のことであり（その意味で「立憲的意味の憲法」は「近代的意味の憲法」とも呼ばれる）、そのような特質を兼ね備えていない憲法をもっていても、「その社会は、憲法をもっているとは言えない」（同条）。そのような重要な理念を憲法がもつからこそ、法形式として成文形式がとられ、また、改正の難易につき硬性憲法が採用されることの理論的意味が説明できる、というのである[3]。

　いずれにしても、以上のような憲法の観念をめぐる考察には、憲法を目に見える形式に落とし込み、法源を特定しようとする「実定性」追求のベクトルと、近代的な価値や理念（自然法や社会契約論）に訴え、憲法を統治体制や国家のあり方に対する評価尺度として超越的な次元に置こうとする「自然性」追究のベクトルの両者が交錯していると言えるだろう。

2　制定法と解釈法

　では、実質的意味の憲法はどのような法形式ないし様相で存在するのだろうか。基本書では、成文法と不文法に分けてこれを論ずるのが通例である。成文法とは、文書になっている法という意味ではなく、決められた立法手続を経て実定化された法をいう。したがって、不文法の定義も、文書になっていない法ではなく、立法手続を経ないで存在している法をいう。前者の基本となるのが制定法であり、後者は判例法や慣習法などが含まれる。本章では、近時の日本における憲法政治のあり方の問題性を反映させるために、「制定法」と「解釈法」という区分から整理しておくことにする。

　まず、制定法から始めよう。法規範はテクストの形式をとるのが通常である。テクストの形式をとることは、慣行としてそうであるだけでなく、

---

3)　芦部信喜（高橋和之補訂）『憲法［第6版］』（岩波書店・2015年）6～7頁。

統治の原理である権力分立の観点からもそれなりの実質的理由があるのだが、ここではそれに立ち入らない。法規範の宿るテクストはそれこそ無数に存在するが、立法という形式でテクストを定めたものが制定法である。制定法としての憲法テクストには、①憲法典、②法律・命令・条例等の法令（憲法附属法がその中心）、③国際法（平和条約等[4]）、等が挙げられよう。なお、"立法"の観念は、条文というテクストのみならず、"立法事実"を参酌した"立法者意思"に基づく"立法行為"を広く含む。それらを総合して立法を理解しようとすれば、条文のみならず、付帯決議や議事録等の立法資料も参酌する必要が出てくる。したがって、日本国憲法典についても、上諭（公布文）、前文、条文、附則、英文法源、帝国議会会議録、等があり、条文が第一次的法源であるにせよ、日本国憲法典の総合的把握のためにそれらのテクストが参照されることになる。

次に、解釈法である。法テクストはそれ自体で意味が確定的に理解できるものもあるが、通常の場合、「解釈」という営みを経て初めてテクストから規範が切り出され、意味の"枠"が明らかになる。したがって、法はテクストと解釈が一体となったものと理解すべきであり、憲法の場合もまた同様である。

さて、憲法の解釈法について代表例を挙げるとすると、最も重要なのは、（最高裁）判例である。判例は、具体的争訟の事実関係とそれに対する法的判断からなるものであり、判決書には多数意見のみならず少数意見が付されることも多い。もちろん、先例として一定の"拘束力"をもつのは、多数意見、しかもその中の判決理由を構成する部分（ratio decidendi）であるが、少数意見との対応関係などを参酌して初めて多数意見の論旨が明確になる場合もある。また、いわゆる調査官解説も重要な解釈資料となることがある。

加えて、もうひとつの重要な解釈法は、政府見解の中に示される内閣の憲法解釈である。そもそも裁判所があらゆる憲法疑義に対して解釈を提供することはできない。また、日本には抽象的違憲審査制が導入されていな

4） 見方によっては、ポツダム宣言も含まれよう。

いることもあって[5]、その点からも政府解釈の重要性は否定できない。政府の憲法解釈は、通常、国会議員の質問主意書に応答することを目的として、政府答弁書という形式でなされることが多い。このような答弁書の作成過程には、内閣法制局が意見事務の一環として関与し[6]、最終的には閣議決定を経て、国会に提示される。憲法解釈に関わる答弁である場合は、法制局自体が答弁書作成担当部門となるので、そのような事情から、憲法に関する政府解釈＝内閣法制局の解釈とみられる傾向がある。しかし、それは、閣議決定を経る以上、法的には内閣の憲法解釈として理解されなければならない。

　なお、以上と並んで重要なのが、法律学あるいは法実務の専門家集団の中で共有されている「解釈学説」である。重要課題の立法に際して極めてしばしば法律学者が審議会のメンバーになったり、国会に参考人として招致されたりするのはその証左である。また、最高裁判例の調査官解説においてこれも極めてしばしば解釈学説が引用され、判例形成に重大な影響を与えていることも周知の通りである。言うまでもないが、2015年安保国会の前後において、とりわけ憲法学者の発言がメディアで大きく取り上げられるようになったが、それはまた解釈学説の有効性が広く民主主義的に試される局面でもある。今まで以上に、学会のもつ意味は重要になろうし、また、（テレビ局が憲法学者を選定するのに用いた『憲法判例百選』（有斐閣）をはじめとして）学術出版における編集・執筆の活動も社会的重要性を増すだろう。

3　憲法の制定法と解釈法

　このように憲法は、その制定法（形式憲法・実質憲法）と解釈法の複合体として存在する。言い換えれば、憲法は条文テクストとそのもとで展開された実務的な解釈の集積体として存在している。そうなると、憲法は憲法典だけではなく、それぞれ固有の形式と手続を有する制定法・解釈法を含

5）　阪田雅裕編『政府の憲法解釈』（有斐閣・2013年）2頁。なお、阪田は、行政府のみならず立法府の解釈も重要であると指摘している。
6）　阪田・前掲注5）326 〜 327頁。

むことになる。だとすれば、広く法体系のどこに"憲法"が潜んでいるかは一義的に判然としなくなり、それを明らかにする営みが大切になってこよう。また、ある法形式が実質的に憲法を構成するものとされた場合、それを変更しようとすると、それぞれの法形式や法制度に固有の変更手続に従えば変更可能であるとは限らなくなる。ある法形式や法制度の憲法的部分は変更条件が加重されたり、より重大な説明責任が求められたりすることがあろう。場合によっては憲法改正手続に訴えることが要求されることすらある[7]。

　かかる考え方は、少なくとも憲法学にとってはなじみのあるものである。たとえば、いわゆる「制度的保障」論は、人権保障を実効化するために一定の制度の設営を憲法上保障し、当該制度を形成する立法裁量を国会に認めるが、同時に、制度の核心部分については憲法改正を経なければ変更できない、と説いてきたところである。通常、制度の核心部分は、関連憲法条文の解釈として提示される制度の基本型のことであり、それが実際の法制度の中にきちんと反映されているか、立法裁量によって歪められていないか、を問うのが制度的保障論であった。その意味で、制度的保障における核心部分は、実定的には法律という法形式であっても憲法の一部（しかも、法律改正ではなく憲法改正でなければ変更できない部分）を構成するものと理解されてきたのである[8]。

---

[7]　たとえば、集団的自衛権の行使を禁じた1972（昭和47）年の政府見解に関し、1983（昭和58）年2月22日の衆議院予算委員会において、当時内閣法制局長官であった角田禮次郎（後に最高裁判事）は、72年見解を堅持する旨の答弁を行い、その際、「仮に、全く仮に、集団的自衛権の行使を憲法上認めたいという考え方があり、それを明確にしたいということであれば、憲法改正という手段を当然とらざるを得ないと思います」と喝破している。また、1990（平成2）年10月24日、衆議院国連平和協力活動に関する特別委員会において工藤敦夫長官は、答弁書における憲法解釈の変更に関する一般論として「必ず憲法改正をしなければできないとまで言い切るわけにはいかない」と述べつつも、72年見解については上述の角田長官の見解を追認している。

[8]　加えて、森林法違憲判決（最大判昭和62年4月22日民集41巻3号408頁）も想起されるべきであろう。民法の共有制度と森林法の分割請求権制限との関係において、一般法と特別法あるいは≪後法は前法を改廃する≫といった同一法形式内で成立する一般原則を適用せず、所有権制度の中に憲法的な位置づけを与えられる"近代市民社会における原則的所有形態である単独所有"の特別性を根拠にして森林法のアレンジメントが否定したこの判決も、法律制度の中に憲法が潜んでいることを例証するものであろう。

さて、そうは言っても、実定法制度に潜む"憲法"は、憲法ないし法令の「解釈」によって画定されるものであり、その意味では、解釈が変化すれば実質的意味の憲法も変化することになる。解釈は、テクストの構造や言語の常識的使用などの限界はあるが、そのような限界を緩く捉えれば、実に自在な解釈を生み出す潜在的な力を有している。やや誇張して言えば、解釈戦略は無敵に近い。解釈こそは、法の基本戦略であり、最高裁や内閣法制局の強みもこの解釈戦略が担保しているとも言えるだろう。しかし、国語的常識を軽視した解釈には説得力がないように、解釈法にも固有の限界があり、それを理論化する努力が求められよう。

　解釈法の理論に関して、ここでは立ち入る準備はない。が、この点、2015（平成27）年のいわゆる安保法案の国会審議において、法案の基礎となった、2014（平成26）年7月1日の閣議決定（いわゆる7.1閣議決定）が成立するのに先立ち、公明党が、従来の憲法解釈を変更しようとする政府・自民党に対して3つの条件を要求したことが参考になる[9]。1972（昭和47）年の政府見解を事実上変更し、集団的自衛権の行使を限定的に容認しようとする政府と自民党に対し、公明党の北側一雄副代表は、山口那津男代表の見解として「これまでの政府見解との整合性、憲法9条の規範性、法的安定性が確保できなければならない」との条件を提示したとされる[10]。ここに示された、①従来の解釈との論理的整合性の確保、②問題となる憲法条項の規範性の尊重、③法的安定性の維持、の3点のうち、①と③は、まさに上記7.1閣議決定それ自体が従来の政府見解との連続性を保つために自らに課した解釈条件そのものであった[11]。では、②の憲法条項の規範性

9）　駒村圭吾「7.1閣議決定と集団的自衛権行使の限定的容認」論究ジュリスト17号（2016年）106頁参照。なお、内閣法制局が示した法令解釈・憲法解釈の一般的条件については、1995（平成7）年11月9日の衆議院宗教法人に関する特別委員会で披瀝された大出峻長官の答弁を参照されたい。また、間柴泰治「内閣法制局による憲法解釈小論」レファレンス685号（2008年）77～78頁も参照のこと。
10）　朝日新聞政治部取材班『安倍政権の裏の顔』（講談社・2015年）156～157頁。①～③の条件を初めに提示したのは北側氏と思われる。参照、2014（平成26）年4月24日衆議院憲法審査会における同氏の発言。
11）　2014（平成26）年7月1日閣議決定「国の存立を全うし、国民を守るための切れ目のない安全保障法の整備について」は、その3(1)において、「政府の憲法解釈には論理的整合性と法的安定性が求められる」とする。

とは何か[12]。

4　憲法条項の規範性

　憲法条項の「規範性」と言った場合、それは、(a)どのような性質の規範なのか、あるいは、(b)どのような法命題としてそれは存在するのか、といった問題意識で語られることが通例である。(b)の意味での「規範性」は、いわば個々の条文が要請する内容のことであるが、それは各個別条文ごとに展開されてきた解釈学説や判例の集積に支えられているものとしか言いようがなく、ここではそれ以上の立ち入った検討は割愛せざるをえない。以下では、(a)の規範の性質論、つまり規範の機能や強度に関して何点か言及するにとどめておきたい。

　まず、規範の性質論としては、原理とルールの区別が重要である[13]。原理とは、解釈を一定方向に誘導する規整的理念であり、それ自体では事案に当てはめることは困難であって、また、原理についての一定の解釈を採用しない限り原理違反を判定できない。憲法条文から例をとれば、13条の個人の尊重や21条の表現の自由等は原理に分類される。対して、ルールは、事案に当てはめることによって一義的な解決をもたらす規範である。たとえば、45条の衆議院議員の任期や56条の定足数等が挙げられる。原理とルールはこのように区別されるが、同時に、両者の連関ないし階層性にも注意する必要がある。上に触れたように、原理は思考や解釈を誘導する規整的理念として存在するが、かかる思考や解釈を通じて一定の法命題が導出される。一般的に記述された法命題は、事実と照合が可能なようにさらなる要件化が求められ、それら諸要件の束が定型的な適用を重ねるうちに、ルールに近づいていく……。規整的理念としての原理は、こうした規範の個別具体化のプロセスのいずれの段階においてもその統制力を発揮

12)　なお、"憲法9条"の規範性については、それを一定の拘束力を国民と公権力に対して有する「法規範」であるとみるのが通説であるが、それに疑問を呈する見方として、政治的マニフェスト説、政治規範説、9条変遷説があるとされる。野中＝中村＝高橋＝高見・前掲注2）160〜164頁〔高見〕。
13)　原理とルールの区別については、長谷部恭男『憲法の理性』（東京大学出版会・2006年）4〜5頁、82〜83頁参照。

し、規範形成を不断の再吟味にさらす。

　次に、憲法条項固有の規範的性質についてはどうか。この点、従来、以下のような議論がなされてきた。まず、かねてより、組織規範性、授権規範性、制限規範性の３つが語られることが基本であった[14]。すなわち、憲法は、国家機関を組織し、国家権力をそれらに授権・配分するとともに、国家権力を制限し条件づけている。この３つの機能に憲法の規範としての特質をみるわけである。さて、権利の条項は、上述のうち制限規範の重要な部分をなすものであるが、その内容は権利の位相によって、《背景的権利→法的権利→具体的権利》と段階的に区別され[15]、国家権力に対する制限規範としての強度に差異を設けるのが通例である。なお、権利の条項は、国家権力に対する制限規範としてのみならず、私人間においても公序を規律する規範として機能するとされている（私人間効力論）。さらに、法学では、強行法規および任意法規の区別がなされるが、これは憲法条項についても認められる。加えて、いわゆるプログラム規定が語られることがあるが、これは、一定の政策的目標を宣言するにとどまり、法的な規範性を有さない規定を意味する。このようなプログラム規定は憲法条項にも認められるとする見解がある（たとえば、25条の生存権、9条の戦争放棄についてそれが語られることがある）。

　さて、憲法は、最強の実力たる国家権力を規律する以上、最強の規範でなければならない。つまり、憲法は、それに反するあらゆる国法形式と国家行為を排除できる「最高法規」である必要がある。憲法98条は「この憲法は、国の最高法規であつて、その条規に反する法律、命令、詔勅及び国務に関するその他の行為の全部又は一部は、その効力を有しない」と宣言し、そのことを明らかにしている。が、憲法の最高法規性は、かかる形式的な効力順位において最高であるだけでなく（形式的最高性）、それが基礎に据えている価値においても最高であることを意味する（実質的最高性）。それを宣言したのが、憲法第10章「最高法規」の冒頭条項であり、98条の形式的最高性の直前に掲げられた、第97条である。同条は、「この憲法

14）　野中＝中村＝高橋＝高見・前掲注2）20〜21頁。
15）　佐藤幸治『日本国憲法論』（成文堂・2011年）123〜124頁。

が日本国民に保障する基本的人権は、人類の多年にわたる自由獲得の努力の成果であつて、これらの権利は、過去幾多の試錬に堪へ、現在及び将来の国民に対し、侵すことのできない永久の権利として信託されたものである」と定め、「基本的人権」の不可侵・永久性を謳っている条文である。この高らかな人権宣言条文こそは、憲法の最高法規性が、基本的人権の保障という"最高価値"にその実質的根拠を置くものであることを明瞭に示すものである（かかる意味において、第97条と第98条は最高法規の実質性と形式性を支える条項として一体的に捉える必要がある。世上、97条不要論が説かれるが、以上のような観点から妥当でない）。

　さて、実質的最高性は、日本国憲法典の最高性を裏書きするだけではなく、それを超えて妥当する上位の規範的次元が想定されていることを示唆している（第97条における不可侵性・永久性への言及はこの点から興味深い）。また、先述した憲法の授権規範性の観点からも、憲法が有する授権権限は果たして何から授権されたのか、が問われなければならない。こうして、実定憲法を超えて妥当する根本規範の次元が設定されることになる。そして、従来、そのような規範的次元に据えられてきたのが、自然法あるいは自然権であった。

　価値秩序をこのように構想するなかで、なお憲法典が自らを最高法規と呼び続けるためには、自然法あるいは自然権として理解される根本規範的次元を憲法典そのものの内部に設定することが考えられる[16]。重要なのは、このようなアレンジメントをとることによって、憲法典の中に一定の階層性がもたらされる点である。その結果、憲法典の中には、根本規範的次元と直結したコアな部分とそうでない部分が区別され、前者のコア条項を改変することは憲法改正権の限界に触れ、許されないことになる[17]。さらに、憲法典のどの条項の改正であっても、根本規範と実質的に抵触するやり方でそれを変えることは否定されることになる。このように憲法の実質的最高性の追求は、憲法改正に一定の限界を設けることにつながり、また、憲

---

16) 野中＝中村＝高橋＝高見・前掲注2) 23〜24頁。
17) なお、かかる根本規範を、憲法制定権が自ら設定した自己拘束とみるのか、あるいは憲法制定権（および改正権）をも拘束する超越的な規範とみるのか、については議論がある。

法典にコアな条項とそうでない条項からなる階層性をもたらすことにつながる[18]。

III　続、「憲法」とは何か？——Constitutional Law と Constitution

　便宜的に constitutional law と constitution の区別を意識すれば、ここまでの説明は、constitutional law を念頭に置くものであった。この点、法、法典、法規範といった含意を有する constitutional "law" ではなく、単なる constitution にも「憲法」の語があてられるのが通例であるが、constitution の原義は、体格、体質、基本構造、基本性質、設営行為、等であり、それに倣って「憲法」ではなく、「国憲」、「国制」、「国体」、「政体」等があてられることもある。これらは、法としての憲法とは異なる位相に立つ（立ちうる）概念であり、憲法とは何かを問う際にはやはり触れておくべき主題であろう。

　近時における constitution の用例のひとつが「この国のかたち」である。司馬遼太郎の作品の題名であったこの表現は、国際政治学者の故高坂正堯によって constitution の原義を最もよく表す適訳であるとされ、また、高坂の評に共感した憲法学者の佐藤幸治がたびたび引用するものである[19]。佐藤は、「『法』たる『憲法』」すなわち constitutional law と区別された、「物語（narrative）」という存在様相を重視する。佐藤においては、"constitution"、「この国のかたち」、「物語」は互換的に用いられており、いずれも法としての憲法に対置されるもうひとつの重要な存在様相なのである。佐藤の「物語」は、限局されたローカルな物語ではなく、日本国憲法のそれ、あるいは日本という国の包括的・全体的なそれである。佐藤は、

---

18) この点、日本国憲法前文が「これは人類普遍の原理であり、この憲法は、かかる原理に基くものである。われらは、これに反する一切の憲法、法令及び詔勅を排除する」（傍点筆者）と定めているのが興味深い。憲法改正限界論を示唆するものと理解できよう。なお、駒村圭吾「近代との決別、物語への回帰」奥平康弘＝愛敬浩二＝青井未帆編『改憲の何が問題か』（岩波書店・2013年）40〜41頁参照。
19) 佐藤幸治の物語論および「この国のかたち」論は、佐藤幸治『憲法とその"物語"性』（有斐閣・2003年）61〜66頁、127〜138頁による。

戦後改革としての"憲法革命"を支えた物語が役割を果たし終えた今日、「日本国憲法は、新たな"物語"性の上に再生しなければならない」とする[20]。では、新たな物語とは何か。国民の具体的生活の文脈から遊離してしまった憲法を日常的な次元で再生するために、佐藤は、人格的自律の存在として自己を主張する生の物語を「憲法と日常の具体的生活との深いかかわり合いを自覚せしめる"物語"」として構築することを目指す[21]。佐藤の説く憲法の物語は、「この国のかたち」を支える観念的・包括的な政治共同体の物語と個人の具体的生を支える物語が予定調和的に一体化したものとして構想されている[22]。

では、そのような憲法の物語はどのように構築・再構築されるのだろうか。この点、佐藤が、「1990年代の諸改革が、『この国のかたち』の再構築にかかわっている」と説いている点が興味深い[23]。つまり、憲法典の改正ではなく、1990年代に行われた重要な憲法附属法レヴェルでの改革[24]が、「この国のかたち」≒憲法の物語≒constitution に変動をもたらすというのである。

この点、憲法典の正規改正によらない憲法変動を説くもうひとりの論者として、アメリカのブルース・アッカーマンを挙げることができよう。いわゆる二元的民主政 (dualist democracy) で有名な論者である[25]。アッカーマンによれば、アメリカの民主政は、①私人の利益調整を図る「低次法形成 (lower lawmaking)」を代表者たちの政治過程に委ねる「通常政治 (normal politics)」と、②人々が"We the People"として立ち上がり、公民として

---

20) 佐藤・前掲注19) 63頁。
21) 同前。
22) 佐藤の所説とは対照的に、リベラリズムを基礎とする憲法体制は特定の善き生にコミットすることが禁じられるために、物語を産出する仕組みを提供できない。それゆえにリベラルな憲法は政治共同体のノモスとしては不十分であり、個別の部分社会がローカルに共有する物語こそがノモスとなりうると説く見解として、Robert M. Cover, *The Supreme Court, 1982 Term—Foreword*, 97 HARVARD LAW REVIEW 4 (1983)がある。
23) 佐藤・前掲注19) 134頁。
24) 佐藤が念頭に置くのは、行政手続法や情報公開法の制定、選挙制度改革、日本銀行の独立性強化、地方分権の推進、内閣機能強化と中央省庁改革、等である。
25) BRUCE ACKERMAN, WE THE PEOPLE, VOL.1 FOUNDATIONS (1991). アッカーマンの理論の紹介と分析は、阪口正二郎『立憲主義と民主主義』(日本評論社・2001年)第4章を参照。

の熟議と総動員的うねりを通じて「高次法形成（higher lawmaking）」を行う「立憲政治（constitutional politics）」との、二元的なダイナミズムとして運営されてきたという。

　ここでいう高次法形成には、もちろん、まずは憲法典の改正が挙げられるが、それに機能的に相当するような法律の制定も含まれる。アッカーマンにおいては憲法改正権と憲法制定権の区別はなく、立憲政治における人民の判断には限界がない。高次法形成の結果もたらされる憲法変動こそ至高であって、かかる変動は憲法典の正規改正やそれに相当する法律制定などの制定法所定の形式をとる必要は必ずしもない。彼は、立憲政治における高次法形成を認定する指標として、①通常政治から立憲政治に段階移動することを告げるシグナリングと改憲等の提案、②人民を総動員するレヴェルで展開される熟議の政治過程、③統治機関相互の応酬、④人民の意思が表明される重大な選挙、⑤反対勢力の態度変更、等を挙げる。こうしたダイナミズムの中で樹立された人民の意思は、合衆国憲法所定の憲法典改正手続を経ずとも、実質的な憲法変動として認識されることになる。新たな憲法変動の生み出す原理や解釈は、最高裁判所によって既存の判例体系中に新たなベクトルとして統合的に組み入れられることになる。アッカーマンが想定する立憲政治の例のひとつとして、ニューディールがあるが、そこで達成された高次法形成のレガシー、つまりレッセ・フェールとの決別と福祉国家の到来、大統領による集権的な市場介入、等[26]につき、最高裁は以後自らが依拠すべき"憲法"としてそれらを受容し、経済的自由や委任立法などの問題領域に関わる判例体系の中に統合していく責務を負うことになる、というのである。アメリカ固有の制度前提に関わることであるが、アッカーマンの構想においては、最終的に、制定法よりも解釈法が憲法変動にとって決定的に重要な役割を果たすことになる。

　以上、constitutional law と区別される constitution としての"憲法"についてみてきた。法外の次元に原理の妥当根拠を求める憲法観に立った場合、従来の「自然法・自然権」に代えて、上にみてきた「物語」や「この

---

26)　もっとも、何がニューディールで示された人民意思で、どのような高次法形成が行われたのかは、実は自明ではない。

国のかたち」といった narrative を原理の供給源に据えることが適当かどうかは議論の余地があるにしても、何らかの法外の正統性基盤を措定せざるをえないのが憲法の宿命である。

　ただし、この問題は「法」の自律的領域をどのように画定するかという問題でもある。したがって、「自然法・自然権」の思想伝統をとりあえず受容して、それを頂点とする法体系の自律性を constitutional law の自律性として承認しつつ、「物語」や「この国のかたち」といった constitution の体系軸を別途検討するという途もあるだろう。先にみた佐藤幸治の物語論は、この両方の軸を統合的に構想するものである。佐藤は、彼の人格的自律権論を主権者の共有する物語に拡大することにより、後継世代によっても引き継がれるべき共通基盤（「この国のかたち」）となし、観念的統一体たる国あるいは国民を無色透明な集合表象ではなく"人格的自律の生"を支える実体ないしそれを生き抜く主体として提示し、かつ、個々の国民の具体的生を鼓舞し励ますような共通指針を提供することを目指すものと理解できる。ややもするとナショナリスティックなものになりがちな「物語」をリベラルな憲法学の前提となる善き生の観念に立脚して構築することにより、その危険性を掣肘しようとしたものと理解できるだろう。その意味では、constitutional law の自律性を維持したかたちで constitution を語ろうとする試みであったのかもしれない。

　他方、アッカーマンの立憲政治・高次法形成は、法を超えた高次元政治の存在を正面から認めて、それが台頭する瞬間をまさに立憲的瞬間（constitutional moment）と理解し、法としての憲法を生み出す事象として描き出している[27]。そこには法を超越して妥当する政治のうねりが想定されている（アッカーマンの所説では憲法改正の限界は想定されていない）。もっとも、アッカーマンによれば、すでにみたように、立憲政治における高次法形成のレガシーは最高裁判所による判例体系への組み込みを通じて保続されることになっていた。この役割配分が、法体系の自律性の維持を裁判所にし

---

[27]　アッカーマンの constitutional politics は「憲法政治」と訳されることが多いが、ここではその憲法産出的意味を強調するため、憲法を樹立するという意味で「立憲政治」という訳をあてている。その意味では「制憲政治」という訳もよいかもしれない。

っかりと担わせることにつながるのか、あるいは立憲政治によってそれを掘り崩すことになるのかは未知数である。

IV 「変える」とはどういうことか?

　このように、憲法の法形式や存在様相が多様である以上、それを「変える」方法も多様になる。それゆえ、多様な法形式や存在様相のどれか一部を変えてみても憲法変動にとってはほとんど無意味ということもあるだろうし、逆に変更手続がそれほど厳重ではない法形式を部分的に改変するだけで大きな憲法変動につながることもありうる。要するに、各法形式および存在様相の間の連動の仕方が憲法変動のポイントになる。そして、そのような連動性の中でも、憲法の制定法と解釈法の連動が特に重要となろう。一般に、憲法典の改正をはじめとする制定法の変動は、解釈法にも変動をもたらすのが通常であるが、そのような変動の射程をしっかりと見極めて、制定法の改定を行う必要があることは言うまでもない[28]。

　もっとも、解釈法の変動をもたらさないどころか、当初から解釈法をまったく意識していないかのような感傷的な改憲提案も散見される。そのような試みにも何がしかの意味はありうるのだろうが、少なくとも法的に意味のある憲法変動であろうとすれば、解釈法をつかさどる法律専門家たちが構成する解釈共同体の営みに変化をもたらすものでなければならないだろう。宍戸常寿が的確に指摘している通り、法的作用としての憲法改正の成否は、「テクスト」の改定のみならず、法律専門家が抱懐する「規範」のあり方にどのような変動をもたらすかを視野に入れて測定されなければ

---

28) たとえば、それなりに市民権を得つつある環境権について、憲法典に「環境権」の文字だけ挿入しても、権利の実現のあり方を法律レヴェルで制度化しなければ絵に描いた餅になるだろう。そして、法律レヴェルでの制度化は憲法13条・25条およびその他の関連法律の解釈法体系の変動を意識して行われるはずであるが、その点に配慮のない法律制定・法律改正は、結局、解釈共同体を構成する法律専門家たちの営みに影響を与えることはない。以上のような連関を意識せず、ただ政治的な空気を入れ替えるためだけのものとしか思えない感傷的な改憲提案をときおり見かけるが、そのような制定法の変動は解釈法の変動をもたらすことはほとんどないだろう。

ならない[29]。

　そうなると、憲法典の改正の意味ないし効果（憲法変動における制定法と解釈法の連動関係と言ってもよい）にはおよそ以下のような場合分けができるだろう。

　第1に、テクストの変更が、法律専門家からなる解釈共同体の規範了解をも変更する場合（「創設的改憲」が行われたとみることができる）。第2に、テクストの変更が、すでに定着している解釈共同体の規範了解の変化を追認する場合（「確認的改憲」が行われたとみることができる）。第3に、テクストが変更されても、解釈共同体の規範了解の変動が直ちには生じず、後に漸次的に生ずる場合。第4に、テクストが変更されても、解釈共同体の規範了解がまったく変動しない場合。第5に、テクストが変更されなくとも、解釈共同体の規範了解が変動する場合（いわゆる解釈改憲のケースや、憲法変遷によって規範認識の源がテクストから事実状況に遷移するケース）。

　このようにテクストと規範は連動も乖離もするが、宍戸が指摘するように、両者の距離関係は、テクストに定められたものが「原理」なのか「準則」（本章でいう「ルール」）なのかによって決まってくる。宍戸の分析によれば、「ごく大雑把で通俗的な結論であるが、①テクストが『準則』を示すものであればテクストと規範の距離が狭まり、逆にテクストが『原理』を示すものであればテクストと規範の距離は開くところ、②統治機構に関する規定についてはテクストと規範の距離がおおむね狭く、『テクストとしての憲法』の改正により『規範としての憲法』の改正に成功することが多いが、③人権規定については『原理』間衡量の構造の上に様々な『原理』及び『準則』が派生しておりテクストと規範（群）の距離が開いているため、『テクストとしての憲法』の改正により『規範としての憲法』を改正することは容易ではない」[30]。

---

29) 憲法改正が法的作用のひとつとして有意味に遂行される条件を分析した重要な業績として、宍戸常寿「『憲法を改正する』ことの意味」論究ジュリスト9号（2014年）22頁以下を参照されたい。宍戸は、同論稿で、憲法改正の営みを、①「テクストとしての憲法」と「規範としての憲法」、②原理とルール（準則）、といった2つの分析視角を用いて、周到に分類・整理し、それらから示唆的な含意を導出している。

30) 宍戸・前掲注29)26～27頁。

この分析に従えば、法的作用としての憲法改正が機能しうるのは統治機構の改革においてであり、人権の領域でははかばかしい成果はなかなか見込めないということになろう。人権規定の改正がその法的な意義を全うするには法令の整備はもちろん、解釈法の実質を正確に捕捉し、それに丁寧に切り込むことを念頭に置きつつ、憲法変動の総合的なプロジェクトを提案されなければならないだろう。そのような努力を怠り、単に憲法を取り巻く空気を換えてみるだけの書き換えを（人権条項や前文等の）原理的条項に施しても、法的に意味のある帰結はもたらされないだろう。しかし、法的には意味がない行為でも、政治的には恫喝や圧迫として機能することはありうるし、改正提案をする側からすればそれで十分だということもあるだろう。もちろん、法的にはナンセンスにみえる改憲も、時間をかけて解釈共同体の共通了解を変化させ、法的な意味を生み出す可能性は否定できない。が、そうであるとしても、力ずくの改憲がまかり通らないようにするためには、解釈法が政治から相対的に自律していることが重要である。解釈法の相対的自律は、解釈共同体の構成員、つまり法曹、裁判所、内閣法制局、法律学者、大学、さらには批評機関としてのジャーナリズムまでをも含んだプレイヤーたちの自律性が確保されていることを前提にしている。この点は、特に強調しておくべきであろう。

V　比較政治学・国制史学との対話へ向けて

　以上からわかることは、"憲法"は、その法形式や存在様相において実に多様であり、制定法と解釈法ならびにそれらを支えている様々な制度の重層的な複合体として存在しているということである。換言すれば、憲法典だけが"憲法"でないのはもちろんのこと、多様な法形式や制度の一体どこに"憲法"が潜んでいるのかは一義的に決まっているわけではないのである。そうであれば、憲法典の改正の回数だけを数えて、憲法変動のあり方を比較することにはあまり意味がない。また、類似した憲法条文を拾い上げても、それだけでは比較憲法研究にはならない。ここはひとつ複雑怪奇な憲法変動の現象を、比較政治学や国制史学の力を借りて、個々の制

度変動に因数分解してみるほかなかろう。

　各国の"憲法改正"の経験を参照することによって、一体、いかなる制度の構築・変動が憲法変動と認識されているのか。また、憲法改正それ自体が制度である以上、一体、いかなる制度条件が充足されれば、「憲法改正」が発動されるのか。護教論的なありがたみの押しつけを時として疑われる"憲法"という言い方をひとまず措き、"制度"というそれ自体は中立的な概念を用いて憲法現象を制度変動に分解してみることは、やってみるに値することである。

　制度に加えて、もうひとつの視点はプロセスである。先にも触れたように、憲法典の改正が直ちにその国の規範体系の変動に連動するわけではない。解釈共同体あるいは国民総体の規範了解は、1つの制度変動によって決定的に変更される場合もあるが、じっくりと時間をかけて変遷を遂げることもある。また、制度変動は、時代を超えて遂行されるいくつかの制度の構築・改廃によって初めて完成することもあるだろう。ある特定の憲法典改正や法制度形成の瞬間を「立憲的モメント」として描きつつも、かかるモメント自体をその一部に組み込んだ通時的なプロセスとして憲法変動を捉える必要がある。

　さて、憲法現象を個々の制度と通時的プロセスに分解・定位することを通じてできあがる山盛りの素材を想像しながら、憲法学者として思うことは次のことである。様々な制度変動のすべてを人々が"憲法変動"あるいは"憲法改正"と呼ぶわけではない。一体どのような条件が揃えば、人々はそれを"憲法"が"変動した"と認識するのだろうか。憲法学者としてはそれを知りたい。

　ありうる憲法変動の大きなプロセスの中でも、わが国の憲法学者にとっての立憲的モメントは何と言っても憲法典の改正の局面であることは間違いなかろう。様々な法形式や制度の変更が憲法変動に結び付く可能性を認めたとしても、憲法典の正規改正は少なくともその手続の硬性において異彩を放つ。日本国憲法96条で、両院での特別多数決による発議と国民投票における過半の賛成という高いハードルが定められているのは、宍戸常寿が述べているように、通常の代表制のもとでの法制定にはみられない

「国民と公職者の基本的関係の変更」[31]を同条が要求しているからである。特別な立憲的モメントとして憲法改正に注意が払われるべきなのは、先のアッカーマンの所説に倣うと、「通常政治」が「立憲政治」に転轍される瞬間であるからである。かかる転轍に至ったことの証を政治の側に立てさせるためには、96条の手続を踏ませることが必要である。また、立憲政治における高次法形成に対してそれが正規の改正手続を経ないにもかかわらず「憲法改正」と同じ効果をもつとするアッカーマンの見立てが、実は憲法変動を詐称するものではないかと疑ってみるためにも、正規の憲法改正を変動のベンチマークとするべきであろう。すでに紹介したように、アッカーマンは高次法形成が憲法変動をもたらす諸条件を種々羅列しているが、正規憲法改正の手続的要件こそは、かかる変動の諸条件を実定化したものとみることができる。熟議と総動員的ポリティクスのうねりが憲法改正に匹敵する高次法形成を生み出すというが、それだけのうねりがなぜ正規憲法改正に至らなかったのか。実は、それほどの大きなうねりなどなかったのではないか。こういった検討は、正規の憲法改正をベンチマークにする1つの効果である。憲法変動と呼ばれる制度変動の中でも、法的作用として憲法変動を捉えようとするならば、正規の憲法改正との距離関係で現象を整序することが大切であるように思われる[32]。憲法学者としてはそれにこだわりたい。

---

[31] 宍戸・前掲注29) 29頁。
[32] いわゆる72年政府見解の変更は憲法改正を経なければなしえないと喝破した角田禮次郎長官の答弁(前注7))は、そのような試みのひとつであったと解される。

第 II 部

イギリス

II−序　概観

1　特徴──不文憲法

　イギリスの憲法について「憲法改正」を語る際に注意しなければならない最大の特徴は、イギリス憲法が不文憲法であることである。すなわち、イギリスには、1つの「憲法典」というかたちでの──他国のように、しばしば通常法律よりも改正手続の厳格な──制定法が存在しない。それゆえ、イギリスにおいては「憲法改正」を論じる前に、まず「憲法」とは何かを明らかにする必要がある。

　しかし、この点には諸説がある。近年で有名なものは、ローズ卿が「憲法的な法律」とは「市民と国家との法的関係を一般的、包括的に条件づけるもの」または「われわれが基本的な憲法上の権利と考えるものの射程を拡大もしくは縮減させるもの」であるとした定義である[1]。しかし、この定義は統治機構に関する規範を含みにくい点で狭いのではないかとの批判もある。他方、ベーカーは、①議会の組織の変更、②議会の権限の変更、③王位継承と君主の権限の変更、④議会と政府の権限関係に対する実質的な変更、⑤中央政府と地方政府の権限関係に対する実質的変更、⑥裁判所の制度と管轄の変更、⑦イングランド教会の制度の変更、⑧国民の諸自由に対する実質的変更、の8項目を挙げる[2]。しかし、このリストに対しても、選挙制度、イングランド銀行、戦争・緊急事態権限の3項目が抜けているのではないかとの批判がある[3]。結局、イギリス人にとっては、「何が憲法的なものかを定義することはできないが、それを見れば、そうであることがわかる」[4]ということなのかもしれない。貴族院憲法委員会は、憲法とは、「国家の基本的な諸制度ならびに国家の構成要素および関連する諸部分を形成し、またこれらの諸制度の権限ならびに異なる諸制度の間の、および諸制度と個人の間の関係を規定する一連の法、ルールおよび慣行」[5]だという定義を行っていると

---

1)　Thoburn v Sunderland City Council〔2002〕EWHC 195（Admin), para. 62（Laws LJ）.
2)　House of Lords Constitution Committee, The Process of Constitutional Change Oral Evidence and Written Evidence, p. 4（Professor Sir John Baker）.
3)　House of Lords Constitution Committee, *above* n. 2, p. 104（Professor Flinders）.
4)　House of Lords Constitution Committee, *above* n. 2, p. 52（Professor Jeffrey Jowell）.

ころである。

　それでは、成文憲法がないイギリスにおいて憲法はどのようなかたちで存在しているのだろうか。憲法法源として挙げられるのは、議会制定法、判例法、習律などである（詳細はⅡ-2章〔上田〕Ⅱ1(1)を参照）。議会制定法すなわち成文のかたちで存在しているものが多いこと、他方で習律のような不文の規範も含まれることに注意が必要である。それゆえ、イギリスにおいて「憲法改正」を論じようとすれば、成文憲法の「改正」だけではなく、様々なかたちで存在する憲法規範の「変動（change）」をみなければならない、ということになる。

2 不文憲法の理由

　イギリスがなぜ不文憲法の体制をとっているのかについては、いくつかの説明が試みられている。ひとつは、イギリス人の経験主義やプラグマティズムに合致しているからであるという説明である[6]。また、イギリス人自身が不文憲法を、その定義の広さ、柔軟性等の理由から優れたものであると考えていることも大きい[7]。他方、イギリス本国が、革命、戦争の敗北による占領、政治体制の転換といった、根本的な変革を経験していないという歴史的な背景が挙げられることが多い。成文憲法の制定は根本的な変革の際に行われるのが通常であるが、イギリスではかかる契機が存在してこなかったために、中世以来の不文憲法の仕組みが温存されているという説明である。

3 憲法史

(1) マグナ・カルタから名誉革命まで

　この結果として、イギリスの憲法変動の歴史を述べることは、最初の憲法的な文書であるマグナ・カルタが1215年に制定されてから800年の憲法史を述べることに等しいこととなる。

　マグナ・カルタは、国王に対する封建領主の権利を確認した文書であるが、個人の自由と陪審裁判を受ける権利を保障する条項を含み、権力の制限と権利の保障という立憲主義の萌芽が認められる。

　もっとも、イギリスにおいて近代立憲主義——そして近代的な意味での憲法——が確立したのは1688年の名誉革命においてである。ジェイムズ2世（スコットランド王としてはジェイムズ7世）を王位から追放したことにより、議会が国王に優位することを示したこの革命は、「議会主権」というイギリス憲法の基本原理を打ち立てた点でも重要である（議会主権についてはⅡ-2章〔上田〕Ⅱ1(2)を参照）。1689年の権利章典は、議会の同

---

5) House of Lords Constitution Committee, Reviewing the Constitution: Terms of Reference and Method of Working, 1st Report of Session 2001-2, para. 20.
6) Martin Loughlin, *The British Constitution*, 2013.
7) 古典的な論考として、James Bryce, *Flexible and Rigid Constitutions*, 1884.

意なき国王による金銭徴収の禁止や常備軍の禁止などを定めた。現在でも、議員の免責特権（9条）などは現行法としての効力を有するとされている。また、1701年の王位継承法は、従来の法に従えば王位継承者となるジェイムズ・エドワードとその卑属を資格から除外し、カトリック教徒またはカトリック教徒と婚姻した者への王位継承を禁止して、実質的に、ハノーファ選帝侯妃ソフィアとその卑属でプロテスタントの者を王位継承者と定めた。この王位継承法は、裁判官が非行なき限り在職しうることを定めた点でも重要である。

(2) 18世紀の動き

その後、イギリス（当時はイングランドとウェールズ）は、1707年にスコットランド、1801年にアイルランドと合邦して、現在の連合王国となった。これも重大な憲法変動であるが、法律に基づき行われている（1707年スコットランド統合法、1800年アイルランド統合法）。

この間、徐々に議院内閣制が形成されてきた。アン女王の死去に伴い王位継承法に従ってハノーファ選帝侯から迎え入れられたジョージ1世は、英語を十分に解さず、イギリスの国内政治に関心をもたなかったため、第一大蔵卿であったウォルポールを中心とするホイッグ党の大臣たちが政治を主導した。ウォルポールはしばしばイギリスにおける最初の首相と呼ばれる。ジョージ2世のもとにおいても、ウォルポールや大ピットらが庶民院多数派の支持を得て政治を指導した。ノースは、1782年にアメリカ独立戦争における敗北から庶民院で不信任決議を受けて辞職したが、これが不信任決議に基づく内閣総辞職の最初の例とされる。このようにして、「国王は君臨すれども統治せず」の原則や連帯責任の観念といった、議院内閣制の諸要素となる憲法原理が形成されていった。

(3) 19世紀から20世紀初めまでの動き

現在の立憲民主制が形成されるのは、1832年以降5回の選挙法改正による参政権の拡大と、政党の組織化を通じてである。1867年、1884年の第2次、第3次選挙法改正により労働者階級まで選挙権が拡大したことを受けて、1906年には労働党が結成された。女性にも参政権が付与されて完全な普通選挙が実現したのは1928年の第5次選挙法改正によってである。

民主的な基盤が広がった結果、議会の内部においても庶民院の権力が強まることとなった。1909年に庶民院が承認した予算案を上院が否決したことが契機となり、1911年議会法が定められた。この法律により貴族院の権限が大幅に縮減され、法案成立を一定期間遅らせる権限のみが認められた。1949年議会法によりその期間がさらに短縮されて、庶民院優位の立法過程が確立した。

1922年にはアイルランド南部がアイルランド自由国として分離した（1937年にアイルランド共和国となる）。また、1931

年ウェストミンスター法によって、自治領（Dominion：カナダ、南アフリカやオーストラリアなど）の議会はイギリス議会が制定した法律を改廃できること、今後はイギリス議会が制定した法律の効力は自治領が要請および同意しない限り自治領に及ばないことなどを定め、大英帝国からコモンウェルスへと移行した。

(4) 第二次世界大戦以降の動き

第二次世界大戦後、労働党政権は1945年に福祉国家を唱え、社会保障制度の整備を進めた。これは、市民が広範囲の経済的、社会的権利を得たと理解することもできるが、政府の経済政策、社会政策の結果に過ぎないという捉え方が強い（実際、1980年代にサッチャー政権は新自由主義に基づく改革を行うことになった）。選挙制度や議会との関係では、1948年には複数投票制（plural voting）が廃止され、1人1票の原則がようやく確立した。1969年には、選挙権年齢が18歳に引き下げられた。また、1958年一代貴族法によって、貴族院に多数の一代貴族が創設されるとともに、初めて女性が加わった。地方自治の関係では、1972年地方自治法によって、県参事会（county council）と地区参事会（district council）との2層制が整備されたが、その後、1992年地方自治法は1層制の地方自治制度も認め、現在、ウェールズ、スコットランド、北アイルランドでは1層制となっている。

第二次世界大戦後には、欧州との関係で憲法の変容が生じた。1972年欧州共同体法は、EC（EU）法がイギリス国内で法的効力をもつことを定めた。1972年法には、同法に抵触する後の議会制定法の効力が否定されると解釈できる条項があり、貴族院も同様の解釈をとったため、議会主権の原則を揺るがすこととなった（Ⅱ-2章〔上田〕Ⅳ3参照）。また、欧州人権条約との関係でも、イギリスは、1950年の批准後なかなか国内法への編入を行わなかったが、すぐ後で述べるように1998年人権法でこれを果たした。

(5) 近年の動き

特筆すべきは、そしてこの後のⅡ-1章〔近藤（康）〕、Ⅱ-2章〔上田〕との関係でも重要なのは、1990年代後半以降の20年間で大規模な憲法変動が起きていることである。1997年に政権交代で誕生したブレア政権では、欧州人権条約が保障する人権の多くの国内法編入（1998年人権法）、スコットランド、ウェールズおよび北アイルランドへの権限移譲（1998年スコットランド法、1998年ウェールズ統治法、1998年北アイルランド法）、貴族院における多くの世襲貴族の議席喪失（1999年貴族院法。世襲貴族間の互選で92名の世襲貴族が次の改革まで暫定的に議席を認められている。貴族院改革についてはⅡ-1章〔近藤（康）〕を参照）、情報公開制度の整備（2000年情報自由法）、最高裁判所の設置（2005年憲法改革法）などが行われた。2007年にブレア政権を引き継いだブラウン政権は、当初、野心的な憲法の見直

しを謳ったものの、2010年憲法改革統治法によって実現したものは、公務員の規律を法律事項とすること、条約批准に対する議会の承認手続の創設など、断片的なものであった。

さらに、2010年の政権交代によって誕生したキャメロン連立政権——連立政権そのものが伝統的な二大政党制の変容の表れだと評する論者もいる——のもとでも、首相による庶民院の解散権を大幅に制限して議員は5年間の任期を全うすることが原則とされた（2011年議会任期固定法）。

また、庶民院の選挙制度の択一投票制（Alternative Vote）[8]への変更、スコットランドの独立が提案された。しかし、これらはいずれも国民投票・住民投票で否決されている。

このように、イギリスの憲法変動は、主に議会制定法によって生じているが、議院内閣制の形成のように、個々の実践の積み重ねによって起きたものもある。

〔上田健介〕

---

8) 選挙区の定数は1であるが、有権者は候補者に順位を付して投票を行い、第1順位の得票の合計が過半数に達した者がいればその者を当選者として、いなければ最下位の者の票をばらして第2順位の者へ回す作業を繰り返し、過半数得票者が出た時点でその者を当選者とする選挙制度のことである。

Ⅱ-1章

イギリスにおける憲政改革
貴族院改革の事例から

近藤康史（筑波大学）

Ⅰ　イギリスの憲法改正と比較政治的視点
Ⅱ　争点としての憲法改正
Ⅲ　イギリスの貴族院改革
Ⅳ　ブレア・ブラウン労働党政権期の貴族院改革（1997～2010年）
Ⅴ　その後と結論

Ⅰ　イギリスの憲法改正と比較政治的視点

　イギリスの憲法改正を比較の観点から考えるうえで、まず念頭に置かなければならないことは、Ⅱ-序でもみたように、イギリスは不文憲法であるという点である。もちろん、他国であれば憲法にあたるような規定や慣習は存在するが、どこからどこまでが「憲法」に相当するのかについて、成文上の区分がない。したがって、他国であれば憲法改正にあたる改革であっても、多くの場合は一般的な議会制定法として行われる。たとえば1911年に、庶民院（下院）と貴族院（上院）との間の権力関係に決定的な変化をもたらした改革も、「1911年議会法」の成立というかたちをとった。また、近年の事例としては、2011年に首相の解散権を制限する改革が行われているが、これもまた「議会任期固定法」によって定められてい

る[1]。これらの改革が日本で行われる場合、「憲法」の改正が必要である[2]。しかしそのような改革も、イギリスにおいては一般の議会制定法を通じて行われたのである。

　このように、イギリスに憲法固有の改正手続は存在しない。Ⅰ-1章〔待鳥〕で取り上げられたような基幹的政治制度に関わる改正も、あくまで一般法の制定・改正や慣習の形成というかたちをとる。ここで、もうひとつ念頭に置くべき点が生じる。それは、イギリスの民主主義制度は「多数決型」の典型とされていることである。イギリスの選挙は小選挙区制度を採用しており、近年はその変化が指摘されるとはいえ、基本的には二大政党システムに基づいてきた。したがってイギリスは、政党間の対立・競争が前提となる民主主義であり、多数派の選好に基づく統治システムであると位置づけられてきたのである[3]。つまり、議席数が1つでも多い多数派によって、決定が行われる。

　このことは、執政府（内閣）と議会との関係における、執政府の強さを導き出してもいる。イギリスでは議院内閣制をとるため、執政府と議会多数派との間で権力の融合がみられるとともに、執政府は、過半数を占める単一の与党によって支えられることがほとんどであり、執政府と議会多数派との間で目的も一致する場合が多い。それゆえイギリスにおいては、執政府と議会との間で「権力と目的の一致」が形成され、比較政治的にみても執政府のリーダーシップが強いとされる[4]。このこともまた、イギリスの民主主義制度における多数決的性格の強さを示している。

　以上のことを考えあわせると、イギリスにおける憲法改正は、日本で想定されるような憲法改正とはかなり異なった構図となりうることが想定される。第1に、日本は成文憲法であるため、何が憲法改正であるのかの範

---

1) 小堀眞裕『ウェストミンスター・モデルの変容』（法律文化社・2012年）。
2) 日本では、衆議院と参議院との権限関係は、日本国憲法59条・60条に規定されており、また衆議院の解散については7条および69条で規定されている。
3) Arend Lijphart, *Patterns of Democracy*, 2nd ed., 2012.
4) Stephen Haggard and Mathew D. McCubbins, 'Introduction: Political Institutions and the Determinants of Public Policy' in Stephen Haggard and Mathew D. McCubbins eds., *Presidents, Parliaments, and Policy*, 2011; 待鳥聡史『首相政治の制度分析』（千倉書房・2012年）第2章。

囲が明確であるとともに、憲法改正については、一般的な議会制定法とは異なる個別の改正要件が定められている。第2に、日本における憲法改正要件は、第96条にあるように、各議院の国会議員の3分の2以上の賛成による発議によって始まる。単純な過半数ではないために、多数決型というよりは合意型での改正が求められることになるであろう。この2点を比較するだけでも、イギリスの憲法改正が日本とはいかに異なるかがわかる。

したがって、比較政治的な観点からみた場合には、特に憲法改正に関して、イギリスは特殊な構図のもとに置かれているとも言える。この特殊性を踏まえ、本章で考えてみたい論点は以下のものである。第1に、不文憲法だから、政治的にみて憲法を改正しやすいということになるのか、という問題である。特に改正の要件が個別に定められていないという点においては、憲法的な規定も、その改正に関しては、その他の法律と同じ扱いとなる。では、他国において「憲法改正」にあたるような改革も、イギリスにおいては政治的なハードルが低く、より実行されやすいということが想定されるが、そうなのだろうか。第2に、他国においては「憲法改正」にあたる改革においても、イギリスでは多数決型で決められるのか、あるいは争点の重要性を鑑みて、合意型のスタイルがとられるのか、という問題である。それはつまり、憲法改正に相当するような改革であっても、一般的な法案と特に違いはなく、政党間の対立や競争に基づき、執政府優位で決められるのか、あるいは、そのような改革に関しては、一般的な制定法とは異なり、幅広い政党間の合意ができるだけ追求され、そのもとで決定されるのかという問題でもある。

本章ではこれらの論点を念頭に置きながら、具体的にイギリスにおける憲法改正の政治過程を分析することで、イギリスで憲法改正が実現される場合の条件を考えていくことにしたい。しかしここでもうひとつ、イギリス固有の厄介な問題が生じる。つまり、イギリスは不文憲法であるため、「何が憲法改正に相当するか」は、成文憲法の国ほど自明ではない。そこで本章では、①成文憲法の国々においても、憲法において明文で規定されていることが多い（つまり「憲法改正」に相当すると思われる）という点と、②イギリスにおいて20世紀以降近年に至るまで頻繁に改革が試みられてき

たという点から、「貴族院（上院、第二院）改革」を事例として定めることにしたい。

貴族院改革は、二院制という政治体制・統治機構に関わる問題であり、政治的な権力分配を規定する基幹的政治制度の改革と言えるだろう。さらにそのような基幹的政治制度の中でも、単にアクター間だけではなく、上院と下院、執政府と議会といった、制度間における権力分配と抑制に関する規定は、日本をはじめとして多くの国々において憲法において明文規定されている問題であり[5]、イギリスにおける貴族院改革はまさにこれに相当するものと考えることができる。また、イギリスの貴族院改革においては、とりわけ庶民院（下院）との間での権力関係が持続的な争点となっており、20世紀以降も、漸進的に試みられ続けている。つまり、一時的に盛り上がったという改革事例ではなく、歴史的に長いスパンの中でその改革の動態を描き出すことが可能である。またその中では、改革の「成功」も「失敗」も両方あった。したがって、成功事例と失敗事例とを比較することによって、どのような場合にその改革は成功するのかという条件を検討することもできる。

以上を踏まえ、本章では20世紀以降の貴族院改革、なかでも1990年代後半の労働党政権期の貴族院改革に焦点を当てて、イギリスにおける憲法改正の構図と過程、そして成否の条件について考えてみたい。次のIIでは、イギリスの憲法改正が一般的にどのような特徴をもっているのかについて述べた後、その中での貴族院改革の位置づけについて論じる。その後、IIIからは貴族院改革に対象を絞って議論を進めていくが、まず分析枠組として、貴族院改革をめぐるアクター間の対抗関係を整理した後、20世紀初頭から1990年代までの改革の試みをいくつか検討し、基本的な構図について明らかにしたい。そしてIVでは、1990年代後半以降の労働党政権期の貴族院改革に焦点に絞り、その到達点を示すとともに、成功と失敗（停

5）　本書で取り上げられている国々の中でも、大統領制の国家の場合には執政府と議会との権限関係（アメリカ、韓国）、二院制の国家であればその間の権限関係（日本、アメリカ、ドイツ、フランス）はそれぞれの憲法において規定されている。高橋和之編『新版 世界憲法集［第2版］』（岩波書店・2007年）。

滞)との比較から、成功の条件について考える。最後にVでは、近年までの貴族院改革の試みを簡単に紹介し、本章で描き出した構図が基本的には変化していないことを確認したうえで、本章の結論をまとめる。なお、以上のように本章は、イギリスの憲法改正の中でも、貴族院などの政治・統治機構に関わる改革に焦点を当てていくことから、特にそれらに対しては「憲政改革」という表現を用いる場合もある。

II　争点としての憲法改正

　イギリス憲法の特徴が、不文憲法という点にあることについてはすでに触れたが、したがってそれは、「文書化された参照フレームとして具体化されているというより、基本的な政治的和解に基づく慣習的価値」として捉えられてきたと言える[6]。そのことは憲法改正の過程に対しても一定の特徴を与える。つまり、あらかじめ計画されたかたちで体系的に条項の改正が行われるというよりも、時代の変化に漸進的に適応するようなかたちで新たな立法が行われるというあり方であり、その意味でイギリスの憲法改正の過程は、インクリメンタリズムの性格を指摘される。

　またイギリスにおいて、憲法に関わる議論は、改正についてのものを含めて争点としては優先度が低いとされている。その理由について、フォーリーは、「憲法的議論は、不必要な騒動や政治的資源の浪費として、伝統的にみられてきた」ことを挙げている[7]。実際、ラッセルが貴族院改革を対象として論じているように、憲法改革が成功することはむしろ稀であり、成功する場合も、100年単位という極めて長いスパンで議論が進んだ結果という場合もある[8]。つまり、政治的コストが高いうえに、その改正には多大な時間やエネルギーも要するために、その争点化が避けられてきた面がある。

　さらに、憲法改正の争点に関しては、総じて有権者の関心も高くはない。

6）　Michael Foley, *The Politics of the Constitution*, 1999, p.2.
7）　*Ibid.*, pp.3-4.
8）　Meg Russell, *The Contemporary House of Lords*, 2013, pp.37-38.

イギリスの世論調査機関であるMORIは、有権者に対して定期的に「最も重要視する争点」の調査を行っているが、「憲法改正（Constitutional Reform）」を選択する者の割合は、せいぜい1％程度である[9]。そのように争点としてのセイリエンスもない状態であれば、諸政党が、政治的コストの高い憲法改正への取り組みに消極的になる面があっても無理はない。

　しかしそのようななかでも、特に1990年代以降には、憲法改正は1つの争点として重要な位置を占めるようになった[10]。1997年総選挙での労働党のマニフェストにおいては、本章でも主題とする貴族院改革や、住民投票を経たうえでのスコットランドやウェールズへの権限移譲など、憲法に関わる改革が掲げられた[11]。また、それらの公約が掲げられた1997年の選挙に関する報道において憲法問題は、ヨーロッパとの関係に次いで、2番目に多く報道された争点、つまり大きく注目された争点であったという調査もある[12]。また実際に、本章で扱う貴族院改革以外にも、EUの欧州人権条約批准を受けた1998年人権法の制定や、最高裁判所の設置を規定した2005年憲法改革法の成立など、1990年代後半以降には様々な「憲法改正」が実現している。

　なぜ、1990年代において憲法改正は主要な争点として浮上してきたのであろうか。フォーリーは、イギリスにおいて憲法問題を争点化させる「燃料」としていくつかの点を挙げているが、特に1990年代の文脈においては、その中でも次の点が重要であると思われる。第1に、「政府の過剰」である[13]。1980年代のサッチャー政権が、民営化などを通じて「小さな政府」を追求する一方、法や秩序といった問題に関しては「強い国家」を志向した点については従来から指摘されている[14]。その「強い国家」の追求

9） https://www.ipsos-mori.com/researchpublications/researcharchive/2905/Issues-Index-2012-onwards.aspx より［2015年12月25日最終アクセス］。ただし、2014年前後は、スコットランド独立を問う住民投票が盛り上がったこともあり、選択する者の割合は5％程度に上昇している。
10） Foley, *above* n.6, p.8.
11） Labour Party, *New Labour Because Britain Deserves Better*, 1997.
12） David Butler and Dennis Kavanagh, *The British General Election of 1997*, 1997, p.140.
13） Foley, *above* n.6, pp.50-53.
14） Andrew Gamble, *The Free Economy and the Strong State*, 1988（小笠原欣幸訳『自由経済

によって、市民的自由が侵食されるという懸念が強まり、憲法の成文化を通じてそれらの自由を保障しようという動きが、憲法問題への注目の基礎となった[15]（このような「成文憲法導入論」については、II-2章〔上田〕でも詳しく述べられている）。第2には、この点とも関わるが、「集権化」である[16]。サッチャー政権は、たとえばロンドン議会の廃止に典型的なように中央集権化を推し進めたが、それに対抗し、地域の自律性を確保するために分権化を進めようとする勢力が、やはり憲法問題を争点化したのである。この2点は、1980年代のサッチャー政権が残した遺産に対する対抗として、憲法問題が浮上したことを示している。

ただしこれらの「燃料」は、サッチャー政権への対抗という、いわば一時的な関心に導かれたものだったとも言えるだろう。しかし1990年代にはそれに加えて、これまでの伝統的制度が、社会的変化の中で不合理なものになってきているのではないかという問題も、憲法問題が争点化する「燃料」として浮上した。第1には、「選挙での不公平性」である。これは、小選挙区制のために得票率ほどには議席数を得られない小政党、具体的には自由民主党が主に主張した[17]。第2には、「伝統的アノマリー」である。イギリスの憲法はもともと非一貫性をはらむが、社会的変化の中でそれが顕在化してきているのではないか。典型的には、民主主義化が進んだにもかかわらず残存する君主制と貴族院であり[18]、特に後者は、国家のモダナイゼーションを掲げる労働党にとって改革の対象となったのである。

ここにも表れているように、1990年代における憲法問題の争点化において、その主な担い手となったのは、労働党と自由民主党であった。その要因は、1990年代前半における政党間対立と協力の構図にある。1979年から1990年代前半にかけて保守党の長期政権が続き、イギリスにおいて

と強い国家』（みすず書房・1990年））．
15) 1980年代後半に、リベラルや社会民主主義の知識人を中心に、成文憲法の制定を目指す「チャーター88」という市民運動が形成されるが、このグループは反サッチャー政権の立場から特に市民的自由の保障を掲げていた。
16) Foley, *above* n.6, p.58.
17) *Ibid.*, p.49.
18) *Ibid.*, p.89.

も政党システムが保守党の一党優位体制へと変化したのではないかという議論も登場するほどであった[19]。そのようななか、保守党から政権を奪取するために、労働党と自由民主党との間での協力が模索されたのである。選挙制度改革や貴族院改革を含め、より憲法問題に熱心だったのは自由民主党であったが、政党間協力を実現するために、労働党がその争点を受け入れていったという事情がある[20]。

　しかし、1990年代中盤以降に労働党への支持率は単独でも過半数を取れるほどに上昇したため、自由民主党との協力の必要性は薄れた。また労働党にとっても、憲法問題は基本的には政治的資源の浪費となる可能性もあり、後にみるように、党内対立の引き金となるリスクもあった。したがって、選挙制度改革などいくつかの憲政改革は、労働党の中では優先度を下げたり、マニフェストからは落とされたりすることになる。しかしそれでもなお、1997年の総選挙に勝利して政権を奪取した労働党は、貴族院改革には踏み込んでいくのであった。それは、なぜだったのだろうか。そしてその貴族院改革は、その程度まで成功したのだろうか。

　これは、イギリスの憲法改正に関する普遍的な問いにつながるものでもある。一般的にイギリスにおいて憲法改正は争点としての優先性が低いが、それにもかかわらずそれがアジェンダとなるのは、どのような場合なのだろうか。また、成功する場合は少ないのであれば、成否を分ける政治的条件は何だろうか。このような普遍的な問題を検討するうえでも、1997年以降の労働党政権の貴族院改革は重要な事例となりうると思われるのである[21]。

---

19) Andrew Heywood, 'Britain's Dominant Party System' in Lynton Robins, Hilary Blackmore and Richard Pyper eds., *Britain's Changing Party System*, 1994.
20) とはいえ貴族院改革に関しては、労働党はかねてより積極的であり、1980年代後半のキノック党首期にはすでに、「選挙で選ばれた第二院」が党内で議論されていた。ただし、貴族院の選挙導入に関しては、当時から党内にも根本的な対立があったとされる。Peter Dorey, '1949, 1969, 1999: The Labour Party and House of Loads Reform' *Parliamentary Affairs* 59 (4), 2006, p.610; Donald Shell, 'Labour and the House of Lords' (2000) 53(2) *Parliamentary Affairs* 294.
21) なお、イギリスの貴族院改革については、田中嘉彦『英国の貴族院改革』（成文堂・2015年）、貴族院改革を含む近年の憲政改革については、小堀・前掲注1）という優れた研究が、日本でもすでにあるので、より詳細な改革過程に関心のある方は、そちらも参照いただきたい。

III イギリスの貴族院改革

1 貴族院の争点化と対立の構図

　イギリスは庶民院（下院）と貴族院（上院）との二院制をとっているが、歴史的にみれば、もともとは貴族院の方が優位な立場にあった[22]。しかし、民主化が進むにつれて、身分制議会の流れを汲み、議員が選挙によって選ばれていない貴族院は、その民主的正統性を問われるようになったため、貴族院改革が繰り返されてきた。その結果、庶民院との関係はまずは対等になり、そして現代では「下院の優越」が確立したと言われるように、その権力関係は逆転したのである。したがって貴族院改革においては、庶民院との権限関係が常に論点となってきたが、その問題の根源は、貴族院には民主的正統性がないという点にあり、貴族院の権力の削減が20世紀を通じて主になされてきたのであった。ただしこの問題に関しては、貴族院に民主的正統性を付与する、つまり、議員の選出に選挙を導入するというかたちの改革もありうる。2000年代以降は、この方向性での貴族院改革が、急速に争点化されてきた。

　また、貴族院改革がアジェンダとされる背景には、党派的とも言うべき動機も存在する。貴族院はもともと世襲貴族で構成されており、1958年の改革では国王の任命する一代貴族も貴族院議員になることが可能となっ

表1　貴族院議員の党派構成

	1906年	1952年	1968年	1986年	1999年	2000年
保守党	461	490	351	416	484	233
自由党／自由民主党	98	44	41	86	72	63
労働党	-	63	116	119	193	201
クロスベンチ	-	-	-	244	355	163
主教	26	26	26	26	26	26
無所属／その他	44	203	255	56	80	8
全体	629	826	789	947	1210	694

出典：Russell, *above* n.8, p.30.

---

22)　田中・前掲注21) 36頁。

たものの、その伝統的構成から、貴族院議員の党派的配置においては、保守党が圧倒的多数を占めてきた（前頁の表1）。この保守党優位の状況を切り崩すために、労働党やかつての自由党は、特に自身が政権を握った際に、貴族院が執政府や庶民院の決定に対する拒否権プレイヤーにならないようなかたちへと、改革を推し進める誘因をもっていたのである。その改革の方向性も、上記と同様のかたちへとつながっていく。ひとつは、貴族院の権限を削減する改革である。そしてもうひとつは、保守党が圧倒的に多い世襲議員の廃止や選挙の導入によって、保守党優位の構成を改めるという方向性である。

　これらの点から、貴族院改革を主導するアクターは、二大政党のうちでも、保守党に対抗する政党、つまりかつては自由党、現在では労働党であると考えることができる。しかし、後にみるように、改革の方向性については労働党内でも対立が存在し、また保守党も、先に述べた1958年の一代貴族法の制定などにおいては主導的な役割を果たした。党派的対立がみられはするものの、単純にその枠内に収まらないのも貴族院改革の特徴である。

　それはなぜだろうか。これまでの貴族院改革が、貴族院と庶民院および執政府との間で、どのように権力を分配するかという問題をめぐるものであったことを想起すれば、執政府、貴族院（および貴族院議員）、庶民院（および庶民院議員）という、制度アクター間での対立や協調も存在するからである。そこに党派的対立が混ざりあうかたちで、複合的な対立構図が形成されてきた。これらを踏まえ、貴族院改革をめぐる対立構図を次のように整理することができる。

　まず触れるべきは、執政府（内閣）である。先にも触れたように、イギリスは「権力融合・目的統一型」の執政府−議会関係を有しており、そのため執政府のリーダーシップは、他国と比べても強い。ただしそれは、執政府に対して多数派を供給する庶民院との関係においてであって、貴族院に対しては成り立ちえないため、貴族院が拒否権プレイヤーとなる可能性は常に残されてきたのである。したがって、執政府は、自らが提案する政策の可決の効率性を高めるために、貴族院の権限を削減したいという誘因

を一般的にもつことが想定される[23]。さらに貴族院の構成が保守党優位であったことを想起すれば、とりわけ労働党あるいは自由党政権の際には、貴族院の権限そのものを弱める改革への誘因が強まる。したがって党派的な要因も絡んでくるが、基本的に執政府の貴族院に対する姿勢には違いがなく、その誘因の強弱が変わってくると考えることができる。

それらの改革志向に対して、貴族院議員は現状維持を追求するだろう。特に20世紀以降、貴族院は改革の波にさらされ続けてきたが、基本的にはそれらの改革には反対であり、その権限を維持しようとしてきた。ただ貴族院は、その権限を弱められ続けてきたとはいえ、執政府や庶民院に対して、それらが追求する法案の成立を遅らせるなど、一定の拒否権を有する。しかし、その権限を行使することは少なかった[24]。なぜなら、その権限を行使した場合には、その拒否権プレイヤーとしての存在が顕在化し、執政府や庶民院がその権限削減に向けた改革を争点化する可能性が高まるからである。したがって、拒否権プレイヤーとしての権限を自重することで、自らに改革が及ぶことを回避することも、貴族院の基本的な行動パターンとなった。

貴族院改革に対する、庶民院議員の立場はやや複雑である。なぜなら庶民院は、①執政府を支えつつ貴族院に対抗する側面、つまり執政府と融合した性格をもつと同時に、②「議会」としては、貴族院と協力して立法を主導し、政策決定の効果性を高めることを志向する場合もあるからである。貴族院改革に対する庶民院の立場は、この①と②で分かれる。①を志向する場合には、貴族院に対する庶民院の優位性、つまり「下院の優越」を高める改革を追求し、貴族院の権限の削減、あるいは貴族院の廃止を主張するであろう。しかし②の場合には、貴族院に民主的正統性を付与することによって、議会全体として立法や政策決定への正統性を高め、場合によっては執政府に対抗できるようにすることが視野に入ってくる。その場合に

---

23) Alexandra Kelso, *Parliamentary Reform at Westminster*, 2009.
24) ただし、後に述べる1999年貴族院法によって世襲議員の大部分が排除されて以降は、その正統性の高まりから、貴族院が政府案を敗北させるなど、拒否権プレイヤーとしての権限行使が増えている。Russell, above n.8, pp.169-177; 小堀・前掲注1）132頁。

は、貴族院への選挙導入などもアジェンダとなる。

したがって庶民院議員はこの①と②に分かれることが想定されるが、問題はそれが必ずしも党派的対立には沿っていないという点である。保守党議員は、貴族院も保守党優位である限りでは、貴族院の権限を維持した方が議会全体としての保守党の影響力を保持することにつながるため、あまり積極的には貴族院改革を支持しない。しかし、特に政権が労働党にある場合を中心として、貴族院を含めた議会全体として執政府に対して対抗するために、②を支持し、貴族院の民主的正統性への改革を提起する議員も一定程度存在する。

労働党もまた、①と②との両方を内包する。労働党政権である場合は特に、またそうではない場合であっても、①の保守党優位の貴族院の権限を削減する改革に労働党議員が賛成することは合理的である。ただし同時に、議会の存在価値を高めるために、②の方向性を追求する労働党議員も存在するとともに、この②をめぐっては党内対立が存在する。なぜなら、②が実現すると、民主的非正統性ゆえに権限を削減され、またその行使を自重してきた貴族院が、その民主的正統性の獲得によって、再び執政府＝庶民院に対して拒否権プレイヤーとして活動する根拠をもってしまうからである[25]。このように②の実現が①を侵食するため、労働党内でも対立が生じる。

以上のように貴族院改革をめぐる対立構図は、必ずしも政党間対立とは一致せず、かなりの程度、党内対立を内包する点に特徴がある。このことが、イギリスの憲政改革に、独特の動態とプロセスを生み出していくことになる。

2　20世紀の貴族院改革

では、イギリスにおいて貴族院改革はどのように進められてきたのだろうか。ここでは「前史」として、20世紀に行われた貴族院改革をいくつかピックアップして検討しながら、改革をめぐるアクター間の構図が基本

---

25) Peter Dorey and Alexandra Kelso, *House of Lords Reform since 1911*, 2011, p.3.

的には上記のものに沿っていることを確認するとともに、そのプロセスの特徴や成否の条件について、予備考察しておきたい。

　20世紀の貴族院改革として最も有名なのは、1911年議会法に結実する貴族院の権限削減の試みであり、いわゆる「下院の優越」の根拠のひとつを生み出したものである。当時は自由党政権であったが、貴族院では前述の通り保守党の圧倒的優位であったため、政権が成立させた法案が貴族院で拒否される事態が頻発した。その中でも、改革への直接の引き金となったのは、1909年の歳入法案であった。財政法案に関しては、19世紀にすでに下院の優越が慣習として確立していたにもかかわらず、貴族院はその法案を否決したのである。

　その否決を受け、首相は庶民院を解散し、民意を問うことになる。1910年1月に行われたこの選挙で自由党は勝利を収め、歳入法も可決されるが、この経験から自由党が踏み込んだのが貴族院改革であった。自由党は、総選挙のマニフェストに「貴族院の拒否権の制限」を盛り込んでいたが、選挙での勝利を受け、1910年議会法というかたちで、その実現に乗り出す。それは、2つの内容を軸とするものであった。第1に、庶民院で開始された法案については、貴族院の反対があったとしても、最初の討論から3回の会期を連続して庶民院を通過した法案は、国王の同意に送られるというものである。この規定によって、貴族院の拒否権は、2年間だけ法案成立を遅らせることができるという「一時停止的な拒否権」にとどめられる。第2に、歳入など予算に関わる法案を「金銭法案」と規定し、これらは貴族院の同意が得られなくても、1か月後には成立するとしたのである[26]。

　この1910年議会法案に対して、保守党は反対しており、貴族院の反対も避けられなかった。そのため当初は、政党間での合意に基づいて法案を進めるため、保守党と自由党とによる政党間での協議が行われた。しかしそれが決裂すると、首相は再度の解散総選挙を選択する。1910年12月、貴族院改革をめぐって「貴族 vs 人民」という構図のもとで行われたこの選挙でも、自由党は勝利した。その結果を受け、貴族院改革へ向けた民主

---

26) Russell, *above* n.8, p.27.

的正統性を得た自由党政権は、その多数の力をもって1911年議会法を成立させ、貴族院の権限の削減に成功するのであった[27]。最後は、多数決的な決定が行使されたと言える。

　また貴族院改革は、必ずしも常に成文法というかたちで行われたわけではなく、「慣習の成立」というかたちをもって実現する場合もあった。1945年に、労働党政権のもとで合意された「ソールズベリ・アディソン慣習」はその典型である。この慣習の内容は、政権党が庶民院選挙のマニフェストに明記した政策については、貴族院はその成立を妨げるべきではないとするものである。選挙で支持された政党の政策を、選挙で選ばれていない貴族院が拒否すべきでないという点で、民主的正統性が根拠となった「慣習」であり、これについては保守党と労働党の合意のもとで形成された[28]。当時の労働党政権にとっては、その公約の中心であった福祉国家の形成などを目指すうえで、保守党優位の貴族院はその障害になる可能性があった。同時に貴族院の側も、拒否権を自制してこれを受け入れることは、さらなる権限削減を回避するという目的もあり[29]、このような合意が可能になったのである。

　しかし、この時期の労働党政権は、さらなる貴族院改革に乗り出す。労働党政権は、1949年議会法において、これまで最大2年まで認められていた貴族院の「一時停止的な拒否権」を、最大1年に短縮することを可決する。1911年議会法の規定に基づき、この法案については貴族院の同意なしで成立させることが可能であったため、貴族院の反対にもかかわらず、庶民院での多数決的な手続を経て可決されたのであった[30]。ただ、この1949年議会法に至る協議では、貴族院の権限削減だけではなく、貴族院のメンバーシップのあり方についても争点となり、政党間の話し合いももたれた[31]。保守党はむしろこの点には積極的だったが、労働党内では対立

27）　1911年議会法の成立のプロセスについては、多くの研究が存在する。たとえば、佐藤芳彦「イギリス予算制度と1911年『国会法』の成立」アルテス・リベラレス（岩手大学人文社会科学部紀要）41号（1987年）1頁以下、小堀・前掲注1）を参照のこと。
28）　田中・前掲注21）40頁。
29）　Peter A. Bromhead, *The House of Lords and Contemporary Politics 1911-1957*, 1958.
30）　田中・前掲注21）41頁。

が生じた。この種の改革を行うと、貴族院の民主的正統性が高まり、庶民院に対して貴族院の権限が強化される可能性が、労働党内で懸念されたからである[32]。

したがって、20世紀の貴族院改革は、全般的には労働党が積極的で、保守党が消極的であるという特徴はあるものの、そのような政党間対立に収まらない構図ももっていたと言える。労働党内での対立が顕在化し、貴族院改革が失敗した例もある。1960年代後半の労働党政権は、貴族院のもつ「一時停止的な拒否権」を1年から6か月へとさらに短縮することを目指した。この改革に関しても、当初は保守党との合意形成が目指されたが、それは決裂する。しかし、最終的にこの改革を葬り去ったのは、労働党内での反対であった。当時の労働党内では、左派勢力が貴族院廃止を主張しており、その観点から、貴族院を持続させるような改革に反対の立場をとった[33]。その背景には、貴族院の廃止ではなく、さらなる権限縮小というかたちをとると、逆に貴族院がその権限をためらわずに使うことにつながってしまうのではないかという懸念もあった[34]。この反対により労働党政権は、多数決的にこの改革を推進することにもリスクを抱えるとともに、それを貫き通そうとすれば、時間的コストも大きい[35]。それらの結果、この改革法案は撤回されることとなったのである。

以上の事例から、20世紀の貴族院改革におけるアジェンダ設定とその過程の特徴、そして成否の条件として、次のようなことが導き出せるだろう。まず、アジェンダとされるのは、自由党あるいは労働党政権期が中心である。貴族院はその伝統的性格のために世襲議員を中心として保守党が優位を占めてきた。その保守党の優位性を切り崩すために、貴族院の拒否権プレイヤーとしての権限を弱める方向へと、自由党・労働党政権が改革をアジェンダにしてきたのである。その点で、貴族院改革には、政党間対

---

31) Dorey and Kelso, *above* n.25, pp.71-82.
32) Russell, *above* n.8, p.31.
33) Dorey and Kelso, *above* n.25, p.158.
34) Dorey, *above* n.20, p.605.
35) Shell, *above* n.20, p.291.

立が反映されている部分もある。

　しかし、貴族院改革に関しては、その権限をめぐるアジェンダに関してであっても、完全に政党間対立の構図に収まるものではなく、政党内での対立がみられる場合もある。したがって、政府が提起した改革の方向へと向けて、執政府と与党との目的が一致し、政党間対立として確立した場合には、改革が成功するが、一致しない場合には、改革が行き詰まることもある。1911年議会法や、1949年議会法はその条件が満たされたために成功した一方、1960年代後半の労働党政権は、政党間対立として確立できなかったために、失敗したと言える。この成否の条件は、イギリスの多数決型民主主義に基づく政治過程においては一般的にみられることでもあり、貴族院改革もその範囲内にあると言える。

　とはいえ、貴族院改革の場合は、最初から多数決型の決定様式に持ち込まれることも少なく、改革当初においては、政党間合意を目指す試みが行われることが多い。これは、アジェンダ設定者が、庶民院において多数を占める自由党や労働党であったとしても、貴族院では保守党が優位なため、政党間の合意形成が、庶民院－貴族院間の合意形成とも連なっているためでもある。ただし、「ソールズベリ・アディソン慣習」にみられたようにその合意が成立する場合もあるが、むしろその方が稀で、政党間での協議が決裂し、最終的には多数決型の決定様式に持ち込まれることの方が多いことも、上記の過程に示されている。

IV　ブレア・ブラウン労働党政権期の貴族院改革（1997～2010年）

1　ブレア・ブラウン労働党政権と貴族院改革

　これまでみてきたように、イギリスでは、日本であれば憲法の条文改正に相当するような規模の貴族院改革が、20世紀を通じてたびたび行われてきたが、1970年代以降は、貴族院改革に消極的な保守党の政権が続いたこともあり、目立った改革は行われなかった。しかし1997年に、トニー・ブレアを首相とする労働党政権が成立すると、再び貴族院改革がアジェンダとして登場することになる。本章では、このブレアと、その後任で

あるゴードン・ブラウンが首相であった1997～2010年の労働党政権期の貴族院改革にスポットを当てる。

　特にこの時期の貴族院改革を詳しく取り上げる理由は２つある。ひとつは、前節でみてきたような貴族院改革とは、性格の異なった改革が試みられ始めたという点である。これまで取り上げた改革は、貴族院の権限の縮小を中心とした、庶民院－貴族院間の権力の分配の規定に関わるものが主であった。しかし労働党政権期においては、単に権限ではなく、貴族院の構成や「民主的正統性」の問題に切り込むものとなった。特に、貴族院に選挙を導入するかどうか、そして導入するのであればどの程度の割合にするかという問題が、この時期の最大の焦点であり、それは貴族院改革をめぐる対立構図とその過程について、新たな一面を顕在化させるものとなった。

　また、労働党政権期における貴族院改革は、２段階に分けて試みられ、第１段階が「成功」、第２段階が「失敗」というかたちで、成否を分けることとなった。第１段階は貴族院における世襲議員を廃止するという改革であり、これは概ね成功した。しかし、第２段階として位置づけられていた、「貴族院を民主的で代表的にする」、つまり何らかの選挙的手法の導入という試みは、失敗に終わったのである。この成否を分けたものは何であろうか。この問いは、貴族院改革の成否の条件という本章の課題に関わり、労働党政権期の改革は、この問題を読み解く格好の事例でもある。

　この成否の条件を考えた場合、これまでの議論を当てはめると、以下のように想定できるだろう。成功した第１段階である「世襲議員の廃止」に関しては、世襲議員はほとんどが保守党所属であったので、これを廃止することは、貴族院の保守党優位を切り崩すことにつながる。つまりこの改革をめぐる対立は政党間対立に沿っており、労働党政権においては、貴族院が拒否権プレイヤーになることを嫌う執政府と、庶民院で多数を有する労働党議員との間で、目的が一致するものとなる。したがって、上で掲げた条件から言えば、政党間合意が挫折したとしても、労働党が多数決的に改革を推進できる状況にあったと言える。

　他方、失敗した第２段階である「貴族院の民主化」に関してはどうだろ

うか。20世紀の貴族院改革においてしばしばみられたように、「貴族院は民主的正統性を欠くので、その権限を制限する」という方向性であれば、執政府と与党との間での目的の一致がより容易となる。しかしその改革が、「貴族院は民主的正統性を欠くので、選挙を導入することでその正統性を高めよう」とした場合、与党内では対立が生じ、また執政府と与党との間でも亀裂が生じるであろう。なぜなら、貴族院がその権限を抑えられてきたのは、その民主的正統性の欠如ゆえであり、逆にその正統性を獲得するならば、貴族院の権限拡大への根拠となってしまい、執政府にとっても与党にとっても、拒否権プレイヤーとしての性格が強まりかねないからである。

その場合、貴族院が拒否権プレイヤーとなることを嫌う執政府は、この改革を積極的には推進しないだろう。その一方で、前節でみたように、与党内では2つの潮流が生じる。つまり、「下院の優越」を守ろうとし、その意味で執政府と連合する勢力と、庶民院と貴族院を合わせて議会全体として民主的正統性を高め、立法府としての効果性を上げることを目指す勢力である。これは政党内対立を惹起し、上でみた失敗のパターンとなるのである。以下、具体的に事例を取り上げ、その過程を検証していくことにしたい。

2 アジェンダ設定から「第1段階」まで

ブレア労働党は、なぜ貴族院改革をアジェンダに設定したのだろうか。先にも述べたように、その政治的コストの高さのために、貴族院改革を含む憲政改革は、労働党にとっても優先順位が低くなりがちな課題であったはずである。労働党の場合、1960年代後半における貴族院改革への試みにおいて、党内対立を顕在化させた経験もある。

1990年代においても、憲政改革により積極的だったのは、第三政党として伸長しつつあった自由民主党であった[36]。自由民主党において最も優

---

36) 自由民主党は、かつて二大政党の一角を占めた自由党と、1980年代に労働党から離党した右派によって形成された社会民主党とが、1988年に合併して結成された政党である。総選挙で20％前後の得票率を得ながらも、小選挙区制に阻まれるかたちで議席数は3％前後であっ

先度が高いのは選挙制度改革であったが、貴族院改革も課題に含まれていた。その結果、保守党からの政権奪取を目指す労働党が、自由民主党との連立や協力を見据え、それを取り込むかたちで、労働党内でも憲政改革がアジェンダとされていったのである。1996年2月には、ブレア党首は、選挙制度改革についての国民投票、貴族院改革、分権化などを行うことなどを公表している。その方針のもと、自由民主党との間で「憲政改革に関する公共諮問委員会」が形成され、総選挙直前の1997年3月には、「世襲貴族院議員の投票権の廃止」や「住民投票を経たうえでのスコットランドやウェールズへの分権」、「選挙制度改革に対する国民投票」などを盛り込んだ報告書が発表されたのであった[37]。

　1997年5月の総選挙において労働党は、マニフェストに上記の内容を盛り込んで臨み、単独で圧倒的過半数を獲得する「地滑り的勝利」を収めた。しかしその結果、自由民主党との連立や協力が議会運営のうえでは必要ではなくなった労働党は、上記の憲政改革の目標の中で取捨選択を行っていくことになる。最もトーンダウンしたのは、選挙制度改革に関してであった。小選挙区制からの転換、あるいは比例代表制の導入は、1997年に単独でも政権を獲得することのできた労働党にとっては、魅力的な選択肢ではなくなった。もちろん党内には、選挙制度改革に好意的な議員も存在したが、改革に反対する勢力も根強く、選挙制度改革をアジェンダにすることは、政党内対立を深めるリスクもあった。

　その点、貴族院改革は、そこまでのリスクのない改革でもある。また、当時の労働党がよく用いたスローガンのひとつに「モダナイゼーション」がある。「モダナイゼーション」は様々な意味を含むが、大雑把に言えば、現代においては旧弊となっており、イギリスの後進性を示しているような制度や政策について、現代のかたちに合うように改めていくという方針である。貴族院は、「相続した富と既存の社会的地位の原理に基づく封建的制度」[38] ともみなされており、とりわけ世襲議員の存在は、その「封建的」

たため、選挙制度改革を中心に憲政改革を訴えていた。
37)　Foley, *above* n.6, pp.213-220.
38)　*Ibid.*, p.89.

性格を最も強く残す部分である。ブレアが政権獲得前から、統治制度のモダナイゼーションの代表例として貴族院改革を挙げていたことや[39]、1997年の労働党マニフェストで、貴族院改革の必要性が「モダンな貴族院」というかたちで表現されていることは[40]、貴族院改革もそのような「モダナイゼーション」実現に向けた重要な対象としてみなされていたことを示している。

　ただし「世襲議員の廃止」を中心とする貴族院改革は、単にこのような理念的な面からのみ正当化されたわけではない。世襲議員の数は保守党が圧倒的であり、そのため貴族院の党派構成が保守党優位となる要因となっていた。したがって、世襲議員を廃止することによって、貴族院の党派構成は少なくとも政党間の均衡に近づくため、労働党にとっては、執政府の観点からも庶民院議員の観点からも、貴族院の拒否権プレイヤーとしての可能性を弱めるために、利益にかなった改革だったのである。貴族院における世襲議員の廃止は、労働党政権にとっては理念と党派的利益の両面から推進すべきものとなり、その貴族院改革のプランにおいても「第1段階」、つまり最優先との課題としての位置に置かれたのである。

　しかし、広く貴族院改革、そして「モダナイゼーション」の観点から言えば、世襲議員だけでなく、貴族院議員が「任命」によって選ばれる点も、過去の遺物としてクローズ・アップされうることになる。二院制であっても上院が任命制をとっているのは、現在ではイギリス以外にほとんどない[41]。したがって選挙を導入することによって、貴族院の民主的正統性を高めるという改革も、理念的には課題になりうるはずであった。しかし後述するようにこの点については党内においても対立があったため、「第2段階」として、「貴族院を民主的で代表的にする」という曖昧なかたちでアジェンダ設定がなされ、具体的なプランの形成は先送りされたのである。

　このようなアジェンダ設定を経て、労働党は、「第1段階」である世襲

---

39) Tony Blair, *New Britain: My Vision of a Young Country*, 1996, p.20.
40) Labour Party, *above* n.11.
41) 他に任命制の上院をとっている二院制の国としては、カナダがある。岩崎美紀子『二院制議会の比較政治学』(岩波書店・2013年)。

議員の廃止にまず着手していく。政権獲得から1年半ほどが経った1999年1月に、政府白書として『議会のモダナイゼーション――貴族院改革』を発表、まず世襲議員の廃止を盛り込んだ改革を行うことを明記し、同月、それは貴族院法案として提出された。この法案に関しては、労働党内での対立はほとんど生じなかったが、貴族院での優位性を切り崩されるかたちとなる保守党からは強力な反発があった。当時の保守党党首であったヘイグは、世襲議員の廃止を「憲法的野蛮」とまで酷評している[42]。特に、改革対象となる保守党世襲議員からの反発は相当なものがあった。そこで、1998年12月の段階で、貴族院における労働党と保守党との間で協議が行われ、92名の世襲議員を残すという修正案で合意したうえで法案は提出された。政府は、世襲貴族が、立法を不合理に妨げたり、貴族院法案の進展を挫折させたりしないという条件つきで、この修正案を受け入れたのである[43]。その修正案をもって、貴族院法案は成立した。

　このように、貴族院改革の「第1段階」である「世襲議員の廃止」は、政党間対立が前面に出るかたちで進められた。保守党からの反発を抑えるために、一部では政党間の合意形成が図られたものの、執政府と与党との間でも目的は一致していたため、基本的には多数決的な過程によって改革が実行されたのである。この改革により、貴族院の構成は表1（前掲）のように変化した。改革後である2000年においては、それまでに比べると明らかに保守党の優位は崩れ、二大政党間の均衡に近づいたのであった。

3　第2段階：貴族院の民主化

　世襲議員の廃止の後、貴族院改革は「第2段階」へと進むことになる。1999年1月に提出された政府白書において、すでに「選挙と任命との混合制」という方向性が示されており、それをより具体的に検討し、改革へ

---

42) Kelso, *above* n.23, p.158.
43) ただし、一部の世襲議員を残すというこの合意案には、労働党内でも強い反発もみられた。なぜなら、世襲議員の廃止は労働党がマニフェストに明記した公約であり、それを貴族院議員との協議で、一部ではあれ世襲議員を残すことは、先の「ソールズベリ・アディソン慣習」に反するという見方もできたためである。この不満は、特に貴族院への選挙導入を主張する議員にとっては強く、「第2段階」へ向けた「燃料」となっていく。Kelso, *above* n.23, p.159.

の幅広い合意を形成するための王立委員会が、1999年2月に設置された。その委員長となったのは、保守党の前両院委員長であったジョン・ウェイカムであり、労働党と保守党を含む12名の委員から形成された[44]。党派を超えた合意アプローチがまずはとられたと言える。委員会は、非党派的で自由な議論が行われる貴族院を志向したため、選挙を導入するとしても、一部にとどまるべきとの立場をとった。その結果、定数を550人とし、そのうち60名から190名程度を直接選挙によって選び、残りを任命制にするという報告書を、9か月後に提出した[45]。

この報告書に対しては、「貴族院を民主的で代表的にする」という改革の課題からして、選挙の導入が一部に過ぎるのではないかという批判が、労働党議員の間からも噴出した。労働党の中には、貴族院を公選制にすることに意欲をもつ勢力も存在したのである。その一方で、ブレア首相が貴族院への大幅な選挙導入には反対しているという情報も駆けめぐった[46]。貴族院改革の「第2段階」に関しては、この時点ですでに、労働党内における対立や、執政府と与党との間での「目的の不一致」の存在を確認できる。

労働党は、2001年5月の総選挙で再び勝利を収め、2期目に入る。その選挙でのマニフェストでは、公共サービス改革などが中心に掲げられており、貴族院改革は周辺的な位置にとどまったが、ウェイカム委員会の報告を支持し、それを効果的な方法で実現することが記されていた[47]。選挙から半年後の2001年11月、政府はウェイカム報告に基づいて、貴族院改革に向けた白書を発表する。そこでは、貴族院の定数を600名とし、その20％にあたる120名を直接選挙にするという方針が提示された。

この白書に対しても、労働党からの一枚岩の支持があるわけではなかった。特に選挙によって選ばれる議員の割合については、様々な異論が噴出した。なかでも庶民院の院内幹事であり、憲政改革を主導する立場にあっ

---

44) Russell, *above* n.8, p.261.
45) Kelso, *above* n.23, p.161.
46) Russell, *above* n.8, p.261.
47) Labour Party, *Ambitions for Britain*, 2001, p.35.

たロビン・クックは、定数のうち少なくとも50％が選挙で選ばれるという改革を主張しており、また、選挙の導入を支持する労働党議員も多数存在するという調査もあった[48]。他方で執政府の側は、この白書について庶民院で議論は行ったものの、積極的にその法案を進める意思をもたなかったと言われる[49]。ブレア首相をはじめ執政府は、この改革に消極的だったのである。クックはその後、過半数が選挙で選ばれる貴族院への改革を主導していくが、それに対してブレアは、貴族院を選挙と任命の混合制とする案に対し、「雑種的」と批判的に言及するなどしていた[50]。貴族院改革は、労働党内での方向性の不一致ゆえに、多数決型では決定できない状況に陥っていたのである。

このように党内対立が顕在化し、執政府と与党の間でも亀裂が深まるなか、2002年7月に、貴族院改革についての合同委員会が、両院からそれぞれ12名のメンバーを選ぶかたちで設置された。このことは、再び合意型のスタイルが模索されたことを意味している。ここでは、貴族院における選挙と任命のバランスが特に焦点となり、完全に任命制とする案から、完全に直接選挙とする案までが、幅広く議論された。しかし、半年近くが経過しても合意は得られず、同年12月に公開された報告書では、①全員任命、②20％選挙・80％任命、③40％選挙・60％任命、④50％選挙・50％任命、⑤60％選挙・40％任命、⑥80％選挙・20％任命、⑦全員選挙という、実に7つものオプションが併記されることとなった。

この報告書に対し、労働党内での意見も分裂した。ブレア首相は、貴族院へのいかなる選挙的要素の導入にも反対することを明確にした。また、「下院の優越」の観点から、貴族院への選挙導入を拒否する議員も存在し、その中には貴族院廃止を主張する者もあった[51]。ここに至って、労働党内での対立の理由も鮮明となる。貴族院の民主的正統性の観点から選挙の導入が議論されていたわけであるから、賛成派はその理由で選挙導入を支持

---

48) Robin Cook, *The Point of Departure*, 2003, p.91.
49) Russell, *above* n.8, p.263.
50) Kelso, *above* n.23, p.168.
51) *Ibid*., p.179.

していたが、反対派は、貴族院が民主的正統性を得ることによって「下院の優越」の根拠が弱まり、執政府や庶民院の方針に対する拒否権プレイヤーとしての権限を強めることを懸念していたのである。

　結局、最後まで貴族院改革の「第2段階」に関する合意は、政党間はもちろん労働党内でも得られず、2003年2月、上記の7つに貴族院廃止を加えた8つのオプションすべてについて、それぞれ賛否の投票が行われることとなった。労働党、保守党ともに党内の合意は得られていないため、自由投票となった。貴族院の投票では、「全員任命」だけが圧倒的多数で可決された。庶民院では、まず貴族院廃止が174対392で否決された後、それぞれのオプションについて投票が行われたが、結果はすべて否決というものであった（表2）。労働党・保守党ともに党内でも各オプションについての賛否は割れた。特に労働党内においては、3つの立場に完全に分かれた。マクリーンらの分析によれば、首相のブレアに追随する168名の労働党議員は全員任命か、少しの割合だけ選挙を導入する案に賛成で、それ以外のオプションには反対した。しかし、改革に積極的なクックも含め、半数以上を選挙とする案に賛成し、それ以外に反対した労働党議員も178名に及んだ。さらに、貴族院廃止に賛成した労働党議員も150名ほどいたとされる[52]。

表2　庶民院での投票結果（2003年）

	貴族院廃止	全員任命	20%選挙 80%任命	40%選挙 60%任命	50%選挙 50%任命	60%選挙 40%任命	80%選挙 20%任命	全員選挙
賛成	174	247	-	-	-	255	283	274
反対	392	325	-	-	-	318	286	291
結果	否決	否決	否決	否決	否決	否決	否決	否決

※「20%選挙・80%任命」「40%選挙・60%任命」「50%選挙・50%任命」の3案は、議長によって否決が宣告された。
出典：McLean, Spirling and Russell, *above* n.52, p.299.

　この結果は、「貴族院を民主的にする」が、「民主化された貴族院は、下院（庶民院）の優越を妨げる」に敗北したものと言えるだろう。この対立

---

52)　Ian McLean, Arthur Spirling and Meg Russell, 'None of the Above: The UK House of Commons Votes on Reforming the House of Lords, February 2003' (2003) 74(3) *Political Quarterly* 298, at 305-307.

は政党間を横断するものであり、党内での意見の分裂が顕著であった。したがって、政党間の合意はもちろん、イギリス民主主義の特徴である多数決型のプロセスによっては、いかなる決定も下すことができなかったのである。このような過程は、憲政改革ならではの特徴を示すものとなった。

この「多数決によっては何も決定できない」という結果を受け、貴族院改革はしばらく停滞する。しかし労働党は、三度目の勝利を収めた2005年総選挙のマニフェストで、「貴族院の構成について自由投票を行う」としていたこともあり[53]、再び貴族院改革に取り組むこととなった。庶民院院内総務であったジャック・ストローを委員長として、超党派からなる作業グループが編成され、議論が行われた。その結果2007年2月に発表された白書では、50%選挙・50%任命とする案が提示された。

2007年3月にはこの白書に基づき、またしても7つのオプションについての投票が行われた。その結果は前回とは異なり、80%選挙と全員選挙が賛成多数として可決された（表3）。しかし、政府案は先の通り、「50%選挙・50%任命」であったため、この結果は、政府の敗北を示すものでもあった。ここに再び、執政府と与党との間の目的の不一致が顕在化する結果となったのである。その後、ブレア首相辞任の後を受けたブラウン政権は、この「50%選挙・50%任命」とする政府案を破棄し、2008年に新たな白書を発表するが、具体的な行動はとられることなく2010年の政権交代を迎えることとなった。

表3　庶民院での投票結果（2007年）

	全員任命	20%選挙 80%任命	40%選挙 60%任命	50%選挙 50%任命	60%選挙 40%任命	80%選挙 20%任命	全員選挙
賛成	196	-	-	155	178	305	337
反対	375	-	-	418	392	267	224
結果	否決	否決	否決	否決	否決	可決	可決

※「20%選挙・80%任命」「40%選挙・60%任命」の2案は、議長によって否決が宣告された。
出典：田中・前掲注21) 73頁。

---

53) Labour Party, *Britain forward not back*, 2005, p.110.

4 小　括

　以上のように、1997～2010年に至る労働党政権において、貴族院改革はアジェンダであり続けたが、その「第1段階」と「第2段階」との間には、明確な対照性が存在した。「第1段階」として位置づけられた世襲議員の廃止は、貴族院における保守党優位を切り崩すという点で、執政府および労働党の党派的利益にかなうものであった。その過程は政党間対立を軸に進み、最終的には多数決型で決定が行われた。

　他方、「第2段階」として位置づけられた「貴族院を民主的で代表的にする」改革に関しては、特に選挙を導入するか、あるいはどの程度の割合を選挙にするかに関して、与党・労働党内でも意見は分かれた。その対立は、貴族院への民主的正統性の付与を優先するか、あるいは「下院の優越」を維持するかとの間に形成されていたが、それは政党間対立に沿ったものではなく、政党内での対立を惹起したのである。

　また執政府の側も、民主的正統性を獲得した貴族院が拒否権プレイヤーとしての権限を強める可能性を懸念し、「第2段階」に対しては常に消極的な立場をとった。その結果、執政府と与党との間での目的の不一致が顕在化し、多数決型の解決がとりえなかったのである。そのようななかで、超党派での合意形成の試みもみられたが、それにも失敗した。このように「第2段階」の改革は、憲政改革にかかるコストやリスクの高さを体現するものとなり、労働党政権の中でも、次第にその優先度が下がっていったと言えよう。

V　その後と結論

1　保守-自民連立政権期の貴族院改革（2010年以後）

　2010年の総選挙では、二大政党がいずれも単独では過半数の議席をとれず、第一党の保守党と、第三党の自由民主党との間での連立政権が、保守党党首のキャメロンを首相として形成された。先に、自由民主党が1990年代に憲政改革に積極的であった点をみたが、その姿勢は維持されており、この連立の基礎となる合意においても、選挙制度改革の是非を問

う国民投票を行うことなどに加えて、貴族院への選挙の導入が盛り込まれていた[54]。自由民主党の積極性に引っ張られるかたちで貴族院改革がアジェンダ化された点は、労働党政権期と同様の構図であった。

ただし保守党のキャメロン首相自身は、貴族院改革を「第3期の争点」とするなど[55]、保守党の側では明らかに優先性の低い課題として位置づけられていた。しかし連立合意には入っていたため、ニック・クレッグ副首相（自由民主党）を委員長として、両院からの超党派のメンバーからなる合同委員会において検討が開始され、2011年には政府白書が発表される。その中では、貴族院議員の80％を選挙で選ぶという案が掲げられた。ただし、この提案に関しては、合同委員会内でも議論は分かれていた。半分近い委員が反対し、それらの委員は、この報告書と並行して、貴族院に選挙を導入することに反対する内容である「オルタナティヴ報告書」を発表するなどしている[56]。この時点ですでに、そしてやはり、改革の方向性についての合意が破綻した状態にあった。

連立政府は、この白書の内容を微修正のうえ貴族院法案として2012年に庶民院に提出し、審議に入った。この法案は、第二読会を、462対124の多数で通過したが、反対票の多くを投じたのは保守党議員であり、その数は91名に及んだ。キャメロン首相は、保守党内からこれだけの造反が出たことを理由に、法案を撤回する。第二読会は通過したものの、この後の審議の中で労働党議員からも反対がなされるであろうことを想定すると、それ以上進めることができないという理由からであった[57]。当然、クレッグ副首相をはじめとして自由民主党からは批判が噴出し、保守党との間での亀裂が生じたが、貴族院法案がこれ以上進展することはなかった。

キャメロン政権における貴族院改革の失敗は、元来、貴族院改革に消極

---

54) 連立合意の内容については、以下のURLで参照することができる。https://www.gov.uk/government/uploads/system/uploads/attachment_data/file/78977/coalition_programme_for_government.pdf［2015年12月25日最終アクセス］
55) Russell, *above* n.8, p.265.
56) *Ibid.*, p.266.
57) 田中・前掲注21) 182頁。

的な保守党の政権であることにももちろん起因するが[58]、そのプロセスにみられる構図は、Ⅳでみた労働党政権期と共通する部分が大きい。第1に、特に選挙を導入する方向への貴族院改革は、党派を超えた対立軸となっており、与党である保守党と自由民主党との間ではもちろん、保守党内だけでも対立が形成されていたことである。そのことにより、改革を目指す執政府と与党との間では目的の不一致性が顕在化し、多数決型の決定様式を貫徹できなかった。第2に、貴族院に選挙を導入する改革については、キャメロン政権期においても、執政府の消極性が露わとなった。このような消極性は、労働党政権期の貴族院改革の「第2段階」と共通する。民主的正統性を高めた貴族院がその権限を強め、執政府および与党にとっての拒否権プレイヤーとなりうるという懸念は、党派を問わず、執政府に共有されるものであると言うことができる。

　このような点から、保守－自民連立政権期においても、貴族院改革は挫折した。その「失敗」の構図は、労働党政権期と同様であり、さらに言えば、20世紀における貴族院改革の成否の要因とも共通している部分が多いと言える。

2　結論と含意

　本章では、特に1990年代以降の貴族院改革に焦点を当てるかたちで、イギリスにおける憲法改正・憲政改革の政治過程について検討してきた。最後に、本章の冒頭で示した問いに基づいて、つまり、イギリスにおける憲法改正もまた多数決型で行われるのか、あるいは憲法改正については合意型なのかという論点と、イギリスにおいて、憲法改正の成否を分ける政治的条件は何かという問題を中心に整理し、結論としたい。

　まず言えることは、貴族院改革においてはまず、政党間の合意形成を目指すところから始まることが多いという点である。本章で取り上げた事例においてはいずれも、政党間あるいは超党派の委員会が組織されている。ただし、「ソールズベリ・アディソン慣習」のように、政党間の合意によ

---

58) 同前。

って改革が実現する場合も確かにあるが、それはむしろ稀である。したがって、政党間の合意を最初は追求するものの、その過程で合意が形成されることは少なく、最終的には多数決型の決定によって貴族院改革が達成される場合の方が多い。その成功の条件は、一般的な法案と同様、執政府と与党との間で目的が一致した場合である。労働党政権期の世襲議員廃止などはその典型であると言えよう。ただし、一般的な法案と比べると、このような多数決型の解決によって改革が成功する事例も、実はそれほど多くはない。

　なぜなら、貴族院改革においては、その対立軸が、必ずしも政党間対立に沿っているとは限らなかったからである。労働党政権期の「第2段階」の改革はその典型例である。貴族院に選挙を導入するかという問題に関しては、政党間対立とともに、政党を横断するかたちでの対立も生じた。この場合には、政党間協議を行っても合意は難しいうえに、合意ができたとしても、その案をめぐって、執政府と与党との間で目的の一致が形成できず、多数決型の解決も困難となる。貴族院改革にみられるように、政党横断型の対立を惹起する場合が多い憲政改革は、多数決型民主主義であるからこそ、成功が見通せなくなってしまうのである。そのことから、イギリスにおける憲法改正・憲政改革が、党内対立を激化させるコストを生むことや、そのコストに見合った党派的利害や理念を達成できるわけでもないために、優先度の低い対象になるという構図が見出せる。つまり、多数決型民主主義だからといって、あるいは不文憲法だからといって、イギリスにおいて憲法改正や憲政改革が容易になるわけではないのである。

　またこの点は、イギリスにおいて憲法に関わる改革が、しばしばレファレンダムに委ねられる場合が多いことの要因にもなっているのではないかと思われる。1970年代にはEU脱退をめぐる国民投票、2011年に選挙制度改革の是非を問う国民投票、また2014年には、スコットランド独立を問う住民投票などが行われた。さらに、現在のキャメロン政権下では、再びEU脱退に関する国民投票が行われる。これらはすべて、憲法改正・憲政改革にあたるものであるが、これらの争点もまた、政党を横断するかたちで賛否が分かれるため、政党間対立に基づく多数決型民主主義によって

は決定できないという性格を共有している。さりとて政党間での合意を形成することも難しく、国民や住民の直接的判断に委ねられることとなるのである。

　レファレンダムは、多数決型決定の究極形態でもあるため、イギリスにおいて多数決型民主主義が、憲法問題においても反映されているとも言えるだろう。ただしこれらのレファレンダムによって、憲法改正・憲政改革が成立した事例もまた少ない。上記の議会内での多数決も含め、イギリスにおける憲法改正は、多数決型民主主義をとるがゆえに困難である、という見方もできるかもしれない。イギリスにおける憲法改正を考えるうえでは、このような論点も重要となるだろう。

　　※本章は、平成27年度科学研究費助成事業（学術研究助成基金助成金（基盤研究
　　（C）））課題番号26380161による研究成果の一部である。

第Ⅱ部　イギリス【規範から考える】

Ⅱ-2章
イギリスにおける憲法変動の改革論
コンセンサス、市民参加やエントレンチメントのあり方などをめぐって

上田健介（近畿大学）

Ⅰ　はじめに
Ⅱ　憲法変動のあり方
Ⅲ　現在の憲法変動のあり方に対する評価
Ⅳ　憲法変動のあり方の改革論
Ⅴ　おわりに

Ⅰ　はじめに

　Ⅱ-1章〔近藤（康）〕でみた貴族院（上院）改革も含め、イギリスにおいては1990年代末以降、「憲法改革」の動きが激しくなっている。その中で、憲法変動（constitutional change）のあり方それ自体を見直したり、不文憲法の体制を改めて成典化する——さらには通常の議会制定法よりも改正要件の厳格な成文憲法を定める——ことを検討したりする動きもみられる[1]。
　すなわち、貴族院憲法委員会は、2011年に「憲法変動のプロセス」を

1）　先行業績として、倉持孝司「イギリス憲法における『憲法上の変更』とそのプロセス」法律時報85巻5号（2013年）86頁。なお、本書Ⅱ-1章〔近藤（康）〕では「政治・統治機構に関わる改革」（Ⅰの最終パラグラフ）を念頭に「憲政改革」の語が用いられているが、本章では人権も含めより広く憲法に関わる改革を視野に入れる（「憲法」の意味についてⅡ-序1を参照）ので、「憲法改革」という語を用いる。

テーマとする調査をしている。これは、同委員会が、2001年に設置されて以降、労働党政権下や当時の連立政権下で憲法的な法律の審査（後述 II 2(2)参照）を行うなかで、現在のプロセスに懸念を抱いたことから包括的な調査を行ったものであり、多くの有識者や政治家から文書提出や証言を受けたうえで、2011年8月に報告書[2]が提出されている。

また、2010年からのキャメロン連立政権のもと、庶民院政治憲法改革委員会[3]が、2015年——議会任期固定法に照らせば途中解散がない場合に連立政権の任期末となる——がマグナ・カルタから800周年となることにちなみ、同年を目指して成典化も含めた憲法のあり方の再検討を開始した。「新たなマグナ・カルタ？」と題されたこの調査では、キングスカレッジに委託して文献調査を行った後、2014年7月に報告書[4]を公表してパブリックコメントに付し、2015年3月にその結果を踏まえた第2弾の報告書[5]が公表されている。

本章では、まず、不文憲法であるイギリスにおける現在の憲法変動のあり方について、それを大きく規定している議会主権という憲法原理とあわせて整理した後（II）、主に上の2つの委員会の報告書、資料の中で示された様々な論者の意見から、現状に対する評価（III）、改革案（IV）を紹介し、ここからイギリスの「憲法改正」の規範的含意に関する若干の示唆を得たい（V）。

---

2) House of Lords Select Committee on the Constitution, The Process of Constitutional Change, 15th Report of Session 2011-12, HL Paper 177.
3) 庶民院政治憲法改革委員会は2010〜2015年まで設置された特別委員会である。2015年の総選挙後、6月3日の議院規則改正で「公行政・憲法問題委員会」が設置され、同委員会が憲法問題を引き続いて担当している。
4) House of Commons Political and Constitutional Reform Committee, Consultation on A New Magna Carta? 2nd Report of Session 2014-15, HC 463.
5) House of Commons Political and Constitutional Reform Committee, Consultation on A New Magna Carta? 7th Report of Session 2014-15, HC 599.

II 憲法変動のあり方

1 憲法法源と憲法変動

(1) 多様な憲法法源と憲法変動　II-序でみたように、イギリスは不文憲法の国であるため、そもそも憲法の内容の画定から争いがあるが、憲法の存在形式（法源）に着目すれば――これも論者により整理の仕方は様々であるが大雑把に言って――①制定法、②判例法、③習律に分けることができる[6]。

①制定法の中心は、もちろん議会制定法であるが、行政部が、あるいは法律の委任を受けてあるいは国王大権に基づき独自に制定する命令も憲法法源として挙げられる。議会制定法は、庶民院と貴族院の両議院において過半数で議決されれば成立するのが基本であるが、金銭法案（歳出、歳入に関係する法案）は、先議の庶民院で議決されれば、貴族院に送付後1か月以内に修正なしで議決されない場合に貴族院の議決がなくても成立し、それ以外の法案も、連続2会期、庶民院が同一の法案を議決し、最初の会期の第二読会の議決と後の会期の第三読会の議決との間に1年が経過していれば貴族院の議決がなくても成立する。

②判例法は、コモン・ローと制定法解釈とからなる。コモン・ローとは、個々の事件を解決するなかで裁判官によって案出され洗練された法である。公権力の違法な行為に対する救済や、人身保護令状――不法な身柄の拘束から個人を保護する――を求める訴えなどに関する裁判官の判断中にこのような法を見出すことができる[7]。制定法解釈とは、制定法の文言が抽象的で多義的なことが多いために、裁判官が具体的事案への適用との関係

---

6) 論者によっては、「議会の法と慣行(law and custom of Parliament)」を別に法源として立てるものもある(A. W. Bradley and K. D. Ewing, *Constitutional and Administrative Law*, 16th ed., 2014, p.18. 後述IV 2でみる庶民院政治憲法改革委員会の「青写真」もこれと同様である）。議事手続のルールなどがこれにあたり、議院規則、各院の決議や議長の裁定というかたちで存在する。議院自律権が尊重されており、裁判所はその内容の当否の判断には踏み込まない。
7) 論者によっては、判例法の第3の部分として、「コモン・ロー上の憲法原理」を挙げる者もいる(Mark Elliott and Robert Thomas, *Public Law*, 2nd ed., 2014, p.44)。

で文言を解釈してその意味を明らかにする営みである。そこでは立法者の意思が忖度されるが、その際に「立法者の意思とはどういうものであるべきか」という裁判官の判断が影響を及ぼしうる。制定法の解釈を通じて裁判官が法形成を行っているとも言えるのである。

　③習律は、「主権を有する者たち、大臣その他の公務員の行動を規律する……了解、慣習あるいは慣行（understandings, habits, or practices）」[8]、「憲法を運用する者たちによって、自分たちを拘束していると考えられている立憲的な行動のルール」[9] などと定義される。具体的に何が習律かについては、ジェニングスの有名な判別テストによれば、㈠先例があり、㈡先例における行為者が当該ルールによって拘束されていると信じており、㈢当該ルールに合理性（reason）があるものか否かにより判定される。かかる定義や判別テストからうかがわれるように、習律は、基本的に不文のものである。

　もっとも、近時、習律は成典化（codification）される傾向にある。たとえば、執政府内部で従来の慣行等をまとめた「行為規範（Code）」によって習律の内容が明文化されることもある。2011年に作成された「内閣手引書（Cabinet Manual）」は、「変動を促進するというよりも現在の状況を記録することで、政府で働く者のためのガイド」を示すことが目的だとされ[10]、大臣が政府内部の組織および運営に関して従うべきルールや慣行をまとめた「大臣行為規範（Ministerial Code）」――1917年にまとめられた「大臣の手引き」が起源でたびたび改定され、1992年版以降はその内容が公表された――を発展させたものであるが、その内容は、全11章の標題が、「主権者」「選挙と組閣」「執政府――内閣総理大臣、大臣、政府の組織」「連帯責任を負う内閣の意思決定」「執政府と議会」「執政府と法」「大臣と公務員」「分権政府及び地方自治体との関係」「EU及び他の国際機関との関係」「政府の歳入と歳出」「政府の情報」とあることからもうかがえる通り、

---

[8] A. V. Dicey, *An Introduction to the Study of the Law of the Constitution*, 10th ed., 1959, p.24.
[9] Geoffrey Marshall and Graeme C. Moodie, *Some Problems of the Constitution*, 1967, p. 26.
[10] Cabinet Office, *The Cabinet Manual*, 2011, p. iv.

国政の広範囲にわたるルールや慣行が明文化されまとめられたものである。この文書は、それ自体としては法的効力をもつものではないが、従来の慣行——そして不文の習律——を明文化し、国政に関与する者が従うべき規範を示したものとして重要である[11]。

ともあれ、このように憲法の法源には多様なものが含まれるため、憲法変動を論じる際には、②や③についても語る必要がある。②の判例法については、判例を通じて新たな権利が形成されることがある。1990年代半ば以降、判決中で「憲法上の権利」や「基本的な原理」という言葉に言及されることが増えている。たとえば、「すべての者が妨げられることなく裁判所にアクセスできる権利を有しているという私たちの法の原理は、憲法上の権利に位置づけられなければならない」との判示[12]や「基本的権利を一般的なまたは曖昧な文言によって侵害することはできない」という基本的な制定法解釈原理——適法性の原則（principle of legality）と呼ばれる——の言明が知られる[13]。

③の習律については、そこに含まれる規範で拘束される政治家の長年の行為を通じて形成されるが、たとえば、スウェル習律（Sewel Convention）——ウェストミンスター議会は、地域議会が権限を有している事項について、その議会の事前の同意がない限り、その地域に効力を及ぼす立法を行わないという習律——のように、短期間のうちに新たに形成されるものもある（ドイツの習律について、V-2章〔赤坂〕Ⅲを参照）[14]。また、習律は、「成典

---

11) 上田健介『首相権限と憲法』（成文堂・2013年）12頁注9、15頁参照。「行為規範」には、他に、公務員の基本的な行為準則を定める「公務員規範（Civil Service Code）」、公務員の任用、勤務条件、服務規律等に関する詳細な規定を含む「公務員管理規範（Civil Service Management Code）」が存在する。これらは、もともと国王大権に基づき執政府が定めていたが、2010年憲法改革統治法によって、公務員関係の規律が国王大権から法律事項に変更されたことに伴い、同法の委任命令という位置づけに変わっている。

12) R v Secretary of State for the Home Department, ex p Leech [1994] QB 198, 210 (Steyn LJ).

13) R v Secretary of State for the Home Department, ex p Simms [2000] 2 AC 115, para.131 (Hoffmann LJ).

14) 外国への軍隊の派遣も、従来は国王大権に基づき内閣の一存で決定できたが、2003年のイラク派遣、2011年のリビア派遣の際に事前に庶民院で決議がなされ、2013年にはシリアへの派遣について庶民院で決議が得られず内閣がこれを断念したことから、庶民院の決議が必要

化」の過程で内容に変動を受けることがある。上述の内閣手引書は、基本的に従来の習律を明文化したものだとされるが、これが編まれる契機となった「多数派を占める政党がない議会（Hung Parliament）」における組閣手続のルールはこの時に創案されたものである。また、従来は習律だとされていたものが、制定法によって定められることとなり、その際に制定法によって内容が変更されることもある。たとえば、庶民院の解散権の行使は、従来は国王大権に基づき自由に行使できたが、2011年議会任期固定法により解散権を行使できる場面が制限されている。

(2) 議会制定法による憲法変動と議会主権

このように、イギリスにおける憲法法源は多様であるが、その中心は議会制定法（通常法律）である。量的にみて、憲法規範の多くが議会制定法の中に示されているのみならず、質的にも、判例法や習律の内容は議会制定法で変更できるからである。それゆえ、意識的な憲法変動について語るときには議会制定法に着目しなければならない。イギリスが不文憲法の国であるといっても、それは憲法典という成文憲法——憲法学で言うところの「形式的意味の憲法」——がないだけに過ぎず、実際に憲法規範の多くは成典——議会制定法（通常法律）——のかたちで存在していることに注意が必要である。とはいえ、成文憲法——国法秩序において通常の議会制定法より上位に置かれるのが通常である——の有無は後で検討するように秩序形成のあり方として無視できない違いをもたらすのであって、成文憲法ではなく通常の議会制定法が憲法法源の中心にあることがイギリス憲法の大きな特徴であることは、言うまでもない。そしてこの背景にあるのは、これまたイギリス独自の憲法原理である議会主権という概念である。成文憲法をめぐる議論を理解するのに有益であるので、ここで若干、この議会主権について説明しておきたい[15]。

議会主権とは、これを定式化したダイシーによれば、国王（女王）、貴族

であるとの習律が形成されていると言われる。Bradley and Ewing, *above* n.6, pp.256-257.
15) 議会主権論については、本山健「議会主権論の検討」早稲田法学会誌25巻（1974年）304頁、田島裕『議会主権と法の支配』（有斐閣・1979年）、坂東行和『イギリス議会主権』（敬文堂・2000年）などを参照。

院、庶民院からなる「議会」が「いかなる内容の法であれ形成し廃止する権利をもつ」こと、さらには「イングランドの法によっては、いかなる者、組織体も、議会の立法を覆しまた無効にする権利をもつものとして承認されていない」ことを意味する[16]。形成する法の内容について無限定であるという意味での全能性、形成された法の妥当性を他の部門によって覆されることがないという意味での終極性、この2つの性質を議会主権はもっていると言える[17]。

全能性ゆえに、議会制定法は判例法や習律の内容を書き換えることができるし、終極性ゆえに、裁判所が議会制定法を無効にしたりその適用を拒否したりすることはできないこととなる。また、議会制定法に効力の優劣は存在せず、議会制定法相互の間に矛盾抵触がある場合には「後法は前法を破る」という原理で調整が図られる。それゆえ、後の議会が前の議会の定めた法律の内容を覆す法律を定めるのも自由であり、これを裏返して言えば、ある時点での議会が後の議会の権限を縛る法律を定めることはできないこととなる。

かかる伝統理論からすれば、自覚的な憲法変動は主に議会制定法によって行われることになる。そしてまた、議会主権の原理そのものは議会制定法によって変更することができないこととなる。「ファンダメンタルな、そしておそらくは私たちの政治制度の根底にある唯一の原理」[18]たる議会主権は不動のものということになるのである。

2 憲法変動のための特別な立法手続

(1)「第一級の憲法上の重要性を有する法案」の全院委員会審査

憲法変動が議会制定法によって行われるとき、憲法的な意味をもたない一般の法律の制定と区別を見出すのは困難であるが、1つだけ、憲法に関わる議会制定法に関して特別な手続が存在する。「第一級の憲法上の重要性を有する法案 (bill of first-class constitutional importance)」につい

---

16) Dicey, *above* n.8, pp.39-40.
17) 内野広大「憲法と習律（一）」法学論叢166巻3号（2009年）117〜118頁参照。
18) Vernon Bogdanor, *The New British Constitution,* 2009, p.13.

ては、庶民院の委員会段階の審査を、公法案委員会——通常の法案を審議する委員会——ではなく全院委員会（floor, Committee of the whole House）で行う、という習律である[19]。

　この習律は、1945年、アトリー内閣の第二次世界大戦後の諸立法の制定時に生まれた。大量の立法が予想されたため、原則としては常設の委員会で審査を行うものの、例外として、「第一級の憲法上の重要性を有する法案」、条数が少なく綿密な委員会審査を必要としない「簡易法案（short bills）」、短期間での可決が要請される「緊急法案」は全院委員会での審査とするとの提案が政府から出され、庶民院手続委員会がこれを認めたものである。

　もっとも、何が「第一級の憲法上の重要性を有する法案」にあたるのかの定義は存在しない。1945年の手続委員会では、1911年議会法と1931年ウェストミンスター法が例として挙げられた。最新版の『アースキン・メイ』には、1971-72年欧州共同体法案、1987-88年欧州共同体（財政）法案、1995-96年北アイルランド（交渉開始等）法案、2007-08年欧州共同体（修正）法案が例として掲載されている[20]。

　この点、実際に全院委員会で審査された法案から帰納的に探ろうとしても、上述の通り全院委員会で審査される法案には簡易法案や緊急法案も含まれることから、全院委員会で審議された法案が「第一級の憲法上の重要性を有する法案」であるかは論者の評価を前提とせざるをえない。1997年に、それまでに全院委員会で審議された「第一級の憲法上の重要性を有する法案」を35本と同定してその内容を分析したシートンとウィネットロウヴは、その基準を①統治制度（議会、執政府、司法府、君主）、②国家の構造（分権、地方自治）、③選挙と選挙人、④国籍と入国管理、⑤人権と市民的自由、⑥国際関係とEU関係、⑦緊急権に影響を与える措置、としていた。しかし、1997年から2005年までの間の、同じ基準で析出される55本の法案の審議手続を検討したヘーゼルは、これらの法案には簡易法案や

---

19)　以下の叙述につき参照、Robert Hazell, 'Time for a New Convention' [2006] *Public Law* 247.
20)　Erskine May, *Parliamentary Practice*, 24th ed., 2011, pp.555, 566.

緊急法案と目されるものも多く、後者の例とされる北アイルランド関係、選挙関係、テロ対策緊急措置関係の法案は、同種の法案が公法案委員会で審議された例も多いこと、また裁判制度や国籍、情報公開と個人情報に関するほとんどの法案は公法案委員会で審議されたことを明らかにしており、何が「第一級の憲法上の重要性を有する法案」にあたるかの定義を帰納的に導くことは難しいと結論づけている[21]。

結局、「第一級の憲法上の重要性を有する法案」の判断は、「通常の経路(usual channel)」と呼ばれる政権党と野党の議員の幹部同士の交渉で決められ、まとまらない場合には過半数の議席を有する与党＝執政府の判断によることとなっている。

1997年からの労働党政権下では、「第一級の憲法上の重要性を有する法案」について、一部の条項を全院委員会で、残りを公法案委員会で審議するという審議の分割が行われるようになった。これは、1997年にウェールズ統治法案の審議で導入されたものである。野党が習律違反だと激しく攻撃したため、しばらくその後の重要法案――スコットランド法案や人権法案――はすべてを全院委員会で審議するやり方がとられた。しかし、1998年大ロンドン当局法案の審議で分割の手法が再び用いられ、その後は一般的なものとなったようである。全院委員会は、議事に参加できる議員の数が――全議員に参加資格があるため当然のことながら――多く、また実際の発言者数も多いという長所がある反面、審議時間が公法案委員会で審議される場合よりも短くなることから検討が条項の詳細ではなく一般的な原則に限られるという短所があるため、この審議分割の手法が創案されたものである[22]。

(2) 議会の特別委員会による審査　また、近年は、いくつかの特別委員会で、法案について、憲法に関わる視角からの検討が行われている。両院合同人権委員会は、2001年に設置されたが、両院に提出される法案の中から適当だと判断したものを選択して、1998年人権法が編入した欧州人権条約上の権利、コモン・ロー上の

---

21) Hazell, *above* n.19, pp.269-272.
22) *Ibid.*, pp.273-276.

基本的な権利および自由ならびにその他のイギリスが締結した国際人権条約上の権利と法案との適合性について審査を行い、報告書を提出する[23]。貴族院憲法委員会も、2001年に設置されたが、「貴族院に提出されたすべての公法案について憲法上の含意 (implications) を審査すること」と「憲法の運用に検討を加えること」を任務とする。どちらの委員会においても、法案に対する審査は、通常、第一読会と第二読会の間に行われ、必要があれば報告書を公表するが、近年は立法前審査（後述）を行って報告書を公表することもある。これらの委員会の審査は、各委員会によって任命される法律専門家の助力を得て行われることもあり、その指摘は質の高いものとなっている。法案を担当する大臣は、委員会の指摘に従う義務はないが、通常は応答書を出して説明を行うこととなっている。また、議員は、報告書の内容を参考にして修正案を提出したり質疑を行ったりするので、報告書の影響力は大きいとの指摘がある[24]。

(3) その他の手続　このほか、憲法に関わる法律だから（あるいは特別に重要な憲法に関わる法律だから）という理由でカテゴリカルに要求されているわけではないが、実際に、憲法に関わる法律の制定に特別な手続が追加されることがある。

第1は、レファレンダム（国民投票）である。全国規模のレファレンダムは、1975年に当時のEC残留の是非を問うために行われたのが初めてであるが、それ以降しばらく行われず、2011年に庶民院の選挙制度改革に関して行われた。また、現在のキャメロン政権は、2016年6月にEU残留の是非を問う国民投票を行った。これに対し、地域規模のレファレンダムは、1997年にスコットランドとウェールズ、1998年に北アイルランドで、それぞれの地域議会の創設と権限委譲について行われたのが知られる。これ以降も、ウェールズでは2011年にウェールズ地域議会の権限拡大について、スコットランドでは2014年に独立の是非について、レファレンダムが行われている。さらに、2011年欧州連合法は、欧州連合条約および欧州連合運営条約の改正に対する批准ならびに欧州首脳理事会（European

---

23) *See*, House of Commons SO 152B; May, *above* n.20, pp. 917-918.
24) Elliot and Thomas, *above* n.7, p.701.

Council) の権限となっている簡易手続による条約改正のうち EU の権限拡大など一定の事項に対するイギリス政府の同意などについて、議会制定法による承認とレファレンダムによる賛成を要求する。これらをまとめれば、欧州関係、地域議会、そして選挙制度に関して、レファレンダムが行われてきていると言える。

　第 2 は、「立法前審査」と呼ばれる審査である。これは、政府提出法案を法案作成の段階で——通常はその法案を正式に提出する会期の前の会期中に——公表し、関連する議会の委員会に提示して、委員会がその内容を検討して文書で勧告を出す仕組みである。法案を正式提出前に公表して意見を聴取することは以前にも行われたことがあったが、1997 年に庶民院現代化委員会が制度化を提案して以降、この手続を踏む法案が増えてきている。立法前審査にあたっては、法案ごとにそれを審査するための特別の両院合同特別委員会が設置されることも多いが、常設されている庶民院省庁別特別委員会の主要な任務として位置づけられている。もっとも、実際に立法前審査に付される法案は多くなく、2012-13 年会期では 17 本、2013-14 年会期では 4 本、2014-15 年会期では 2 本にとどまっている[25]。

3　成文憲法導入論

(1) 背　景　　このような、憲法事項も議会制定法（通常法律）で規定され変更される現在のあり方を批判し、イギリスでも成文憲法を制定すべきである、との主張も存在する[26]。この成文憲法導入論には、いくつかの時期と背景があるとされる[27]。第 1 に、イギリス経済、社会が停滞し、それまでの憲法がうまく機能しなくなってきているとの批判が 1960 年代から登場し、憲法改革論とあわせて成文憲法が提案された。第 2 に、サッチャー政権の政治を議会主権の濫用と人権の侵害だと批判す

---

25) Richard Kelly, *Pre-legislative Scrutiny under the Coalition Government : 2010-2015*, 2015, p.6
26) イギリスにおける成文憲法論の紹介と検討については、比較法研究 56 号（1995 年）の中の特集「イギリスにおける成文憲法典制定論議とその周辺」を参照。
27) Centre for Political and Constitutional Studies, *Codifying-or not Codifying-the UK Constitution: A Literature Review*, 2011, p.13.

る立場から、1990年前後に成文憲法論が説かれた。第3に、その後の労働党政権でも引き続いた首相の「大統領化」、投票率の低下等にみられる政治不信といった「病理」に対応するために、成文憲法化によって司法審査の強化や議院内閣制の実効化を図るべきだとも主張された。さらに、1990年代終盤以降は、労働党政権下の憲法改革に関わる制定法や行為規範（前述1参照）により実質的意味の憲法の相当の部分が法典化されるに至っているので、この動きの延長として、1本の成文憲法で全体を法典化しようという傾向もみられる。

　また、これらの動きと並行して、議会主権の原理が動揺してきていることも見逃せない。1973年のEEC加盟はイギリスの憲法に少なからぬ影響を与えたが、1972年欧州共同体法の制定は議会主権の原理に動揺をもたらした。議会主権の原理は、1で述べた通り、議会制定法の全能性を含む原理であるので、これに限界を画する上位法たる成文憲法の導入にあたり理論的な妨げとなるものであったが、この原理が変容して成文憲法の導入とも接合する可能性が出てきたのである（これについてはⅣで詳しくみる）。

(2) 成文憲法導入論の諸相　　成文憲法導入論の初期の例は、1970年にフィリップス教授が、1976年に「選挙独裁」論で有名なヘイルシャム卿が、それぞれ打ち出した成文憲法の構想である[28]。フィリップス教授の構想は、庶民院の任期を4年または3年に短縮し、貴族院の構成に民主的な要素を強めることや、人権規定を設け違憲審査を導入することなどを含んでいた。またヘイルシャム卿の構想は、議会について第二院（貴族院）を公選とし、アメリカの上院と同じような地域代表として比例代表で選出することとし、3地域に自治政府を認めるというものであった。

　1988年には「チャーター88」という権利章典と憲法典の制定を求める市民団体が結成され、1990年代初頭には、サッチャー政権の政治運営に対する批判も背景として、3つの憲法草案が立て続けに発表された[29]。ま

---

28) Hood Phillips, *Reform of the Constitution*, 1970; Lord Hailsham, *The Dilemma of Democracy*, 1979.

29) *See*, Dawn Oliver, 'Written Constitutions' (1992) 45 *Parliamentary Affairs* 135. 本文で後

ず、1990年には、公法分野の弁護士として知られるマクドナルドが自由民主党のために全79条からなる草案を作成している。これは、比例代表制の導入、第二院（貴族院）の公選化と停止的拒否権の付与、欧州人権条約の編入、最高裁判所の創設などを含む。1991年には、労働党の論客であるトニー・ベンが「イギリス共和国法案（Commonwealth of Britain Bill）」を公表した。これは、王政を廃止し共和制にするというラディカルなもので、国家元首を両院合同会議で３分の２の多数決で選出される大統領とするほか、第二院（貴族院）の構成を公選の地域代表とすることや、裁判官の任命を第一院（庶民院）の委員会の承認に服せしめること、裁判所による人権保障のあり方を監視する機関として人権コミッショナーを議会に設置することなどを定める。さらに同年には、公共政策調査研究所（Institution for Public Policy Research, IPPR）が全129条の草案を作成している[30]。両議院ともに比例代表で議員を選出すること、議会の任期固定、地域議会の創設を定める。また大臣の個別責任を明文化するとともに、大臣行為規範を議会に提出して、審査会が行為規範違反を調査する旨を定めているのが注目される。さらに欧州人権条約および欧州基本権憲章の内容を取り込んだ人権規定も含まれている。

　近時で有名なものは、公法、競争法専門の弁護士として知られるゴードンが2010年に公刊した草案である[31]。これは、2009年に起きた議員の経費スキャンダル[32]で加速した国民の政治不信を背景として、成文憲法の制定により市民の政治参加を促進し、政治的無関心ゆえに最終的に自由が犠牲にされることのないようにすることを目指すものである[33]。この草案は、全248条からなり、その内容は次のようなものである。議会主権を憲法の優位（あるいは人民主権）によって置き換える。代議員と改称する庶民院については

　　述のベン案とIPPR案を検討するものとして、本山健「成文憲法制定論議とその射程」比較法研究56号（1995年）131頁。
30) http://www.ippr.org/files/images/media/files/publication/2014/01/the-constitution-of-the-united-kingdom_1991-2014_1420.pdf?noredirect=1 ［2016年５月11日最終アクセス］
31) Richard Gordon, *Repairing British Politics*, 2010.
32) 齋藤憲司「英国における政治倫理」レファレンス710号（2010年）１頁参照。
33) Gordon, *above* n.31, pp.2-6.

比例代表制で選出し、可能な限りで男性と女性の議員数の均衡を図る。上院 (Senate) と改称する貴族院については70%の議員を比例代表で公選する。議員の責任を強化し、一定の義務違反に対する強制的な議席喪失や、リコール制度を導入する。最高裁判所に違憲立法審査権を付与するのに加えて、EU法に対する憲法の優位を明らかにし、最高裁判所は不適合宣言をできる旨を定める。人権については、「市民的及び政治的権利及び自由」のほか、「公正な手続に対する権利」「民主的権利」「特別な集団の権利」「経済的及び社会的権利」「義務」という項目を立てる。各選挙区から男女2名ずつ、1年任期でランダムに選出される構成員からなる「市民部 (Citizens' Branch)」を創設し、市民部から選出される市民評議会に法案提出権や憲法解釈に関する最高裁判所への出訴権を与える点も注目される。

　以上が憲法変動のあり方およびその改革案としての成文憲法論の現状であるが、これに対してイギリス国内ではどのような評価がなされているのかを次にみたい。

III　現在の憲法変動のあり方に対する評価

1　否定的評価

　現在の憲法変動のあり方への批判は、概ね次の3点に基づくものである。
　第1は、憲法改革が拙速に行われているとの批判である。その例として次のような例が挙げられる[34]。まず、1997年のイングランド銀行に対する利子率決定の独立性付与は、総選挙の翌日に財務大臣ブラウンが突然に決定、公表したものであった[35]。また、2005年憲法改革法も「不手際から生まれた」[36]と評されるものであった。すなわち、2003年の内閣改造時に、

---

34) House of Lords Constitution Committee, The Process of Constitutional Change Oral Evidence and Written Evidence, 2011, pp.46-47, 64-65 (Professor Jeffrey Jowell and Professor David Feldman).
35) 上田健介「政権交代と公務員」阪本昌成先生古稀記念『自由の法理』(成文堂・2015年) 179頁、187頁注17参照。
36) Colin Turpin and Adam Tomkins, *British Government and the Constitution*, 7th ed., 2011, p.26.

首相が大法官を廃止し代わりに憲法問題担当大臣を創設する旨を発表したが、大法官の職は法律に基づくものであるために廃止には法律改正が必要であることを見落としており、この改革は撤回された（のちに、2005年憲法改革法によって、大法官職の権限の大幅な縮減、最高裁判所の創設、裁判官任命手続の改革と裁判官任命委員会の創設などが実施された）。このときの過程は、執政府の内部、外部——裁判所——との調整がいずれも不十分なまま行われたと批判されている。さらに、2009年の経費スキャンダルを受けて急遽制定された2009年議会基準法（Parliamentary Standards Act 2009）は、手当の支給や利害関係の報告に関する事件を調査する議会調査委員会の設置などを定めたが、その枠組みが杜撰であったため、すぐにその内容が2010年憲法改革統治法で修正されることとなった。

またそもそも、現在の手続では、庶民院の過半数の議席を占め、貴族院の停止的拒否権を乗り越えられるだけの時間をもてば、どんなに大きな憲法改革であっても実現可能であるため、政権を獲得すれば直ちにラディカルな改革が実施されてしまうとの批判もある[37]。確かに、1998年の地方分権関連の諸法や同年の人権法、そして2010年議会任期固定法は政権交代後直ちに制定されている。この批判の背景には、議会多数派——実際には議会多数派を従える執政府——が望むことを歯止めなしに行えること——ヘイルシャム卿のいう「選挙独裁」——と、法律事項と憲法事項とが区別されていないため憲法事項であっても通常法律と同様に取り扱われてしまうことという2つの問題点の認識が含まれていると思われる。それゆえ、かかる根本的な批判は、法律事項と憲法事項とを区別し、憲法事項については特別の——時の議会多数派だけでは進めることのできない——手続を導入すべきだという主張と結びつくこととなる[38]。

第2は、憲法改革が断片的であるとの批判である。たとえば、第二院の組織と連邦制・地方自治とは密接な関係にあるものであるが、イギリスでは地域分権と貴族院改革が別々に議論され、かつ貴族院改革は途中の段階

---

37) House of Lords Constitution Committee, *above* n.34, p.65 (Professor Tony Wright and David Howarth).

38) *Ibid.*, pp.93-94 (Dr Alexandra Kelso and Professor Matthew Flinders).

で停止してしまっていると批判される[39]。より一般的な、両議院の構成、選挙制度、裁判所の相互関係に関する体系的な検討は行われていないとの指摘もある[40]。また、2010年憲法改革統治法は、議会に提出された時点ですでに「ガラクタの寄せ集め（rag-bag）」と評されるものであったが、総選挙の直前期に法律を急いで成立させる「洗い流し（wash-up）」の手続の中でさらにその中の多くが削除され、結果、およそ法律の名称にそぐわない内容となったことが指摘される[41]。

第3に、現在の手続では国民の参加が不十分であるとの批判である。ウェストミンスターモデルは憲法の発展の際の非エリートの参加が欠けているとの指摘がなされる[42]。また憲法改革は潜在的にすべての市民に影響を及ぼすのであるから、憲法的な法律が提案される前に市民に対する諮問（consultation）が行われるべきであって、公共の討議の対象としなければならないとの主張もある[43]。そこでは諮問をできるだけ早期に行うことで、公共の討議の時間を十分に確保することが必要であるとされる[44]。

また、第2、第3の点に関連することとして、成文憲法では憲法の内容を誰からもアクセスしやすいかたちで明確にすることができ、これにより、市民は国家に対して主張しうる自らの権利のカタログを簡単に知ることができるのに対して、不文憲法ではその内容が市民にとってわかりづらいという問題も指摘される[45]。

2　肯定的見解

かかる批判については、これに反論して現状を擁護する見解も存在する。

---

39) *Ibid.*, p.72 (Professor Tony Wright and David Howarth).
40) *Ibid.*, p.89 (David Howarth).
41) *Ibid.*, p.65 (Professor Jeffrey Jowell and Professor David Feldman).
42) *Ibid.*, p.64 (Professor Jeffrey Jowell and Professor David Feldman).
43) House of Lords Select Committee on the Constitution, *above* n.2, para.42. また、一般市民だけでなく、特に利害関係をもつ者（たとえば大法官の廃止であれば裁判所や法曹、庶民院の任期固定であればそれにより地域議会の選挙に影響を受ける可能性がある地域政府）に対する諮問や、憲法問題に関する専門家に対する諮問も必要ではないかと主張される。*Ibid.*, paras.43-44.
44) *Ibid.*, para.42.
45) *See*, Jeffrey Jowell and Dawn Oliver, *The Changing Constitution*, 7thed., 2011, p.5.

第1に、憲法改革が拙速に行われているとの批判に対しては、少なくとも1990年代後半の地域分権、人権法の制定については、それまでに長年の議論の蓄積があり、また執政府の内部でもコンセンサスが得られていたこと、地域分権についてはレファレンダムも実施されたことなどから、憲法改革のプロセスとして適切なものであったとの評価が多くの論者によってなされている[46]。

　また、クレッグ——連立政権の副首相で憲法問題を担当していた——が、内閣手引書において、「君主制、議会改革及び権限委譲の内容への変更に関する事項を含む憲法的性質をもつ問題」は「通常は閣議で審議される問題」とされるが、委員会で審議することも排除していないところ[47]、連立政権のもとで憲法問題は内閣の内務委員会で議論されており、執政府内部での意思決定は実効的に、透明性を維持して、熟慮して行われていると反駁している。そのうえで彼は、憲法改革のための特別の手続をルールブックとして決める必要はなく、法律制定に関して現在存在する各種の仕組みを問題の重要性に応じて活用すれば足りるとして、現在の手続が有する柔軟性を評価する[48]。かかる不文憲法の柔軟性、状況の変化や改革の要請への対応のしやすさ、という評価は多くの論者が指摘するところである[49]。

　さらに、この批判の背景にある、議会多数派たる執政府が強くなりすぎているとの見方に対しても、1972年欧州共同体法、1998年人権法、そして地域分権はすべて、ウェストミンスター議会の権限に対して、裁判官の解釈や不適合宣言による法的な制限、地域議会やEUからの政治的な制限を加えるもので、権力のバランスは回復されつつある、との反論がなされている[50]。

---

46) House of Lords Select Committee on the Constitution, *above* n.2, para.38; House of Lords Constitution Committee, *above* n.34, p.64 (Professor Jeffrey Jowell and Professor David Feldman). また、II-1章〔近藤(康)〕の分析が示す通り、憲法問題は政権党内部で意見が対立しやすいテーマであり、政権党内部でコンセンサスが得られない憲法改革を執政府が高い政治的コストを払ってまで進める可能性は実際に低いという認識もあるのではないか。
47) Cabinet Manual, para.4.18.
48) House of Lords Constitution Committee, *above* n.34, pp.135-136, 138, 142, 143.
49) House of Commons Political and Constitutional Reform Committee, *above* n.4, p.24.
50) N. W. Barber, 'Against a Written Constitution' [2008] *Public Law* 11, at 13-14.

この点、貴族院憲法委員会は、「公的資格で行為する者は誰でも、……憲法の基本的なルール、価値、伝統を尊重しなければならない」という、フェルドマン教授の「立憲の原理 (principle of constitutionality)」を引用しながら、「政府は、憲法を変更しようとする者すべてによって注意をもって尊重し取り扱われなければならない憲法上の枠組みの内で活動している」と評価している[51]。

　第2の批判に対しても、上記と重なってくるが、イギリスは歴史的に、無計画的に憲法が変動してきたようにみえるが、その構成要素の多くは熟慮に基づく自覚的な選択であること[52]、実際上の問題が発生したときにその都度その問題を解決して個別の改革を積み重ねてきた結果、イギリスの政治制度はうまく機能してきているのであること[53]、という指摘がみられる。他国において成文憲法を作らなければならなかったのは革命や独立といった大きな変化があったからであり、イギリスが不文憲法であるのはイギリスの政治制度――ウェストミンスターシステム――がよく機能し国家に安定性をもたらしてきたことの印であって、イギリスの偉大な歴史そのものを示しているのだとまで言われるのである[54]。

　第3の批判に対しては、正面からの反論はみられない。おそらく、近年は立法前審査やレファレンダムが活用されるようになってきているのであるから、この傾向を強化することで、現在の憲法変動のあり方を――たとえば成文憲法を導入することで――全面的に見直さなくてもこの批判に十分応えることができると考えているのだと推測される。

　また、市民にとってのわかりやすさ、という点についても、成文憲法であってもそれが国政に関する重要な規範をすべて網羅できるという意味で完全なものだということはありえず、習律等の形成は不可避であるがゆえに、成文憲法が国政に関する規範の実態を正確に示しているという意味においても完全なものであるということはありえないとの反論がある[55]。そ

---

51) House of Lords Select Committee on the Constitution, *above* n.2, paras. 25-26.
52) House of Lords Constitution Committee, *above* n.34, p.62 (Professor David Feldman).
53) House of Commons Political and Constitutional Reform Committee, *above* n.4, p.24.
54) *Ibid.*
55) House of Lords Constitution Committee, *above* n.34, p.51 (Professor David Feldman); S.

してその文言が変わらないなかで習律が発展していく場合には、むしろ成文憲法のファサードのもと、かえって現実の憲法の内容が理解しづらくなるとも言われる[56]。また、憲法においては——明確性ができる限り求められる刑法などとは異なり——あえて文言を不明確にしておくことによって、政治的にコストがかかる、不必要な選択を避けられる妙味があるとの指摘もなされる[57]。

　第4に、これらに加えて、現状を批判して成文憲法を導入すべきだとする主張に対する批判として、裁判官に大きな権限を与えることに対する懐疑を挙げることができる。すなわち、不文憲法では民主的な議会が法の最高の決定権者であるのに対して、成文憲法になれば最高裁判所が議会制定法の合憲性を審査することになることから、裁判官に何が法であるかの最終判断権を与えてしまうことになる。とりわけ成文憲法に人権条項が含まれるならば、人権条項の適用を通じて、裁判所が実質的に法を変え新たな法を作るかたちで事案を解決することが起きる。さらに政治的な紛争が裁判所に持ち込まれやすくなり、ひいては、通常の議会の政治過程によって解決すべき問題について裁判所に判断を求める「司法の政治化」につながる、という批判である[58]。また、裁判官は目の前の具体的事案に集中するので、代理人によって主張されないより広範な争点について検討することができず、また資源配分の問題について考慮することができないという指摘もある[59]。

　ただ、上で示唆したように、肯定的見解も、憲法変動の拙速さ、断片性、不十分な国民参加といった批判に対して何らの改善も施す必要がないと述べているわけではない。そこで次に、憲法変動のあり方に関する改革論を紹介し、検討してみたい。

　　E. Finer, Vernon Bogdanor and Bernard Rudden, *Comparing Constitutions*, 1995, p.1 ; House of Commons Political and Constitutional Reform Committee, *above* n.4, p.25.
56)　Barber, *above* n.50, p.14.
57)　*Ibid.*, p.15. 実際に不明確なままにされてきた規範の例として、議会特権の射程や、イギリスと EU との関係が挙げられる。
58)　House of Commons Political and Constitutional Reform Committee, *above* n.4, pp.24-25; House of Lords Constitution Committee, *above* n.34, p.74（David Howarth）.
59)　House of Lords Constitution Committee, *above* n.34, p.9（Professor Sir John Baker）.

Ⅳ 憲法変動のあり方の改革論

1 内容面に関する議論

(1) 憲法問題の調査検討機関

はじめに、議会に独立の審査機関を設置する提案が存在する[60]。この提案によれば、審査機関は、両議院の専門の特別委員会（貴族院憲法委員会や両院合同人権委員会）と協力して活動し、政府に勧告（recommendations）を行う。具体的には、法案の場合、執政府は当該法案が憲法事項を含むか否かをまず審査機関に諮問し、それが肯定される場合には、以下のような特別な手続を踏むことが義務づけられる。すなわち、第1に、緑書と白書の刊行というかたちで、法案の要綱を示して、公衆および利害関係者からの意見聴取を行い、第2に、法案を公表して審査機関（およびその他の専門の特別委員会）の立法前手続に十分な時間をとって付託し、第3に、法律の成立後にも審査機関（およびその他の専門の特別委員会）の立法後手続に付す。審査機関は、みずから作成し両議院によって同意を受けた審査基準およびチェックリスト——その内容としてはEU法の諸要請、法の支配、人権保障、民主的な価値の保護などに適合しているかなどがその内容として考えられる——を参照しながら立法前審査の中でチェックを行う。審査機関は、この段階で、政府に対して勧告を行うことができる。政府は勧告を拒否することもできるが、その場合には十分に理由を説明する必要があり、これに政府が従わなかったときには憲法違反があった旨が公式に記録される。また、法案以外の規則、実践（practice）の場合にも、同様に、執政府は当該提案が憲法事項を含むか否かをまず審査機関に諮問し、それが肯定される場合には、審査機関が審査基準およびチェックリストに基づきチェックを行い、当該提案が採用される前に実施すべき事項を記した勧告を行う、という枠組みが提案されている。

憲法問題を担当する両院合同委員会を設置して、執政府による憲法改革

---

60) *Ibid.*, pp.6-7, 17, 28-30 (Richard Gordon).

の提案について、合同委員会がその正当性やインパクトに関する権威的で独立したブリーフィングを作成するという提案もある[61]。もっとも、このような提案に対しては、執政府の影響から独立した審査が可能なのかとの疑問もある[62]。

　他方、憲法変動の断片性を克服するため、成文憲法を制定する前段階に憲法会議（convention）を開催すべきだという提案もある。これは、議会とは別に公選の憲法会議を設置して、そこで成文憲法の案を練るべきであるというものである（その後の手続については、その案を直ちに国民投票に付すこともありうるし、いったん議会での審議と修正に付して案を確定した後に国民投票に付すこともありうる）。もっとも、このやり方の提案者自身、憲法会議というやり方では、政治的な危機の時でなければ話し合いがまとまらず、その議論が無駄になるおそれがあることを認めている[63]。これに対し、単発的に設置される憲法会議ではなく、たとえば10年の任期でイギリスの政治制度を継続的に審査する常設の憲法審査会（constitutional commission）を設置すべきとの提案もある[64]。

　これらの提案の背後には、現在の議会制定法による憲法改革において、その発案を行うのが執政府となっていることを問題視する姿勢がある。もっとも、問題だとされる点は論者により微妙に異なる。執政府は、現行の憲法のルールを活用して政権の座にあるものであるから現行の憲法を変更することに抵抗する存在である、あるいは執政府が発案する憲法改革は政権党に有利なかたち——たとえば政策実現にあたってコンセンサスを得る機会を減じる方向——のものとなっているという認識が示される一方[65]、執政府に発案を委ねるとその提案が断片的なものとなり包括的な検討ができないので問題であるとする見解もある[66]。

---

61) House of Lords Constitution Committee, *above* n.34, pp.100-101（Professor Matthew Flinders）.
62) *Ibid.*, p.101（Lord Norton）.
63) *Ibid.*, p.73（Professor Tony Wright and David Howarth）.
64) *Ibid.*, p.79（Professor Tony Wright）.
65) *Ibid.*, p.66（Professor Jeffrey Jowell and Professor David Feldman）.
66) *Ibid.*, p.11（Professor Sir John Baker）.

(2) 立法前手続　　憲法改革については、政府に緑書および白書の公表を義務づけたうえで、少なくとも6か月の期間をおいて公衆からの意見聴取を行うとともに、法案の立法前審査に付すべきことを提案する意見がある[67]。このような立法前手続の利用を提案する論者は多く[68]、(1)で触れたゴードンの提案にも含まれている。

　立法前手続には、執政府主導の立法手続に時間をかけさせることで拙速な改革を防ぐとともに、人々の理解を深めるべく執政府に丁寧な説明をさせることで提案の内容を良いものにしつつ意見の対立を減少させることができるという利点があると言われる[69]。これに対しては、かかる手続上の要請が充足されるかは――3で述べるエントレンチメントを行わない限り――過半数の議席を占める政権党の意向に依存しているので、実効性がないのではないかとの疑問も存在する。また、立法前手続による十分に時間をかけた検討は、法案の内容が複雑でその内容をきちんと理解をする必要があるときには有効であるが、憲法問題はしばしば政治的、党派的な争いであって、その内容理解が困難なものではないので意味をもたないのではないか、との疑念も向けられる[70]。しかし、前者の疑問に対しては、首相の庶民院リエゾン委員会（特別委員会の委員長で組織される委員会）への出席や、大臣による各種のポストの任命前の候補者への聴聞などが近年実現していることを挙げて、議会によるコントロールは実効的たりうるとの意見もあり[71]、論者の現状認識によるところが大きい。また、政権担当者からは、議会の任期が固定されたことにより立法前手続を計画的に実施することができるようになったとの指摘もあり、その活用が注目される[72]。

(3) レファレンダム　　憲法改革をレファレンダムにかけるべきではないか、という提案は、成文憲法を主張する論者によ

---

67) *Ibid.*, p.65 (Professor David Feldman).
68) Hazell, *above* n.19, p.298.
69) House of Lords Constitution Committee, *above* n.34, pp.105-108 (Dr Alexandra Kelso and Professor Matthew Flinders).
70) *Ibid.*, pp.73-74 (David Howarth).
71) *Ibid.*, p.106 (Professor Matthew Flinders).
72) *Ibid.*, p.140 (Nick Clegg).

って従来から行われてきた。たとえば、ヘイルシャム卿は、憲法改革の検討機関が議会の指示に従い草案を作成して、議会に通常法律として提出した後にレファレンダムで承認を受けて新しい憲法が制定される場合、この憲法は同じ手続によってのみ改正できるとする[73]。また、ゴードンは、成文憲法の制定に際して、第1段階で成文憲法をもつことそれ自体に対する賛否を問い、第2段階で実際に起草された憲法草案に対する賛否を問うという2段階のレファレンダムを提案する[74]。

貴族院憲法委員会での議論の中でも、近時、実際にレファレンダムが用いられるようになっていることを踏まえて、成文憲法の制定とは別に、重要な憲法改革をレファレンダムにかけるべきでないかとの主張もみられた[75]。しかし、同委員会の議論では、レファレンダムの利用に消極的な意見が強い[76]。すなわち、レファレンダムは、その質問内容に対する票決ではなく、それを提案した時の政権を支持するか否かの票決になってしまうこと、またレファレンダムでは提案のどの部分を支持しどの部分を支持していないのかがわからないことから、レファレンダムの利用に警戒する論者がいた[77]。また、政府が特定の争点だけを切り取ってレファレンダムにかけるので、提案が断片的となり、国民がその提案の憲法全体に対する含意を理解できないとの懸念も示された[78]。当時の政権担当者も、現にレファレンダムが用いられたのは政党間——2011年の選挙制度改革に関するレファレンダムを念頭に置けば連立与党間——で意見の不一致がある場合であったことを指摘しつつ、イギリスは代表民主制なのであるからレファレンダムの利用は限定的であるべきだと述べている[79]。結局、貴族院憲法

---

73) Hailsham, *above* n.28, p.227.
74) Gordon, *above* n.31, p.8.
75) House of Lords Constitution Committee, *above* n.34, p.96 (Dr Alexandra Kelso).
76) *Ibid.*, p.9 (Professor Sir John Baker). 成文憲法を提案した論者の中でも、フィリップス教授は、憲法改正は複雑で技術的な問題を含み、二者択一で答えられるように問いを作るのも難しく、多くの人々が必要な背景的知識をもち十分に議論を尽くすのは難しいとして、レファレンダムの利用に反対していた。Phillips, *above* n.28, p.159.
77) House of Lords Constitution Committee, *above* n.34, p.86 (Professor Tony Wright).
78) *Ibid.*, p.13 (Professor Sir John Baker, Richard Gordon).
79) *Ibid.*, p.145 (Nick Clegg).

委員会の報告書では、レファレンダムは、時の政権によって戦略的に、アド・ホックに利用されてきたという重大な欠点があるが、利用に最も適しているのは基本的な憲法上の争点に関してであるという以前の報告書の評価[80]を維持している[81]。

(4) 議会におけるコンセンサスと特別多数決　関連して注目されるのは、憲法改革に対して正統性を付与する手段として、レファレンダムを用いるか否かにかかわらず庶民院の特別多数決を必要とすると述べる論者がいたものの、それが多数を占めているわけではない点である。

ある論者はレファレンダムの利用を説きつつ、その条件として庶民院における特別多数決を要求する。この論者は通常政治と憲法改革を区別すべきだと説くところから、憲法改革に関して、議会多数派＝時の政権によりレファレンダムが濫用されることを防ぐだけでなく、憲法改革については議会での与野党のコンセンサスを得ることを求めているのだと解される[82]。

また、レファレンダムを用いるべきでないとする論者の中にも、マニフェストで憲法改革を掲げて勝利した政権党がそれを進めるのを妨げることは民主主義に反するのではないかとの質問を受けて、マニフェストで——数百もの項目がある中のひとつとして——憲法改革を掲げるだけでは不十分であり、憲法改革に関する決定は、選挙された執政府による権力行使よりも高次のデモクラシーの形態であるので、より多くの同意が要求されるとして、庶民院の3分の2の特別多数決（と上院の拒否権）を設けるべきであるとの見解を示した者がいる[83]。

しかし、これらの提案は多数の支持を得ているわけではない。憲法改革に対する議会内部のコンセンサスは重要であるものの、現実にそれを得る

---

80) House of Lords Select Committee on the Constitution, 12th Report of Session 2009-10, Referendums in the United Kingdom, paras. 62, 94.

81) House of Lords Select Committee on the Constitution, *above* n.2, paras.100-101.

82) House of Lords Constitution Committee, *above* n.34, p.86 (David Howarth).

83) *Ibid.*, pp.11, 18, 23 (Professor Sir John Baker). 連立政権の場合、マニフェストに掲げられていない憲法改革を行うことになるとの指摘もある。*Ibid.*, p.103 (Lord Crickhowell). 成文憲法を提案した論者の中でも、フィリップス教授は庶民院の3分の2の特別多数決だけを支持し、レファレンダムの利用には否定的であった。Phillips, *above* n.28, p.159.

のは難しいことから、絶対的な条件にすべきではないとする論者もおり[84]、貴族院憲法委員会の報告書でも、特別多数決を憲法的法律案に用いるべきであるとの提案は行わないと結論づけられているからである[85]。この背景には、特別多数決の提案は従来の憲法改革がコンセンサスなしに政権党によって拙速に進められたことに対する批判に基づくものであるところ[86]、この認識に対する根強い異論があるのだと思われる（前述III 2を参照）。また、仮にこの認識が正しいのだとしても、それは逆に実践的な憲法改革を与野党のコンセンサスに基づき進めていくことの難しさを裏付けるものとも言えるだろう。貴族院憲法委員会の議論からは、特別多数決が想定する高度のコンセンサスは望ましいが常に必要とまでは言えず、むしろ十分に時間をかけて広範な審査を行うことによって、結果としてコンセンサスが得られる可能性を高めるべきことが示唆されているように思われる[87]。

(5) 市民による討議　憲法改革をレファレンダムに付すべきだとする立場も、そのやり方について現在のもので満足しているわけではない。レファレンダムは必要条件であるが十分条件ではないと述べる論者がいる。2011年の選挙制度改革のレファレンダムは、広範かつ十分な諮問、審査を行わないまま、非常に短期間の中で提案されたものであって、政治エリートが憲法改革の方向性を決めているこのような進め方では不十分であるというのである[88]。

そこで、最終段階での可否を決めるレファレンダムだけではなく、改革案を作成する早い段階から市民が参加できる仕組みを構築するべきだとの主張がなされる。その際にしばしば参照されるのは、カナダのブリティッシュコロンビア州が選挙制度改革に関して2004年に設置した「市民議会 (Citizens' Assembly)」である[89]。これは、選挙制度の決定は政治家──異なる選挙制度に党派的な利害を有している──の領分の外で行うべきである

---

84) House of Lords Constitution Committee, *above* n.34, p.66 (Professor David Feldman).
85) House of Lords Select Committee on the Constitution, *above* n.2, para.99.
86) House of Lords Constitution Committee, *above* n.34, p.20 (Professor Sir John Baker).
87) *Ibid.*, para.49.
88) *Ibid.*, pp.96, 102 (Dr Alexandra Kelso).
89) *Ibid.*, pp.97, 108 (Dr Alexandra Kelso), p.116 (Professor Graham Smith).

と考えた州首相により設置された、各選挙区から2名ずつランダムに選出された合計160名の国民からなる会議である。この会議は、11か月をかけて開催された。はじめに世界各国の選挙制度や様々な選挙制度の利害得失等について説明を受け、その後は州内をめぐって選挙制度に関心をもつ人々から証言を聴取したうえで、議論を行い、単記移譲式比例代表制を導入すべきだとする提案を行ったものである[90]。このような市民参加は立法前手続における市民への諮問と類似しているが、後者では利益団体や党派——もともとその内容に関心と利害をもっている——が積極的に関与するので市民参加は疑似的なものにとどまるのに対し、前者は——もともと無関心であることも多い——一般市民を憲法改革の過程に実際に関与させる点で独自の意味をもつと言われる[91]。

このようなかたちでの国民参加は、次の点から正当化される[92]。第1に、憲法改革は統治者と被治者の権力の関係を変更するものであるから、市民は利害をもっており、その意見を考慮に入れてもらうべき権利を有しているからである。第2に、広く公共の討論に付すことで、その中から「暗黙知」と呼べる知識が生み出されるからでもある。そして第3に、人々はその見解に耳を傾けてもらえるならば問題を真剣に考えるものであり、それを通じて人々、世論に変化が生じることそのものが重要だからでもある[93]。

2　形式面に関する議論

他方、憲法変動のあり方を改革するとして、新たな手続をどのようなかたちで定めるのか、という形式面に関する論点もある。この点、庶民院政治憲法改革委員会が、憲法全般についてではあるが成典化の方法として次の3つを挙げて検討しているのが参考になる[94]。

---

90) 政府は、会議が提案を行った場合には拘束的レファレンダムにかけるとしていたので、これを実施したが、最低投票率の60％に2.2％届かなかったため、最終的にこの選挙制度改革は実現しなかった。
91) House of Lords Constitution Committee, *above* n.34, pp.118-119 (Professor Graham Smith).
92) *Ibid.*, p.66 (Professor Jeffrey Jowell and Professor David Feldman).
93) コールマンは、「人々の〔政治的〕無関心を論じるのは、競技場を奪っておいた状態でスポーツに対するモチベーションの低さを語るのと同じようなもの」だと述べる。*Ibid.*, p.119.
94) 3つの案の「青写真」について、House of Commons Political and Constitutional Reform

第1は、「行為規範（Code）」による成典化である。これは、既存の憲法のルール、原理をそのまま文章のかたちで表現するものであり、議会による承認を予定しているものの、内閣手引書（前述Ⅱ1(1)参照）と同様に、それ自体としては法的効力をもたないものである。それゆえ、庶民院政治憲法改革委員会が提示した行為規範の「青写真」では、憲法変動のあり方についても、「憲法的な法、習律、ルールはその時々に慣習的な方法で変動する。すなわち、(a)議会制定法、(b)コモン・ロー原理または制定法解釈の展開の中での司法による決定、(c)各議院の内部手続に影響を与える議院決議、(d)習律の発展、生成、廃止の方法による」と記載されている[95]。

　第2は、議会制定法（Statute）による成典化である。これは、既存の憲法的な性質を有する制定法、コモン・ロー、議会慣行をまとめるとともに、重要な憲法上の習律を法典化して、1本の議会制定法とするものである。庶民院政治憲法改革委員会が示した「憲法統合法（Constitutional Consolidation Act）」によれば、この法律の改正は、原則として通常法律の改正手続により、ただ、①「第一級の憲法上の重要性を有する法案」は全院委員会で審議されること（公法案委員会に付託することも可能）、②議会の任期を5年超とする法案については貴族院がこれを拒否できること、③国王の大権および財産に影響を及ぼす法案の審議については国王の同意を必要とすること、④王位継承に関するルールの変更については、コモンウェルス諸国の議会の同意を必要とすること、という特別な手続が適用されるとする（223条）[96]。また、レファレンダムの実施を法律で定めることも可能とされる（224条）。なお、憲法上の重要性をもつコモン・ローの裁判所による発展や、「議会の法と慣行」の改正、憲法習律の変更についてのルールも成文化されている（225～227条）。

　第3は、成文憲法（Constitution）の制定である。庶民院政治憲法改革委員会が示した「連合王国憲法（The Constitution of the United Kingdom）」によ

　　Committee, *above* n.4, Appendix.
95) 「憲法的行為規範(Constitutional Code)」93項。
96) ①については前述Ⅱ2(1)で紹介したが、残りの特例もすべて現行のルールを引き継ぐものである。

れば、この憲法の改正手続は、改正対象となる条項によって異なり、①両議院の全議員の３分の２以上の賛成を要するものと、②両議院の出席議員の３分の２以上の賛成を要するものとの２本立てとなっている（52条）[97]。

このように、成典化といっても、成文憲法の制定が選択肢のひとつにとどまるところは興味深い。庶民院政治憲法改革委員会の報告書でも、これら３つの成典の「青写真」——前二者は現在の憲法の姿をそのまま法典化したものであり、第３のものは改革提案を反映したものにとどまるとされる——は、市民に憲法を知ってもらい、よりよき議論に資するためのものであるとして、成文憲法の制定ありきの姿勢をとっていない[98]。貴族院憲法委員会の議論でも、現在のあり方では、各種の手続を設けて憲法改革を慎重に進めようとしてもその実効性は庶民院の過半数の議席を占める政権党の意向に依存することになるため妥当ではないとして、成文憲法を制定して改正手続を明確化するべきであるとする主張もみられたが[99]、成文憲法を定めても解釈が必要になるので直ちに問題は解決せず、また憲法解釈が裁判官に委ねられ裁判官統治につながることに比べれば、現在の不文憲法の方がよいとする論者もいた[100]（前述Ⅲ２も参照）。政権担当者も、様々な方法があるなかで一足飛びに成文憲法の制定に向かうのには慎重な見解を示しており[101]、報告書でも成文憲法の導入に対して積極的な言及はなされず、議会の手続を強化すべきだという結論が出されている[102]。

3　法原理の問題——根本的な憲法変動が生じている可能性

このように、イギリスでは制定法による意識的な憲法改革のあり方に対して、手続の内容においてもその形式においても様々な提案がなされているが、成文憲法を制定することや、それにあわせて憲法改正にレファレ

---

97) これに加えて、地域議会に関する条項の改正には２つの地域議会による同意を要すること、連合王国からの離脱には当該部分のレファレンダムで登録有権者の過半数の賛成を要することが定められている。
98) House of Commons Political and Constitutional Reform Committee, *above* n.5, paras. 55-57.
99) House of Lords Constitution Committee, *above* n.34, p.80 (David Howarth).
100) *Ibid.*, pp.9, 19 (Professor Sir John Baker).
101) *Ibid.*, p.140 (Nick Clegg).
102) House of Lords Select Committee on the Constitution, *above* n.2, paras. 58, 67.

ダムや特別多数決を要求して憲法規範が議会における通常の法律制定手続によって改廃されることのないように強化すること（エントレンチメント）は選択肢のひとつにとどまっている。このような発想の背景にあるのが、イギリスに独特の議会主権（前述 II 1（2）参照）である。

議会に全能性と終極性を認めるこの原理ゆえに、ダイシー以来の伝統理論に従うならば、ある憲法規範を後の議会制定法（通常法律）による改廃から防護するためのエントレンチメントは不可能であり、いわんや議会制定法に優位する成文憲法——通常は裁判所に議会制定法の憲法適合性を審査して適合しない場合に議会制定法を無効とする権限を認める——の制定はありえないこととなる。

しかし、この議会主権の原理そのものが、近年揺らいでいると指摘される[103]。

1972年欧州共同体法は、EC法にイギリス国内法としての効力を認めたうえで、1972年法の施行の前に制定されたものも後に制定されたものも、議会制定法はEC法に服するかたちで、解釈され効力を有するもの（shall be construed and have effect subject to）とされた（同法2条4項）。この条項によって、1972年法の後に定められた議会制定法も、その解釈の際にEC法が解釈指針となるだけでなく、EC法に適合しないものは効力をもたない——すなわちEC法が優位する——こととなる可能性が生じたのである。そして貴族院は、ファクタテイム第2事件判決で、後法である議会制定法が1972年欧州共同体法に違反するとして、実質的にその効力を否定する判断を行ったのであった[104]。

また、1998年人権法は、国内法に編入された欧州人権条約の諸権利（「条約上の権利（Convention right）」）との関係で、議会制定法を条約上の権利に適合的に解釈すべきことを定めたうえで（同法3条1項）、議会制定法の条項が条約上の権利に不適合であると判断する場合には裁判所が不適合宣言を出すことを認めた（同法4条2項）。不適合宣言は、議会制定法の当該

---

103) 中村民雄『イギリス憲法とEC法』（東京大学出版会・1993年）、江島晶子『人権保障の新局面』（日本評論社・2002年）など参照。
104) R v Secretary of State for Transport, ex p Factortame Ltd (No2) [1991] 1 AC 603.

条項を無効とするものではない——議会が自らの判断で改廃を行うほか、大臣が不適合の是正に必要な法律改正を命令によって行うこともできるところ、これらの措置がとられなければ当該条項は有効なものとして妥当し続ける——ので、法原理的には議会主権と抵触しない。しかし、実際には、不適合宣言が出されると不適合の是正が行われるのが通常となっている。

さらに、2011年欧州連合法は、EU にさらなる権限を付与する条約の批准に対して、議会制定法の制定による議会の同意に加えレファレンダムを必要と定めた。これは、直接には条約批准という執政府の行為に対する統制の仕組みであるが、議会制定法の制定による議会の同意だけでは足りない点に注目すれば、これを議会制定法に対してエントレンチメントを加えたものと理解することもできる。

これらの法律を議会主権から法理論的にどのように説明するのかは大きな問題である。議会主権に関する伝統理論（前述II 1（2）参照）からすれば、後の議会はこれらの法律を改廃することができるほか（明示的改廃（express repeal））、明示的な改廃をしなくてもこれらの法律と抵触する内容を定めた場合に裁判所は新しい法律を適用するべきである（黙示的改廃（implied repeal））。しかし、ファクタテイム第2事件判決で貴族院はこれと異なる行動をとったので、裁判所によって革命が起こされたと解さざるをえないことになる[105]。

これに対し、議会主権の内容に関して、伝統理論を覆す新理論（new view）が従来から唱えられていた[106]。新理論によれば、議会は後の議会に対して法律の内容に関する拘束を行うことはできないが、法律の定め方と形式に関する条件の拘束を行うことは可能であるとされる（「方法と制定法式論（manner and form theory）」）。それゆえ、議会が、ある法律について後の議会に対してエントレンチメントを施すかたちで拘束を行うことは、議会主権と抵触せずに可能だということになる。1972年法の定めは、同法によって国内法上の効力をもつものとされた EC 法の内容を後の議会が覆

---

105) *See*, Elliott and Thomas, *above* n.7, p.334.
106) 伊藤正己「国会主権の原則の再検討」『イギリス法研究』（東京大学出版会・1978年）149頁、206〜226頁参照。

すには黙示的改廃によることはできず明示的改廃によらなければならない、というかたちでエントレンチメントを施したのだと解すれば、この定めは議会主権から説明が可能だということになる[107]。

しかし、伝統理論に立ったとしても、議会主権の原理そのものが名誉革命によって生成した統治担当者（国王、議会、裁判所）の行為、すなわち「政治的事実」[108]の積み重ねに基づくもの——習律——であると解するならば[109]、実際に「政治的事実」のありようが変われば、議会主権の原理そのものが変容することも理論的にありうることとなる[110]。近時、ボグダナーが、1998年人権法の制定と欧州人権条約の国内法への編入などを通して、議会主権を基本とする「古い憲法」から「新しい憲法」に変容したと主張

---

[107] 他方、議会主権は実体的に憲法によって限界づけられており、裁判所は憲法に抵触する議会制定法を適用できないという別の理論も展開されている。たとえば、ある著名な下級審判決で、ローズ卿が、議会制定法の中で「通常法律」と「憲法的法律」との区別があることを説いたことが知られている（Thoburn v Sunderland City Council ［2002］EWHC 195（Admin），para.62（Laws LJ）. 彼は、以前から、裁判外の論文の中であるが、表現の自由などの基本的な権利は「より高次の法（higher-order law）」として位置づけられ、通常の議会制定法によっては無効にできないと論じていた。John Laws, 'Law and Democracy' ［1995］*Public Law* 72, at 84）。この議論は、通常法律の場合には「後法は前法を破る」という原理に基づいて解釈を行う結果、黙示的改廃が行われるのに対し、憲法的法律の場合には、後法の中に当該憲法的法律を覆す旨の明示の規定がない限り、前法たる憲法的法律を優先する解釈を行う、すなわち黙示的改廃を認めないという理論構成をとるものである。憲法的法律とは、市民と国家との間の法的関係を一般的概括的に条件づける法律または個人の基本的な権利に影響を与える法律だとされるので、この議論は、市民の権利を濫用的な法律から保護しようとするものだと言える。また、アランは、議会主権は歴史的な事実として受け入れられていると考えるのではなく、民主主義という原理によって根拠づけられると考えるべきであり、それゆえ、議会主権を行使して民主主義を破壊することはできず、仮にそのような議会制定法が制定されたならば裁判所はかかる法律を執行すべきではないと説く（T. R. S. Allan, *Law, Liberty and Justice*, 1993, ch.11）。この立場は、何が議会の権限を限界づける憲法であるかはコモン・ローによって決まるのであり、それゆえ、それを認識するのは裁判官であると考えている（コモン・ロー立憲主義）。この立場からも、EC法は議会の権限を限界づけるものであると説明することが可能である。

[108] *See*, H. W. R. Wade, 'The Basis of Legal Sovereignty' ［1955］*Cambridge Law Journal* 172, at 188, 196.

[109] 内野広大「憲法と習律（二）」法学論叢167巻1号（2010年）142頁、149頁。

[110] コモン・ロー立憲主義（前注107）に対しても、実際には、裁判官の憲法解釈は制定法によって影響を受けるし、受けるべきであるとの批判が向けられている（Elliott and Thomas, *above* n.7, p.338）。そうであるならば、議会主権の内容は議会、裁判所そして国民の相互作用によって形成されていくことになるだろう。

しているのが知られるが[111]、この主張も、政治的事実の積み重ねによって議会主権の原理そのものが変容し、根本的なレヴェルでの憲法変動が生じているのだという分析を示したものと捉えることができる。そしてこの分析が正しければ、法原理的にみても、エントレンチメントを施した成文憲法の制定が可能だということになるだろう。

V おわりに

　イギリスの議論は、議会主権という独特の憲法原理と不文憲法という伝統から「憲法改正」を論じるアプローチにおいて、他国から際立っている。しかし、かかるアプローチの違いゆえに、イギリスの議論は成文憲法をもつ日本で憲法改正を論じる際にも逆に有益な示唆を与えてくれるように思われる。
　すなわち、まず、成文憲法がある場合は「憲法改正」を論じる際に成文憲法の条項の改正だけに目を向けることになるが、イギリスでは、成文憲法がないために、議会制定法（通常法律）、判例法、習律と広い題材に目を向けて実質的意味の憲法の変動を論じることになる。このように広い視座から憲法変動をみるという姿勢そのものは、成文憲法をもつ日本においても──成文憲法の改正を検討する前にできることが多くあるのではないかということに注意を促す点で──意味をもつのではないだろうか。
　次に、イギリスにおける議会制定法による憲法変動のあり方の改革論から、成文憲法の憲法改正の個々の手続の意義や留意点を見出すことができる。第1に、国民投票は憲法改正を正統化するためにふさわしい手続ではあるものの、執政府が主導して行うならば、時の政権に対する人気投票となってしまったり、改正が断片的なものとなってしまったり、国民が当該改正内容の意義を理解しないまま投票してしまったりするおそれがある。そこで第2に、議会における特別多数決の要請には、憲法改正は、過半数の議席を占める執政府・与党の独断ではなく、与野党のコンセンサスに基

---

111) Bogdanor, *above* n.18.

づいて進めるべきものであるとの含意を読み取ることができる。しかし、イギリスによる経験からは、憲法改正は同一政党内部でも意見が対立する問題であるため、そこまでのコンセンサスを制度的に要求することは実際的でないことが示唆される。それゆえ、第3に、重要になるのは、議会および国民の間での丁寧な、時間をかけた議論だということになる。イギリスの近時の議論では、執政府ではなく議会が中心となって、早い段階からの立法前手続を通じた検討や、緑書・白書の公表による国民からの意見聴取を行うべきことが主張され、さらに論者によっては改正案の作成に一般市民が参加するための会議までが提案されているところである。かかるプラグマティックな制度設計は、日本において憲法改正を進めていく場合にも参考になると思われる。

　　※本章は、平成25年度科学研究費助成事業（学術研究助成基金助成金（基盤研究（C）））課題番号25380053による研究成果の一部である。

第Ⅲ部

アメリカ

III-序　概観

1 合衆国憲法改正規定

　合衆国憲法は人類最初の成文憲法に基づく共和政体を組織化した。その憲法は完全性を否定し改正手続を内包している。この画期的な手続は合衆国憲法5条が統制する[1]。合衆国憲法の改正は、合衆国議会が関わる発議、そして州における承認の2段階の過程を経る。各段階で2つの方法が想定されており、改正の経路に選択の余地が認められている。地域性の違いが大きかった憲法制定当時、第5条は憲法改正について全国規模での同意を確保することを企図した。約230年が経過し社会のあり方が大きく変容した現在、改正は実際には困難になっている。

(1) 発議

　まず、発議の過程に関しては、1-A) 合衆国議会自ら発議する場合と1-B) 州議会の要請によって憲法会議（convention）を招集する場合とが予定されている。1-A) 合衆国議会の両議院の3分の2以上の議員が賛成し発議する。この発議は両院合同決議の形式でなされる。議員の3分の2以上という要件は、定足数を満たしていることを前提に出席議員を基に計算すればよい[2]。また、通常の法律案と異なり[3]、憲法改正案は大統領に提示する必要はない[4]。1-B) 3分の2以上の州の議会の要請に基づき合衆国議会が、憲法改正の発議を目的とする特別の憲法会議を招集する。これまでになされた憲法改正はみな、1-A) の方式により、1-B) 方式は採用されたことはない。ただ合衆国憲法自体は憲法会議の招集という方式によって制定されている。憲法改正の発議のみを目的として集会する特別会議の設置は、憲法という根本法の制定と国民主権原理との融合という近代立憲主義の1つの範型を提供している[5]。た

---

[1] 川岸令和「合衆国憲法修正過程」全国憲法研究会編『憲法改正問題』（日本評論社・2005年）250〜253頁も参照。

[2] National Prohibition Cases, 253 U.S. 350 (1920). *See also*, Missouri Pacific Railway Co. v. Kansas, 248 U.S. 276 (1919).

[3] 合衆国憲法1条7節2項。

[4] Hollingsworth v. Virginia, 3 U.S. 378 (1978).

[5] より本格的な改正のためには憲法会議方式の方が望ましいという議論もある。*See* WILLIAM F. HARRIS II, THE INTERPRETABLE CONSTITUTION 174-201 (1993).

だ先例を欠き、憲法会議の運営の仕方は不分明である。合衆国議会や州議会による憲法会議での議題限定の可否、憲法会議を招集するための州の申請への時間的制限の有無、州によるその申請の取消しの可否、憲法会議への代表の選任主体とその方法、憲法議会の組織と決定様式、また憲法議会の議決を承認のために州へ付託する判断についての合衆国議会の裁量の有無などの論点がある[6]。

(2) 承認

発議された憲法改正案は、合衆国議会の選択によって、4分の3以上の州の、2-A）議会で、あるいは、2-B）憲法会議で、承認されなければならない。これまでの憲法改正では、2-A）が広く採用されてきた。唯一の例外は、禁酒法（第18修正）廃止のための第21修正が 2-B）で成立したことである[7]。この方法は合衆国憲法自体が制定されたときに利用された。多かれ少なかれ既成の利益と関係している州議会を迂回し、直接人民に訴えかけるので、国民主権の発動が可視化されやすい。承認の過程についても、承認要件充足以前に州のいったんなした承認の取消しの可否、合衆国議会による承認期間延長の可否、承認のための時間的制限の有無、また係争の裁定主体の特定といった論点が未決である[8]。

(3) 改正の限界

第5条の文言は3つの改正の限界に言及している。その2つは、奴隷貿易条項と国勢調査に基づく課税条項で相互に関連し奴隷制を保護したが、1808年までの時限的制限であり、第13修正が奴隷制を廃止しているので、歴史的な意義しかもたない。第3の、上院における州の平等の投票権は州の同意なしに奪われないとの限界は[9]、現代的問題である。投票価値の平等が重要な憲法価値と理解されるようになった現在では、民主的な価値を阻害する一要因となっている[10]。しかも上院議員数は大統領選挙人数の州への割当てにも関係しており[11]、一層

---

6) *See* AKHIL REED AMAR, AMERICA'S CONSTITUTION 291 (2005).
7) 州議会には禁酒法賛成派が多かったという。*See* DAVID E. KYVIG, EXPLICIT AND AUTHENTIC ACTS 268-288 (1996).
8) ERAの承認の際に、州による承認取消しや合衆国議会による承認期間の延長が実際に問題になったし、時間制限は第27修正の正当性に関わっている。*See* Sanford Levinson, *Introduction: Imperfection and Amendability*, in RESPONDING TO IMPERFECTION 5-6 (Sanford Levinson ed., 1995).
9) 下院を人口比例とし上院を州代表とすることで、大州と小州との利害対立を調整したいわゆるコネティカット妥協（大妥協）なくして合衆国憲法案がまとまったかどうか疑わしい。
10) 2010年4月1日の国勢調査では、人口の最多のカリフォルニア（37,253,956）と最少のワイオミング（563,626）とで、約66対1である。The US Census Bureau（http://www.census.gov/popclock/）[2016年5月12日最終アクセス].
11) 合衆国憲法2条1節2項。

そうである[12]。州の同意が条件なので厳密な意味での改正の制限ではないが[13]、州が実際に同意するとは考えにくいので、この条項は実質的に改正の対象外であると理解される[14]。他には限界はないと一般に解されている[15]。なお、憲法改正は政治問題として司法審査の範囲外であると考えられるようになっている[16]。

2 州憲法の場合

(1) 活発な改正

合衆国憲法とは異なり、州憲法は一般に頻々と改正されており、まったく新しい憲法への移行も決して珍しいことではない。2015年1月現在では、ルイジアナ（1812年4月30日に合衆国入り）がこれまで11の憲法典をもっているが、それが最多である。合衆国憲法制定時に存在していた13州のうち当時から同じ憲法を掲げているのはマサチューセッツのみである。その州憲法も148回も改正のための投票に付され、120回改正されている。現行州憲法で100回以上改正されているものは、32州憲法に及ぶ[17]。

州憲法の改正で特徴的なことは、直接制の採用により人民の参加の程度が高いことである。イニシアティブによる憲法改正発議を認めている州は18州にのぼり、承認のレファレンダムでは単純多数によるものがほとんどである。最低投票率が定められている場合もある。憲法会議の招集を認める州は41州であるが、イニシアティブによる招集は4州で認められている。憲法会議の招集を承認する州民の投票は、提案についての単純多数か選挙での単純多数であることが一般的である。憲法会議の憲法改正案の承認についても、同様である[18]。

(2) 改正の種別

興味深いことに、州憲法の中には憲法改正について区別を設けているものがある。たとえば、カリフォルニア州憲法は憲法の修正（amendment）と変更（revision）を区別している。イニシアティブによる場合は修正に限定されており、州議会を経ての憲法会議による発議の場合は修正および変更が可能となっている[19]。州最高裁は、変更とは憲法の本質的な変化

---

12) *See, e.g.*, ROBERT A. DAHL, HOW DEMOCRATIC IS THE AMERICAN CONSTITUTION?, 2nd ed. (2003). 杉田敦訳『アメリカ憲法は民主的か』（岩波書店・2003年）。
13) ドイツ連邦共和国基本法79条3項、1条、20条。本書V-序も参照。
14) *See* Richard Albert, *Constitutional Disuse or Desuetude*, 94 BOSTON UNIVERSITY LAW REVIEW 1029, 1042-1044 (2014). "constructive unamendability"という概念で説明する。
15) 例外的に改正の限界を主張する議論として、*see* Walter F. Murphy, *Merlin's Memory*, in RESPONDING TO IMPERFECTION, *supra* note 8, at 163-190.
16) *See* Coleman v. Miller, 307 U.S. 433 (1939).
17) ただ回数が多いのは一定の地域を対象にする改正も含むからでもある。*See* the Council of State Governments, *The Book of the States 2015*, chap. 1 State Constitutions, 11, table 1.1.
18) *See id.* at 13, table 1.2, at 15, table 1.3, and at 16, table 1.4.

を意味するのに対して、修正とは憲法条項の改善や追加などあまり広範でない変化を指すと解している[20]。州最高裁によると、両者の区別は量的および質的に判定される[21]。憲法の根本的な変化には、一般にイニシアティブ過程でなされるよりもより深く広い熟議が求められるからであろう[22]。

なお、州最高裁は州憲法改正を違憲と判示することがある。また合衆国最高裁は州憲法の改正については合衆国憲法違反と判断したこともある[23]。

3 合衆国憲法改正略史

これまでの合衆国憲法27回の改正は4範疇に大別できる。まず、憲法制定当初の法・政治実践から生じた問題への対応を示す第1修正から第10修正（権利章典）、第11修正および第12修正である。次は、南北戦争後の再建期の思想を表明する第13修正から第15修正であり、それらにより合衆国憲法体制は大きく変容することになる。第3グループは、20世紀初頭の革新主義思想の影響を受けた第16修正から第20修正（所得税の徴収、上院議員公選、禁酒法、女性投票権の承認）である。第4の範疇は1930年代以降のもので、禁酒法を否定する第21修正を挟んで、大統領職（任期の開始時の修正、三選禁止、地位の承継の明確化）と選挙権の拡大（コロンビア特別区の大統領選挙人の選任、人頭税を要件にすることの禁止、18歳投票権）に関する改正である。現時点で最新の第27修正は奇妙である[24]。合衆国議会議員の歳費に関するこの条項は、もとは1789年9月25日に権利章典の各条項と同時に発議された。約200年の時を経て、発議時には存在しなかったミシガン州が1992年5月7日に38番目の承認州となり要件が満たされたのである。

〔川岸令和〕

---

19) カリフォルニア州憲法18条。
20) *See, e.g.*, Livermore v. Waite, 102 Cal. 113 (1894); Amador Valley Joint Union High Sch. Dist. v. State Bd. of Equalization, 22 Cal.3d 208, 222 (1978).
21) *Amador*, 22 Cal.3d, at 223.
22) *See* Raven v. Deukmejian, 52 Cal.3d 336, 351 (1990); Douglas C. Michael, Note, *Preelection Judicial Review*, 71 CALIFORNIA LAW REVIEW 1216, 1224 (1983).
23) 合衆国下院議員の候補者に任期を設定するアーカンソー州憲法改正や性的指向に基づき人々に保護された集団としての地位を否定するコロラド州憲法改正が違憲とされた。U.S. Term Limits, Inc., v. Thornton, 514 U.S. 779 (1995); Romer v. Evans, 517 U.S. 620 (1996). アメリカにおける憲法改正の全般的な特徴については、*see* Richard Albert, *American Exceptionalism in Constitutional Amendment*, Boston College Law School Legal Studies Research Paper No. 389.
24) *See* Sanford Levinson, *Authorizing Constitutional Text*, 11 CONSTITUTIONAL COMMENTARY 101 (1994). また川岸・前掲注1）251～252頁も参照。

Ⅲ-1章
憲法修正なき憲法の変化の政治的意義
ニューディール期アメリカ合衆国の「憲法革命」を題材に

岡山　裕（慶應義塾大学）

Ⅰ　はじめに
Ⅱ　憲法修正によらない憲法の変化
Ⅲ　初期ニューディールにおける立法と執行
Ⅳ　大統領と最高裁の「対決」へ
Ⅴ　「憲法革命」は起きたのか？
Ⅵ　おわりに

Ⅰ　はじめに

　本章が対象とするアメリカ合衆国（以下「アメリカ」という）は、連邦制をとり大統領制を採用しているなど、総じて日本と大きく異なる政治制度をもつ。しかし、憲法の解釈や改正・修正に関する制度に限ると、通常裁判所が付随的違憲審査を行い、憲法典の内容変更が議会における超多数派の賛成によって発議されるというように、類似点が多い。そのため、アメリカ（本章では以下、連邦レヴェルを念頭に置く）でどのように憲法が変化するのかは、日本について考えるうえでも示唆に富むと思われる。
　日本では、戦前と戦後を通じて明文の憲法改正が一度も行われていないのに対して、アメリカではしばしば憲法修正がなされてきたものの、国際

比較の観点から言えばその頻度は多くない。日米ともに改正・修正のための制度的な障壁が他国と比べて特段高いわけではないのを考慮すると、それにもかかわらずなぜ憲法典の改正や修正があまり生じないのかを検討することには意義があろう。たとえば日本については、憲法典が短く条文も簡潔で、とりわけ政治制度に関する規定が大まかであるために、他国であれば憲法改正を行う必要が生じるような場合でも法律の制定や改正ですむことが多いためだ、という指摘もなされている[1]。

本章では、アメリカで大統領や連邦議会が望む政策を実現するうえで憲法を変化させたい場合、憲法典の修正以外にも方法が存在し、どれを用いれば目的を達成しやすいかを比較衡量しながら行動し、それが憲法修正の頻度の低さにつながっている可能性を提示する。具体的には、それまでの憲法の枠組みをはみ出すような立法や政府の活動について裁判所の合憲判決を勝ち取ったり、世論の支持を背景に裁判所の反対をねじ伏せたり、という方法が挙げられる。アメリカにおける憲法の変化をめぐる政治は、政府の諸機関の権力争いとしての性格をあわせもっており、裁判所、とりわけ合衆国最高裁判所（以下「最高裁」という）の立場や態度がその帰趨に大きな影響を与えると考えられるのである。

以下では、このことを1930年代のニューディール期の展開を題材にして明らかにする。1933年に発足した民主党のフランクリン・ローズヴェルト政権は、同じく民主党が圧倒的多数派を占める連邦議会の後ろ盾を得て、連邦政府への集権性の高さと行政機関に与えられた裁量の大きさの両面で前例のない、大規模な恐慌対策を打ち出した。ところが、その多くに対して1935年から翌年にかけて最高裁が違憲判決を出していき、対決姿勢が強まったのである。大統領は再選後の1937年2月に、最高裁を含む連邦裁判所への大幅な増員策、通称「裁判所詰め込み案（court-packing plan）」を打ち出し、司法に正面から挑戦した。しかし、その翌月から最高裁が一転してニューディール政策に合憲判決を出していき、それによっ

---

1) Kenneth Mori McElwain and Christian G. Winkler, *What's Unique about the Japanese Constitution? A Comparative and Historical Analysis*, 41(2) JOURNAL OF JAPANESE STUDIES 249 (2015).

て「憲法革命（constitutional revolution）」が起きたとされるのである。

このように、この時期には政権主導でそれまでの憲法の枠組みを踏み越えるような政策が実施され、最終的に明文の憲法修正を伴うことなく「革命」とまで呼ばれるような重大な憲法上の変化が生じている。その際、憲法修正が検討されたばかりでなく、大統領と裁判所が憲法の変化の是非をめぐってつばぜり合いを演じており、憲法の変化が政府の諸部門間の争いを通じて生じることを示す事例として適しているのである。

本章は、次のように構成される。IIでは、政府の諸部門が権力争いを通じてどのような仕方で憲法を変化させうるのか、その際にいかなる政治過程が生じうるのかを、政治学の司法政治論の知見も踏まえて考察する。IIIでは、ローズヴェルト政権の進めたニューディール政策が、既存の憲法との関係でどのように位置づけられるものだったのかを整理する。IVでは、一連の政策に対する最高裁の諸判決と、それらへの政権側の反応を、1936年までについて検討する。Vでは、政権側がなぜ「裁判所詰め込み案」を出したのかに加え、最高裁が合憲判決に転じた要因を考察する。結論部となるIVでは、本章の議論が日本の事例を考える際にもつ含意を示す。

II 憲法修正によらない憲法の変化

1 アメリカにおける憲法の変わり方

成文憲法をもつ国家について、憲法の内容を変える方法としてまず思いうかぶのが、憲法典の条項の改正あるいは修正であろう。アメリカでも、この方法はたびたび用いられてきた。1788年に批准成立した合衆国憲法は、本章執筆時点までで27回修正されているが、そのうち最初の10の修正条項は憲法典の成立時点で追加が予見されていたもので、「権利章典」と呼ばれており、憲法典の本体と実質的に一体と考えられている。その後約230年間に17回の修正がなされたものの、憲法典成立からこれまでのペースは決して早いとは言えない[2]。

---

2) DAVID E. KYVIG, EXPLICIT AND AUTHENTIC ACTS, 1776-1995 (1996); ZACHARY ELKINS, TOM GINSBURG, and JAMES MELTON, THE ENDURANCE OF NATIONAL CONSTITUTIONS (2009).

修正条項のうち半数ほどは、20世紀半ばに成立した、首都ワシントンに大統領選挙人を割り当てる第23修正等にみられるように、短期間にほとんど争いなく成立している。もっとも、憲法修正の発議には、連邦議会の上下両院で3分の2の賛成を集めなければならず、さらに成立するには4分の3の州によって批准される必要があり、ハードルは決して低くない。議会における憲法修正の提案自体は、通常の法案と同様に個々の議員が単独でできるのもあって、夥しい数の憲法修正案が審議すらされずに廃案になってきた。

アメリカで憲法修正がそれほど頻繁に行われてこなかった理由としては、修正の手続的ハードルの高さ以外に、他にも憲法の内容を変更する手段がありうることが考えられる。まず挙げられるのが、立法と裁判所の判決という組み合わせによるものである。アメリカでは、日本と同様に司法裁判所が制定後の法律の合憲性を審査する。その際、裁判所の考える憲法の内容が常に同じなのであれば、ある法律がその枠内に収まっていれば合憲、そうでなければ違憲とされるだけで憲法は変化しないであろう。ところが実際には、判事の考え方や構成が変わるなどして裁判所の考える憲法の中身は変化する。そのため、以前であれば違憲とされたであろう内容の法律が成立し、それについて提起された訴訟で合憲判決が出されれば、その判決が先例となって、実質的に憲法が変わったのと同じ効果が生じるのである。

アメリカでも、明文の憲法修正がそれほどなされない理由のひとつとして、最高裁の合憲判決という「お墨付き」が得られるのであれば、立法の方がはるかに容易だからだという指摘がなされている[3]。政策当事者にとって、成文憲法と立法後の司法審査という制度的組み合わせは、裁判所に支持されるという条件付きながら憲法の内容変更を可能にするのである。

しかし、司法審査制度がなければ、またそれがあったとしても政府の行動に裁判所がお墨付きを与えなければ憲法が決して変化しないかと言えば、そうとは限らない。政府の一部門が望む政策を一方的に実現しようとした

3） *Id.* at ch. 6.

場合、それが既存の憲法の枠組みをはみ出すようなものであっても、他の機関がそれを止めようとするとは限らないし、止めようとしても成功するとは限らないからである。そこでとられた政策が以後定着したならば、実質的に憲法が変化したことになると言える。

　こうした強引なかたちでの憲法の変化は、日常的に生じるわけではないにせよ、無視できない重要性をもっている。たとえば、連邦議会がある権限を行政機関に委任する立法を行う際、行政機関が期待通りのかたちでそれを執行しない場合に議会の決議によってその権限を制限できるようにする「議会拒否権（legislative veto）」条項を法律に盛り込むことは、憲法上の立法手続に反する立法だとして1983年に最高裁によって違憲と判示された。ところが、連邦議会はその後もたびたび議会拒否権を含む法律を制定してきている。また、これは違憲とは考えられていないものの、司法審査自体、1803年のマーベリ対マディソン事件判決で最高裁が一方的に行使を宣言し、その後定着した制度なのである[4]。

　このように、憲法を変化させようとする一方的な行為は、どの政府機関によってもなされうるものの、なかでも重要なのは大統領によるものだと考えられている。アメリカの大統領は、憲法上明示的に与えられた権限があまり大きくない反面、連邦政府の三権のうち唯一独任制であり、人事権を通じて多くの執行機関を従える。そのため、意思決定とそれを行動に移す際のコストが低く、憲法の枠を越えた行動をとろうとする動機づけが相対的に大きいとみられるのである。

　大統領が憲法の枠を越える行動を進んで起こした場合、物事を決めるだけで実行する力をもたない他の二権がそれを止めるのは容易ではない。エリック・ポズナーらはこの点に着目して、大統領を憲法によって制約するのは究極的には不可能だと主張している。もっとも、大統領に歯止めが一切効かないわけではない。ポズナーらは、大統領の行動の正当性に最終的な判定を下すのは世論だとし、他の機関からの異議申立てによって生じる

---

4) Immigration and Naturalization Service v. Chadha, 462 U.S. 919 (1983); Marbury v. Madison, 5 U.S. 137 (1803); WILLIAM E. NELSON, MARBURY V. MADISON (2000).

大統領との「対決（showdown）」がその重要なきっかけになるという[5]。

このように、明文の憲法修正を経なくとも、政府の諸部門の行動を通じて憲法は実質的に変化しうる。その際特に司法府が、司法審査を通じて決定的な役回りを演じると言えよう。では、政権や連邦議会が憲法の枠を踏み越えるような政策を推進しようとする場合、司法府との間でいかなる政治過程が展開するのだろうか。司法をめぐる政治を分析する、政治学の司法政治論では、裁判所は機械的に憲法や法律を個々の事案に当てはめて判決を下すのでなく、他の主体と同様に実現したい政策をもち、他の機関や世論等の反応もうかがいながら戦略的に行動すると考える。そこで次に、アメリカにおいて司法を軸にして諸機関がどのように相互作用するのかを検討しよう。

2　部門間の権力闘争と憲法の変化

合衆国最高裁を頂点とするアメリカの司法府は、判事たちの自律性の高さとそこからくる裁量の大きさを特徴とする。最高裁は、少数——ここで検討する20世紀以降は9名——の判事の合議と多数決で判決を下す。判事たちは、州・地方政府を含む他の政府機関の活動について合憲性を審査しうる立場にあるが、自らが依拠する合衆国憲法それ自体を解釈する権限をもつため、極めて大きな裁量をもっている。

民主的多数派に支持された議会の立法をも覆しうる政策決定を行う点で、裁判所は論争的な存在になりうる。判事は法の専門家なのだから、その憲法解釈に他の主体が異論を差し挟む余地はないと思うかもしれない。しかし、ほぼあらゆるルールには複数の解釈の余地があり、それは憲法典でも同じである。判事は法のみならず自らのイデオロギー——司法哲学とも呼ばれる——にも多かれ少なかれ依拠して判断を下していると考えられ、こ

---

[5] ERIC A. POSNER AND ADRIAN VERMEULE, THE EXECUTIVE UNBOUND (2011). *See also,* Keith E. Whittington, *Yet Another Constitutional Crisis?*, 43 WILLIAM AND MARY LAW REVIEW 2093 (2001-2002); BRUCE ACKERMAN, THE DECLINE AND FALL OF THE AMERICAN REPUBLIC (2010). 邦語での最近の業績として、梅川健『大統領が変えるアメリカの三権分立制』（東京大学出版会・2015年）、および大林啓吾『憲法とリスク』（弘文堂・2015年）。

れは判例に従う必要性がより小さい最高裁に特によく当てはまるとされる。アメリカで判事の党派が意味をもつのは、この点に関してである。大統領は判事を任命する際になるべく自分と似た考え方の人物を選ぼうとするため、任命した大統領やその党派をみれば、判事の考え方をある程度予測できるとみられるのである[6]。

　判事によって憲法解釈が異なるのであれば、判事の構成が変化したり、同じ判事でも考え方が変わったりすれば、同一の問題についてでも裁判所の判断は変化しうる。それが、上でみたような合憲判決を通じた憲法の変化を可能にするのであり、最高裁判決といえどすんなり受け容れられるとは限らないのも、同じ理由からである。また2000年大統領選挙の帰趨をめぐるブッシュ対ゴア事件判決に象徴されるように、最高裁は論争的な問題であっても躊躇せずに判断を下すから、判決に政府の内外から反発が出ることは珍しくない[7]。たとえば、人工妊娠中絶に反対する勢力は、一定の範囲の中絶を憲法上の権利として認めた1973年のロウ対ウェイド事件判決の克服を主な目標に活動を続けている[8]。

　では、こうした最高裁を相手にして、特定の政策を実現したい他の機関はどのように振る舞うと考えられるだろうか。まず重要なのは、訴訟になった場合に自分たちに有利な判決が出るようあらかじめ計らうことである。議会は立法、政権は法の執行に際して、関連する判例とその時の最高裁の意向を考慮に入れて行動することになる。そのうえで、とられた政策について訴訟が提起されたならば、政府側代理人となる司法省は、どんな事案についていかなる法的論点について争えば有利になるかを考慮して訴訟戦略を練ることになる。最高裁は強力な政策形成主体であるが、個別の訴訟についてしか判断を下せないので、そのアジェンダを操作できれば事を有利に進められるのである。

---

6) Lee Epstein and Jeffrey A. Segal, Advice and Consent (2005); Lee Epstein, William M. Landes, and Richard A. Posner, The Behavior of Federal Judges (2013). 邦語での解説として、岡山裕「政治インフラとしての法曹とその組織」久保文明編『アメリカ政治を支えるもの』（日本国際問題研究所・2010年）179〜201頁を参照。

7) Bush v. Gore, 531 U.S. 98 (2000).

8) Roe v. Wade, 410 U.S. 113 (1973).

しかし、最高裁と他の機関の考え方が大きく乖離している場合、実施された政策に違憲判決が出される、あるいはその可能性が高くなるであろう。その際、政権や議会は憲法を修正したり合憲派の判事を送り込んだりして最高裁の見方を変えられればよいが、前者は時間を要するうえにハードルが高く、後者は十分な数の空きポストがなければ不可能である。その場合、何らかの別の手段で自分たちの政策を押し通そうとする可能性が出てくる。特にその政策が世論の広範な支持を得ていたり、それが合憲であるべきだという確信をもっているような場合、政権や議会は最高裁の判決を無視する、あるいはそうするという脅しをかけたり、他に最高裁の不利に働くような行動に出るかもしれない[9]。

　このような事態に直面した判事たちは、新たな判決を出すにあたり困難な判断を迫られる。自らの憲法判断に固執して違憲判決を出しても、それを執行できるわけではないから、判決を無視されるかもしれず、しかもそれを世論が支持したならば、威信が失われかねない。そのため、最高裁には多少考えを曲げてでも他の主体が従いそうな判決を出す誘因が存在する。とはいえ、裁判所に対する人々の信頼はそもそも、他の主体におもねらず独立した立場から法的に判断を下すところからきているはずであろう。他の機関や世論に迎合したと受け取られる判決を出してしまうと、自らの正当性を損なうかもしれないのである。

　ただし、こうしたディレンマを抱えるのは最高裁だけでない。仮に世論が政権や議会の政策を支持していたとしても、最高裁の違憲判断を押し切ることまで容認されるとは限らないからである。ポズナーらの図式に従えば、ここで最高裁と政権や議会の間で、政策の合憲性の判断をどこが下すべきかまでが争われる「対決」が生じ、世論がどちらの側に回るのかでその決着がつくことになる。以下では、ここまでの考察を下敷きにして、ニューディール期における「憲法革命」という、アメリカ憲法史上でも緊張度が高く重要な帰結を伴った「対決」の展開を検討しよう[10]。

---

9) KEITH E. WHITTINGTON, POLITICAL FOUNDATIONS OF JUDICIAL SUPREMACY (2007).
10) 本章で検討する事例については、すでに本格的な研究が多数公刊されており、本章の記述もそれらに多くを負っている。WILLIAM E. LEUCHTENBERG, THE SUPREME COURT REBORN (1995);

III　初期ニューディールにおける立法と執行

1　ローズヴェルト政権の「最初の100日間」

　1929年10月の株価の大暴落をきっかけに始まったアメリカの大恐慌は、その後1932年までに失業率が24％を超え、工業生産が半分近くまで低下するという深刻な事態を引き起こした。多くの国がアメリカに経済的に依存していたことで、経済危機は世界規模に拡大していった。当初対策の主導権を握ったのは各州の政府であったが、財政難のために早々に行き詰まった。この点後発で、関税等の独自の財源をもっていた連邦政府は有利であった。とはいえ、共和党のハーバート・フーヴァー政権は農産物の買い上げや復興融資のための公社を立ち上げる等、当時としては思い切った対策を試みたものの、経済のさらなる悪化を食い止めることはできなかった。

　1932年の大統領選挙で、死に体になっていたフーヴァーの再選を大差で阻んで当選したのがフランクリン・ローズヴェルトであった。彼はそれまでニューヨーク州知事として積極的な恐慌対策を打ち出したのが評価され、新規まき直しを意味する「ニューディール」をスローガンに大統領選挙を戦って、人々に経済回復への希望を与えたのである。もっとも、その時点で具体的な政策が念頭にあったわけではなく、当選を前後してブレーン・トラストと呼ばれる助言者たちを中心に政策案が議論されていった[11]。

　ローズヴェルトは翌年3月の就任直後から、利用可能なあらゆる法的手段を用いて恐慌の克服を目指した。就任翌日には全国の金融機関に営業停止を命じ、資金力が確認できたものから再開させる措置をとったが、これは第一次世界大戦時に与えられた戦時権限に基づいていた。そのうえで、

Marian C. McKenna, Franklin Roosevelt and the Great Constitutional War (2002); Burt Solomon, FDR v. the Constitution (2009); Jeff Shesol, Supreme Power (2010); James F. Simon, FDR and Chief Justice Hughes (2012); William G. Ross, The Chief Justiceship of Charles Evans Hughes, 1930-1941 (2007).

11)　ニューディール政策を含むこの時期の政治全般については、以下を参照。Arthur M. Schlesinger, Jr., The Coming of the New Deal, 1933-1935 (1958); do., The Politics of Upheaval (1960); George McJimsey, The Presidency of Franklin Delano Roosevelt (2000); Roger Daniels, Franklin D. Roosevelt, 1882-1939 (2015).

政権の「最初の百日間」に矢継ぎ早に実施された初期のニューディール政策は、大きく3つの柱から構成されることになった。第1は、市場に各種の資源を投入して様々な主体を経済的に救済するものである。テネシー川流域での開発事業（TVA）や、若者を雇用して環境保全事業に従事させる民間資源保存団（CCC）といった大規模な公共事業が、その代表例である。

　第2に挙げられるのが、金融政策である。リスクの高すぎる金融取引や、金融市場の参加者に必要な情報が適切に開示されないことから生じる問題を防止するために、証券取引と銀行業務が分離され、連邦取引委員会（FTC）に証券取引の規制権限が与えられた。後者については、翌1934年の法改正により、新たに設置された証券取引委員会（SEC）が規制を行うこととなる。さらに、政権は金貨以外の決済手段の使用を広く認めてインフレを実現しようとした。そのために、大統領の戦時権限を用いて市民から金を買い上げていき、連邦議会も政府や民間の取引について金貨での支払いを義務づける法令の効力を停止する決議を発する等して、アメリカは事実上金本位制を離脱したのである[12]。

　第3の対策が、恐慌の主因のひとつとされた市場の機能不全の克服である。特に、1920年代から続いていた過剰生産によるデフレへの対策が急務となった。当時は政府の財政出動によって有効需要を創出するというケインズ的な発想がまだなく、ローズヴェルト政権はそれまでの政権と同様に財政均衡にこだわっていた。そのため、需給調整には供給量を抑える以外に手段がないと考えられたのである。それが表れたのが、全国産業復興法（NIRA）と農業調整法（AAA）である。

　NIRAは、産業ごとに生産者間の生産量の割り振りと適正な競争のルールを定めた協定（コード）を制定させる代わりに、反トラスト法の適用を免除するというものであった。産業ごとのコードは一種の規則だから、その制定は立法権の行使にあたるが、それが連邦議会から大統領、そこからさらに新しく設置された行政機関である全国産業復興庁（NRA）に委任され、NRAは各産業について幅広い利害当事者と協議しつつコードを策定

---

12) Eric Rauchway, The Money Makers (2015); Michael E. Parrish, Securities Regulation and the New Deal (1971).

することとなった。一方農業を対象としたAAAは、余剰生産物を廃棄したり作付面積を減らしたりした農家に補助金を出すこととし、農務省内に設けられた農業調整局（AAA）がその監督役となった。

NIRAに関してもう一点注目すべきは、それが労働市場への関与も伴っていた点である。同法の7条(a)では、各業界のコードで労働者への団結権と団体交渉権の保障を義務づけ、1933年8月には労使紛争の調停にあたる機関として全国労働委員会（NLB）が設置された。これは連邦政府として新しい試みだっただけでなく、それまでの判例で労働契約について労働者が個々に雇用主と交渉する「自由」が強調されてきたのに対して、両者の力関係の非対称性という現実に目を向けた点で大きな転換点となった[13]。

一連の立法は、連邦政府の介入の程度と範囲のいずれの点でも前例のないものだったと言ってよい。それだけに、政権主導で起草された法案に反対がなかったわけではなく、特に生産調整に対しては、議会内の保守的な議員や財界から社会主義的だという批判も出た。それでも、恐慌に対してもはや打つ手のなかった連邦議会は、民主党が圧倒的多数派を占めていたのもあって、審議もほどほどに成立させたのであった。NIRAとAAAについては、あくまでも恐慌対策のための緊急避難的な措置であり、景気回復の目途が立った段階で失効させることとなっていたのも助けとなった。NIRAについては、その第1編2条(c)で最長でも2年間の時限立法とされたのである。

2　政権の憲法上の配慮

ローズヴェルト政権は、このような大胆な政策を打ち出すにあたり、憲法上の配慮も怠らなかった。後にもみるように、当時の最高裁は長年の共和党優位もあって、政府、とりわけ連邦政府による社会への介入や、憲法典に規定のない行政機関の政策過程における役割を制限しようとする保守的な考え方が強かった。そのため、法案の起草と政策の執行のいずれにあたっても、最高裁に違憲判決を出されないよう注意が払われたのである。

---

13) JAMES A. GROSS, THE MAKING OF THE NATIONAL LABOR RELATIONS BOARD (1974). ただし鉄道業における労使紛争の調停に関しては、1926年に鉄道労働法が制定されている。

とはいえ、深刻な恐慌に対して前例のない政策を迅速に計画し遂行しようとするなかで、いくつかのほころびが生じることとなった。この点は、証券取引規制と生産調整政策を比較することで明らかとなる。

証券取引規制は、当初 FTC という既存の行政機関に規制権限が与えられたのにも表れているように、反トラスト政策の発想を援用するかたちで進められた。FTC を代表格とする独立行政委員会はすでに半世紀近い歴史をもち、その権限の射程や行政処分を行う際にとるべき手続が、判例を通じて細かく統制されてきた。そのため、1933年と翌年の立法のいずれについても、制度設計にあたって準拠すべき憲法上の枠組みがはっきりしていたのである[14]。しかも、法案の起草にはローズヴェルトの助言者であったハーヴァード・ロースクール教授のフィリックス・フランクファーターの教え子であるベンジャミン・コーエンやジェイムズ・ランディスといった、一流の行政法専門家があたった。特にランディスはその後、FTC および SEC に委員として加わり、後者では委員長にもなって法の執行にも目を光らせたのである[15]。

このように、証券取引規制に際しては、立法と執行のいずれの段階でも合憲性を確保すべく周到に注意が払われただけでなく、参考になる既存の政策が存在したために満たすべき要件も明確であった。それに比べて、NIRA と AAA による生産調整政策はその両面で大きな限界を抱えることになった。以下では、NIRA を例に検討しよう[16]。

NIRA 立法時の最大の困難は、上でみた規制政策と違い、依って立つこ

---

14) CARL MCFARLAND, JUDICIAL CONTROL OF THE FEDERAL TRADE COMMISSION AND THE INTERSTATE COMMERCE COMMISSION, 1920-1930: A COMPARATIVE STUDY IN THE RELATIONS OF COURTS TO ADMINISTRATIVE COMMISSIONS (1933); ROBERT E. CUSHMAN, THE INDEPENDENT REGULATORY COMMISSIONS (1941).

15) DONALD A. RITCHIE, JAMES M. LANDIS: DEAN OF THE REGULATORS (1980). *See also*, DANIEL R. ERNST, TOCQUEVILLE'S NIGHTMARE, 1900-1940 ch. 3 (2014); do., *Lawyers, Bureaucratic Autonomy, and Securities Regulation during the New Deal*, working paper available at (http://scholarship.law.georgetown.edu/fwps_papers/115/)［2015年12月22日最終アクセス］; G. EDWARD WHITE, THE CONSTITUTION AND THE NEW DEAL ch. 4 (2002). SECについては1936年に、SECの制定した規則を不適切としつつも、証券取引法の合憲性は判断しないという判決が出された。Jones v. Securities and Exchange Commission, 298 U.S. 1 (1936).

16) PETER H. IRONS, THE NEW DEAL LAWYERS (1982).

とのできる先例が実質的に存在しなかったうえに、多種多様な業界が対象になるため、そこで制定されるコードの具体的な要件を法案に盛り込めなかった点にあった[17]。そのため、連邦議会は「公平な競争」を阻害しないといったごく一般的な基準を定めた以外、コードの策定を大統領とNRAにほぼ「丸投げ」するかたちになった。この点は立法権の放棄ととられかねず、憲法上疑義がありうることも自覚されていた。しかし、そもそも時限立法であったために、仮に訴訟になっても最高裁で審理される前に法律自体が失効するのではないかと考えられたのである。

　生産調整政策は、執行段階でも法的問題を抱えることになった。NRAがコード策定の主導権を握れないという事態が、頻繁に生じたのである。NRAが相手にすべき業界は数千に及び、そのそれぞれについてコードを制定し、その遵守を監視すべく、連邦政府は大量の弁護士を雇い入れた。ところがその多くは新米で、各業界の大手企業に雇われその分野に精通したベテラン弁護士たちと渡り合ってコードの作成を指導するのは困難だったのである。その結果、公に通用するコードが実質的に民間の主体の主導で作られたばかりか、その内容も大企業に有利なものになりがちだったとみられている。

　以上からわかるように、初期ニューディール政策の導入にあたり、ローズヴェルト政権は憲法上の考慮を払わなかったわけでは決してなかった。しかし、恐慌に対処すべく前例のない措置を講じようとしたために、既存の憲法上の枠組みに収まりにくいような立法や執行がなされることになったのである。この一連の政策に、司法がどのように反応するかが注目を集めたのは不思議でない。次のIVでは、それを最高裁に着目して検討することにしよう。

17）　ただし、第一次世界大戦時の動員政策は分野によってニューディールの重要なモデルになったとみられている。MARC ALLEN EISNER, FROM WARFARE STATE TO WELFARE STATE (2000).

IV 大統領と最高裁の「対決」へ

1 最高裁のニューディールへの柔軟な対応

　ローズヴェルト政権が最高裁との間で難題を抱えるであろうことは、その発足当初から予想されていた。アメリカの憲法史上、20世紀転換期から大恐慌までの時期は、それを代表する最高裁判決の名称から「ロックナー時代（the Lochner Era）」と呼ばれ、政府、特に連邦政府の権限の射程が極めて厳格に制限されていた。ニューディール初期の最高裁判事たちも、その影響を多かれ少なかれ受けており、政権の積極的な恐慌対策に反対する恐れが指摘されたのである[18]。

　この時期の最高裁の構成は、どのようなものだっただろうか。まずウィリス・ヴァン・デヴァンター、ジェイムズ・マクレイノルズ、ジョージ・サザーランド、そしてピアス・バトラーの4名は、いずれもすでに10年以上最高裁に在籍していた保守派であり、その団結の強さと強硬さから、新約聖書の黙示録に登場する、人類に災厄をもたらす「四騎士（Four Horsemen）」に擬えられた。それに対して、ルイス・ブランダイス、ハーラン・ストーン、そしてベンジャミン・カードーゾは、ブランダイスがウッドロウ・ウィルソン、そしてストーンとカードーゾがフーヴァーといういずれも革新派の大統領に任命された、リベラル派の「三銃士」として知られていた[19]。

　このように、当時の裁判所には保守派が多かったにせよ、過半数を占めたわけではない。そのため、残る中道派のチャールズ・エヴァンズ・ヒューズとオウエン・ロバーツの行動が注目を集めることになった。2人のうち、ヒューズが首席判事として判決の政治的影響を考慮して柔軟に立ち回ったとされるのに対して、ロバーツは気まぐれな天邪鬼と捉えられがちであった。彼ら中道派の動向に判決の行方が左右されたため、ニューディール政

---

18) Morton J. Horwitz, The Transformation of American Law, 1870-1960 (1992).
19) なお、マクレイノルズもウィルソン大統領に任命されているが、これは司法長官だったマクレイノルズとそりが合わず、厄介払いするためだったとされている。

策に対する最高裁の出方を事前に予測するのは困難だったのである。

　ニューディール政策に関する訴訟が最高裁にたどり着くには時間を要したが、州レヴェルの恐慌対策の合憲性を争う訴訟がその前哨戦として注目された。まずブレイズデル事件訴訟では、抵当支払いの猶予期間を延長して債務者を救済するミネソタ州法が、合衆国憲法の契約条項（第1編10項）に抵触するかどうかが争点であった。最高裁は1934年1月の判決で、緊急事態は政府の権限を拡大しないものの権限行使の機会を生み出す、と述べて、経済危機のもとで政府の役割の拡大を支持したのである。またネビア事件訴訟では、行政機関が牛乳の最高・最低価格を定めるニューヨーク州法の合憲性が問題となった。最高裁はそれまで、政府の規制権限の及ぶ産業を「公的」な性格をもつ交通機関等に限っていたのを、同年3月の判決では消費財の生産や取引にも広げて合憲としたのである[20]。

　これらの判決は、非常時であることを理由に先例を大きく越えるかたちで政府権限を広く認めた点で、最高裁はニューディールも好意的に捉えるであろうという予測を抱かせるものであった。特にネビア事件の対象は行政機関を通じた消費財の価格統制であり、NIRAと親和性が強かったため、政権関係者の楽観にも無理はなかった。いずれの判決もリベラルおよび中道派対四騎士という構図で出されており、中道派がリベラル側にまわってニューディールは容認されるだろうと期待されたのである。

　ところが、翌1935年に入ってからの展開は、最高裁がニューディール政策に挑戦しうるばかりでなく、それが深刻な政治的影響をもつことを示すものであった。1月に出されたパナマ精油所対ライアン事件判決では、石油精製業のコード制定に関するNIRAの規定が、連邦議会の立法権を全面的に大統領に委任する点で違憲とされ、カードーゾ以外すべての判事たちがそれを支持したのである。もっとも、この規定の杜撰さは政権も先刻承知であり、判決を踏まえて直ちに修正立法がなされたため、大事には至らなかった[21]。

20）　Home Building & Loan Ass'n v. Blaisdell, 290 U.S. 398 (1934); Nebbia v. New York, 291 U.S. 502 (1934).

21）　Panama Refining Co. v. Ryan, 293 U.S. 388 (1935).

それに対して、政権と最高裁が深刻な対立を抱えうることが明らかになったのが、翌2月に下された金融関連の判決をめぐる展開である。上でみたように、政権と連邦議会は金貨による決済を義務づける法令の規定を無効にしていたが、その合憲性が、合衆国憲法第14修正条項の公的債務の保証規定をめぐって争われることとなった。この一連の「金条項事件(Gold Clause Cases)」訴訟で関連の諸法令が有効だと判示されれば、財政と金融に深刻な打撃となるのは明らかであり、判決前にローズヴェルトは金貨の「復活」を断固として認めないとたびたび公言した。ここで最高裁は、金条項の無効化に違憲判決を出しても無視されてしまう恐れを考慮する必要に迫られたのである。

　最高裁は、関連する4件の訴訟のうち、3件について合憲判決を出した。そして残る1つ、財務省手形の金貨による償還の必要性の有無が争われたペリー対合衆国事件訴訟では、次のような政治的な離れ業を演じた。ヒューズを含む4名の判事たちは、議会による金条項の無効化を違憲と判定した。その一方で、すでに金貨が市場から引き上げられている以上、原告の求める、金貨で償還がなされていれば得られたであろう利益を算定するのは不可能であり、逸失利益は存在しないとして、唯一の合憲派であったストーン判事とともに原告の訴え自体は退けたのである[22]。

　この判決で、最高裁はかなり無理のある理屈を展開しながらも、自らの法的な立場は表明しつつ政権との正面衝突を避け、一応体面を保ったことになる。結果的に、それは賢明であった。ローズヴェルトは、最高裁が金条項の復活を命じる判決を出しても従わないとあらかじめ決めており、その場合に国民にその正当性をアピールするためのラジオ演説の原稿まで準備していたからである。前年のネビア判決以降ここまでの展開は、最高裁が連邦や州の恐慌対策についてその必要性を柔軟に認めるという印象を政権に与えるものだったと言えよう。

---

22) Perry v. United States, 294 U.S. 330 (1935).

2　政権と最高裁の「対決」へ

　以上のような背景があっただけに、その数か月後の1935年5月27日にニューディールの目玉政策であり、当時連邦議会で延長が検討されていたNIRAに違憲判決が、それも満場一致で出されたのは、ローズヴェルト政権にとって衝撃であった。このシェクター鶏肉社対合衆国事件判決は、NIRAの中核的な規定が立法権の放棄にあたり、また州内で取引が完結する鶏肉処理業への干渉は連邦政府の州際通商規制権に含まれないと宣告したのである。この日は、政権の意向に反する重要判決が他にも2つ、同じく満場一致で出され、「暗黒の月曜日」と呼ばれるようになった[23]。

　個人的にも親しくしてきたブランダイスをはじめとするリベラル派までが違憲側にまわったのは、ローズヴェルトにとって誤算であった。そのブランダイスは、判決が下された後ローズヴェルトの側近に「この中央集権化への動きはこれで終わりだ」と告げて、NIRAに代表される連邦政府の介入が最高裁全体の見方と相容れないことを示唆したのである[24]。

　ローズヴェルトは、判決から数日後の記者会見で、この判決をあたかも「馬と荷車の時代」から抜け出てきたかのような時代錯誤のものだとこき下ろした。シェクター判決によって、政権が最高裁への警戒を強めたのは間違いない。とはいえ、この時点で両者が全面対決に入ったと考えるのも早計である[25]。それには、3つの理由がある。第1に、すでにみたように政権側はNIRAの起草段階で、当時の憲法解釈に照らして法案に問題があることを自覚していた。そのため、違憲判断自体は必ずしも意外でなく、政権がこれを境に最高裁への態度を著しく硬化させたとは考えにくい。

　第2に、この判決については政権の最高裁に対するアジェンダ統制にも問題のあったことが意識されていた。NIRAに関連した訴訟の多くは、産

---

23)　Schechter Poultry Corp. v. United States, 295 U.S. 495 (1935). ただし、前兆がなかったわけではなく、この3週間前には鉄道会社に従業員への年金制度の導入を義務づけた1934年の立法に対して違憲判決が出されている。Railroad Retirement Board v. Alton Railroad Co., 295 U.S. 330 (1935)

24)　Brandeis quoted in SCHLESINGER, *supra* note 11, at 280.

25)　むしろ、同じく「暗黒の月曜日」に下された、行政官への人事権に関するハンフリー事件判決の方が、ニューディール立法に関するものではなかったものの、ローズヴェルトの最高裁への敵意を掻き立てたとみられている。ROBERT H. JACKSON, THAT MAN 60 (2003).

業別のコードへの違反など、法律違反を犯した疑いのある民間の主体を連邦政府が訴えるというかたちをとった。つまり、連邦政府は誰をどのように訴えるかを通じて裁判所のアジェンダを統制できる立場にあったと言える。ところが、同法に関する訴訟の管轄が NRA から司法省に移されたのもあって、法的論点やテストケースの取捨選択等について戦略らしい戦略が立てられることはなかったのである[26]。

NIRA の合憲性の判断が、小規模で州際通商との関わりも薄そうな鶏肉処理業者による法令違反という、いかにも判事たちの同情を引きそうな、つまり政権にとって最も不利に働くようなケースで争われたのは、そのためだったとみられる。このように、NIRA への違憲判決は法律の内容もさることながら、政権側の立法と執行の両段階にまたがる不手際によるところが大きく、最高裁を責める余地が小さかったのである。

以上に加えて第3に、NIRA は延長立法の審議が進んでいたものの、もともと判決の同月で失効の予定であった。また大企業を優遇しているという反発が中小企業や消費者から、そしてその大企業からはコードが自由な経済活動を阻害しているという不満が出ていたため、廃止されても政権の被る政治的痛手が小さかったという事情が挙げられる。判決後、政権は粛々と NRA を解体したのであった。ただし、NIRA の労働権条項に代わるかたちで、同年内に全国労働関係法（通称ワグナー法）が制定され、その執行機関として全国労働関係委員会（NLRB）が設置された[27]。

最高裁は、その後もニューディール立法に違憲判決を出し続けた。翌1936年1月の合衆国対バトラー事件判決では、AAA に対して、生産調整に協力する事業者への助成を非協力的な事業者からの徴税によって行うのは、憲法上与えられた課税権をはみ出し、また農業は州際通商に該当しないとして違憲と判断した。5月のカーター対カーター石炭会社事件判決では、瀝青炭の生産と流通に NIRA と類似したかたちで規制をかける瀝青炭法に、シェクター判決と同様、権力分立と州際通商規制の両面で違憲だと判示したのである。この間に出された重要判決で政権寄りのものは、2

---

26) IRONS, *supra* note 16, at 40-44.
27) GROSS, *supra* note 13.

月に出されたTVAへの合憲判決のみだったと言ってよい[28]。

　これらも政権にとって深刻な打撃だったものの、それまでの判決との連続性は明らかであり、その意味で驚きはなかったと言える。しかし、それに追い打ちをかけ、政権と最高裁の対立を決定的なものにしたのが、前年からの開廷期の終わりとなる6月に出されたニューヨーク州の最低賃金法に対する違憲判断であった。四騎士とロバーツによるこのティポルド判決は、州政府に市場への介入を広く認めた2年前のネビア判決からの明らかな後退であり、最高裁が再び連邦と州とを問わず政府による経済的な規制に極めて消極的な立場をとるようになったという印象を与えたのである[29]。

　ローズヴェルト政権はこの時期、老齢年金の導入等を規定した社会保障法を制定するというように、急進性を強めていた。そのため、最高裁が保守化したならば、新たな政策の前に立ちはだかると強く危惧されたのである。その一方で、この頃大統領の人気は頂点に達していた。11月の大統領選挙では、一般投票の約61%、大統領選挙人票では北東部の8票を除く523票を獲得する歴史的圧勝を収めた。連邦議会でも、民主党は上下両院で2年前からさらに議席を増やし、それぞれほぼ4分の3の超多数派を占めるようになったのである。ローズヴェルトが最高裁への対抗措置を打ち出したのは、こうしたタイミングであった。

V　「憲法革命」は起きたのか？

1　「裁判所詰め込み案」とそれへの反応

　二度目の大統領就任式から約1か月後の1937年2月5日、ローズヴェルトは突然に司法府の組織改革を提案した。その骨子は、裁判所が多くの訴訟を抱え、また高齢の判事の負担が大きくなっているため、就任から10年を超えて在籍する70歳以上の判事について、大統領が各1名増員できるようにするというものであった。司法府全体について、判事の仕事量

---

28)　United States v. Butler, 297 U.S. 1 (1936); Carter v. Carter Coal Company, 298 U.S. 238 (1936); Ashwander v. Tennessee Valley Authority, 297 U.S. 288 (1936).

29)　Morehead v. New York ex rel. Tipaldo, 298 U.S. 587 (1936).

に配慮した改革案という体裁をとっていたものの、最高裁の構成を政権の有利に変えるのがその狙いなのは明らかであった。そこで対象となりうる6名の判事には、四騎士の全員が含まれていたのである。

この「司法府改革」には、直ちに保守派から横暴だとして反対の声が上がった。そればかりだけでなく、大統領を支持してきた諸勢力の間でも、権力分立に反するのではないかという戸惑いが広がったのである。ローズヴェルトはその前月、大統領の組織資源を充実させ、行政機構を大統領中心に再編する改革案を出したばかりであった。そのため、行政のみならず司法府も支配下に置こうとしているのではないかとの懸念が出たのである。折しもヨーロッパではファシズムが勢いを増しつつあり、ローズヴェルトが独裁者になろうとしているという声も聞かれるようになった[30]。

当時は最高裁への批判が世論の間でも強まっており、司法府の組織構成は憲法典でなく法律で決められる事項であったものの、最高裁を強引に再編しようとすれば批判が出るのは予測できたはずである。それに、ローズヴェルトの人気と連邦議会での民主党の議席をもってすれば、憲法修正など政治的により穏健な他の手段で最高裁の抵抗を乗り越えるのは不可能でなかったとみられる。では、なぜそれにもかかわらず「詰め込み案」が選ばれたのだろうか[31]。

ローズヴェルトは、シェクター判決の直後から、司法長官のホーマー・カミングスと最高裁への対応策を検討していた。そこでは、ニューディール政策が合憲となるよう憲法典を修正する案も選択肢に入っており、同年の民主党全国綱領でもその旨が述べられ、条文の内容も検討された[32]。それでも憲法修正が試みられなかったのには、大きく2つの理由があったとみられる。第1は、コストの大きさである。憲法修正には連邦議会による発議と、4分の3以上の州による批准が必要である。これには時間がかかるうえに、連邦議会での支持はともかく州レヴェルで確実に批准されると

---

30) RICHARD POLENBERG, REORGANIZING ROOSEVELT'S GOVERNMENT (1966).
31) KYVIG, *supra* note 2, at ch.13.
32) SOLOMON, *supra* note 10, at 85-89. なお、憲法修正による最高裁の権限縮小や改組も検討された。

いう確証が得られなかったと考えられるのである。

　第2に、憲法を修正するにしても、具体的にいかなる文言の条項を作れば望む効果が得られるのかが明らかでなかったことを指摘できる。ここで問題になっていたのは、連邦政府の権限や行政機関への委任といった抽象的な事項であった。そのため、条項の文言によっては憲法修正を試みても行き過ぎと捉えられて通らないか、成立したとしても最高裁の解釈に起草者の意思が反映されない恐れがあったのである。実際、権利章典は別として、それより後に成立した修正条項の多くは、選挙制度の部分的変更にせよ、奴隷制の廃止や所得税の導入といった政策変更にせよ、目的が具体的であり、条文が意図に反して解釈される恐れも小さかったのである[33]。

　以上からは、ある政策への支持が非常に大きくても、的確な条文化の難しい内容を憲法に反映したい場合は、明文の憲法修正という方法は採用しづらいことがわかる。ローズヴェルトが立法への合憲判決を通じた憲法の変化を目指したのは、ひとつにはそのためだったと考えられる。その場合でも、最高裁による違憲審査の範囲を立法で制限したり、連邦議会に拒否権を与えたりといった別の方法はありえ、最高裁への「詰め込み」についても、その人数を6名よりも少なくする案が検討された。ローズヴェルトが最高裁を大幅に拡大する案に固執したのは、確実に最高裁と憲法を変えようとする決意からだったと言えよう。

　とはいえ、こうした政権の提案に対する連邦議会の反応は芳しくなかった。民主党指導者でさえ公表当日まで蚊帳の外に置かれたうえに、司法府を直接攻撃することは有権者の反対もあってためらわれたからである。下院については「詰め込み」法案の提案を引き受ける議員がいなかったため、まず上院に提出され、司法委員会で検討が始まった。そこで話題を呼んだのが、ヒューズ首席判事の執筆した反対意見であった。

　「詰め込み案」に最高裁、なかでも「老害」扱いされた古参の判事たち

---

33) 合衆国市民の権利を規定する第14修正条項は重要な例外と言えるが、南北戦争後に黒人の権利を意識して起草されたこの条項が、その後法人の権利を含むものと理解されるようになったというように、その解釈が大きく変化してきたことは、本章の主張を裏から支持するものと言えよう。

が猛反発したのは言うまでもない。最長老のブランダイスは、政権の配慮で公表直前に同案を知らされていたものの、多くの判決でニューディール政策を支持していただけに、裏切られたという思いが強かった[34]。判事たちは反対の意向を進んで公にすることはなかったものの、民主党所属だが反対派であったバートン・ウィーラー上院議員らがヒューズに上院司法委員会公聴会での証言を働きかけたのに対して、彼は書簡による意見表明に応じたのである。3月22日に、ブランダイスの了承も得て、裁判所は訴訟を抱えすぎておらず、判事を増員すればむしろ効率が落ちるとして、再編は必要ないとする見解が代読されたのであった[35]。

2　最高裁の翻意をめぐって

　ここへきて、政権と最高裁は歴史的にも稀な直接対決に入った、あるいはそのようにみえた。ところがそのちょうど1週間後、事態が大きく動いた。ウェストコースト・ホテル対パリッシュ事件判決で、最高裁はティポルド判決で違憲とされたものとほぼ同じ内容をもつワシントン州の労働時間法を合憲と判断したのである。これはロバーツ判事が態度を変えたためであり、その劇的な影響からそこで「憲法革命」が生じたとまで言われてきた[36]。

　ロバーツは、なぜ同一にみえる事案について1年も経たないうちに態度を変えたのだろうか。この問いをめぐっては、研究者の間で議論が二転三転してきた。1937年当時から長い間、それは「詰め込み案」に代表される政権からの圧力に対して最高裁が音を上げたからだと考えられていた。つまり、最高裁が政治的理由で転向したとされたのであり、「早めの一針（stitch）で後の九針が節約できる」という諺に擬えて、「1人の変化（switch）が9人を救った」とも揶揄されてきたのである。

　ところが、バリー・クシュマンは1998年の研究で、この説に真っ向から挑戦している。実は、パリッシュ判決は1937年3月に下されたものの、

---

34)　Melvin I. Urofsky, Louis D. Brandeis 713 (2012).
35)　Simon, *supra* note 10, at 321-324.
36)　West Coast Hotel Co. v. Parrish, 300 U.S. 379 (1937).

判決を決めるための判事たちの投票は前年末に行われており、極秘だった「詰め込み案」は影響していたはずがないという事実が後に判明したのである。クシュマンは、ローズヴェルトの1936年選挙での圧勝なども最高裁への圧力たりえなかったことを丁寧に議論した。そのうえで、ティポルド判決でロバーツが四騎士の側にまわったのは、先例の扱いをめぐって一部の判事と見解の違いが生じたために過ぎず、彼自身は当時から州による規制を広く認める立場だったとしても不思議でないことを示した。クシュマンによれば、ここで生じた大きな憲法上の変化は政治的圧力によるものではなく、その意味での「憲法革命」はなかったというのである[37]。

　これは極めて重要な成果であるものの、その後さらなる学説上の展開が生じている。ローズヴェルト政権の労働長官だったフランシス・パーキンスのオーラル・ヒストリー記録に、彼女の幼馴染みであったロバーツ夫人からの伝聞として、ヒューズがロバーツにもっとリベラルな態度をとるよう説得したことをうかがわせる出来事がロバーツ邸であった、との発言が残されていたのである[38]。ただし、パーキンスの証言は曖昧で、それがティポルド判決直後の1936年夏なのかその前年だったのかが、クシュマンをはじめとする法制史研究者の間で議論となった。その結果、36年説に軍配が上がりつつある[39]。

　以上を踏まえると、ロバーツの方針転換はどう理解すべきなのだろうか。裁判所内で政治的とみられる働きかけがあった以上、最高裁が折れたとみるべきなのだろうか。しかし、クシュマンの議論は、最高裁が政治的考慮抜きでもパリッシュ判決にたどり着きえたことを示している。クシュマンも述べるように、ロバーツの真意を確認するすべがない以上、この議論に状況証拠に基づく推測を超える結論を与えるのは困難である。本章の関心

---

37) Barry Cushman, Rethinking the New Deal Court (1998). *See also,* Barry Cushman, *The Great Depression and the New Deal,* in The Cambridge History of Law in America III 268-318 (Michael Grossberg and Christopher Tomlins eds., 2011).

38) William E. Leuchtenburg, *Charles Evans Hughes,* 83 North Carolina Law Review 1187 (2005).

39) Barry Cushman, *The Hughes-Roberts Visit,* 15 Green Bag 125 (2012); Daniel R. Ernst, *The Hughes-Roberts Visit Revisited,* 18 Green Bag 5 (2014); Solomon, *supra* note 10, at 211-212.

から言って最も重要なのは、最高裁が法律論だけでなく、置かれた政治的状況に応じて戦略的に行動した可能性もあったという点である。特に、「金条項事件」にみられたような「判決が無視される恐れ」まで考慮に入れているのは、本章の独自性と言えよう。

最高裁はその後、ワグナー法に対して4月に、社会保障法に対して5月に、相次いで合憲判決を出し、その際連邦政府の州際通商規制権限や一般福祉のための課税権限を広く認めた[40]。また5月には、四騎士のひとりであるヴァン・デヴァンターが退任を申し入れたのである。この段階で、最高裁がニューディールに抵抗する余地は消滅したと言えよう。

ローズヴェルトは最高裁が判例を変更しても、また四騎士の一角が崩れた後も、「詰め込み案」を取り下げようとしなかった。しかし、司法府の再編がもはや必要なくなったのは明らかであり、ただでさえ強いとは言えなかった議会内の支持はさらに弱まっていった。大統領は、最高裁に増員できる判事の数を減らすという妥協に応じてでも改革を実現しようとしたものの、上院で立法を推進していたジョー・ロビンソン議員が7月に急死したことで断念を余儀なくされたのである。

ローズヴェルトはニューディール政策の容認を勝ち取ったものの、「詰め込み案」の実現に失敗しただけでなく、その過程で人気を落とし、保守派を勢いづかせるという大きな代償を支払うことになった。他方で最高裁も、「詰め込み案」に対して折れたという「勘違い」のために、世論の支持を下げたのである。

大統領と最高裁の対決は、このように痛み分けで終わったものの、それを期にニューディール政策を反映した新たな憲法秩序への移行が生じた。そこで中心的役割を担ったのは、ローズヴェルトが1944年までに任命した合計8名の最高裁判事たちであった[41]。しかし、彼らだけでこの変化が貫徹したわけではない。ニューディールで生じた憲法上の変化は多分に政府、特に連邦政府の行政機関のあり方に関するものであり、すでにみたよ

---

40) National Labor Relations Board v. Jones & Laughlin Steel Corporation, 301 U.S. 1 (1937); Helvering v. Davis, 301 U.S. 619 (1937).
41) ただし、そのうちジェイムズ・バーンズはローズヴェルトの在任中に退任している。

うに諸機関には多くの法曹が任用されていた。彼らは新たな憲法を内面化して政策の立案や執行にあたっただけでなく、後にそこから輩出されたロースクール教員が、次世代の法曹にその考え方を伝えていき、リベラルが優位な法曹界を作り上げていったのである[42]。

VI おわりに

本章ではここまで、アメリカの政治制度のもとで憲法典の修正を伴わないかたちでの憲法の変化が意図的に選択されうること、そしてその際に司法が鍵を握ることを、ニューディール期の大統領と司法の「対決」の事例を検討して明らかにした。このような事態は、いくら憲法に関わる政治制度が似ていても日本で生じるとは考えにくい、と思われたとすれば、それは正しい。しかし、それは日本の司法がアメリカと違い政治過程から切り離されているからというわけではなく、日本の司法政治がアメリカのそれと比べて部門間の「対決」が生じにくい構造をもっているからにほかならない。

政権交代がある程度頻繁に生じ、大統領制のもとで政権党と議会の多数党が異なりうるアメリカと違い、日本では20世紀半ば以降ほとんどの時期に自民党が政権を担ってきた。そのため、司法府を含む政府の諸部門の間で政策的な離齟がそもそも生じにくい状態が長く続いたのである。それに、すべての裁判官が同じ政党によって任用されるのであれば、その間で党派や考え方の違いが表面化しにくく、したがって裁判官のイデオロギーが意識されにくいのも当然であろう。

日米の裁判官同士を比べても、アメリカの方が政府の他部門と対立しやすい条件が揃っている。アメリカの連邦レヴェルの判事には定まった任期がなく、一度任官されればほとんど他の主体に左右されずに判断を下せるし、長期に在籍することで次第にその考え方を変えていくこともある。それに対して、日本の下級審の裁判官は、10年ごとに内閣によって再任され、

---

42) JEROLD S. AUERBACH, UNEQUAL JUSTICE (1977).

任地や昇進等を決める人事が最高裁事務総局に握られている。裁判官たちは不利な扱いを受けないよう、自民党に好かれようとはしないまでも嫌われない程度の態度をとるだけの動機づけをもっているのである。

日本の最高裁についてみると、その判事は内閣に指名される。そのうち行政官と法学者の出身者は内閣で候補者を選考する以上、政権と衝突しない人物が選ばれると考えるのが自然である。法曹三者の出身者はそれぞれの出身母体からの推薦に基づいているものの、内閣は推薦を拒否しうるから、そもそも内閣に拒まれにくい候補者が選ばれていると考えるべきであろう。そのうえ、最高裁判事は定年が70歳であるところ、60歳代で任官され5年程度で退任するのが普通であり、この短い期間に判事の考え方が変化して政権との間に大きな乖離が生じるといった事態も考えにくい[43]。

このように、議院内閣制のもとで長期の一党優位制にあり、裁判官の自律性が相対的に低い日本と、大統領制のもとで競争的な二大政党制が展開し、裁判官が高度の自律性をもつアメリカとでは、前者の方が司法と他部門の「対決」が生じにくくて当然と言えよう。本章のここまでの議論を踏まえると、日本で憲法改正がなされず、しかも最高裁が違憲判決を出すこともほとんどない理由のひとつとして、政権党と最高裁の考えが常に近いために立法が違憲とされにくく、したがって憲法改正をする動機も生まれにくい、ということが考えられる[44]。

本章でみたような「対決」は、アメリカにおいても日常的に生じるわけではない。ニューディール期の事例にしても、長く共和党支配が続いた直後で、大統領と最高裁の政策選好が非常に大きく乖離していたのが重要な要因だったのである。しかし、1970年代以降進んでいる二大政党のイデオロギー的な分極化は、かつてと比べて政権あるいは議会の考えと大きく異なる内容の最高裁判決が出されるなどして、部門間の対立が深まる可能性を高めているとみられる。バラク・オバマ大統領が2010年の一般教書演説において、共和党系の判事らが中心となって選挙資金規正法を緩やか

---

43) ダニエル・H・フット（溜箭将之訳）『裁判と社会』（NTT出版・2006年）、同『名もない顔もない司法』（NTT出版・2007年）、新藤宗幸『司法官僚』（岩波新書・2009年）。
44) この点に関連して、内閣法制局の果たす役割について本格的な検討が俟たれる。

に解釈して下したシティズンズ・ユナイテッド対連邦選挙委員会事件判決を名指しで非難したのは、それを象徴している[45]。こう考えてみると、憲法の変化を政府の部門間の権力闘争の枠組みで考えることは、アメリカについてもその重要性をいよいよ増しているように思われる。

---

45) Citizens United v. Federal Election Commission, 558 U.S. 310; THOMAS M. KECK, JUDICIAL POLITICS IN POLARIZED TIMES (2014).

第Ⅲ部　アメリカ【規範から考える】

Ⅲ-2章
立憲主義のディレンマ
アメリカ合衆国の場合

川岸令和(早稲田大学)

Ⅰ　はじめに
Ⅱ　革命の制度化としての第5条
Ⅲ　高い硬性度
Ⅳ　第5条の外で起こる憲法の変化
Ⅴ　第5条によらない憲法改正論
Ⅵ　結びに代えて——立憲主義のディレンマに耐えて

Ⅰ　はじめに

　合衆国憲法は、国民主権と権力の抑制という潜在的に矛盾する可能性のある原理を同時に取り入れ、ともに根本的要素としている。両者の微妙な均衡は憲法改正にも影響を及ぼす。合衆国憲法は、「憲法をあまりにも変更しやすくするような極端な安易さに対しても、発見された欠陥を永くそのままにしておくような極端な〔修正上の〕困難さに対しても、等しく警戒している」[1]のであるが、そのどちらをより警戒するのかでまったく異

---

1) LAWRENCE GOLDMAN ed., ALEXANDER HAMILTON, JAMES MADISON, and JOHN JAY, THE FEDERALIST PAPERS No. 43 (Madison), 220 (2008)［hereinafter THE FEDERALIST］（齋藤眞＝武則忠見訳『ザ・フェデラリスト』(福村出版・1991年)216頁。以下「邦訳」という）．

なってくる。後者をより警戒し、現在の多数の意思を重視し定期的な刷新を求めるか、前者をより警戒し、憲法秩序の不安定化を恐れるか。

第1の見解はトマス・ジェファソンに代表される。彼は、ある世代が他の世代を拘束する権限があるかを問い、地上は常に生きている世代に属するとの考えから、後の世代への拘束を否定する。そしていかなる社会も永遠の憲法を作ることはできず、憲法は1世代19年後に失効するとする[2]。死者の支配を拒否し、現在を生きる多数の意思を優先する立場から、世代ごとの憲法の刷新を求めるのである[3]。彼は時代と歩調を合わせた憲法の必要性を説く。

> それぞれの世代は先の世代と同様に独立しており……各世代はそれゆえ先の世代と同様に、自らの幸福を最も増進すると信じる形態の政府を自らのために選択する権利を有する。したがって、先の世代から受け継いだものを自らの置かれた環境に適応するようにする権利を有するのである。19年か20年ごとにそのようにする荘厳な機会が憲法に規定されるべきであるのは、人類の安寧と福利のためである。その結果、もし人間に関する何事かがそれほど永く持ちこたえるのであれば、憲法は定期的な修繕を伴って世代から世代にいつまでも受け継がれることになる。[4]

ジェファソンは、聖櫃のごとく触れてはならないものとする憲法崇拝を排し、定期的な制定行為によって、生きたコミットメントとしての憲法を重視する。

第2の考え方はジェイムズ・マディソンに代表される。彼は、ジェファソンの『ヴァージニア覚え書』に付された、憲法上の問題の解決のために憲法会議に訴えかける方策をとる邦憲法案に反論を展開する。「一定の例

---

2) *Letter from Thomas Jefferson to James Madison, September 6, 1789*, in THE PAPERS OF THOMAS JEFFERSON, VOL. 15, 392-398 (Julian P. Boyd ed., 1958).

3) ジェファソンの多数派的思想については、*see* Akhil Reed Amar, *The Consent of the Governed*, 94 COLUMBIA LAW REVIEW 457, 482-483 (1994).

4) *Letter from Thomas Jefferson to Samuel Kercheval, July 12, 1816*, in THE WORKS OF THOMAS JEFFERSON, FEDERAL EDITION, VOL. 12, 3, 13 (Paul Leicester Ford ed., 1905).

外的な大事件の場合に、人民の決定に直接委ねるという憲法上の道が定められ、開かれていなければならないということは、これを認めなければならない」が、それはあくまでも例外でなければならないとする。「人民に頻繁に訴えるということは、元来、時間とともにはぐくまれる尊敬、それなくしてはおそらくどんな賢明かつ自由な政府といえども必要な安定性を保有しえなくなる国民の尊敬を政府が失うことになろう」からである。そして「憲法上の問題をあまりに頻繁に、社会全体の決定に委ねることは、人民の感情を強く刺激しすぎて、公共の平穏をゆさぶる危険性がある」5)。ここでは憲法に欠陥があるという認識とそれに伴う憲法についての批判的な省察の精神こそ憲法秩序に対して危険であると捉えられている。その憲法秩序の安定性は憲法への尊敬を教え込まれることに依拠しているからである6)。

　ここに爾後の憲法改正をめぐる刷新と保存のディスコースが形成される。1826年7月4日にジェファソンとジョン・アダムスという憲法制定世代を代表する2人が時を前後して死亡したとき、選択肢は2つあった。憲法制定から2世代を経ているのでジェファソンに従って憲法を刷新するか、あるいは、マディソンに従って憲法への尊敬の念をますます強め革命の徳を貴重なものとして保存しておくか。前者はとられなかった道である。合衆国民は同一の憲法典を約230年に及び維持することになる。憲法改正の実態は革命の精神と憲法尊敬の念との間で後者が優位するかたちで揺れ動くことになる。

　以下では、合衆国憲法の改正過程について、近代立憲主義のディレンマの観点から、若干の考察を試みるものである。まず、歴史的経緯を確認し（II）、憲法改正の困難さについて吟味する（III）。そして、憲法5条の外で起こる憲法の変化について概観した後（IV）、第5条外での憲法改正論を批判的に検討する（V）。憲法テクストの重要性を指摘し、立憲主義擁護のための新たな展望を探る（VI）。

---

5) The Federalist, at No. 49 (Madison), 250, 251（邦訳247〜248頁）.
6) Sanford Levinson, *'Veneration' and Constitutional Change*, 21 Texas Tech Law Review 2443, 2451 (1990).

II　革命の制度化としての第5条

1　不完全さの認識

　人類最初の成文憲法に基づく共和政体を組織化した合衆国憲法体制は、ゲームのルールの修正を内包している。憲法制定者は自ら創り上げた憲法体制の無謬を想定するのではなく、欠陥があれば修正する手段を内在化した[7]。

> 本来、不完全な人間から、およそ完全な案など期待できるものではない。およそ集団による審議の結果は、その集団を構成する個々人の良識と英知とともに、彼らの誤謬と偏見とによって形成されざるをえないものなのである。それぞれ個別の13の州を友好とユニオンとの1つの連帯として結合させる契約は、必然的に多くの異なった利害や傾向の妥協たらざるをえないのである。このような素材から、どうして完全なものが生じえようか。[8]

　ハミルトンは、このように合衆国憲法案の不完全性を認めつつも、制定した後に改正する方が、別の新案を作り承認にかけるよりも合理的と主張した。もちろん反フェデラリストとの論争という文脈での言説であるので、多分に駆け引きを含むところであろう。しかし、フィラデルフィアでの憲法制定会議ですでに憲法案に欠陥があることは認識されていた。1787年6月11日にジョージ・メイソンは、今作ろうとしている案には確かに欠陥があり、「したがって改正が必要となり、容易で秩序だった憲法にふさわしい方法で改正を準備する方が、運を天に任せたり暴力に頼ったりするよりもよいであろう」[9]と主張している。憲法制定者に全能を僭称するつも

---

7) *See* Sanford Levinson, *The Political Implications of Amending Clauses*, 13 Constitutional Commentary 107 (1996).

8) The Federalist, at No. 85 (Hamilton), 429（邦訳426頁）.

9) Max Farrand ed., The Records of the Federal Convention of 1787, Vol. 1, 202-203 (1911). *See also, Letter from George Washington to Bushrod Washington, November 9, 1787*, in The Papers of George Washington: Confederation Series, Vol. 5, 420-425 (Dorothy Twohig ed., 1997).

りはなく、制定される憲法も問題があれば改正されていくべきであることが共有されていた。そもそも邦憲法には改正に言及していないものもあった[10]。自己否定をも含む変革の設計を組み入れることで、憲法制定時の熟慮に基づく討議の継続を確保することになり、革命を制度化し正統化したと指摘されている[11]。

　提案する憲法の不完全さを認識するとしても、それにどのように対応するかはまた別の問題である。合衆国憲法が取って代わろうとしていた連合規約は連合会議の承認と全邦の同意を条件としていたので[12]、同様の方式を採用することはありえなかった。憲法制定会議では、絶対的な硬性度と制定法のような柔軟さとの間で妥当な案が探られた。議会が主権者である人民に応答的でないことがあっても、州の提案による憲法会議の招集という方式も採用しておけば、憲法の瑕疵に効果的に対応できるであろうということで妥協が図られた[13]。その時点までの人類の経験値からすれば、一方で合衆国議会議員はいったん選ばれると次の選挙を中止したり、改正を通じて自らに対する憲法上の制約を解除したりする恐れがあった。他方で、州議会が同様に自己利益に走る危険性も否定できない[14]。憲法改正の手続の決定は、州と連邦の関係をどう構想するのかという合衆国にとっては今日まで続く問題でもあった。結局、合衆国議会も州議会もそれぞれが憲法改正について権限を独占できず、発議および承認の段階でそれぞれ2通りの方式が定められた（Ⅲ-序参照）。したがって、第5条が規定する憲法改正システムは、連邦政府と州政府との間で均衡をとろうとするものであって、マディソンは、「完全に統一国家的でもないし、また完全に連邦的でもない」と主張する[15]。

---

10)　See Akhil Reed Amar, America's Constitution 287-289（2005）.
11)　See Gordon S. Wood, The Creation of the American Republic 1776-1787 614（1969）.
12)　連合規約13条。
13)　See Farrand ed., *supra* note 9, at Vol. 1, 22, 121, 202-203, Vol. 2, 159, 188, 461, 557-559, 629-631.
14)　See Amar, *supra* note 10, at 290-291.
15)　The Federalist, at No. 39（Madison）, 192（邦訳190頁（強調原文））.

2　第5条についての認識

　ではこの規定の捉えられ方はどうであろうか。フェデラリストは憲法制定後の改正の方が別の憲法案制定よりも13対9の割合で容易であるとし、改正の容易さを強調した[16]。だが、反フェデラリストのパトリック・ヘンリーは、4分の3の州が憲法改正案に同意することは奇跡的とし、その改正の困難さから憲法案に反対した[17]。つまり、合衆国憲法発足当初から、改正の難易については異なった評価が並存していたのである。なかでもかつては社会的・政治的・経済的諸条件に関して州間での地域的隔たりが大きかったので、その違いを保持することが重要と考えられていた。特に合衆国憲法は、大きな州と小さな州、自由州と奴隷州、西側に開いている州とそうでない州を軸にした複雑な対立の妥協として巧みに創り上げられた。とすれば、その妥協は貴重すぎて単純多数によっては奪い去れないと考えられても特段奇異ではない。実際にそのように理解もされていた[18]。憲法改正の構造に連邦制がはめ込まれている以上、求心力と遠心力とが同時に存在することになっているである[19]。

　しかし、憲法改正の困難さの理解については必ずしも一様ではなかった。ある研究では、2004年までを7時期に区別し、憲法改正成功への見通しを分析している。それによると、初期（1791～1812年）には楽観的見方が有力で、南北戦争前（1813～1858年）にはそれが少し減退し、南北戦争再建前期（1859～1868年）は例外的な時期であった。再建後期から金ぴか時代（1869～1886年）、ポピュリズムおよび革新主義時代（1887～1916年）には悲観主義が広がった。投票権拡大から禁酒期（1917～1930年）は改正への楽観主義が最も高まり、現代（1931～2004年）は悲観論が最も深刻であるとされている[20]。

---

16)　*Id.* at No. 85 (Hamilton), 430（邦訳427頁）.
17)　Patrick Henry, *Address at the Virginia Ratifying Convention (June 5, 1788)*, in THE ANTI-FEDERALIST PAPERS AND THE CONSTITUTIONAL CONVENTION DEBATES 199-204 (Ralph Ketcham ed., 2003).
18)　著名な政治学者メリアムは1931年にそのように記している。そのうえで、合衆国憲法が改正に開かれていることの意義を強調する。*See* CHARLES EDWARD MERRIAM, THE WRITTEN CONSTITUTION AND THE UNWRITTEN ATTITUDE 6-7 (1931).
19)　DAVID E. KYVIG, EXPLICIT AND AUTHENTIC ACTS, 1776-1995 426 (1996).
20)　Darren R. Latham, *The Historical Amendability of the American Constitution*, 55

III 高い硬性度

1 27改正条項

合衆国憲法の約230年に及ぶ歴史において、憲法の改正を求める提案は1万2000件を超えると言われている。その中で正式に発議された改正案は33か条に過ぎない[21]。所定の必要数の州の承認を得て有効に成立し憲法の条項として組み込まれたものは、さらに少なく27か条にとどまる[22]。

全27改正条項の半数以上は19世紀半ばまでに制定されている[23]。それらの特徴を瞥見しておこう。まず、権利章典は、憲法制定時の推進派フェデラリストが、憲法典に人権保障規定がないのは不適当とする反フェデラリストの批判を受け容れ譲歩するかたちで、合衆国会議の第1議会期において12か条の改正案を提案し正式に発議され、そのうちの10か条が承認されたものである。フェデラリストのプラグマティックな対処が憲法体制の持続性を高めるのに寄与した。また、第11修正、第14修正、第26修正な

AMERICAN UNIVERSITY LAW REVIEW 145, 254 table 7 (2005).

21) たとえば、1924年に発議された児童労働に関する憲法改正案は州での必要な承認を得られていない。これは、革新主義時代に、児童労働を合衆国の適切な規制のもとに置こうとした1916年の児童労働法が合衆国最高裁によって違憲と判断された(Hammer v. Dagenhart, 247 U.S. 251 (1918))ことへの1つの対応であった。合衆国議会が発議はしたが、州での承認が難航していた。しかし、ニューディール期に入り、ローズヴェルト大統領による後述の「裁判所詰め込み案」の影響もあって、労働時間や最低賃金などとともに児童労働も規制する1938年公正労働基準法が最高裁の判例変更で合憲とされた(United States v. Darby Lumber Co., 312 U.S. 100 (1941))。第5条による憲法改正過程では州での承認を得るのが困難との認識が広がる一方で、憲法改正案の実質は実現されたことになり、改正を求める運動のモメンタムは失われることになる。同様のパターンは、男女の平等を求めたERA (Equal Rights Amendment)の不成立にも認められるであろう。*See* Reva B. Siegel, *Constitutional Culture, Social Movement Conflict and Constitutional Change,* 94 CALIFORNIA LAW REVIEW 1323 (2006).

22) 発議されたが承認されなかった提案については、*see* JOHN R. VILE, CONSTITUTIONAL CHANGE IN THE UNITED STATES 24-25 (1994). また主要な改正案については、*see* do., ENCYCLOPEDIA OF CONSTITUTIONAL AMENDMENTS, PROPOSED AMENDMENTS, AND AMENDING ISSUES, 1789-2015, 4th ed. (2015).

23) 19世紀最後の改正である第15修正は1870年2月3日に、そして20世紀最初の改正である第16修正は1913年2月3日に、それぞれ承認された。

ど、合衆国最高裁の憲法解釈を覆すための改正もなされている。違憲審査制を備えた立憲主義のもとでの憲法政治の１つの範型が形成されてきた。さらに第12修正は、1800年の大統領選挙が下院による決定にもつれ込み混乱したことへの対応である。その選挙は、過去の業績から将来のヴィジョンへと大統領選考の基準が変化する端緒となり、憲法典成立約10年後にはアメリカの政治は新しい段階に達したことを示す。特に重大な影響を及ぼしているのは再建期の修正条項である。奴隷制を前提としていた憲法体制は変革された。なかでも第14修正は、合衆国市民という概念を創設し、州政府に抗するデュー・プロセスおよび法の平等保護の保障を導入し、合衆国における連邦－州関係の構造を変容させている。これに対して20世紀に入ってからの改正は、政治運営のあり方に微調整を加えるものが多い。特に大統領職に関係する改正は、現代の大統領への権限集中傾向に対する応答の一部である。

　その一環としてここでは大統領の三選を禁止する第22修正に注目しよう。初代大統領ワシントンが三選を求めず退任したことから、その後の大統領もその例に倣ってきた。この慣行は長期にわたり繰り返されたことから黙示的な規範を構成していた。しかし２期務めたフランクリン・ローズヴェルトは、大恐慌と大戦という非常事態を理由に1940年の大統領選挙に出馬し当選した[24]。３期以上大統領職を務めないという不文律がここに破棄された。結局彼は、1944年に四選を果たしたが、４期目は３か月ほど務めただけで亡くなっている（1945年４月12日）。彼の死後、大統領の三選禁止の憲法改正が共和党議員を中心に提案された。1947年３月21日に正式に発議され、1951年２月27日に承認され、1940年以前の実践が法典化されることになった[25]。この改正は、現代民主主義における大統領の影響力の増大への立憲的対応策と言えるであろう。この出来事は憲法規範の拘束力

24)　*See* THE FEDERALIST, at No. 72 (Hamilton), 357（邦訳354頁）．
25)　大統領三選禁止という不文の規範は、連続三選だけが禁止されているか、また副大統領から任期途中で大統領に昇格した場合、その任期をどう数えるのかなど不分明なところがあった。そうした曖昧さを突いて、ユリシーズ・グラント（18代）、グラヴァー・クリーブランド（22代・24代）、セオドア・ローズヴェルト（26代）が３期目を求めようとしたが失敗した。*See* AMAR, *supra* note 10, at 433-436.

をめぐる興味深い事例である。

2 低い頻度と稀薄な内容

ここでは改正の頻度とその内容に着目したい。現時点で、第27修正の成立からすでに約四半世紀が経とうとしており、実質的な最後の改正である第26修正の成立からは45年の歳月が流れている。近年に至っては第5条は成果を上げていないのである。この事実をどのように評価すべきであろうか。しかもそれだけではない。改正の内容に着目してみると、直近の諸改正は、政治体制に根本的な影響を及ぼすというよりは、どちらかと言うと政治制度の技術的な事項に関するものになっている。上述のように、第14修正が合衆国憲法体制を根本的に変革しているのと比べると[26]、その質的違いが顕著である。むしろ最近の改正は制定法のレヴェルで実現可能なものも多い。このように改正の頻度が低いだけではなく、本来的な意味での憲法改正の低調さが顕著である。

そうした現況の一端は憲法改正の困難性に起因するのではないかと推測できる。実際、合衆国憲法は世界の中で最も改正の困難な憲法のひとつと指摘されることが多い[27]。ただ、テクストの規定に現れる改正権限の制度的配置だけではなく、各国の憲法制定の実情や時代の雰囲気、改正に関わる機関の構成のされ方、政党のあり方、改正の体験などが憲法改正の実現には複雑に関連しているので、改正の難易を量ること自体容易なことではないであろう[28]。改正の回数や改正にかかる期間などを基にした改正率と改正の頻度を結びつけて形式的に捉えることは重要な試みであろうが、制度の配置だけではなく、改正の重要度合いをも考慮に入れる必要があろう[29]。社会における憲法の位置づけに関する認識のあり方も憲法改正の頻

---

26) 合衆国の基準を州に適用するという編入が生じると、連邦制のあり方も根本的に変容することになる。*See, e.g., id.* at 386-392.
27) *See* Donald S. Lutz, *Toward a Theory of Constitutional Amendment*, in RESPONDING TO IMPERFECTION 237, 260 table 11 (Sanford Levinson ed., 1995); Astrid Lorenz, *How To Measure Constitutional Rigidity*, 17 JOURNAL OF THEORETICAL POLITICS 339, 358-359 table A2 (2005).
28) *See, e.g.,* CHRISTOPHER L. EISGRUBER, CONSTITUTIONAL SELF-GOVERNMENT 22 (2001).
29) データ分析から、たいていの憲法改正は憲法の多くの条項を変更しないという観察もある

度に影響を及ぼしている可能性があり、改正の文化を強調する見解も示されている[30]。それは、憲法改正に対する規範的な意味合いが国家により時代により異なることを定量分析に反映させようとする。ただ文化という概念の曖昧さを回避するために、以前の憲法が改正された割合をその代替と措定して分析されている。その結果は、以前の憲法が毎年改正されていた国家では、以前の憲法が改正されたことのない国家よりも、憲法改正が30%より起こりやすく、また、以前の憲法が1年おきに改正されていた国家よりも、15%より起こりやすいという[31]。制度的な要因とは独立に想定される文化的要因が重要な役割を果たすとすれば、憲法改正への認識や態度もその実態に大いに関係してくるであろう。

3 「困難性」

そこで第5条の要件を改めて検討してみよう。かつて短期間で憲法改正が成功したこともある[32]。本当に憲法改正は困難なのか。数的要件としては、発議の段階で両院議員の3分の2以上の多数の賛成または3分の2以上の州の要請（この方法はこれまで採用されていない）、さらに承認の段階で州の4分の3以上の同意が設定されている。

上下両院の各3分の2以上の多数の同意という要件は、実は、法律案に対する大統領の拒否権を乗り越える要件でもある[33]。1789年の合衆国政府

ほどである。Tom Ginsburg and James Melton, *Does the Constitutional Amendment Rule Matter at all? Amendment Cultures and the Challenges of Measuring Amendment Difficulty*, 13 I·CON 686, 703 (2015). データは the Comparative Constitutions Project (CCP) のウェブサイト (http://www.comparativeconstitutionsproject.org/) で入手可能である［2016年5月12日最終アクセス］。

30) ここに改正の文化とは、検討されるべき具体的な改正内容や変化への圧力の程度とは無関係に、改正の望ましさについての共有された態度のセットと定義されている。Ginsburg and Melton, *supra* note 29, at 699.

31) *Id.* at 708, 709.

32) 第26修正は、18歳投票権を否定した合衆国最高裁判決 Oregon v. Mitchell, 400 U.S. 112 (1970) を覆すことを狙いとしたものであった。この判決言渡し後直ちに合衆国議会が発議し、州の承認を得たが、判決言渡しからから3か月以内のことであった。*See* David A. Strauss, *The Irrelevance of Constitutional Amendments*, 114 HARVARD LAW REVIEW 1457, 1489 (2001); KYVIG, *supra* note 19, at 363-368.

33) 合衆国憲法1条7節2項。

設立以来、37名の大統領が計2564回拒否権を行使しており、110回は議会がそれを乗り越えている（成功率は4.3％）。拒否権乗り越えの対象とならないポケット拒否権を除くと、1498分の110となり、成功率は7.3％に上昇する。さらに1961年の第87議会およびケネディ政権の開始以降では、233分の37となり、成功率は15.9％と一層上昇する[34]。ここでの関心事である合衆国議会による憲法改正の発議に関連して、数字的にみれば、議会が大統領の拒否権を乗り越える程度には可能であるとみることも許されるであろう。もちろん、法律案に対する拒否権の乗り越えと憲法改正案の発議との間には、質的な違いがあることには留意しなければならない。法律案の場合は多大なコストを払っていったんすでにできあがったものの回復を目指すのに対して、憲法改正発議の場合は将来に向けて尋常でないエネルギーを払い成案を得ようとするものである[35]。さらに厄介な状況は最近の政治的分裂の深刻化である。政治的なポーズとしては格別、重要な提案であればあるほど、政治的立場が先鋭化すると妥協が困難になり、3分の2の多数を得ることはそれだけ難しくなる。困難さは硬性憲法には事の本質上多かれ少なかれ付随するが、対立の先鋭化という実際の政治的な構成が影響しており、熟議の仕組みの構築が問われている。

　承認の段階で4分の3以上の州の同意という要件はかなり加重された多数である。ここでも憲法改正には広範な合意の形成が必要であるとの考え方が前提になっている。特に地域的な違いが大きかった憲法制定当時の判断を反映している[36]。そして承認については、必ずしも困難との認識は広

---

34) 1961年以前の通常の拒否権の大半は個別法律案(private bill)に対してなされていて、それらは乗り越えられたことがないという。1971年に合衆国議会が大統領に裁量権を認めたので、個別法律案を成立させる必要性が著しく後退し、同時に拒否権行使の機会も減少した。*See* Kevin R. Kosar, Congressional Research Service, *Regular Vetoes and Pocket Vetoes*（April 22, 2013）.

35) *See* Vicki C. Jackson, *The (Myth of Un) Amendability of the US Constitution and the Democratic Component of Constitutionalism*, 13 I·CON 575, 580 (2015).

36) たとえば、大統領と副大統領が同一州の出身とならないように配慮されている。合衆国憲法2条1節2項参照。また最高裁判事の任命でもかつては出身州が重視されていた。ただ現在では、ニューヨーク州4名、ニュージャージー州2名、カリフォルニア州2名、ジョージア州1名とバランスを欠くことになっており、イデオロギーなど別の要素が重視されるようになっていると言える。

く共有はされてはいなかった。特にニューディール期に承認過程に負担が大きいという言説が拡散していった。また第5条のテクストの実際的な効果が変わってきている。州の数の増加は4分の3という特別多数の重みをより増大させることになっている[37]。50州の現在では13州だけで他の37州が賛成する憲法改正を阻止できることになる。

　このように第5条が全国的な同意を確保しようと意図されているとすれば、政治的分裂はここでも消極的に作用するであろう。主に民主党支持の州と共和党支持の州にはっきりと分かれるような深刻な政治的分裂が認められる今日的環境の中で[38]、政治的な意見対立の激しい、その意味では本来的な、憲法改正が日の目をみることは、まずないであろう。合衆国議会の両院で3分の2以上の多数を得ることも、38州から承認を得ることも、そうした政治状況では、不可能とは言わないまでも、極めて困難であろう。ただ憲法制定期当時と比べて、交通網や通信技術の格段の発達はコミュニケーションのあり方を抜本的に変容させているので、地域性は相対化されている。ここでも制度的な要因だけではなく政治の構成の側面にも注目しなければならない。第5条に基づく憲法改正が実際に困難であるとする言説が広がっていることも[39]、そうした政治的構成に関連しているであろう。では憲法上の変化は起こらないのか。

37)　母数が13である場合の75％はそれが50である場合には62％と機能的には同等であるという主張もある。*See* Rosalind Dixon, *Partial Constitutional Amendments*, 13 UNIVERSITY OF PENNSYLVANIA JOURNAL OF CONSTITUTIONAL LAW 643, 653 (2011).

38)　*See, e.g.,* Richard L. Hasen, *End of the Dialogue? Political Polarization, the Supreme Court, and Congress*, 86 SOUTHERN CALIFORNIA LAW REVIEW 205 (2013); JOHN SIDES and DANIEL J. HOPKINS eds., POLITICAL POLARIZATION IN AMERICAN POLITICS (2015).

39)　たとえば、ERAの挫折は「第5条がもはやこの国の憲法の発展に有意味な役割を果たさないであろうというシグナル」になっているとする Bruce Ackerman, *Interpreting the Women's Movement*, 94 CALIFORNIA LAW REVIEW 1421, 1436 (2006). *See, e.g.,* Stephen M. Griffin, *The Nominee Is … Article V*, 12 CONSTITUTIONAL COMMENTARY 171 (1995); Sanford Levinson, *How the United States Constitution Contributes to the Democratic Deficit in America*, 55 DRAKE LAW REVIEW 859, 874 (2007); Steven G. Calabresi and Livia Fine, *Two Cheers for Professor Balkin's Originalism*, 103 NORTHWESTERN UNIVERSITY LAW REVIEW 663, 682 (2009); John F. Manning, *Separation of Powers as Ordinary Interpretation*, 124 HARVARD LAW REVIEW 1939, 1975 (2011); Richard H. Fallon, Jr., *American Constitutionalism, Almost (But Not Quite) Version 2.0*, 65 MAINE LAW REVIEW 78, 92 (2012); Jack M. Balkin, *Sanford*

Ⅳ 第5条の外で起こる憲法の変化

　こうした第5条の不活性は、しかしながら、憲法秩序の変動がないということを意味しない。様々な方法によって第5条の外側で憲法秩序に変化は実際に起きているのである。重要な変化であっても憲法のテクストに現れないことも多く、生きている憲法は憲法典と一致しない[40]。

1　最高裁の憲法解釈

　法律の世界でなじみ深いのは最高裁判所の憲法解釈による変化である。違憲審査制が存在し、司法の優位が確立すると、憲法の意味を有権的に決定するのは最高裁判所ということになる。憲法規範は他の法律とは異なり、多くは原理を定めるので抽象度が高く、解釈に開かれている部分が多い。合衆国憲法体制のもとでは、1803年のマーベリ判決[41]以来、違憲審査制が確立し、合衆国最高裁が憲法解釈の統一を図っている。

　特に重要な先例は合衆国銀行の合憲性が争われたマカロック判決[42]である。合衆国政府は合衆国憲法に列挙された権限だけを行使すると解されている[43]。合衆国設立当初、憲法に明記のない合衆国銀行は合憲的に設置できるのかが問題となった。1791年にワシントン政権の財務長官ハミルトンが緩やかな憲法解釈により合衆国銀行の設置を提案し[44]、国務長官ジェファソンや司法長官ランドルフ、また当時の下院議員マディソンなどが厳

　　 Levinson's Second Thoughts about Our Constitutional Faith, 48 TULSA LAW REVIEW 169, 171 (2012); Richard Albert, *Constitutional Disuse or Desuetude*, 94 BOSTON LAW REVIEW 1029, 1046-1051 (2014).
40)　*See* LAURENCE H. TRIBE, THE INVISIBLE CONSTITUTION (2008); DAVID A. STRAUSS, THE LIVING CONSTITUTION (2010); AKHIL REED AMAR, AMERICA'S UNWRITTEN CONSTITUTION (2015).
41)　Marbury v. Madison, 5 U.S. 137 (1803).
42)　McCulloch v. Maryland, 17 U.S. 316 (1819).
43)　合衆国憲法第10修正がそうした理解を確認している。
44)　Alexander Hamilton, *The Second Report on the Further Provision Necessary for Establishing Public Credit (Report on a National Bank), 13 December 1790*, in THE PAPERS OF ALEXANDER HAMILTON, VOL. 7, 305 (Harold C. Syrett ed., 1963).

格解釈の立場から反対したが、ワシントンはハミルトンの意見を容れ、議会が特許状を発し合衆国銀行は成立した。ただ時限立法であったため、21年後に共和派が支配的な議会は特許状を更新することなく、失効した。だが1812年の戦争による経済的混乱などから、議会も態度を変え、1816年に再度合衆国銀行の特許状を発した。大統領になっていたマディソンも同意した。だが合衆国銀行は違憲で必要性もないとする反対も依然強く、州の中には合衆国銀行の支店に課税する法律を制定したところも多かった。メリーランド州もそのひとつであったが、合衆国銀行のボルティモア支店はその税金の支払いを拒否したことから、訴訟になった。州裁判所は州法を維持したが、合衆国最高裁は、全員一致で、合衆国銀行を合憲とする一方、当該州法を違憲とし課税を無効とした。

　マーシャル首席判事による法廷意見は、柔軟な解釈で合衆国政府の権限を拡大し、改正によらなければ対応できないと広く理解されていた事態も解釈によって乗り越える道を示したのである。マーシャルは、憲法の性質について通常の法典とは異なることを強調する。憲法には重大な概要が定められ、重要な目的が指示されていればよく、その目的を構成する小さな要素は目的そのものの本質から演繹される。解釈の対象はそうした憲法である[45]。そして憲法は、合衆国に国家活動の多くの分野の権限を認めているとし、目的も、その達成のための手段の選択も広くとる。必要かつ適切条項（1条8節18項）も緩やかに解する。適切で、その目的に明確に適合し、禁止されておらず、憲法の文字と精神に合致する手段はみな合憲なのである[46]。

　もちろん反対も強かった。マディソンは、大統領として合衆国銀行の必要性を肯定したが、マーシャルのように憲法解釈に広範な裁量を認めることは、議会の権限列挙主義という画期的な方法を破壊すると懸念する。憲法の承認はほんの30年前のことであるが、そのような解釈が示されてい

---

45) *McCulloch*, 17 U.S. at 407.
46) *Id.* at 421. さらに、合衆国政府の優位から連邦法に抵触する州法の効力を否定した。課税権は破壊の権限を含み、破壊の権限は創設の権限を挫折させ用無しにしかねないからである。*Id.* at 431.

れば、憲法案は否決されていたであろうと振り返る。マディソンによれば、革新は、不足する権限を解釈によって創造することではなく、憲法の改正によってなされるべきである[47]。

結局、マーシャルの解釈方法が先例となった。マーシャルによれば、憲法の「条項は将来長い間持ちこたえることが意図され、したがって人間社会の出来事の様々な危機に適応するよう意図され、憲法に規定されている」[48]のである。憲法の妥当な解釈は、合衆国議会に割り当てられた主要業務を国民の最も利益となるように遂行することができるような裁量権を認めることになる。そう解釈し実践することで、憲法制定世代は第5条から実際上の重要さの多くを抜き取ってしまったとも言えるであろう[49]。

合衆国最高裁は憲法解釈を通じて政治を秩序立て、それによって憲法は変化する。権利が確認されたり[50]、生み出されたりする[51]のはほんの一例である。ただ憲法をめぐるすべての紛争が裁判所に繋属するわけでもないし、政治問題の法理が使われたり各機関の裁量権への敬譲が示されたりして最高裁の判断が常に表明されるわけでもない。政治制度の領域は圧倒的に裁判所外で判断されることになる。司法の優位への挑戦は合衆国の歴史を通じてなされている[52]。判例の変更でも憲法上の変化は生ずる[53]。

---

47) See Letter from James Madison to Spencer Roane, September 2, 1819, in THE WRITINGS OF JAMES MADISON, VOL. 8, 447-453 (Gaillard Hunt ed., 1908).

48) McCulloch, 17 U.S. at 415 (emphasis in original).

49) See Gerard N. Magliocca, Constitutional Change, in THE OXFORD HANDBOOK OF THE U.S. CONSTITUTION 908, 916 (Mark Tushnet, Mark A. Graber and Sanford Levinson eds., 2015). なお第2次合衆国銀行は、1832年7月にアンドリュー・ジャクソン大統領が再特許法案に拒否権を行使し、同年11月に再選されたことで、合衆国銀行から連邦の預金を引き上げ、1836年に特許状が失効し、姿を消すことになった。連邦準備制度ができるのは1913年連邦準備法による。

50) たとえば、国旗の焼却が言論の自由の保障の範囲内であるとされた Texas v. Johnson, 491 U.S. 397 (1989); United States v. Eichman, 496 U.S. 310 (1990) など。

51) たとえば、憲法上のプライバシーの権利や妊娠中絶の権利を承認した Griswold v. Connecticut, 381 U.S. 479 (1965); Roe v. Wade, 410 U.S. 113 (1973) など。

52) See, e.g., KEITH E. WHITTINGTON, POLITICAL FOUNDATIONS OF JUDICIAL SUPREMACY (2007).

53) たとえば、Plessy v. Ferguson, 163 U.S. 537 (1896) で承認された「区別するが平等」の理論を否定することになった Brown v. Board of Education, 347 U.S. 483 (1954)、法人の一般会計からの政治献金を禁じた Austin v. Michigan Chamber of Commerce, 494 U.S. 652 (1990) を否定した Citizens United v. FEC, 558 U.S. 310 (2010) など。

2　議会の制定法

　合衆国議会も重要な行為主体で、憲法上の変化を引き起こす。一般に法律は憲法の理念を実現するために制定されるが、政治のあり方を根本的に規定する場合もある[54]。議会制定法であるので、「後法は先法を破る」の原則に従い、通常の法律制定手続により変更される。しかし制定法の中には非常に重要で、他の制定法とは影響力において異なるものがあるのも確かである。1964年市民的権利法[55]がその代表例であろう。この法律は、学校、職場、公共的施設における人種や性別などを理由とする差別を禁止することで、第14修正が保障する法の平等保護の範囲を拡大している。

　そこで、高次制定法（super-statutes）の理論が提唱されている。論者によると、制定法の中には通常の法律制定過程に従って成立するのであるが、準憲法的地位を得るものがある。その地位を得るための基準は以下の通りである。まず、その種の制定法は新しい原則や政策で既存の規制のベースラインを大幅に変更するものである。次に、その新しい原理や政策は時間の経過に伴って公共文化に深く根付き、思考の基盤となるものである。第3に、それらは、長期にわたる熟議によって制定される。この熟議のプロセスは議会だけにとどまらず、官僚や裁判所からの精緻化やそれに対する議会の応答、市民の運動など広い範囲に及ぶ[56]。特に重要なのは、高次制定法が規範的な力を得るのは、時間をかけて次々となされる公共の討議を通じてであり、それらは社会的規範を形成するとともに社会的規範によって影響を受ける相互作用にあることである[57]。高次制定法は、他の法源を解釈する際のベースラインのひとつとなる。また通常の制定法と矛盾抵触する場合、通常の解釈原則に反してでも、高次制定法が優先されることもある。そして時に憲法自体の理解を再形成することになる[58]。

---

54)　*See, e.g.*, Administrative Procedure Act, Pub. L. No. 79-404, 60 Stat. 237 (1946); Freedom of Information Act, Pub. L. No. 89-487, 80 Stat. 250 (1966).

55)　Civil Rights Act of 1964, Pub. L. No. 88-352, 78 Stat. 241.

56)　William N. Eskridge, Jr. and John Ferejohn, *Super-Statutes*, 50 DUKE LAW JOURNAL 1215, 1230-1231 (2001). 具体的には、1890年シャーマン反トラスト法、1964年市民的権利法、1973年絶滅危惧種法が高次制定法に該当する。*Id*. at 1231-1246.

57)　*Id*. at 1270, 1276.

58)　*Id*. at 1216.

高次制定法は第5条の外で憲法価値の刷新が行われる1つの形態として把握されるであろう。ただ、高次制定法認定の回顧的性格から同時代的把握が困難である。高次制定法が憲法的規範の地位を獲得するのは何によってか、また判定基準の不明瞭さがその恣意的認定をもたらすのではないかといった疑問もある[59]。

3　大統領の行動

執行権を行使する大統領の行動も非公式の憲法改正となりうる。大統領について定める合衆国憲法2条は、他の機関と比較して、簡潔な規定である。政治的実践に委ねられる部分がそれだけ多いことになる。特に大統領職は、19世紀初頭にはすでに動的なものへ変容し[60]、今日のデモクラシーでは中心的役割を担う。

憲法上、条約締結権は大統領に付与されているが、その行使は上院の助言と承認により、そのためには出席上院議員の3分の2の同意が必要である[61]。上院によるヴェルサイユ条約への同意の欠落のために合衆国が国際連盟に加入できなかったことは著名である。そうしたことから、上院の同意要件を回避するため条約と同等の機能を果たす一方的権限行使として行政協定の手法が用いられることも非常に多い[62]。また経済外交分野では、北米自由貿易協定のように議会両院の過半数の賛成で承認される議会-行政協定の方式も利用されている[63]。

さらに最高司令官としての大統領の地位[64]は独特の展開をもたらしてい

---

59) *See, e.g.*, Ernest A. Young, *The Constitution Outside the Constitution*, 117 YALE LAW JOURNAL 408, 450 (2007).
60) *See, e.g.*, BRUCE ACKERMAN, THE FAILURE OF THE FOUNDING FATHERS (2005).
61) 合衆国憲法2条2節2項。
62) 過去50年間に、大統領は約1万5000の行政協定を締結している。*See* Michael P. Van Alstine, *Executive Aggrandizement in Foreign Affairs Lawmaking*, 54 UCLA LAW REVIEW 309, 319 (2006).
63) Trade Act of 1974, Pub. L. No. 93-618, 88 Stat. 1982 (1975). BRUCE ACKERMAN and DAVID GOLOVE, IS NAFTA CONSTITUTIONAL? (1995). 批判については、*see, e.g.*, Laurence H. Tribe, *Taking Text and Structure Seriously*, 108 HARVARD LAW REVIEW 1221 (1995).
64) 合衆国憲法2条1節。

る。憲法上、戦争の宣言は合衆国議会の権限とされており[65]、大統領による一方的な戦争遂行はできない仕組みになっている。しかし実際には議会の承認なしに軍隊が派遣されることも多い[66]。特に2001年9月11日の同時多発テロ以降、テロとの戦いの継続の中で、憲法規範に深刻な動揺が起こっている[67]。大統領の一方的権限行使の統制が課題となっている[68]。

4 非公式の憲法変動の機能

以上のような第5条の外で起こる変化の憲法秩序における機能として、次のようなものを想定できる[69]。第1に、憲法条項の履行が挙げられる。憲法は政治運営の基本原則を定めるので、それを具体化し実施することが必要となる。たとえば、合衆国裁判所の設計は法律に委ねられている[70]。第2に、憲法条項を特定化することもある。外的な規範は憲法条項を具体的に適用する際に役立つ基準を明確化する。たとえば、国教樹立禁止条項に関するレモン・テスト[71]などである。第3に、憲法規範を補充する場合である。合衆国憲法は制定が古く現代的な対応が必要であるが、行政国家化について特に明確な規範的指示をしているわけではない。そうした行政組織が憲法外で補充されている。また社会保障などの新しい権利資格も同様である[72]。第4に、時代遅れの構造や原則を取り替えることである。委任立法の限界に関し、APAのもとでの司法審査における議会設定ガイド

---

65) 合衆国憲法1条8節11項。
66) そうした状況に対応するため合衆国議会はニクソン大統領の拒否権を覆して1973年戦争権限決議（War Powers Resolution, Pub. L. No. 93-148, 87 Stat. 555 (1973)）を成立させた。
67) *See, e.g.*, Stephen M. Griffin, *The United States of American*, in How Constitutions Change 357, 371-378 (Dawn Oliver and Carlo Fusaro eds., 2011). 愛敬浩二「立憲主義の動揺？」『立憲主義の復権と憲法理論』（日本評論社・2012年）参照。
68) 大統領の権限行使については、製鉄所差押え事件のジャクソン判事の意見が示唆的である。*See* Youngstown Sheet & Tube Co. v. Sawyer, 345 U.S. 579 (1952) (Jackson, J., concurring). また、駒村圭吾「危機・憲法・政治の"Zone of Twilight"」奥平康弘＝樋口陽一編『危機の憲法学』（弘文堂・2013年）143頁以下も参照。
69) *See* Young, *supra* note 59, at 442-448.
70) 合衆国憲法3条1節。
71) Lemon v. Kurtzman, 403 U.S. 602 (1971).
72) *See, e.g.*, Cass R. Sunstein, After the Rights Revolution (1993).

ラインによる裁量統制手法などがこれに該当する[73]。最後に、そうした変化を相対的に確固なものにすることである。もちろん憲法改正ではないので第5条のように高い硬度をもつことはないが、覆すのには様々なコストがかかるので一定の硬度で変化が保存されることがある。その程度は区々である。大統領の三選禁止の慣行については言及した。また憲法判例の変更については先例拘束性の原則と憲法規範の性質から議論が多々存在する[74]。社会保障法は第1修正上の国旗焼却の自由よりも現時点では機能的により硬度に保存されていると解する立場もある[75]。実際、ニューディール体制の打破を目指してレーガン大統領から合衆国最高裁判事に指名され上院で激しい論争の末承認されなかったロバート・ボークですら、ニューディールを正当化する判決の相対的な硬度を確認している。1990年の時点で、それらの判決を変更すれば、現代の政府のほとんどを覆し、無秩序化をもたらすことになってしまうという[76]。

　もちろん第5条の外で起こる変化のすべてが正統性をもつわけではない。法による政治の統制という立憲主義の企図からすれば、政治の憲法規範からの逸脱やその迂回は深刻な問題となる。すなわち違憲の憲法変化の問題である。裁判所で判断のなされる種類の変化はその内容が最高裁によって判断されることになるであろう。争点はそうでない種類の変化である。立憲主義的な理解がある程度共有されていれば、違憲の行為と称して変化に着手する行為者はまずいないであろう。したがって違憲の憲法変化は、自己拘束としての憲法規範という性質が顕著になる場面である。そこでは疑義ある憲法変化への対応は政治機関間での均衡と抑制が基本となる[77]。そして究極的には有権者の判断が枢要である。ただその行為の意味を見定めるためにも憲法テクストは重要な役割を果たしている。しかし第5条の外

---

73) *See id.* at 21-29.
74) *See, e.g.*, Planned Parenthood v. Casey, 505 U.S. 833 (1992) (O'Connor, Kennedy, and Souter, Js., plurality).
75) *See* Young, *supra* note 59, at 461.
76) ROBERT H. BORK, THE TEMPTING OF AMERICA 158 (1990). ただし、ボークは、人工妊娠中絶を承認するロウ判決は未だ国民の多くに受け容れられていないので、判例変更するのに遅すぎることはないとしている。*Id.*
77) *See* THE FEDERALIST, at No. 51 (Madison)（邦訳253〜257頁）。

で起こる憲法改正となると事態は一層複雑である。

V　第5条によらない憲法改正論

　憲法改正はその過程を定める憲法5条によって統制されていると考えるのが、ごく普通の考え方である。第5条に解釈の余地があることはすでにみた通りであるが、憲法改正のためにとられるべきルートは明確に定められている。つまり第5条は排他性を備えていると解される。憲法の枠組みを設計する際に、憲法改正に特別多数を要求することで、多数決主義による憲法上の権利の侵害を阻止する必要があると考えられたからである[78]。しかしその排他性を否定する議論もある。理論上の可能性だけではなく[79]、憲法改正が第5条の外で実際に起こっていると主張するのがブルース・アッカーマンである。

1　二元的デモクラシー論

　アッカーマンによると、合衆国憲法の歴史は、通常政治と憲法政治の組み合わせで時期的に規定されている[80]。前者の時期には、市民は私人として私的利益や自己の関心に従って各々の生活を送る。多くの市民は定期的な選挙を通じてのみ政治に関わる。政治家は私的市民の支持を獲得すべく

---

78)　*See, e.g.*, David R. Dow, *The Plain Meaning of Article V*, in RESPONDING TO IMPERFECTION 117-144 (Sanford Levinson ed., 1995).

79)　理論上国民の多数による憲法改正を認める見解として、*see* Akhil Reed Amar, *Philadelphia Revisited*, 55 UNIVERSITY OF CHICAGO LAW REVIEW 1043, 1064-1065 (1988); do., *The Consent of the Governed*, 94 COLUMBIA LAW REVIEW 457 (1994).

80)　BRUCE ACKERMAN, WE THE PEOPLE: FOUNDATIONS (VOL. 1); TRANSFORMATIONS (VOL. 2); CIVIL RIGHTS REVOLUTION (VOL. 3) (1991, 1998, 2014) [hereinafter VOL. 1; VOL. 2; VOL. 3]; do., *Revolution on a Human Scale*, 108 YALE LAW JOURNAL 2279 (1999); do., *De-Schooling Constitutional Law*, 123 YALE LAW JOURNAL 2574 (2014). アッカーマンの議論については、長谷部恭男「政治過程としての違憲審査」ジュリスト1037号（1994年）103頁、阪口正二郎『立憲主義と民主主義』（日本評論社・2001年）などすでに多くの論攷がある。筆者も「熟慮に基づく討議の歴史とアメリカ合衆国憲法の正統性」早稲田政治経済学雑誌320号（1994年）286頁以下、「国民主権とデモクラシー」杉田敦編『岩波講座憲法3 ネーションと市民』（岩波書店・2007年）3頁以下を著している。第4の憲法政治である市民的権利革命をめぐる理論的検討は別の機会に行いたい。

競い合う。この時期は利益集団の駆け引きにより法が形成される。これに対して憲法政治の時期には、共同体が危機に陥っておりその認識が広く共有され、市民は、公共心に鼓舞され、私的生活への閉じこもりを捨てることになる。市民は、継続的に行われる熟議に積極的に参加し、個々の私的利害に拘泥することなく共通善を実現すべく、集団として行動し決定する。ここでは高次法制定という特別な過程が展開される。

　憲法政治は、合衆国史におけるヒューマン・スケールの革命の成功を意味する。それは、関連する共同体を動員し、社会生活のある領域における現在支配的な信念や実践を拒絶する自覚的努力により、一定の速度をもって過去から効果的に離脱することである。形式的には既存のルールに部分的に反するが、既存の制度を利用しつつ根源的な変革が国民主権に訴えかけ正統なものとして受け容れられる場合に、革命は成功する。

　合衆国はこれまで4つの憲法政治を体験してきた。身分制社会を否定し私有財産を擁護した憲法制定期、奴隷制の廃止と中央政府の州政府に対する優位の起点となった南北戦争後の再建期、福祉国家に向けて中央政府の積極的役割を承認するに至ったニューディール期、さらに平等を中心に市民的権利を拡大した1960年代の市民的権利革命期である。これらはみな改正の既存のルールを逸脱して達成された。憲法制定期は、連合規約の全邦一致のルールを迂回した。再建期の第14修正の制定は、その承認を南部諸州の合衆国議会への復帰の条件としており、厳密には第5条に則っていない。さらにニューディール期と市民的革命期は第5条の外で起こった憲法改正である。憲法テクストに残らない憲法改正はどのようにして起こるのであろうか。

　アッカーマンによると、第5条の外での憲法改正は次の5つの指標によって判定される。①既存の原則ではうまく対応できない憲法上の深刻な窮境が顕わになる。②その窮境を脱するための変革を主導しようとする政治機関が選挙を通じて国民から委任を得たと主張する。③その主導に反対する政治機関は既存の制度的資源を利用して抵抗を試みる。しかし変革を主導しようとする機関は抵抗機関に対してその自律性を損なうような異例の反撃を展開する。④その結果、自律性が決定的に破壊される前に抵抗機関

は転向し、変革の主導機関に歩調を合わせることになる。⑤最後に、変革の是非を国民に問う機会として再度選挙が実施されることになる。その選挙では、抵抗機関への支持は微弱であり、逆に、変革の主導機関への是認は圧倒的であり、変革を確固としたものにする[81]。変革を主導したのは、合衆国政府レヴェルでの権力分立制に依拠しつつ、再建期は議会、ニューディール期は大統領、そして市民的権利革命期は最高裁である[82]。

こうしてできあがった憲法改正後の通常政治においては、政治家は通常の選挙に勝利するだけでは、国民が創り上げた以前の熟慮に基づく判断を覆す法律を制定する委任を得たと主張できない[83]。つまり憲法政治の成果は高い硬度で保存されるのである。

2 ニューディールの場合

1929年に始まった大恐慌によって大混乱に陥った社会経済状況に対応するため、中央政府の積極的な経済規制と社会保障の体系を創り上げることが課題となっていた。簡単にアッカーマンの描写を振り返っておこう。1932年の大統領選挙でフランクリン・ローズヴェルトが当選したことが変革の開始の合図となる。ただその選挙ははっきりと方向性が打ち出されていたわけではなく、1934年と1936年の選挙での連勝が重要になる。1次ニューディールの政策の中核は全国産業復興法（NIRA）で明らかになる。それに対して、1935年5月27日最高裁は全員一致で違憲と判断する[84]。それを受けてローズヴェルトは計画を練り直し、2次ニューディールの政策を明らかにする。ワグナー法、社会保障法、公益事業持株会社法などがその中心となる。最高裁は1935〜1936年にかけてニューディール政策に抵抗する判決を多く下す[85]。これにより国民はニューディール政策が不安定

---

81) ACKERMAN, VOL. 2, at 18-20.
82) ACKERMAN, VOL. 3, at 5.
83) ACKERMAN, VOL. 1, at 6.
84) Schechter Poultry Corp. v. United States, 295 U.S. 495 (1935).
85) Retirement Board v. Alton Railroad Co., 295 U.S. 330 (1935); Louisville Bank v. Radford, 295 U.S. 555 (1935); United States v. Butler, 297 U.S. 1 (1936); Carter v. Carter Coal Co., 298 U.S. 238 (1936); Morehead v. New York ex. rel. Tipaldo, 298 U.S. 587 (1936).

な基盤にあることを知る。1936年大統領選挙でのローズヴェルトの記録的大勝が改革の促進源となる。そして彼は「裁判所詰め込み案」（court-packing plan）を明らかにし、抵抗する最高裁に異例の打撃を加える。それに呼応して1937年春頃に最高裁は態度を変更し、ニューディール政策を合憲と判断し、歩調を合わせる。さらに最高裁内でのニューディール政策支持を確固たるものとするため、ローズヴェルトはブラックやリードといったニューディール支持者を最高裁判事に任命する。そして1938年選挙での民主党の勝利はニューディール政策に対する国民の承認を意味した。ローズヴェルトはさらにフランクファーター、ダグラス、マーフィーを最高裁判事に任命し、1940年の大統領選挙でも前例のない三選を果たし、政策をより強固なものにした。1941年にはストーンを最高裁首席判事に、バーンズとジャクソンを判事に任命した。最高裁は、前後して最終的にニューディールを確固たるものとする判決を下した[86]。ここにニューディール期憲法政治は終結をみた[87]。この構造変化により、私有財産・契約の自由を中心とした憲法の実体的価値は重大な修正を被り、中央政府主導の積極主義的福祉国家的体制が実現したのである。

　こうしたアッカーマンの言説には様々な疑問があろう。まずニューディールを大統領を中心とした政府機関の総合作用として理解することの妥当性である。ニューディールには複雑な利益が交錯し合っている[88]。1次ニューディールで最も重要とされるNIRAはフーヴァー政権での財界の提案に起源をもつだけでなく、実態として、公的権力の私的利益への慌ててよく練られず作られた委任に過ぎなかったという[89]。そもそもニューディ

---

86) 1938年公正労働基準法を全員一致で合憲と判断したUnited States v. Darby Lumber Co., 312 U.S. 100 (1941); 第2次農業調整法を全員一致で合憲としたWickard v. Filburn, 317 U.S. 111 (1942).

87) ACKERMAN, VOL. 2, at 279-382.

88) ニューディールについては、*see, e.g.,* WILLIAM E. LEUCHTENBURG, FRANKLIN D. ROOSEVELT AND THE NEW DEAL (1963); COLIN GORDON, NEW DEAL (1994); DAVID M. KENNEDY, FREEDOM FROM FEAR (1999); IRA KATZENLSON, FEAR ITSELF (2013); JASON SCOTT SMITH, A CONCISE HISTORY OF NEW DEAL (2014). また、本書Ⅲ-1章〔岡山〕も参照。

89) 1次ニューディール立法の作りの悪さを違憲の理由にする見解については、*see, e.g.,* WILLIAM E. LEUCHTENBURG, THE SUPREME COURT REBORN 231-232, 318 n.99 (1995); BARRY CUSHMAN, RETHINKING THE NEW DEAL COURT 37-39, 156-159 (1998).

ールは財界の需要、労働運動や人民の抗議に対する保守的な対応に過ぎないとする見方もあるところである[90]。この時期の重要な現象のひとつに産業別労働組合会議（CIO）の形成があり、その活動を抜きにニューディール政策や政治のあり方を語ることはできないはずである[91]。とすれば、重要な主体を欠いて国民主権に訴える議論が展開されていることになる。国民は結局のところ選挙で投票するだけの存在ではないのか[92]。このことは、彼の第5条外の憲法改正論が既存の制度を指標として構成されていることに直結する。さらに難題を投げかけるのは、選挙の解釈である。アッカーマンは憲法政治の合図、誘発、承認、正当化の機能を果たすものとして選挙を重要視している。確かに現実的な設定ではある。しかし、選挙はレファレンダムとは異なり、その解釈が一様ではないはずである。人々は何を意図してフランクリン・ローズヴェルトや民主党の候補者に投票したのであろうか。公共精神に駆られてなのか、生活の改善という私的な自己利益のためなのか[93]。1936年の決定的選挙ですら、人々はニューディールのための憲法政治を支持したと断定することは可能であろうか[94]。ここでも彼の理論の根幹が問われることになる。

　つまるところ、ニューディールはどの程度画期的なのか。アッカーマンが想定するように過去との断絶は存在するのであろうか。むしろ革新主義から続く改革の延長・拡大ではなかったのか。この問いは1937年に憲法革命[95]はあったのかという疑問につながる。アッカーマンは、伝統的な見

---

90)　See Colin Gordon, *Rethinking the New Deal*, 98 COLUMBIA LAW REVIEW 2029, 2034-2035 (1998).

91)　See id. at 2043.

92)　アッカーマンの国民主権論が内的緊張関係にあることを指摘するものとして、see Sanford Levinson, *Popular Sovereignty and the United States Constitution*, 123 YALE LAW JOURNAL 2644 (2014).

93)　Dow, *supra* note 78, at 134-135.

94)　世論調査のデータからそのように言うことは賢明ではないとする見解については、see Barry Cushman, *Mr. Dooley and Mr. Gallup: Public Opinion and Constitutional Change in the 1930s*, 50 BUFFALO LAW REVIEW 7, 66-74 (2002). またそれでも人々は憲法と最高裁を敬意をもって捉えていたとする見解については、see William E. Leuchtenburg, *When the People Spoke, What Did They Say?*, 108 YALE LAW JOURNAL 2077, 2114 (1999).

95)　憲法革命の詳細については、Ⅲ-1章〔岡山〕参照。

解と同様に旧コートの態度の変更を重視するが、しかしそれは、伝統的見解がいうように、最高裁が誤った憲法解釈を改めたからではなく、再建期の憲法価値を保存すべく違憲判断をしていた最高裁が国民の名による憲法政治の成功による憲法価値の変更を承認したからである。しかし近時、裁判所詰め込み案が功を奏して、憲法革命が成立したという理解に疑問を投げかける見解が有力になっている。それによれば、1937年以前に憲法革命は起こっていたのである[96]。確かに裁判所詰め込み案発表後の1937年にニューディールを是認する重要判決が続く[97]。しかし、実は、最高裁は1934年3月5日には、牛乳の固定価格制を導入したニューヨーク州法を5対4の票決で合憲としていたのであり[98]、すでに実体的デュー・プロセス理論は衰退期に入っていた。またワグナー法に関して裁判所詰め込み案を避けるのに必要となる以上に通商条項を拡大的に読み込んだ。さらに社会保障法合憲判決の出た5月にはすでに裁判所詰め込み案は退潮期に入っていた。そういった理由から、修正主義的見解は、1937年の革命は実際には1934年から1942年にかけて起こっていたとするのである。

つまり最高裁の解釈の変更により憲法上の変化が起こったことには異論はないのである。対立の背景は、法の変化は外的な政治的要因によってもたらされるのか、あるいは内在的で自生的な法理の展開によるのかという理解の違いであり、過去との断絶を認めるか、漸進的変化とするかの違いである。ただ最高裁判事が大統領によって指名され上院の承認を得て任命

---

96) 修正主義的見解については、see CUSHMAN, *supra* note 89; Richard Friedman, *Switching Time and Other Thought Experiments*, 142 UNIVERSITY OF PENNSYLVANIA LAW REVIEW 1891 (1994); G. EDWARD WHITE, THE CONSTITUTION AND THE NEW DEAL (2000); do., *Constitutional Change and the New Deal*, 2005 AMERICAN HISTORICAL REVIEW 1094. なお伝統的見解については、*see, e.g.,* LEUCHTENBURG, *supra* note 89; do., *Comment on Laura Kalman's Article*, 2005 AMERICAN HISTORICAL REVIEW 1081; LAURA KALMAN, THE STRANGE CAREER OF LEGAL LIBERALISM (1996); do., *Law, Politics, and the New Deal(s)*, 108 YALE LAW JOURNAL 2165 (1999).
97) 女性と子どもに対する最低賃金制を5対4で合憲とした3月29日のWest Coast Hotel Co. v. Parrish, 300 U.S. 379 (1937)、1935年ワグナー法を5対4で合憲とした4月12日のNational Labor Relations Board v. Jones & Laughlin Steel Corp., 301 U.S. 1 (1937)、1935年社会保障法に関連しては、5対4と7対2で合憲とした5月24日のSteward Machine Co. v. Davis, 301 U.S. 548 (1937) およびHelvering v. Davis, 301 U.S. 619 (1937)。
98) Nebbia v. New York, 291 U.S. 502 (1934).

される以上、政治運営を担う連合の一部として行動する傾向にあることは否定できない[99]。最高裁判事が有権的憲法解釈者を構成する以上、任命権者の考え方と多かれ少なかれ同様の政治イデオロギーを共有する者が送り込まれるであろう。憲法上の変化が起こったのは、1930〜1932年にフーヴァー大統領がヒューズ、ロバーツ、そしてカードーゾを任命し、フランクリン・ローズヴェルトがブラックに始まり次々と判事を任命できたからである[100]。ニューディール初期の政治部門と最高裁との対立の一因はローズヴェルトが大統領1期目に最高裁判事の任命の機会を欠いたことにある[101]。もちろん投票行動を変更したロバーツにとって自ら執筆した1934年の先例の存在は法の相対的自律性を示す手立てとはなったであろう[102]。それは法律専門家集団にとって重要なことである。ただロバーツ自身も後に民意の認識や政治の緊張感を語っている[103]。しかしながら最高裁判事だけが憲法を独占するわけではない。1936年選挙の圧倒的勝利および1937年の裁判所詰め込み案の提案とその失敗は広く国民との関係でニューディールの政治的意味を象徴的に示す。相対的に自律している法と政治は相互に影響し合っていると捉える方が合理的なのではないか[104]。

憲法上の変化が生じたが、それは憲法改正と同程度に硬度をもつのか。テクストがないことは法律家にとって深刻な問題である[105]。何が憲法政治

---

99) *See, e.g.,* Robert A. Dahl, *Decision-Making in a Democracy,* 6 JOURNAL OF PUBLIC LAW 279 (1957). また、本書Ⅲ-1章〔岡山〕も参照。
100) CUSHMAN, *supra* note 89, at 224-225.
101) Laura Kalman, *The Constitution, the Supreme Court, and the New Deal,* 2005 AMERICAN HISTORICAL REVIEW 1052.
102) この時期の判示事項と傍論の区別による法の自律性を確保するための努力については、*see* ACKERMAN, VOL. 2, at 359-375.
103) *See* CHARLES A. LEONARD, SEARCH FOR A JUDICIAL PHILOSOPHY 144, 180 (1971).
104) *See, e.g.,* Edward A. Purcell, *The New Deal 'Constitutional Revolution' as an [sic] Historical Problem,* 78 VIRGINIA QUARTERLY REVIEW 238 (2002).
105) ニューディールの成果を保存する憲法改正も検討されていたが、それは困難で、最高裁の解釈変更により必要性はなくなったとされた。しかし、やはり改正すべきであったとする批判もある。*See, e.g.,* KYVIG, *supra* note 19, at 289-314. だが、裁判所詰め込み案の失敗で憲法改正も困難になったという見方もある。*See* Latham, *supra* note 20, at 251. *See also,* Gerard N. Magliocca, *Court-Packing and the Child Labor Amendment,* 27 CONSTITUTIONAL COMMENTARY 455 (2011). また、本書Ⅲ-1章〔岡山〕も参照。

の成果なのか一見明らかではなく、解釈の共有が困難となるからである[106]。アッカーマンは近時、憲法規準（constitutional canon）の考えを提示している。それは、法律の訓練を受けた専門家が憲法理解のごく中心に位置づけるべきテクストの集合体である。公式の規準は合衆国憲法とその改正条項であるが、法律専門家は画期的な制定法や高次の先例（super-precedents）を憲法議論で中心に位置づける運用規準を用いている[107]。市民的権利革命ではブラウン判決、1964年市民的権利法、1965年投票権法などがそれにあたる。ただ憲法政治自体と同様ここでも選択の恣意性の問題は残る。

しかしやはり公式の規準の明確化が望ましい[108]。特に実質を伴った改正の場合、憲法政治の成果は憲法典にテクストが存在しないと、時間の経過とともに、記憶の彼方に消えていく可能性が高い。相対的に硬度に保存されているとはいえ、ニューディールも市民的権利革命も別のイデオロギー勢力によってそれらの成果が侵食されている[109]。憲法のテクストには独自の意味がある。他の法律と同様、専門家集団による解釈共同体での解釈が肝要であることに違いはない。法の相対的自律性はこの共同体の構成にかかっている。ただ国民主権を掲げる憲法の場合、この解釈共同体の外に政治家そして市民からなる緩やかな解釈共同体が同心円的に広がっていると想定できる。立憲主義的憲法が通常の政治機関の統制を企図するものであ

---

106) *See, e.g.,* L. A. Powe, Jr., *Ackermania or Uncomfortable Truths?*, 15 CONSTITUTIONAL COMMENTARY 547, 560-566 (1998).
107) ACKERMAN, VOL. 3, at 7, 32-36.
108) この文脈でテクストの重要性を指摘するものとして、*see* Stephan M. Griffin, *Understanding Informal Constitutional Change,* Tulane University School of Law, Public Law and Legal Theory Working Paper Series, Working Paper No. 16-1 (2016).
109) *See, e.g.,* United States v. Lopez, 514 U.S. 549 (1995)（通商条項を狭く解釈し1990年学校区域銃規制法を違憲とした）; Shelby County v. Holder, 133 S.Ct. 2612 (2013)（州や地方政府が選挙制度や実践を変更するとき連邦政府の事前承認を必要とする投票権法の条項を違憲とした）. アッカーマンの二元的デモクラシー論は、リベラルな改革の価値の保存のための議論であるとみることもできよう。*See, e.g.,* MARK A. GRABER, A NEW INTRODUCTION TO AMERICAN CONSTITUTIONALISM 152 (2013). 違憲的な非公式の憲法上の変化もあるので、憲法改正と同等の硬度を備えないと考えた方が立憲主義に適合的であるとする考え方も十分成り立つであろう。

る以上、市民が大方憲法に書かれていることを理解できていないと、この枠組みは機能しない。憲法規範が多く権力者の自己統制および市民の自覚的かつ継続的な注視と対応に依拠していることは忘れられてはならない。その意味でも、憲法テクストの教育的効果を軽視すべきではないであろう[110]。基本法を読み理解しようとすることは、始原的な憲法価値の実現方法なのである。

VI 結びに代えて——立憲主義のディレンマに耐えて

近時、世界における合衆国憲法の影響力が低下してきていると指摘されている[111]。たとえそうであるとしても、その原因を簡単には特定できないであろう。ただ、合衆国は2世紀以上にわたり刮目すべき独自の政治文化を形成してきたが、憲法条項が簡潔で改正も少なく、憲法上のテクストで明文化されていない部分に実際の政治実践が依拠していることが多く、外国人が真似るには格段の努力を強いることも関係していると思われる。

国民主権原理、違憲審査制、連邦制そして成文憲法典といった今日人類が広く共有するようになっている立憲的制度はアメリカ合衆国が起源である。世界がその経験から学ぶこともまだまだ多いであろう。そのためにも現在のアメリカ合衆国のリベラル・デモクラシーの状況にふさわしい憲法改正のあり方を検討してみることは世界的に重要であろう[112]。

アッカーマン自身、合衆国憲法史を描く一方で、今日の状況にふさわし

---

110) 憲法改正観において相異なるジェファソンもマディソンも一致して憲法テクストの教育的効果に言及していることは興味深い。See, e.g., *Letter of Thomas Jefferson to James Madison, December 20, 1787*, in THE PAPERS OF THOMAS JEFFERSON, VOL. 12, 440 (Julian P. Boyd ed., 1955); *Letter of Madison to Jefferson, October 20, 1788, id.* at VOL. 14, 20 (1958); *Letter of Jefferson to Madison, March 15, 1789, id.* at 659.

111) *See, e.g.,* David S. Law and Mila Versteeg, *The Declining Influence of the United States Constitution*, 87 NYU LAW REVIEW 762, 850-855 (2012). より魅力的な競争者の登場、アメリカのヘゲモニーの一般的な低下、最高裁の内向き思考、憲法自体の時代遅れ度、そしてアメリカ例外主義の信条という5つをその原因の仮説として指摘している。

112) 憲法改正条項の改正については、Richard Albert, *Amending Constitutional Amendment Rule*, 13 I·CON 655 (2015); 長谷部恭男「憲法96条の『改正』」論究ジュリスト9号(2014年) 41頁参照。

い憲法改正方法の改正を提案している。まず、二度の選挙に勝利した大統領に発議の機会を与えることである。再選を果たした大統領は憲法政治の開始を合図しアメリカ合衆国人民の名において憲法改正を提案する権限が与えられる。合衆国議会の3分の2以上の賛成でそれが承認されると、続く2回の大統領選挙の際に国民の投票に付される。国民の承認が得られれば憲法改正案は成立する。今日のデモクラシーでは、アイデンティティは州ではなく合衆国に、政治主導は議会ではなく大統領に専ら帰せられる。大統領の独断を抑制するため、議会の承認と時間のテストが設定されている。4年ごとに二度のレファレンダムを成功裡に終えるには、十分に練られ広範な支持を得た改正案でなければならないであろう。そうした長期に及ぶ過程により、国民による熟慮に基づく決定も確保されやすい[113]。

　もちろんこの案に囚われる必要はない。近代立憲主義は国民主権と権力の制限という相矛盾する可能性のある原理を中核に据える。そのディレンマをそれとして引き受けてきたアメリカ合衆国の貴重な実験をグローバル化した現代によりよく活かせる、共通の基盤が求められているのではなかろうか。

　　＊本章は在外研究中に執筆されたため邦語文献の参照に遺漏が多い。ご海容を願う。またJSPS科研費26380050の助成を受けた。記して、謝意を表す。

---

113) ACKERMAN, VOL. 2, at 410-413.

第IV部

フランス

IV −序　概観

第IV部　フランス

1　現行憲法の成立

　1958年5月13日、フランスからの独立闘争が激化していたアルジェリアで、現地派遣軍との共謀に基づく局地的暴動が発生した。第二次世界大戦後に制定された第四共和政憲法の内容に反発して12年のあいだ在野を貫いていたシャルル・ドゴールは、事態収拾のために政権復帰の意思のあることを表明し、これを受けてルネ・コティ大統領が彼を首相に任命した。そして「国民議会は、6月1日、軍の圧力を感じながら、唯一可能な選択としてドゴールを受け入れる」[1]。

　議会の信任を得たドゴールは、直ちに（信任投票の2時間後に！）憲法改正案を議会に提出する。それは、第四共和政憲法の改正手続規定の改正案であった。同憲法90条の定める改正手続は、議会における審議に時間をかけさせる点で実に複雑であった[2]が、これを、政府が改憲案を作成し直接国民投票に付託できるように改めるものであった。議会の抵抗もあったが、最終的には妥協案として、第1に、国会議員を3分の2含む「憲法諮問委員会（Comité consultatif constitutionnel）」が政府案の作成に際して諮問を受けるべきこと、そして第2に、政府案の作成にあたっては「(1)普通選挙の原則、(2)行政権と立法権の間の権力分立、(3)政府の対議会責任、(4)司法権の独立、(5)フランス共和国と『それに結合する諸人民』の関係（植民地問題）を組織しうるものであること」[3]という5つの条件が充たされるべきことが決まり、「憲法90条の規定からの暫定的逸脱に関する1958年6月3日憲法的法律」[4]が成立、公布された。
　そしてこの憲法的法律に基づいて作成

1)　高橋和之「『ドゴール憲法』の『本質』と『実存』『国民内閣制の理念と運用』（有斐閣・1994年）73〜152頁〔初出は1983年〕、82頁。
2)　第四共和政憲法の邦訳として、中村義孝編訳『フランス憲法史集成』（法律文化社・2003年）204〜217頁がある。また第90条の定める改憲手続の明快な説明として、高橋・前掲注1) 83頁を参照。
3)　樋口陽一『比較憲法［全訂第3版］』（青林書院・1992年）234頁。
4)　Loi constitutionnelle du 3 juin 1958 portant dérogation transitoire aux dispositions de l'article 90 de la Constitution, *JO* du 4 juin 1958, p.5326. 同法の邦訳として、中村編訳・前掲注2) 217頁がある。

された改憲案を、「ドゴールが、1958年9月4日にパリの『共和国広場』において国民に提案した」5)。それが9月28日の国民投票で承認され、こうして、1958年10月4日に新憲法が成立する。しばしば「ドゴール憲法」と言われるように、この憲法は、ドゴールその人の強引な指導力なしには成立しえなかったものであるし、またその内容も、かねて彼が表明していた憲法構想——その典型が1946年6月のバイユー演説である6)——を大きく反映したものであった。

2 現行憲法の改正手続

現行憲法の改正手続は、第89条に定められている。全5項からなる。

まず、改憲の発議権は、国会議員と政府（大統領）のいずれにも属する（1項）。そしていずれの提出による改憲案も、上下両院によって同一の文言で過半数によって可決されなければならない（2項）。その後の要件は、国会議員提出の改憲案か政府提出のそれかによって異なる。国会議員提出の改憲案は、上下両院の可決ののち、国民投票による承認が必要である（2項）のに対し、政府提出の改憲案の場合、かかる国民投票ルートのほかに、「大統領が両院合同会議（Congrès）として招集される国会に改憲案を付託することを決めた場合」、国民投票に付さずに憲法改正を成立させることができる（ただし、両院合同会議での可決には有効投票の5分の3の賛成が必要である）（3項）。

なお、憲法改正には時間的・時期的な制約と実体的・内容的な制約とがある。時間的・時期的制約としては、憲法改正手続は「領土の保全が害されている場合」には開始も続行もできない（4項）。そして実体的・内容的な制約としては、「共和政体は、憲法改正の対象とすることができない」（5項）。

ほかにも、時間的制約としては、大統領が欠けている場合や憲法院によって大統領の職務行使に障害のあることが宣言された場合にも、憲法改正の手続を行うことはできないことが別に定められている（7条11項）。なお、2008年7月の憲法改正により、第2項が改正され、通常法律案の審議について法案提出後6週間を経た後でなければ先議の議院での本会議審議を行うことができず、また後議の議院では送付後4週間後でなければ本会議審議を行えないとする42条3項の規定が改憲案の審議についても適用されることになったので、そのような意味での時間的制約も存在すると言えよう。さらに、憲法上に明記されているわけではないが、憲法院判例7)は、非常措置権（16条）が発動されている期間中にも憲法改正を行うことはできないとする。

---

5) 高橋・前掲注1) 85頁。
6) Ⅳ-1章〔吉田〕参照。また、高橋・前掲注1) 87頁以下も参照。
7) Décision n° 92-312 DC du septembre 1992. 同判決については、山元一「欧州連合条約（マ

3　現行憲法改正の実例

現行憲法は、1958年の制定以来24回の改正を受けている[8]。最初の2回を除き、3回目以降の22回の改正は、すべて上述の憲法89条の手続に従ってなされた憲法改正である。

初めての改正が、1960年6月4日改正であった。旧植民地・海外領土とフランス本土で構成されていた「共同体」（憲法旧第12章）に、旧植民地が独立後も留まることが可能となるように改正されたものであるが、もともと旧第12章（77～87条）の規定の改正手続は、旧85条に特別な定めがあったため、本改正もそれに従って、上述の憲法89条とは異なる手続で実施された。その後、旧第12章は、1995年の憲法改正で削除されている。

2回目の改正は1962年11月6日改正であり、これが、大統領の選出方法を間接選挙から直接選挙に改めた（6条・7条）もので、現行憲法に対して加えられた改正のうち最も重要なもののひとつとされるものである。IV-1章〔吉田〕・IV-2章〔南野〕で詳しく扱われることになるが、この改正は、上述の憲法89条の改正手続ではなく、第11条の通常法律案についての国民投票手続を利用したものであったことから、その適法性をめぐり大きな論争を呼んだ。

3回目の改正は1963年12月30日改正であり、国会の会期に関するごく小さな改正であった。以上の3つの改正が、憲法制定後約5年のうちになされたもので、いずれも、ドゴール大統領のもとで行われている。そしてその後は10年以上、憲法改正はなされていない。

4回目の改正（1974年10月29日）は、審署前の法律の違憲審査を憲法院に付託することのできる者（付託権者）を、60名の下院議員または上院議員にも拡大した。野党議員にも憲法院への付託が認められることを意味し、その後の憲法院の活性化につながった大変重要な改正である。

5回目の改正（1976年6月18日）は、大統領選挙直前や同選挙期間中に候補者に事故があった場合の選挙の延期・やり直し等について、詳細な規定を追加した（7条6～10項）。1970年代のこれら2回の改正は、ヴァレリー・ジスカール＝デスタン大統領によるものである。そしてその後、1980年代には一度も憲法改正が行われていない。つまり、24回の改正のうち、5回が1976年までに行われ、

ーストリヒト条約）のための憲法改正と憲法院」フランス憲法判例研究会編『フランスの憲法判例II』（信山社・2013年）13～16頁を参照。
8）　憲法院の公式ウェブサイトに一覧がある。邦語では、辻村みよ子＝糠塚康江『フランス憲法入門』（三省堂・2012年）96～99頁、初宿正典＝辻村みよ子編『新解説世界憲法集［第3版］』（三省堂・2014年）234～237頁〔辻村〕などを参照。

残る19回は1990年代以降に集中しているのである。そのうち、特に重要なものを挙げるとすると、次の3種類になるだろう。

6回目の改正（1992年6月25日改正）は、マーストリヒト条約批准のためのもので、憲法院が同条約を違憲と判断した[9]のを受けて行われた。なお、その後もEUの基本条約が新しくなるたびに、その批准のために憲法改正が行われている（アムステルダム条約批准のための1999年1月25日の12回目の改正、欧州憲法条約批准のための2005年3月1日の18回目の改正[10]、リスボン条約批准のための2008年2月4日の23回目の改正）。

15回目の改正（2000年10月2日）は、大統領の任期を7年から5年に短縮するもので、国民議会議員選挙の任期と大統領のそれを揃えることで、いわゆる保革共存（コアビタシオン）を避けようとするものであり、第五共和政の大統領制的運用のより一層の強化という観点からも重要な改正である。なお、本改正は、憲法89条の定める改憲手続のうち両院合同会議ではなく国民投票によって承認された初めてのものであったが、その投票率は約30％にとどまり、しかも投票者のうち16％が無効票・白票を投じるという、ジャック・シラク大統領の不人気を反映した惨憺たる結果となった。

24回目の2008年7月23日改正は、少なくともその規模からすれば現行憲法最大の改正であった。「39カ条が修正され、9カ条が新設され」たので、「憲法条文全体が89カ条からなることからすれば、条文のほぼ半数近くに修正が施されたことになり、いかに大規模な憲法改正であるかがわかる」とも指摘される[11]。後にIV-1章〔吉田〕・IV-2章〔南野〕で扱われることになる。

〔南野　森〕

---

9) Décision n° 92-308 DC du 9 avril 1992. 同判決については、辻村みよ子「欧州連合条約（マーストリヒト条約）の憲法適合性」フランス憲法判例研究会編・前掲注7）9〜12頁を参照。
10) ただし肝心の欧州憲法条約の批准が2005年5月29日の国民投票で否決されたため、改正された憲法第15章の新規定は無意味なものとなり、事実上死文化した。
11) 辻村みよ子『フランス憲法と現代立憲主義の挑戦』（有信堂・2010年）15頁。他方で、この改正のうち、あえて憲法改正をしなければ目的が達成できないと言えるものに限定すれば、この改正は見かけほどには大きな改正とは言えないことも含め、この改正の概要については、南野森「フランス—2008年7月23日の憲法改正について」辻村みよ子＝長谷部恭男編『憲法理論の再創造』（日本評論社・2011年）241〜259頁〔初出は2009年〕を参照。

第Ⅳ部　フランス【動態から考える】

Ⅳ-1章
「大統領化」の中のフランス憲法改正

吉田　徹（北海道大学）

Ⅰ　危機から生まれた政治体制の安定
Ⅱ　第五共和制の起源――バイユー演説とエピナル演説
Ⅲ　第五共和制の始まり
Ⅳ　「62年体制」の完成
Ⅴ　「62年体制」の遺産
Ⅵ　2008年改正の位置づけ
Ⅶ　2008年改正の政治的起源
Ⅷ　おわりに

Ⅰ　危機から生まれた政治体制の安定

　フランスの現在の政治体制は、1958年の憲法制定をスタート地点とする第五共和制と呼ばれる。第五共和制は、直接的にはアルジェリア独立戦争に直面した時の政権が、レジスタンスの英雄であり終戦直後に首班を務めたシャルル・ドゴールに政権を暫定的に委譲したことから生まれた。このことに象徴されるように、フランス憲法は、少なくともその形式において「人権」をめぐる問題としてではなく、あくまでも「統治機構」をめぐるものであり続けた[1]。

1）　樋口陽一『近代国民国家の憲法構造』（東京大学出版会・1994年）19頁。

もっともそれゆえに、この危機の産物以外の何物でもなかったにもかかわらず、今の憲法体制は現在に至るまで持続し、フランス革命から幾度となく変動を経験してきたフランス政治史の中にあって、例外的とも言える安定と継続を保ってきた[2]。この安定と継続は、憲法改正を様々な手段や経路によって実現していったことと無縁ではない。

　本章は、この安定と継続を実現していった政治体制のダイナミズムを生み出しているもののひとつに「大統領化（présidentialisation）」があることを特定し、その展開を憲法改正との関係において位置づける。「大統領化」は、フランス政治の文脈において様々な論者によって多様に用いられてきた概念であるが、本章では政治的原理やその空間の編成、競争の形態などが、国家元首たる大統領を中心に構成される方向性の現象と定義される[3]。

　第五共和制は、フランス政治におけるボナパルティズム的系譜を排して第三共和制（1875～1940年）期に確立され、第四共和制（1946～1958年）まで続いたかにみえた議会共和政からの逸脱を開始し、結果として大統領の個人的な権力を中核とした政治制度を定着させた。1875～1958年の時期は——ヴィシー期を除き——フランス政治における議会主義的－自由主義的潮流の定着の後に、第五共和制以降に権威的－人民主義的潮流が強まったことで、両者の均衡が成り立っていく契機として捉えることができる[4]。この大統領化の原則やルールが、ゴーリスト勢力を越えてとりわ

2） William G. ANDREWS and Stanley HOFFMANN (eds.), *The French Republic at Twenty*, New York, SUNY Press, 1981.

3） 現代フランス政治における「大統領化」のトレンドやメカニズムについては、Howard MACHIN, « The Presidents, the Parties and Parliaments», in Jack HAYWARD (ed.), *De Gaulle to Mitterrand*, London, Hurst & Company, 1992; Robert ELGIE, « The French Presidency », in *Public Administration*, vol. 74, 1996, p.275; 制度的な側面についてはDominique CHAGNOLLAUD et Jean-Louis QUERMONNE, *Le Gouvernement de la France sous la Ve République*, Paris, Fayard, 1996などを参照。なかでも、大統領を頂点に首相と多数派政党が議会の優位に立つような権力の序列化を特徴とし、大統領は決定できる範囲の中で好きなものを決定する権力をもつというデュアメルの定義をここでも踏襲する。Olivier DUHAMEL, « Une Démocratie à part », in *Le Pouvoirs*, n° 128, 2008, p.17.

4） Maurice AGULHON, *De Gaulle. Histoire, Symbole, Mythe*, Paris, Hachette, 2000; 中木康夫「フランスの政治風土」『現代フランスの国家と政治』（有斐閣・1987年）。ドゴールは第五共和制の狙いは「王政と共和制を統合すること」だと述べたとされる（cités par Alain PEYREFITTE, *Le Mal Français*, Paris, Plon, 1976, p. 56）。

け左派勢力を含め、国民にも受容されていくのにはかなりの歳月を要することになるが、第三共和制と第四共和制が結果として体制維持に失敗し、その後に第五共和制が——冷戦構造を含め様々な外的要因にも助けられながらも——維持されていったことは、以上のようなフランス憲政の発展史観を可能にせしめた。

ただし、「大統領化」は1958年の第五共和制憲法案の制定と国民投票での承認だけでもって完成したわけではない。それは1962年の憲法改正、すなわち大統領の直接選出制の国民投票でもって本格的なスタートを切った。この1962年の大統領直選制導入によって大統領化は加速化していくことになるが、それを可能にした憲政をここでは「62年体制」と呼ぶこととする。

以下では、この「62年体制」を実現することになった1962年の憲法改正の経緯と帰結、そしてその後2008年にサルコジ大統領のイニシアティブにより、条文の約4割が対象となった「前代未聞の規模」の憲法改正[5]を分析対象として取り上げる。第五共和制下ですでに20回以上行われた憲法改正のうち、この2つの事例を対象とするのは、以下の3つの理由からである。

ひとつは、この2つが第五共和制下の最初と最後の改正にあたるという、現在までのいわば始点と終点を示す改正だという単純な理由である。もうひとつは、1962年の改正が国民投票を通じて実現されたものであり、2008年のそれは両院合同会議（コングレ）を通じた改正という対照的な手続過程を経たものであったこと。そして、最後には、ともに統治原理の根幹に関わる重要な憲法改正であったものの、それぞれが異なる帰結をもたらしたという実質的な理由に求められる。そのうえで、この2つの対照的な事例から確認できるのは、政治体制の大統領化の強化と持続であることを確認する[6]。

5) Armel Le DIVELLEC, « Présidence de la République et réforme constitutionnelle. L'impossible «rationalization» du présidentialisme francais », in Jacques DE MAILLARD et al. (sous la dir. de), *Politiques Publiques 3*, Paris, Presses de Sciences Po, 2012, p. 92.
6) ドゴールからサルコジに至るまで大統領化はいささかも変化していないと主張するものとして Guy CARCASSONE, « La permanence de l'institution présidentielle », in Bertrand MATHIEU

II 第五共和制の起源——バイユー演説とエピナル演説

　第五共和制初期が「ドゴール共和国（République gaullienne）」と称されることがあるように、政治体制としての第五共和制と固有名詞としてのシャルル・ドゴールは切り離せない関係にある[7]。それはドゴール自身が周到に準備し、構想していた統治制度の実現でもあったからである。

　共産党、社会党、MRP（人民共和運動）から構成される臨時政府内での対立から、自由フランス政府を率いていたドゴールが、政府首班を退くと発表したのは1946年1月20日のことだった。同年6月16日に、彼は第五共和制憲法とその後の1962年の大統領直接選出の原型となる、自らの憲法構想を公にする。これが「62年体制」の基本原則を明らかにしたとされる「バイユー演説（Discours de Bayeux）」である。前年10月より、戦後の新たな憲法案を討議するための憲法制定会議が断続的に開催されており、5月5日には最初の憲法案が国民投票によってすでに否決（53%）されていた。神話的にも言及されるこの「バイユー演説」は、辞任後の初めての演説であり、否決された新たな憲法案を検討する第2回憲法制定会議が設置された直後のタイミングになされたものだった。

　すなわち、この演説は議会主権を確立する「1875年体制〔第三共和制〕にきわめて近い」憲法案[8]の制定を目指す三党体制（MRP、共産党、社会党）に対抗するドゴールの憲法観を明らかにするものだった。バイユー演説では、権力分立の原則を徹底したうえでの二院制の設置を訴え、第一院は立法と予算の権限をもち、これを地方議員や職能団体の代表から構成される第二院がチェックするという構想が提示された。これに加え、議員や地方議会議員団から選出される国家元首（chef de l'état）職を設け、これが首相を任命するという、その後の第五共和制憲法の原型を提示するものと

　　(sous la dir. de), *1958-2008 Cinquantième Anniversaire de la Constitution Française*, Paris, Dalloz, 2008.
7 ）　Pierre VIANSSON-PONTÉ, *Histoire de la République gaullienne* (t. 1) (t. 2), Paris, Fayard, 1994.
8 ）　モーリス・デュヴェルジェ（時本義昭訳）『フランス憲法史』（みすず書房・1995年）136頁。

もなった[9]｡｢国家元首こそが一般意思による人選と議会からの方向性を定めるべきなのだ｣──バイユーは､ドゴールがフランス解放時に上陸した地であり､またこの日は同市解放の2周年でもあった｡この歴史的な正当性を想起させる土地で､軍服をまとったドゴールは自らのありうべきフランス憲政の制度的条件を明らかにした｡

その後9月に入り草案が憲法制定会議で採択された局面になって､ドゴールはフランス解放2周年となる29日に｢エピナル演説（Discours d'Épinal）｣を行い､｢バイユー演説｣を補完する｡彼はここで再度｢フランスとフランス連合を代表する｣国家元首職の設置を訴えるとともに､これが内閣に責任をもつ首相を任命すべきことを改めて強調した｡そのうえで､再度､国民投票にかけられる新憲法の否決を国民に訴えた[10]｡

ドゴールのこうした憲法観は､第一次世界大戦と第二次世界大戦を軍人として経験し､首相と内閣､内閣と議会との間の対立が結果としてフランスの軍事的な敗北につながったことを深い反省の糧としたことから派生しており[11]､そのことが政治の安定と機動を求める国家元首と､そのもとに構成される政治体制への希求として表れた｡ドゴールは自身が1930年代に国防政策に関わる調査研究に従事していた際の印象を､以下のように書き記している｡

> 公的な事柄についての情熱はあっても自粛する目撃者として､私は同じシナリオが際限なく繰り返されるのを目にした｡就任するや否や､首相は数え切れぬほどの要求や批判､突き上げを喰らって､活動は統御されることなく迷走していった｡議会は彼を支えるどころか､罠に落とし入れ､無視を決め込む｡閣僚は首相の敵だった｡世論や報道機関､利益団体はあらゆる不満を種にした｡そもそも彼自身を含め､誰しもが首相は短命であることを知っていた……国防にあってこうした条件のもとでは､持続的な計画､熟慮された決定､必要な時間が与えられるべき政策､つ

9） 同演説文は Charles De Gaulle, *Discours et Messages* (t. II), Paris, Plon, 1970, p.10. なお、実際の演説映像はフランス国立視聴覚研究所（INA）のウェブサイト（http://www.ina.fr/video/AFE99000039）で視聴できる［2015年12月10日最終アクセス］。
10） *Ibid.*, p. 27.
11） C. De Gaulle, *Mémoires de Guerre* (t. I), Paris, Plon, 1954, pp.3-4.

まりおよそ政治と呼ばれるものを実現するのを不可能にしていた。[12]

　もちろん、ドゴールの憲法観は完全に彼のオリジナルなものだったわけではなく、戦後の憲法論争の過程では、社会党のレオン・ブルムやMRPなどによっても大統領職の設置が検討の俎上に載っていた。また、ドゴールが率いたフランス国民解放委員会（CFLN）の調査一般委員会（CGE）の委員長を務め、1958年に首相に任命される憲法院出身のミシェル・ドブレを中心に、戦中から第三共和制憲法の改正案が検討されており、戦後に入ってからは暫定政府下で文部大臣を務めた法学者ルネ・カピタンによる憲法草案が継続的に発表されていた[13]。このうち、ドブレは1958年のドゴール首相のもとで司法相を務め、憲法案の素案作りを担当することになる。間接的に選出される大統領職やこれによる首相の任命、立法府による内閣に対する不信任案、議会任期や予算上の権限の制約など、その後の「強い行政府」と「合理化された議会」を実現する第五共和制の基本的なアイディアはこの段階ですでに準備されており、その政治的な実現を待つ段階にあった[14]。

　そして、このドゴールの憲法構想についての演説内容は「2か月の間練られ、27分間発話され、12年間噛み締められた後、10年間実践される」ことになる[15]。

III　第五共和制の始まり

　そのタイミングが訪れるのは1958年、フランスの海外県であるアルジェリアの独立紛争が泥沼化して現地で無差別テロや空爆が相次ぎ、フランス国内世論がアルジェリア独立支持と反対に二分された際だった。同年5月にはアルジェリア現地軍による本土クーデタの計画が進んでいることが

12）　*Ibid.*, p. 8.
13）　Michel DEBRÉ, *La République et ses problèmes*, Paris, Nagel, 1952.
14）　ドブレの憲法草案の起源については、Nicholas WAHL, « Aux origines de la nouvelle Constitution », in *Revue Française de Science Politique*, vol.9, n°1, 1959に詳しい。
15）　Jean LACOUTURE, *De Gaulle 2. Le Politique 1944-1959*, Paris, Seuil, p. 269.

明らかになり、第四共和制を率いてきた社会党をはじめとする既存の政治勢力は事態掌握に困難をきたしていた。フランスはそれまでにインドシナ戦争やスエズ紛争で実質的な敗北を経験しており、アルジェリアではFLN（民族解放戦線）のテロを抑止できず、国内ではプジャード運動に象徴される、生活水準低下に危機感を強める旧中間層と極右勢力の大規模な抗議活動が起きていた。こうした内外での急進主義に挟まれた政権は、統治能力を喪失しつつあった。

　第四共和制は、1946年から1958年5月までの12年間に25の内閣を迎え、内閣の平均寿命も約10か月と短命だった。ヴィシー政府への反省から、戦後には議会主義の正当性が復活したものの、ともに2〜3割の議席を得る共産党とゴーリスト党RPF（フランス連合）の同意はなく、冷戦、経済の近代化、欧州統合、脱植民地化などに対応できない体制は、体制安定のために改革を忌避し続けるイモビリズム（不動主義）を特徴とした第三共和制（1871〜1940年）を「後追い」していく状況にあった[16]。1954年にはマンデス＝フランス首相がイニシアティブを発揮し、上院の法案修正権を認めるとともに内閣不信任のハードルを高くして条件付きの解散権を行使できる憲法改正を実施したものの、これによっても彼自身の政権の短命さを回避することはできなかった[17]。つまり、第四共和制は間接的にはアルジェリアを含む植民地解放の戦後処理に失敗したことで躓き、直接的にはドゴールによって息絶えさせられたが、長期的にみれば緩慢な死に向かっていっていたと言えよう。

　この局面に至って、アルジェリア独立支持派・反対派双方の支持を集め、事態を収拾できる人物はドゴールに絞られつつあった。現職のフリムラン首相がドゴールと面談、社会党の長老モレ元首相もドゴールの復帰を承認、彼自身も首班指名に前向きなことが明らかになったことで、大統領コティは彼を5月29日に首相に任命した。ドゴールは6月1日に議会で演説し、

---

16) Serge Berstein et Michel Winock, *La République recommencée. De 1914 à nos jours*, Paris, Seuil, 2004, pp. 267-282.
17) 1954年の憲法改正については、たとえばEric Duhamel, *Histoire politique de la IVe République*, La Découverte, 2000, pp. 75-92を参照。

自らへの全権付与、議会の一時停止、憲法改正を訴えた[18]。同日、議会は329対250票でドゴール首班指名を可決し、翌日には政府への全権委任、さらにその翌日に351対161票で憲法90条に基づく憲法改正の権限を政府に付与することを可決する。戦後フランスが直面していた民主制の崩壊は、ドゴール個人に帰せられる彼の民主主義理解とカリスマ的な正統性によってとどめられた。つまり、フランスの民主政は内的な多元性によってではなく、指導者の資質を通じて、均衡回復させられたのだった[19]。

もっとも、新政府が提示した憲法案はドゴールと彼を支える専門家、そして39名中、国会議員が26名を占めた憲法諮問委員会との間で成立させることのできた妥協の産物でもあり、解散権や緊急措置権を含む実質的な権限をもつ大統領を戴くこと、議院内閣制であること、憲法院や行政院を設置すること、憲法案は国民投票に付されることなどを内容としていた。憲法案は1958年6月3日に公表され、そして9月28日の国民投票で有権者の79.25％が「ウィ」を投票、10月4日に第五共和制憲法は公布されることになる。

憲法制定の過程を追うのが本章の主題ではないので詳述はしないが、文字通りの国難の状況にあって、世論は憲法の内容そのものにさほど関心をもっていなかったということは指摘されておくべきだろう。実際に憲法案が国民投票にかけられる直前の世論調査では、有権者の49.5％が草案そのものを読んでおらず、37.5％が憲法を評価するための材料がないと回答している。第五共和制憲法の制定過程は、その画期性にもかかわらず、あるいはそれゆえに「緊急、無関心、即興、秘密」を特徴としていた[20]。

18) この間の記述は、主に *Ibid.*, ch.5-6 および、渡邉啓貴『シャルル・ドゴール』（慶應義塾大学出版会・2013年）、渡辺和行『ド・ゴール』（山川出版社・2013年）を参照。
19) フアン・J・リンス（内山秀夫訳）『民主体制の崩壊』（岩波書店・1982年）242〜244頁。
20) Bastien FRANCOIS, *Naissance d'une Constitution. La Cinquième République 1958-1962*, Paris, Presses de Sciences Po, 1996, p. 33. 制定過程については Didier MAUS et al. (sous la dir. de.), *L'Écriture de la Constitution de 1958*, Paris, Economica, 1992; La Documentation Française, *Documents pour servir à l'histoire de l'elaboration de la Constitution du 4 octobre 1958* (vol. 1-3), Paris, la Documentation Française, 1987; Jean-Francois GOGUEL, « L'Elaboration des Institutions de la République dans la Constitution du 4 octobre 1958 », in *Revue Française de Science Politique*, vol.9, n°1, 1959; 塚本俊之「フランス1958年憲法制定過程の研究(1)」香川法学31巻1号（2011年）1頁以下などを参照。たとえば、大統領の任期が

IV 「62年体制」の完成

　「ドゴールの背丈にあわせて作られた」と指摘される第五共和制憲法は、実際にその創始者の想定通りに運用されていく。1958年6月に検討されていた憲法の当初草案にあっては、主権についての規定よりも前段に大統領についての条文が盛り込まれていたように、それは大統領を頂点とすることを目指す政治体制だった。

　大統領による首相任命や国会の閉会に加え、憲法11条に基づく国民投票（アルジェリア独立（1961年1月）ならびにエヴィアン協定（1962年4月））、16条の緊急措置権の発動（1961年4月）など、憲法に新たに設けられた条項に基づく措置を、ドゴールは躊躇することなく実現していった。議会に対しても、1959年の総選挙でドゴール派（RPF）が過半数を獲得できなかったという背景もあったものの、バイユー演説や1958年の首相就任時から公言していたように、ドゴールは議会政党の意向を無視する姿勢を貫いた。ドゴールの主張によって憲法には閣僚の兼職禁止も盛り込まれており、閣僚に任命された場合は議員であってもその職を辞さなければならず、彼は閣僚を含め非党派の専門家の登用を実現していった。

　しかし、議会や政党に代表としての正当性を求めないのであれば、その基盤は国民に置かれるしかない。すなわち、強い属人的な特性をもった「ドゴールの共和国」としての第五共和制がスタートしたとして、アルジェリア問題が解決した後に最大の問題となったのは、危機で生まれた体制をいかに制度化していくのかという、第五共和制の起源に固有の課題が浮上したことだった。議会勢力は終戦直後の時と同じく、ドゴールに危機収束を一時的に任せ、その後に議会体制へと復帰する可能性も模索してい

第二共和制に倣って7年となった一方、議会任期が5年となって、後に大統領と議会多数派の党派の異なる保革共存（コアビタシオン）を招くことになったのも、こうした憲法制定の緊急性を物語っていよう。他方で、ドゴールは大統領と議会の任期をあえて非同調化することで、議会によって覆される内閣の脆弱性が大統領に及ばないように任期の短縮をしなかったとも証言する。Voir A. PEYREFITTE, *C'Était de Gaulle*, Paris, Gallimard, 2000, pp. 453-454.

た[21]。

　こうした議会主権への回帰の可能性を排除したのが、1962年の憲法改正だった。1962年8月、植民地アルジェリア維持を掲げる武装集団 OAS（秘密軍事組織）によるドゴール暗殺未遂事件（「プティ・クラマール事件」）もあり、このような状況はカリスマに拠らない体制の存続、すなわちポスト・ドゴール期に政治体制をいかに持続的なものとしていくのかという問題を浮かび上がらせていた。大統領任期の期限も1965年に迫っていた。かかる局面でドゴールは、大統領直接選出を1962年9月12日の閣議で提起し、同改正案を国民投票に付託することを20日に発表した[22]。

　　もしあなた方の答えがノンであるならば、それも旧き政党が呪われるべき彼らの体制を打ち立てようとし、反体制が今の体制を覆そうとするのであれば……私の任は終わり、二度と始まることもない。もし国民からの温かい信頼なければ私は何もできないことになるからだ。[23]

　この局面にあって第五共和制は分岐点、すなわち完成途上にあった。ポスト・ドゴール期になって1958年の憲法をそのまま運用していけば、ドゴールが忌み嫌った議会とそこに陣取る議員政党、これを支持する地方名士の差配によって大統領が選出され、結果として体制の脆弱性を克服しようとして設けられた大統領制が上書きされてしまう可能性も排除できなかった[24]。ドゴールは、ドブレ内閣に対する不信任案の提出が模索されていた1962年7月に、大統領が保障する国土の一体性や国家の独立を議会が疑義にさらすのであれば、国民投票に訴えること以上に「憲法的かつ自然

---

21) ミッテランは、1962年の憲法改正が「調停者」としての大統領を独裁者に近づけるものだとして、それを「永続的なクーデタ」と1964年に自著で批判することになる。François MITTERRAND, *Le Coup d'État permanent*, Paris, Plon, 1964.
22) それまでの大統領選は8万1764人の選挙人（国会議員、海外領土議会議員、市長村長・議会議員）による間接選挙だった。
23) C. DE GAULLE, *Discours et Messages* (t. 4), Paris, Plon, 1970, p. 36.
24) こうしたシナリオを検討したものとして、G. VEDEL, « Rétrofictions: Si de Gaulle avait perdu en 1962...Si Alan Poher avait gagné en 1969... », in Olivier DUHAMEL et Jean-Luc PARODI (sous la dir. de), *La Constitution de la Cinquième République*, Paris, Presses de la Fondation Nationale des Sciences Politique, 1985.

なこと」はないと記した。つまりは、制度的前提から言っても、個人的な考えから言っても、大統領を頂点とした体制（「大統領は内閣を支配し内閣は議会を支配する」[25]）の貫徹を求める慣性が働いていた。しかも政党組織化を進めていた議会ドゴール派にとっても、直接選出によってドゴールの任期を延長することで、議会政党としての地位を固め、ポスト・ドゴール期の展望を開く必要があった。直接選出の案が、1961年3月のUNRの党大会で初めて公式的に提案されたのも、こうした身内の事情があった。これらが、バイユー演説でも明示的には言及されていなかった、大統領の直接選挙という改正案が浮上した所以である。

ところでこの「62年体制」が実現したことで、後の第五共和制の運用面において、2つの重要な前提が作られることになった。

ひとつは、大統領と首相の関係についてである。ドゴールは1962年4月に首相ドブレを解任、その後任に1958年に自らの官房長を務め、その後憲法院委員に任命されていたジョルジュ・ポンピドゥを指名した。ドゴールとドブレは第五共和制の基本原則については意見を共有しつつも、ドブレはいわば英国型の強い行政府の後見人として大統領制（議院内閣制寄りの大統領制）を捉えていたのに対し、ドゴールは直接的に政府方針に介入する大統領（大統領制寄りの議院内閣制）を当然のものとしていた。1958年以降、大統領が内閣の案件にアドホックに介入したり、閣僚更迭を命じる場面などもあり、実際の運用にあたっては大統領と首相の関係が円滑に進まないこともあった[26]。アルジェリア戦争が終結したことで議会を解散して信を問うべきとするドブレの主張をドゴールは退けたものの、憲法上にも大統領が首相を罷免できる権限は付与されていない。ドゴール自ら、第五共和制の弱点は首相が大統領に対して反目する可能性にあると認めていたが、それでも後に大統領となったポンピドゥに実質的に罷免される首相シャバン＝デルマスが証言したように、大統領に抵抗する首相は孤立無援と

---

25) O. DUHAMEL, « Les logiques cachés de la Constitution de la Cinquième République », in O. DUHAMEL et J.-L. PARODI, *supra* note 24, p. 15.

26) J. LACOUTURE, *De Gaulle. Le souverain 1959-1970*（t. 2）, Paris, Seuil, pp. 565f.

なる[27]。こうして大統領の首相に対する優位性は「62年体制」でもって確立し、大統領が首相を替える慣行も、例外を除き、その後になって継続することになる。

　もうひとつの前提は、ドゴールがこの憲法改正に際して、国民投票に付託する場合でも上下両院の票決を要する憲法89条に基づく改正ではなく、「公権力の組織に関する法律案、国の経済または社会政策およびそのための公の役務に関わる改革に関する法律案」を対象とする、第11条に基づいた改正を行おうとしたことである[28]。通常法律を対象とする憲法改正規定を大統領直接選出に対して用いる理由について、ドゴールは憲法5条（公権力の正常な運営及び国家の継続）の規定を持ち出し、政権の選出のための規定を定める組織法についての投票でもあるゆえにそれが可能との解釈を示した[29]。合憲か否かについての判断を1962年11月に上院議長から付託された憲法院は、「国の主権の直接の表現」について自らが判断を下すのは適切ではないと、判断を回避した。もっとも、国民投票が行われる前に下された行政院の判断も、また同時期の憲法学者たちによる共同声明でも違憲との判断が示されており、ドゴールによる憲法改正のイニシアティブが憲法規定にそぐわないものであることは明白だった[30]。体制の正当性と結

---

27) Noëlline CASTAGNEZ-RUGGIU et Anne LEBOUCHER-SEBBAB, « Les relations entre le Premier ministre et le président de la République », in Jean-Paul COINTET et al. (sous la dir. de), *Un Politique. Georges Pompidou*, Paris, PUF, 2001, p. 131.

28) 第11条の適用にこだわったのはドゴール自身だった。Voir Odile RUDELLE, « Le général de Gaulle et l'élection directe du président de la République », in O. DUHAMEL et J.-L. PARODI, *supra* note 24. フランスの憲法改正全般については、たとえばWanda MASTOR and Liliane ICHER, « Constitutional Amendment in France », in Xenophon CONTIADES (ed.), *Engineering Constitutional Change*, London, Routledge, 2013.

29) Philippe ARDANT, « Le révision Constitutionnelle en France. Problématique générale », in Association Française des constitutionnalistes, *La révision de la Constitution*, Paris, Economica, 1993.

30) 第11条による憲法改正についてはFrancois GOGUEL, « De la conformité du référendum du 28 octobre 1962 à la Constitution », in *Mélanges offerts en hommage à Maurice Duverger*, Paris, PUF, 1987; 井口秀作「フランス第五共和制憲法第11条による憲法改正について」一橋研究18巻2号（1993年）1頁以下を参照。なお、この時に反対を表明した憲法学者デュヴェルジェは1985年になって「この時将軍〔ドゴール〕の置かれた立場を考えれば自分も同じことをしたかもしれない」と回想している。cités par J. LACOUTURE, *De Gaulle. Le souverain* (t. 3), Paris, Seuil, 1986, p. 583.

びついた第11条は、ドゴール以降の大統領が用いることはなくなった。

V 「62年体制」の遺産

　1958年の憲法が大統領を頂点とする体制だったのだとすれば、それは大統領の直接選出の論理も内包していたと言える[31]。ドゴールは大統領の選挙方法を定めた憲法6条と7条の改正を掲げて改正案支持を訴え、議会諸政党がこれに反対して10月5日にポンピドゥ内閣に対する不信任案を提出すると議会を解散し、憲法改正と議会多数派を同時に問う、ダブル投票に打って出た。

　ドゴール派と独立共和派（RI）を除くすべての主要政党が改正に反対する「ノンのカルテル」が形成されたにもかかわらず、あるいはそれゆえに、10月28日の国民投票では、投票した者の60.6％が改正案に賛成した（棄権率23％）。この時こそ、「第五共和制が生まれ変わった日」であった[32]。国民は、1961年11月の世論調査をみる限り、その多数（46％）が第四共和制と比較して政府の統治能力での変化はないとしていたのに対し、1962年9月に憲法改正案が提示されると、これには多数（44％）が支持すると回答した[33]。

　ただし、「大統領化」の観点から言えば「62年体制」は大統領の直選のみでもって完成したわけではなかった。11月18日と25日には、国民議会（下院）選挙が実施され、ここに大統領を支持する政党（UNR-UDT）が議会第1党（得票率31.9％、223議席）を占め、RIとの連立によって第2次ポンピドゥ内閣が発足した。これが意味するところは、選挙を経て大統領多数派と議会多数派が初めて同調し、直選の大統領が自らの政党を率いるという、フランスの大統領化の完成だった。第五共和制に入って小選挙区二回投票

---

31) D. CHAGNOLLAUD et J.-L. QUERMONNE, *supra* note 3, p. 20.
32) ジャン＝フランソワ・シリネッリ（川嶋周一訳）『第五共和制』（白水社・2014年）31頁。なお、投票での「ウィ」と「ノン」はそのまま保守支持者と左派支持者の票田とほぼ重なっている。Voir F. GOGUEL, « Le référendum du 28 octobre et les élelections des 18-25 novembre 1962 », in *Revue Française de Science Politique*, vol.13, n° 2, 1963.
33) S. BERSTEIN, *Histoire du gaullisme*, Paris, Perrin, p. 278.

制が導入されたことも加わり、この大統領多数派と議会多数派の同調は、「62年体制」の特徴でもある政治の二極化の強い圧力が働く端緒となっていった[34]。その影響は多岐にわたるが、ここでは制度的側面にとどまらない遺産を2つ指摘しておこう[35]。

　ひとつは、直接選挙によって大統領が議会とともに政治的代表者の地位を獲得したことにある。「62年体制」以前の大統領は、憲法に規定されるところの「調停（arbitre）」の機能を果たすことが期待されていた存在だった。この「調停」という文言も、大統領の主体的・能動的関与と受動的・消極的関与のいずれを意味するかについては、実際にはアクター間で異なる意味合いにおいて認識されていた。しかし、改正を得たことで大統領多数派と議会多数派との関係が明確になったこと、ドゴール派に対して左派陣営も結集を果たして「62年体制」の論理を受諾したこと、その延長線上に1981年に左派陣営候補のミッテラン大統領が「62年体制」の制度的・運用上の変更を加えなかったことで、大統領は党派性を帯びることになった[36]。カリスマによる統治の制度的な補完により政治制度の実質的な転換が実現したことで、政治体制や大統領権力をめぐる憲法論争は下火になっていくことになる[37]。

---

34)　Giles Le Begue, « Bipolarisation », in Jean Garrigues et al. (sous la dir. de), *Comprendre la Ve République*, Paris, PUF, 2010; 吉田徹「フランス政党システムの展開」日仏政治学会報告書『現代フランスの政治・社会・外交』(2003年) 9頁以下。

35)　D. Chagnollaud et J.-L. Quermonne, *supra* note 3, p. 75.

36)　次のある歴史家による回想を参照。「ド・ゴールが国民投票にかけた新憲法草案は、20歳で激しい気性だった私には、とても受け入れられないものに思えた。1962年10月28日の国民投票で、大統領を直接選挙で選ぶよう憲法6条の改正が提案されたときはなおさらだった。歴史を学ぶ私は、議会の役割を最小限にとどめ、政府の長として実質的な権力をすべて手に入れようとするボナパルトの再来のようにド・ゴールを描くあらゆる論拠に共感したものだった」。それでも彼はその後になって認識を改める。「国家元首がこれほど抽象的な祖国の観念と結びついていた例はかつてなかった……。ド・ゴールはこうして……三重のフランスの政治的遺産を完璧に代表している。君主制、ジャコバン主義とボナルティズムである」。ミシェル・ヴィノック(大嶋厚訳)『フランスの肖像』(吉田書店・2014年) 188〜195頁。

37)　この中で第五共和制とともに発足し、大統領経験者が委員となる権利をもつ憲法院が果たした機能は特筆されるべきだろう。Voir Marie-Christine Steckel, *Le Conseil constitutionnel et l'alternance*, Paris, LGDJ, 2002; Isabelle Richir, *Le président de la République et le Conseil constitutionnel*, Paris, PUF, 1998.

上記と関連して、もうひとつの遺産は、大統領の直接選挙によって国民投票の性質が変化した可能性である。1968年春からの学生・労働運動の混乱とストライキを経て、1969年4月にドゴールはやはり憲法11条に基づく憲法改正を国民投票でもって問うたものの、その際の違憲・合憲についての議論はむしろ低調になっており、上院と地方制度改革に関わる同改正案は52.4％の「ノン」でもって否決された。この国民投票の結果を受けてドゴールは退陣を余儀なくされたが、これ以降、条文そのものの改正を経つつも、大統領に対する「人民投票（プレビシット）型」の様相を強くまとう憲法改正を問う国民投票はみられなくなった。第11条の利用は「62年体制」の創始者のみの特権でもあった。実際、1965年に初めての大統領の直接選挙が行われ、前述のように1969年に憲法改正を問うための国民投票が実施されたものの、これ以降、政治体制の正当性をめぐる、あるいは大統領の信任を直接的に問うような国民投票はみられなくなる[38]。第四共和制憲法についての最初の国民投票では憲法は否決されたが、これによって時のドゴール首相が辞任することはなかったから、プレビシットとしての国民投票は第五共和制、しかも「62年体制」の初期にのみ表れた現象とも言えるだろう。その後も、たとえば2005年の欧州憲法条約案についての国民投票は否決されているが、当時のシラク大統領の辞任にはつながらなかった。

VI　2008年改正の位置づけ

　第五共和制ではその後も20回以上もの憲法改正が実施されていくが、憲法89条の規定（国民投票）が適用された2000年9月の大統領任期の短縮（7年から5年）を除けば、これらはすべてコングレで改正されるに至った[39]。73.2％の高い賛成票を得ながらも国民の約7割が棄権し、さほど注目

---

[38]　Voir Jean-Marie DENQUIN, *Référendum et Plébiscite*, Paris, LGDJ, 1976.
[39]　なお2005年3月に欧州憲法条約案はコングレでの憲法改正の対象だったが、国民投票に付され同年5月に否決された。この間の経緯については、吉武信彦「欧州憲法条約批准過程と国民投票（2・完）」地域政策研究10巻2号(2007年) 3頁以下、吉田徹「フランスの『ノン』が意味したもの」生活経済政策104号(2005年) 9頁以下を参照。

を集めなかった大統領任期短縮を問うこの「奇妙な憲法改正」は[40]、ポンピドゥ大統領期以来、課題として浮上していた議会任期との同調を実現するものだった。執政府と立法府の任期同調にあわせて、大統領選の後に下院選を実施するという変更もあわせてもたらされたが、後にみるようにこの憲法改正は、フランス政治のさらなる「大統領化」をもたらす大きな制度的変更となる。

さて、第五共和制下の最も大規模な憲法改正は2008年7月23日のものであった。同改正は、憲法条項の約半分の計47か条が改正対象となる前代未聞のものであり、同年に上下両院で審議されてきた改正案はこの日、賛成539票、反対357票の1票差でコングレにおいて可決された。

前年5月に選出されたサルコジ大統領のイニシアティブでもって進められたこの改正は、男女の平等参画や多元主義的な意見表明の保障など人権に関わるもの、国会の行政監視の強化や財政の複数年化、会議の議事日程の明示、49条3項（政府信任をかけることで法案を成立させるいわゆる「ギロチン」条項）の制限など国会機能の拡充、さらには会計検査院や司法部門改革などの諸機関の強化と民主化など、極めて多岐にわたるものが盛り込まれた[41]。

大規模かつ多岐にわたるこの憲法改正が、どのような変化をもたらしたのかということについての学説上のコンセンサスは、まだできていない。もっとも政治権力や統治手法に関する点で言えば、大統領の多選制限やコングレでの演説の可能性、国民発案型の国民投票制度の導入、オンブズマンの創設、また質的に重要な点となる院内会派・委員会の権利拡充など、いくつかの重要な変更を加えるものであったのは確かである。なかでも、61条1項の改正により、後に法律となった「事後的違憲審査制」の導入、

---

40) J.-L. PARODI, « Le triangle référendaire », in *Revue Française de Science Politique*, vol.51, n°1, 2001, p. 219.
41) 同改正について、フランス語文献ではJean-Pierre CAMBY et al., *La révision de 2008. une nouvelle Constitution?* Paris, LGDJ, 2008, 邦語文献ではさしあたり、三輪和宏「フランスの統治機構改革」レファレンス700号（2009年）139頁以下、柳田陽子「改正憲法はフランス政治を変えるか」国際関係学研究36号（2009年）23頁以下、南野森「フランス―2008年7月憲法改正について」法律時報81巻4号（2009年）92頁以下を参照。

さらに「合憲性の優先問題（いわゆる QPC）」も注目される。

　改正案については、当事者たちの間でも意見が分かれており、上下両院議員へのインタビュー調査では、改正案の評価は混然一体としており、それへの是非の意見が党派によるものなのか、与党・野党議員であることによる違いなのか、様々な解釈の余地を残している[42]。ゴーリスト党（UMP、2015年より共和派へと党名変更）議員は、自派のサルコジ大統領が主導した改正案であることから賛成し、中道諸派と最大野党の社会党は議会の権能を多少なりとも高めることから憲法改正そのものに対しては積極的な反対の姿勢をみせず、実際に改正の過程では社会党が提案した21の改正案が取り入れられたとされている[43]。しかし実際のコングレでの採択では、社会党を主とする会派が反対票を投じたように、政権に対する態度が優先され、理念的態度と戦略的態度の区別はつかないままである。

　このように改正の方向性のみならずその評価も多様でありうるが、その規模と深度は少なくとも同一ではなかった。すなわち、2008年の改正は対象条文の数こそ大きかったが、大統領自らが公言するように第五共和制の「均衡」を崩すものでもなければ[44]、ある憲法学者の言を借りれば「大統領制を志向する議会制という枠組み（cadre d'un régime parlementaire à direction présidentiel）」という、第五共和制の根本原則を変えるものでもなかった[45]。

　2008年の改正は、議会と市民社会による統治への関与を強めることを目的として憲法の多元主義的側面を強めることになったと一般的には理解されている[46]。具体的には、議会の権能を拡大することで大統領権限を抑止するという方向がみられた。もっとも、たとえば大統領の多選制限についてみれば、過去に2期以上務めた大統領は現実にはおらず、また大統領によるコングレでの所信表明も国会の要請に応えなければならないもので

---

42) Olivier Costa et al., « The French Constitutional Law of 23 July 2008 as Seen by MPs », in do. ed., *Parliamentary Representation in France*, London, Routledge, 2014.
43) Catherine Nay, *L'impétueux*, Paris, Grasset, 2012, p. 671.
44) « Nicolas Sarkozy lance des pistes mais ne tranche pas sur les institutions », *Le Monde*, 13e Juillet 2007.
45) G. Carcassone, « On ne constitutionalise pas le sarkozysme », *Le Monde*, 23e Juillet 2008.
46) G. Carcassone, « Introduction » in G. Carcassone et Marc Gullaume, *La Constitution*, Paris, Seuil, 2014. ここでは憲法を「近代化し均衡化する」改正だったと評価されている。

はなく、これを行うかどうかはあくまでも大統領の意思によっている[47]。また改正に盛り込まれている国民発案型の国民投票制度についても、選挙人の10分の1以上の署名に加えて国会議員の5分の1以上の同意がなければ発議できないため、アメリカやスイスにみられる直接民主制とは異なって、実現には極めて高いハードルが課せられている[48]。オンブズマン制度についても、独立行政機関である既存の「共和国メディアトゥール (médiateur de la république)」を置き換えるものでしかなく、それも具体的な権限については組織法律によって定められることになっているため、実際については未知数なままである[49]。他方で、当初憲法案に盛り込まれていた、政府が国の政策を「確定する (détermine)」という文言は削除され、また国防政策における首相の責任の免除、EU新規加盟についての国民投票実施義務の廃止、中央と地方議員職の兼職禁止など機能の根本に関わる条項は、上下両院での審議の中で結局は盛り込まれなかった。また、大統領権限の大きな特色である非常大権（16条）の改正手続を定める改正についても、諮問についての手続を明文化したに過ぎず、発動の条件や権限に制約がかかったり、拡大されたりしたわけではない。また大統領の高級公務員任命については議会に拒否権が与えられることになったが、拒否には議員の5分の3の同意を要し、これは実質的には大統領率いる与党の賛同がなければ実現が難しいことを意味している。すなわち、2008年の憲法改正は立法府と行政府との間の均衡を変化させるものではなく、それぞれの役割と権能を並行して拡大させるだけのもので、憲法理解に複雑さをもたらすものに過ぎないと評価できるのである[50]。

47) なお2008年の憲法改正で定められたコングレでの大統領演説は2009年6月22日のサルコジ大統領の演説（欧州議会選を受けて経済・社会政策の方針について）と2015年11月16日のオランド大統領の演説（パリ多発テロを受けての対テロ戦争に関して）の2回が行われている。
48) なお、国民発案の国民投票制度は、形式は異なれども1993年の「憲法改正のための諮問委員会（ヴデル委員会）」でも提唱されていたものでもあった。Voir G. VEDEL, *Propositions pour une révision de la Constitution*, Paris, La Documentation Française, 1993.
49) 「共和国メディアトゥール」については、清田雄治「フランスにおける『独立行政機関 (les autorités administratives indépendantes)』の憲法上の位置」立命館法学5巻6号 (2008年) 145頁以下を参照。
50) Patrick FRAISSEX, « Nouvelle Constitution ou nouveau régime », in J.-P. CAMBY et al., *supra* note 41.

それでも、なぜこのような規模の大きさと深度の浅さを兼ね備えた憲法改正が着手されたのかを理解するには、その政治的経緯から説明される必要があるだろう。

VII　2008年改正の政治的起源

　2008年憲法改正の端緒は、サルコジ大統領が2007年の大統領選の際に統治機構改革を公約としたことに遡る。彼は公約集「一緒ならば全てが可能になる（Ensemble tout deviant possible）」で――対立候補の社会党ロワイヤルが「第六共和制」を掲げていたことを意識して――「第五共和制はフランスの最大の危機時に生まれたものであり、未知の体制ではこのような問題を解決できない」とする一方、「統治の実践、行動、精神を変える」ことも約束していた。なお、この中には国民発案型投票制もすでに盛り込まれていた。

　もちろん、これもサルコジのオリジナルな考えというものではなかった。憲法学者ケルモンヌが2006年から指摘していたように、1995年に選出されたシラク大統領の公約撤回や議会解散によるコアビタシオン（保革共存）の招来に始まり、2005年の欧州憲法条約の国民投票での否決、パリ郊外での暴動を受けての非常事態の発令、若年雇用制度の改革への反対によるドヴィルパン内閣の退陣、閣僚同士の汚職リーク合戦など、数々の政治事件と危機が相次いだにもかかわらず、その責任の所在が明らかにならず、説明責任も果たされなかったため、統治制度全般に対して疑義が向けられるようになっており、憲法を含む制度を整理する必要が指摘されていた[51]。

　このような背景から、サルコジは就任直後の2007年7月に通称バラデュール委員会（「第五共和制の諸制度の近代化と再均衡についての検討および提案の委員会」）を設置する。そして、自身が支持していたバラデュール元首相を座長とする超党派の議員と有識者からなる同委員会は、10月29日に77項

51）　J.-L. Q<small>UERMONNE</small>, « La Ve République. Fin de règne ou crise de régime? », in *Etudes* (t. 405), 2006.

目の憲法改正案についての報告書を提出した[52]。この報告書が2008年の憲法改正案の土台となるが、先に指摘したようにそのすべてが採用されたわけではない。

大統領と首相の関係について、サルコジ大統領は出馬が確定する前の2006年から両者の権限関係が「不透明」だと指摘しており、直接選出される大統領に対する首相は「政権の行動の調整役」でしかないと、大統領の完全な優位性とそれに伴う責任の明確化を自著で訴えていた。

> 〔直選という〕状況はそれに見合うものでなければならず、それはフランス国民に透明性を約束するということを意味する。国民は、誰が、いつ、どのようにして、なぜ、どういう状況下で決定するのかを知っていなければならない。[53]

すなわち、こうした視角からすると、2008年の憲法改正案は、「62年体制」を基盤としつつ、その後2000年の憲法改正によって大統領多数派と議会多数派が半ば強制的に同調させられ、さらに大統領の優位性を確信する「ハイパー大統領（L'Hyper Président）」たるサルコジが選出されたことで、大統領化を形式的なもののみならず、実質的なものとするための改正と位置づけることができるのである[54]。

実際サルコジは、大統領と議会の任期が完全に同期する5年期大統領制が制度化された後に選出された初めての大統領であり、自らの公約に基づいて、就任して半年間でリスボン条約の批准、対米関係の修復、減税、移民受け入れ規制、年金改革、高等教育機構改革、スト規制などの改革案を矢継ぎ早に実現していった[55]。これは、前任者シラクとの統治スタイルや

---

52) 報告書の内容は、憲法委員会のウェブサイト（http://www.comite-constitutionnel.fr/telechargements/Rapport_du_Comite_Une_Ve_Republique_plus_democratique.pdf）で確認できる［2015年12月23日最終アクセス］。
53) Nicolas SARKOZY, *Témoignages*, Paris, XO Editions, 2006, p. 157.
54) 内外の細かな政策決定に関与するサルコジ大統領は「ハイパー大統領」と呼び習わされることになった。その最初のものとして、« L'hyper-président », *Le Monde*, 5e Juin 2007.
55) Alistair COLE, « The Fast Presidency? Nicolas Sarkozy and the Political Institutions of the French Republic », in *Contemporary French & Francophone Studies* vol. 16, no. 3, 2012, p. 311. なお前任シラク大統領の2002〜2007年の間の任期は2期目。

パーソナリティの違いに起因するところもあるが、それまで——外交安保以外では——大統領の方針のもと、首相と内閣が細かな政策を決めていくという大統領と首相の関係を、大統領優位に上書きするものだった。つまり、大統領多数派と議会多数派が同期したことでそれまでの首相をいわばアメリカ副大統領と同等の地位へと追いやり、「フランス政治の大統領化を加速化」させた[56]。統治期間の縮減を前提として、その実践においてサルコジは大統領化を極限まで進めたのである[57]。

　確かに2008年の憲法改正は、議会の権能を高める措置が多く盛り込まれたことから、大統領の権限を制約する方向にあったとする見方は少なくない。先にみたように、憲法改正では男女の平等参画などの理念面に加えて、議会改革の側面でも無視できない規模のものだった。議会運営をみても、フィヨン内閣下では国会で採択される法律の条文数は増加していった一方、議員提出法案は微増し、政権による49条3項の適用も1回も用いられないなど、憲法改正の効果は部分的にではあっても、発揮されているかにみえる[58]。また、結果はまだ伴っていないものの、政府に有利な議事進行の部分的な制限や反対会派を少数会派として明記したことは、フランス議会制度の重要な改革として位置づけることもできるだろう。ただし、これらの改正は、大統領選でそれまでのフランス政治のあり方との「決別(rupture)」をスローガンとし、より多元的で平等主義的な政治理念を是としていたサルコジ——対立する左派陣営に対してだけではなく、与党の座にあった自党派内での差別化戦略という背景も無視できない——の政治理念が、憲法改正に反映されたものとみることもできる。さらに重要なことは、こうした議会改革は直接的には内閣の権限を場合によって制約するものではあっても、大統領の行動や指針に対しては原則として間接的にしか

---

56) Jonah D. LEVY and Cindy SKACH, « The Return to a Strong Presidency », in A. COLE et al. (eds.), *Developments in French Politics 4*, New York, Palgrave, pp.122-123. また2008年春からサルコジは非公式に首相を除いて、重要閣僚を集めた定期的会合を開き、また大統領府内に安全保障会議を設置した。なおサルコジは在任中(2007～2012年)に首相を一度も替えることのなかった例外的な大統領である。
57) Andrew KNAPP, « A Paradoxial Presidency », in *Parliamentary Affairs*, vol. 66, 2013, p. 33.
58) Olivier ROZENBERG, « Nicolas Sarkozy législateur. La loi du plus fort? », in J. DE MAILLARD et al. (sous la dir. de), *supra* note 5.

制約しないという非対称性があることである[59]。すなわち、議会の権能拡大は大統領の権能の縮小を意味しない。そして、大統領多数派と議会多数派が同調するのであれば、それはむしろ大統領化の貫徹を意味するものであった。たとえば、法案の修正は政府内よりも議会の委員会を通じてなされる割合が大きい。それゆえ、議会の機能と権能の拡充は、大統領が率いる与党多数派の機能と権限が拡大することを意味する。このことは、議会運営に対して大統領が直接的に関与する必要性を逆説的に招くことにもなる[60]。

それゆえ、サルコジは「62年体制」以降漸進的に進んだ第五共和制の制度化に従って、党派性に依拠するのをいとわなかった。組閣では、外務大臣を含む6名の閣僚を左派から任命する「解放（ouverture）」の内閣を実現し、党派的利害を超えた内閣を印象づける一方、それまでの大統領──社会党ミッテランであれ、ゴーリスト党シラクであれ──の慣行に逆らって自党UMP党大会や幹部会（Conseil national）に複数回出席し、就任半年間だけで2回にわたって自党議員団を大統領府に招いている[61]。こうした慣習の変化は、かつての「調停者」としての大統領を「62年体制」の論理に沿って、より党派的な存在へと変える原因であり、結果でもあった。

ただし、こうした大統領の優位性を確立し、大統領自らが施策を決定していく統治スタイルは、日常的な政策決定の場面でも、首相や内閣よりも大統領が前面に出ていくことになる。その結果として2つの影響が生まれた。ひとつは、本来であれば内閣を通じて結びついていた議会との直接的な結びつき、もっと言って、大統領の議会への依存という逆説的な状況がみられた。様々な改革を議会で実現していくために、サルコジ大統領は下院議員団長のフランソワ・コペを通じて議員に直接的な働きかけをしなければならないことになり、内閣をバイパスしたことで「62年体制」では

59) もっとも、軍事派遣や大統領の憲法院の委員などを含む公職任命権は議会の審議の対象となるものもある。
60) Robert ELGIE, « The French Presidency », in A. COLE et al. (eds.), *Developments in French Politics 5*, New York, Palgrave, 2013, pp. 20-23.
61) Pierre AVRIL, « La double méprise », in *Le Commentaire*, n° 131, 2010.

想定されていなかった、大統領と議会との直接的関係が生まれることになった(62)。これもアメリカの大統領と議会の関係に部分的には類似していよう。

　もうひとつは、首相に比して大統領の方が支持率の低下に苦しむことになったことである。それまでのフランス大統領は、ドゴールを含め、自らに対する世論のいわば「盾」として首相を用い、局面に応じて首相を入れ替えることで任期を継続していくのを常とした（1984年、1991年、1994年のミッテラン大統領や2005年のシラク大統領などのケース）。しかし、サルコジ大統領のもとでは、2008年に大統領の支持率が首相のそれを下回ってからというもの、両者の支持率は任期満了まで逆転することはなかった(63)。2010年の地域圏議会選、2011年の上院選で与党が敗退したにもかかわらず、大統領は首相を変更できず、その要素も手伝って2012年の大統領選でサルコジは再選を果たせなかった数少ない大統領となった。

　要約するならば、「62年体制」の延長線上に生じた憲法改正（任期短縮）とサルコジ大統領の政治的実践（大統領の優位と政治的多元主義への志向）と政治状況（大統領職の説明責任）の３つの要因が、2008年の憲法改正の原因となり、そして部分的にはその帰結ともなった(64)。もし憲法改正に議会主義的・市民社会的な方向が含まれていたとしても、それらは大統領化によって実現されたものだった。それは、結局のところ大統領化の方向に舵を切った「62年体制」の枠組みと基本原理を強化するものではあっても、塗り替えるものではなかったのである。

---

62) O. Rozenberg, *supra* note 58, esp. 129-130. 具体的な政策とやり取りについてはたとえば、Pierre Cahuc et André Zylberberg, *Les réformes ratées du président Sarkozy*, Paris, Flammarion, 2009などを参照。

63) *Le Figaro*, 13ᵉ avril 2012.

64) Armel Le Divellec, « Présidence de la République et réforme constitutionnelle. L'impossible «rationalization» du Présidentialisme Français », in J.De Maillard et al. (sous la dir. de), *supra* note 5; O. Duhamel, « Vers une Présidentialisation des Institutions? », in Pascal Perrineau (sous la dir. de), *Le Vote de Rupture*, Paris, Presses de Sciences Po, 2008.

VIII おわりに

　1962年に政治学者ラヴォーは大統領を頂点とする新たな体制が、これを支える関係アクターの政治的実践や政党組織の動員力を再編することによって補完されるのでなければ、政治体制として完成することはないだろうと予測した。曰く「政治的論争は政治的実践について交わされるもので、その制度的枠組みが多少なりとも改変されたり、歪曲されたりしても、敵対する者同士で対立の種になってはならない」[65]。このことは、フランス憲法が統治機構をめぐるものである以前に「政治権力の規範的創出」[66]を目的にしてきたことと無関係ではないだろう。政治権力のあり方こそが対立の種となってきたからである。

　「62年体制」は、1958年の新憲法を基盤として、その後に大統領の直接選出という制度化を経て、これを支える大統領多数派の創出によって補完されるようになった。さらに、大統領任期と議会任期が同一のものとなることで、大統領を頂点とする政治体制は一層強化されることになった。2008年の憲法改正はこの大統領多数派の出現を条件に、その憲法的側面を補完するものでもあった。

　フランス第五共和制下の憲法改正の長い過程は、このいわば大統領化の断続的な自己強化のプロセスとしてみることさえできるだろう。危機から生まれた第五共和制が、フランス政治史において稀にみる安定性を実現することになったのも、この大統領化の自己強化のプロセス——すなわち政治的実践とその様式の再編——と無縁ではないことは、強調しておかなければならないように思われる。

---

65) Georges Lavau, « Réflexions sur le régime politique de la France », in *Revue Française de Science Politique*, vol.12, n°4, 1962, p. 813.
66) 山元一『現代フランス憲法理論』(信山社・2014年) 151頁。

IV-2章

憲法変動と学説
フランス第五共和政の一例から

南野　森（九州大学）

I　憲法の実験室
II　1962年改正の政治的言説
III　1962年改正をめぐる法的言説
IV　憲法をめぐる学説と政治

I　憲法の実験室

　1789年フランス人権宣言第16条が、「権利の保障が確保されず、権力の分立が定められていない社会は、憲法をもたない」と定めていることはよく知られている。ここに宣明された近代立憲主義の価値観のもとで1791年に最初の成文憲法典が制定されて以来、フランスは、現行の1958年憲法（第五共和政憲法）に至るまでの200年余のあいだ、実に15もの憲法典（ないしはそれに相当する法文書）を制定してきた[1]。そして現行憲法は、制定

1）　1791年憲法から1958年憲法まで、フランスに「憲法」がいくつ存在したかの数え方は論者により若干の差があるが、ここでは、1つの代表的なものとして、フランス憲法院がその公式ウェブサイト（http://www.conseil-constitutionnel.fr/）で「フランスの諸憲法 *Les Constitutions de la France*」として挙げているものに従った。初宿正典＝辻村みよ子編『新解説世界憲法集［第3版］』（三省堂・2014年）所収のフランス憲法についての解説（231頁以下〔辻村〕）も、この数え方を採用している。これに対して、モーリス・デュヴェルジェ（時本義昭訳）『フランス

後60年弱のあいだに、すでに24回の改正を受けている[2]。まことにフランスは、「憲法の実験室」（laboratoire constitutionnel）と呼ばれるのにふさわしい国であると言えるだろう。

それにしても200年余で15の憲法、現行憲法については60年弱で20回以上の改正とは、これほど憲法が「軽い」国も珍しいとも言えるだろう。それに対してわが国は、1889（明治22）年に大日本帝国憲法を制定して以来、120年余でわずか2つの憲法しか知らず、そして現行の日本国憲法は1947（昭和22）年の施行以来、まもなく70年を迎えようというのに一度も改正されたことがない。もちろん、「フランスでは、政治体制が軍事的敗北に耐えるということはない」[3]との指摘があるように、数多の憲法が制定されてきたことの背景には、この国が軍事的な動乱の当事者となることが多かったという歴史もあるだろうし、数だけに着目するような安易な比較や評価は無意味である。さらに、フランス現行憲法の改正が多いことについて言えば、旧植民地・海外領土をめぐる問題や欧州統合に関わる問題など、戦後日本の憲法体制には関係のない論点をめぐる改正が多くあることや、あるいは、議会運営上の軽微な規則や逆に環境問題や女性の地位向上といった大きな理念を書き込むための改正など、そもそも日本では憲法典に定めることが必要とは考えられないようなものが歴史的事情や政治的背景により憲法典に定められているがゆえの「微改正」も多くあることには、注意が必要である。そのような、いわば特殊フランス的（exception française）とでも言うべき——つまり日本の憲法にはほとんど関係がないと言うべき——諸改正を除いたとき、残る改正は、実はそれほど多くはないとも言えるのである。

他方で、どの国であれ憲法典に定めるべきことが大方のコンセンサスを得られるようなものについての、そのような意味でいわば「重要改正」と評価されるべきものが、フランス現行憲法のその他の改正例に含まれていることもまた、事実である。そのようなもののうち、おそらく最も重要な

憲法史』（みすず書房・1995年）は16と数える（「訳者あとがき」を参照）。
2）　Ⅳ-序を参照。
3）　デュヴェルジェ・前掲注1）126頁。

改正として多くの論者に異論をみないものが、IV-1章〔吉田〕も取り上げる、大統領の直接公選制を導入した1962年改正と、いちばん直近の改正でありかつ量的に最大の改正でもある2008年改正であろう[4]。

ところで、本書全体に流れるチャレンジングな課題のひとつに、政治学の観点からケーススタディの対象として選ばれる「憲法改正」の事例について、憲法学の観点から「憲法改正」の理論的検討を行うというものがあり、それはもちろん本章にとっても大前提となっている。そこで本章は、IV-1章〔吉田〕が「大統領化（présidentialisation）」という補助線を引いたうえでフランスの憲法政治を考察する題材として取り上げた上記の2つの憲法改正を、憲法学の観点から、つまりIV-1章〔吉田〕とは異なった補助線を引きながら、検討する（ただし、2008年改正については、別な観点からではあるがすでに検討したことがある[5]ので、本章の観点から必要限りでのごくわずかな言及にとどめることにしたい）。

その補助線とは、ひとことで表現するなら「学説」、あるいはもう少し広く言うなら「法的言説」と名付けることができるだろう。憲法改正を引導する政治部門のアクターによる言説を「政治的言説」と呼ぶならば、それとは少なくとも主体の点で区別される憲法学説や裁判所などの「法的言説」が憲法改正過程において果たす役割を跡づけることが本章の重要な関心事項なのである。「学説」という補助線を引き、主として1962年の憲法改正を検討することで、本書の課題である「憲法改正」を、そしてより根本に遡って、そもそも「憲法」とは何であるのかを、本章独自のアプローチで改めて考え直すことができるのではないかと考える。

---

4) さらに、憲法学の観点からもうひとつ最重要の憲法改正を挙げるとすると、1974年の第4回目の改正（憲法院への付託権者を60名以上の上下各議院の議員に拡大）とすることで、多くの論者が一致するであろう。

5) 南野森「フランス―2008年7月23日の憲法改正について」辻村みよ子＝長谷部恭男編『憲法理論の再創造』（日本評論社・2011年）241〜259頁。

II 1962年改正の政治的言説

1 国民投票への経緯と事前の言説 (discours a priori)

1962年の憲法改正は、憲法6条・7条の定める大統領の選挙手続を改めたものである。改正前の第6条がその第1項で「大統領は、7年の任期で、国会議員 (membres du Parlement)、県会議員 (membres des conseils généraux)、海外領土の議会議員 (membres des assemblées des Territoires d'Outre-Mer)、市町村議会の選挙された代表者 (représentants élus des conseils municipaux) を含む選挙人団 (collège électoral) により選出される」とするなど、実に複雑な間接選挙による大統領選出の制度を定めていたのを、同項を「大統領は、7年の任期で、直接普通選挙により選出される」と改めるなどして、単純な直接選挙による大統領選出の制度に変更した[6]。もともと、「ルイ・ナポレオンの『冒険』以来、大統領公選制はフランス憲法のタブー」[7]であったとか、したがって「執行権の首長の公選化に対するフランスの伝統的なアレルギー」[8]は強かったなどと言われるにもかかわらず、このような憲法改正が実現されるに至った背景には、言うまでもなく、ドゴールその人の強い意思と強い政治力とがあった。

もともと、1958年憲法制定の際には、ドゴール自身がそのようなフランスにおける先例と自らが同視されることを嫌い、したがって大統領直接選挙制を導入する目論見はドゴールにはないということが、ドゴール内閣で憲法改正案作成に関わった社会党出身のギー・モレ公務員担当大臣により議会で説明されていた[9]。ドゴールの憲法構想を語り尽くしたとも言

---

[6] ただし、その後、2000年の第15回目の憲法改正により大統領任期は5年に短縮された。
[7] 高橋和之「『ドゴール憲法』の『本質』と『実存』」『国民内閣制の理念と運用』(有斐閣・1994年) 73〜152頁〔初出は1983年〕、76頁。
[8] 高橋・前掲注7) 80頁。Voir aussi J.-J. CHEVALLIER et al., infra note 10, p. 24.
[9] 1958年6月3日の憲法的法律の審議における、ジャック・デュクロ議員 (共産党) への答弁。Voir Comité national chargé de la publication des travaux préparatoires des institutions de la Ve République, Documents pour servir à l'histoire de l'élaboration de la Constitution du 4 octobre 1958, vol. I, Paris, La documentation française, 1987, p. 156. 他方で、1958年憲法起草の段階で、すでにドゴールは大統領直接公選制導入に変更する意図をもっていたと証言す

われる1946年6月の「バイユー演説（Discours de Bayeux）」においても、大統領選挙の選挙人の拡大が主張されてはいたものの、それはあくまでも間接選挙を前提としたうえでの主張にとどまるものであった。当時のドゴールがこの点について実際にはどのように考えていたかについては議論がある[10] が、ともかくも、1958年憲法制定時には、大統領の直接公選制は導入されなかったのである[11]。

ところで、アルジェリアの民族自決を容認するドゴールの方針は、1961年1月8日の国民投票において、本土で75％、アルジェリアで69％の賛成票を獲得したが、本国から切り離されることに反発する一部の入植者や現地軍は、秘密軍事組織（OAS）と呼ばれるテロ集団を作り、爆弾闘争をフランス本土においても展開するようになる（4月22日には、アルジェで4人の退役将軍によるクーデタ未遂が発生し、ドゴールは憲法16条の定める非常措置権を発動することになる[12]）。そのような状況のもとで、ドゴールは、1961年4月

る起草関係者も複数いることについて、voir Didier Maus et Olivier Passelecq (sous la dir. de), *Témoignages sur l'écriture de la Constitution de 1958*, Paris, La documentation française, 1997, p. 24 (Raymond Janot), p. 33 (François Goguel), p. 37 (Pierre Sudreau) et p. 39 (Jean Foyer). これらの点については、塚本俊之「フランス1958年憲法制定過程の研究(2)」香川法学31巻3＝4号（2012年）1～40頁、29頁を参照。

10) フランス現代憲法史の教科書は、「〔ドゴール〕将軍は、密かにそれ〔＝大統領の直接公選制〕を望んでいた」とする。Jean-Jacques Chevallier, Guy Carcassonne, Olivier Duhamel et Julie Benetti, *Histoire de la Ve République, 1958-2015*, Paris, Dalloz, 15e éd., 2015, p. 23. また、樋口陽一『比較憲法［全訂第3版］』（青林書院・1992年）は、「〔現行憲法の〕大統領選挙の方式も、ド・ゴールが主張して、両院議員による選出という第三・第四共和制の方式よりは広い範囲の選挙人会が構成されることになったが、この時点でかれの本来の考えは、もっと進んですでに直接公選制だったのではないか、といわれている」と指摘する（235頁）。他方、デュヴェルジェは、ドゴールの真意は「不明(on ne sait pas)」という（デュヴェルジェ・前掲注1）159頁。原典の最新版は、Maurice Duverger, *Les constitutions de la France*, Paris, PUF, coll. *Que-sais-je ?*, 15e éd., 2012, p. 107 である）。

11) 1958年の制憲時点で大統領公選制の導入が避けられた理由として、Pierre Avril, *Le régime politique de la Ve République*, Paris, LGDJ, 1975, p.171 の挙げる4つの理由を紹介しながら、それらの「いわば客観的な理由」に加え、「最終的には、公選論排斥の理由は、ドゴール自身の思想に求められるべき」として、「ドゴールにとって、党派を超越した国家利益の保護者としての大統領を選出する方法としては、間接的選挙こそ好ましいと映っていた」とするものとして、高橋・前掲注7）122～126頁を参照。

12) 南野森「非常措置権発動のための必要条件」フランス憲法判例研究会編『フランスの憲法判例』（信山社・2002年）402～407頁を参照。

11日にエリゼ宮に600人もの記者を集めてアルジェリア問題に関する記者会見を行った。その中で彼は、記者からの質問に答えるかたちで、現行憲法の大統領間接公選制は、憲法上大統領に与えられた職務には適合的でないこと、したがって「ドゴール後」の大統領には直接公選制こそが相応しいと考えていることを表明した13) 14)。

　このようなドゴールの憲法改正構想は、それが同時に上院改革をも目論んでいるとの観測も重なって、たとえば反ドゴール派のリーダーでもあった上院議長ガストン・モネルヴィルの強い警戒と反発を呼び起こし、翌1962年2月には、上院議長から全上院議員への信書というかたちで、大統領の直接公選制導入のための憲法改正は、憲法89条の手続によってしかなしえないことが強調されるなどする。言うまでもなく、憲法89条の手続によれば、憲法改正のためには上院の賛成が不可欠となるからである。これに対してドゴールは、エヴィアン協定を受けてのアルジェリア独立のためのアルジェリアの住民投票（7月1日）を3週間後に控えた1962年6月8日のテレビ演説で、国民と「国民を導く任務を有する者」との直接の合意 (accord direct entre le peuple et celui qui a la charge de le conduire) こそが重要であることを強調する15)。こうして、大統領の直接公選制導入を目指

---

13) フランス国立視聴覚研究所(INA)のウェブサイトに演説の動画とその概要説明がある (http://www.ina.fr/video/CAF09002063)。

14) この点、「正統性(légitimité)」という観点からして、現行憲法におけるドゴール大統領とそれ以降の大統領とのあいだには断絶がありうることが意識されていたものと思われる。憲法5条は、「大統領は、憲法の尊重を監視する。大統領は、その裁定(arbitrage)によって、公権力の適切な運営および国家の継続性を確保する。大統領は、国の独立、領土の一体性、条約およびフランス共同体の協定の尊重の保障者である」と定めるが、この規定については、「ド・ゴールが抵抗運動をひきいて『国の独立』と『国家の継続性』を擁護したという歴史的事実を、第五共和制憲法の正統性の主張へとむすびつけようとしたものだったといえる」との指摘がある（樋口・前掲注10) 244～245頁）ように、ドゴールその人についての「歴史的事実」こそが、大統領の職務にふさわしい正統性を調達しえていたと考えられるからである。そのような「歴史的事実」をもたないドゴール以降の大統領には、それとは別の正統性調達が必要となる、というわけである。

　デュヴェルジェも、同様に、「フランスにおける〔いちばんの〕レジスタンス戦士であったという歴史的栄光が、普通選挙によって得られるのに等しい権威を〔ドゴールに〕付与した」と言う（デュヴェルジェ・前掲注1) 158～159頁）。

15) フランス国立視聴覚研究所(INA)とドゴール財団(Fondation Charles de Gaulle)の運営するウェブサイト「ドゴール公的発言集(Charles de Gaulle, paroles publiques)」に、演説の動画

すドゴールの憲法改正の主張は、それがどのような手続・手段で行われるのかについては明言されないまま、様々な憶測や疑念を生むことになっていく。

さらに、ドゴールが大統領直接公選制導入のための憲法改正を構想しており、しかもその手続が憲法89条によらないのではないかという推測は、下院においても反対論を呼び起こす。たとえば、1940年5月のナチスによるフランス侵攻時の首相であり、何よりも、現行憲法制定時の「憲法諮問委員会」[16]の委員長でもあったポール・レノーは、大統領直接公選制についての有力な反対論者として、1962年4月、ポンピドゥ首相の信任に反対する国民議会での討論において明確な内容上の反対論を述べたが、その後、憲法改正の手続についても、7月14日には「憲法が犯されようとしているとの噂があるが、そのような冒瀆はありえない（Le viol n'aura pas lieu)」と釘をさしていた[17]。

こうして、現実政治の世界においては、第五共和政憲法の議院内閣制的運用を目指しドゴール主導による「大統領化」に反対する実質的・内容的な反対論と、そのような憲法制度改革のためにとられるべき方法をめぐる手続的・方法論的な反対論とが混在したかたちで、反ドゴール勢力が糾合されていくことになった。

その間、1961年4月の記者会見から数えるならば実に1年半近くもの間、大統領直接公選制導入のために・いつ・憲法改正を提案するのか、そしてそのために・いかなる・手続をとるのかについて、肝心のドゴール本人の真意は明確にされぬままに時が過ぎたのであったが、ようやくドゴールが決断したのは、一般には、1962年8月22日のプティ・クラマール交差点における大統領暗殺未遂事件が1つの契機であったとされる（Ⅳ-1章〔吉田〕Ⅳ参照）。この事件により「後継者を早急に準備する必要性が明らかになった」[18]からである。そしてその後のドゴールの動きは、憲法改正についての政治的

と全文がある(http://fresques.ina.fr/de-gaulle/fiche-media/Gaulle00079)。
16) Ⅳ-序を参照。
17) Voir J.-J. CHEVALLIER et al., *supra* note 10, p. 82.
18) デュヴェルジェ・前掲注1) 159頁。

言説という観点から追うならば、次のようになる[19]。

　8月29日の閣議において、ド・ゴールは、「国家の継続性（continuité de l'État）」を確保するために必要なイニシアティブをとるつもりであると表明する。

　9月12日の閣議では、ド・ゴールは、より明確に、大統領直接公選制を「国民投票によって」決定するよう国民に提案するつもりであると述べ、そのことを20日に発表するとしたうえで、閣僚たちに、次回閣議でそれぞれの思うところを述べるよう求めた。

　9月19日の閣議では、出席者の意見が順番に聴取された。ド・ゴールの提案に対して躊躇や否定的評価を示した閣僚たちもいたが、はっきりと国民投票利用の手続に対して「ノン」と言い辞任を表明したのは、国家教育大臣（文部大臣）のピエール・シュドローただ1人であった。

　そして翌日、9月20日のラジオ・テレビ演説において、ド・ゴールはついに、大統領直接公選制を導入するための憲法改正案を国民投票に付託することを宣言した。そこでは、1961年4月の記者会見で表明されていた考え方が改めて展開されたうえで、フランス国民がそのような憲法改正を決断する手続については、「最も民主的な方法、つまり国民投票によるべきである。それはまた最も正当な方法でもあるのである」[20]、と宣言された。

　しかし、大統領の間接公選制を定める条文（旧6条）を、直接公選制を定める条文へと改めることは、言うまでもなく憲法改正そのものであって、そして憲法を改正するためには、まさに「憲法改正について（De la révision）」と題された憲法第16章（当時は第14章）に含まれる唯一の条文である第89条の手続によらねばならないことは、火を見るより明らかであった。他方で、ド・ゴールが用いることになる第11条は、第1項において、大統領が国民投票に付託することができるものとして、第1に「公権力の組織に関する法律案」、第2に「フランス共同体の協定の承認を含む法律案」、そして第3に「憲法違反ではないが諸制度の運営に影響を及ぼす条

---

19) Voir J.-J. CHEVALLIER et al., *supra* note 10, p. 83.
20) ウェブサイト「ド・ゴール公的発言集」（前掲注15)）に、演説の動画と全文がある（http://fresques.ina.fr/de-gaulle/fiche-media/Gaulle00080）。

約の批准の承認を目的とする法律案」を列挙していたが、これらの3種はいずれも「法律案（projet de loi）」であって、憲法89条の文言に登場する「憲法改正案（projet de révision）」ではないのであり、したがって、大統領が憲法改正案を国民投票に付託する権限をもたないこともまた、誰の目にも明らかであったのである。

2　国民投票の結果と事後の言説（discours *a posteriori*）

1962年10月2日の大統領デクレ（「1つの法律案を国民投票に付託することを決定する1962年10月2日のデクレ第62-1127号」）は、次の3点を定めた。第1に「普通選挙による大統領選出に関する法律案（projet de loi relatif à l'élection du Président de la République au suffrage universel）」を10月28日に行われる憲法11条に基づく国民投票に付託すること、第2に有権者は「大統領によってフランス国民に付託された、普通選挙による大統領選出に関する法律案を、あなたは承認するか？」との問いに「ウィ」または「ノン」で答えなければならないこと、第3にこのデクレが官報に掲載されるべきこと、である[21]。

そして「普通選挙による大統領選出に関する法律案」は全3か条からなり、それぞれ、大統領選挙の方法を定める憲法6条・7条、および細則を定める1958年11月7日の組織法オルドナンス第58-1064号[22]を改正するものであった。こうして、「大統領は、7年の任期で、直接普通選挙によって選ばれる」（新6条1項）、「大統領は、表明された票の絶対多数により選出される。絶対多数が第1回投票で獲得されない場合、その次のさらに次の日曜日に第2回投票が実施される。第2回投票には、より上位の候補者が辞退した場合にはそれを除いて、第1回投票で最も多く得票した2名のみが立候補できる」（新7条1項）などとする、まったく新しい大統領選挙の仕組みが国民投票に付託されることとなった。

---

21) Décret n° 62-1127 du 2 octobre 1962 décidant de soumettre un projet de loi au référendum, *JO* du 3 octobre 1962, pp. 9522-9523.
22) Ordonnance n° 58-1064 du 7 novembre 1957 portant loi organique relative à l'élection du Président de la République, *JO* du 9 novembre 1958, pp. 10126-10128.

10月28日に実施された国民投票の結果は、2,819万人の有権者のうち2,169万人が投票し、そのうち賛成が1,315万人（60.6％）、反対が797万人（36.7％）であった。ただし、棄権者が649万人もおり、また無効票も57万票あった[23]（なお、本土のみでは、賛成が1,280万人、反対が794万人、棄権が628万人、無効が56万票）。全有権者の46.6％が賛成票、28.3％が反対票を投じ、23.0％が棄権したことになる。

　国民投票の10日前（10月18日）の演説で、ドゴールは、投票の結果仮に反対が多数を占めたり、あるいは仮に賛成が多数を占めたとしてもそれが「弱い、凡庸な、ぎりぎりの（faible, médiocre, aléatoire）」多数でしかなければ、大統領としての「私の任務は早々に終了せざるをえず、そして再び戻ってくることはない」と警告していた[24]。果たしてこの投票結果が「弱い、凡庸な、ぎりぎりの」多数にあたるかどうかは判断の分かれるところであろうが、ドゴールは、10月31日、新共和国連合（UNR）などのドゴール派を除くすべての主要政党が反対を表明していた——この点が、今回の国民投票に先立つ過去三度の国民投票とは異なる——にもかかわらず、60％を超える賛成を得られたことに満足である旨を表明した[25]。こうして、第五共和政の「大統領化」がほぼ完成したのである[26]。

---

23) 国民投票施行の適正性（régularité）を監視し、その結果を告示する（憲法60条）憲法院の決定によれば、正確な数字は次の通りであった：有権者28,185,478人、投票者21,694,563人、有効票21,125,054票（過半数は10,562,558票）、賛成13,150,516票、反対7,974,538票。Voir Décision n° 62-9 REF du 6 novembre 1962.
24) Allocution du 18 octobre 1962. ウェブサイト「ドゴール公的発言集」（前掲注15））に、演説の動画と全文がある（http://fresques.ina.fr/de-gaulle/fiche-media/Gaulle00082）。なお、ドゴールは、10月4日にも、国民投票で承認されなければ大統領を辞任すると述べており、これらは当時、「辞任の脅し（chantage de démission）」と非難された。
25) Voir J.-J. CHEVALLIER et al., *supra* note 10, p. 93.
26) ただし、現行憲法の「大統領化」としての「62年体制」が完成するのは、1962年10月の国民投票ではなく、同年11月の下院選挙におけるドゴール派の勝利による大統領派と議会多数派の一致を待ってであることについては、Ⅳ-1章〔吉田〕Ⅴを参照。

III 1962年改正をめぐる法的言説

1 事前の学説 (doctrine *a priori*)

　ドゴールの提案した1962年の憲法改正案は、「その手続からいっても内容からいっても、第三共和制以来の議会中心主義の伝統に真向から挑戦するものであったから、当然激しい反撥を引き起こした」[27]。特に当時の主要な憲法学説は、そのほとんどが、ドゴール提案の手続面の違憲性を主張していたと言ってよいだろう。

　なかでも、パリ大学の公法学(国際公法・憲法)教授であったジョルジュ・ベルリアが「フランス公法雑誌」(*RDP*) に寄稿した1962年論文は、よく知られている[28]。伝統ある学術雑誌の当時の編集責任者でもあったベルリアは、第1に現行憲法典の文理解釈、第2に現行憲法典の起草過程、そして第3にフランス憲法の一般原則、という3つの観点から問題を検討したうえで、ドゴール提案は違憲であるとの結論を述べる。

　第1の観点(文理解釈)からは、上述のように、憲法改正手続を定める憲法89条が「憲法改正について」と題された憲法第14章に含まれる唯一の条文であり、他方で国民投票について定める憲法11条は「大統領について」と題された憲法第2章に置かれていることなどから、第11条をも憲法改正の手続のひとつであると理解することはできないという。第89条には憲法改正の限界も定められているが(4項・5項)、もし第11条が憲法改正にも利用できるというのであれば、そのような憲法改正の限界が第11条による憲法改正には適用されないことになり、不合理 (déraisonnable) である、と[29]。

---

[27] 樋口・前掲注10) 249頁。
[28] Georges BERLIA, « Le problème de la constitutionnalité du référendum du 28 octobre 1962 », *RDP*, 1962, pp. 936-946. なお、同論文は国民投票の直後に公表されたものであるが、少なくともその主要な部分は事前に構想されていたものであると考えられること、また、その論旨は国民投票の結果に言及しない法解釈論であることから、本章では「事前の」法的言説として位置づけた。同論文を邦語で紹介するものとして、井口秀作「フランス第五共和制憲法第11条による憲法改正について」一橋研究18巻2号(1993年) 1 〜 25頁。
[29] Voir G. BERLIA, *supra* note 28, p. 939.

第2の観点（起草過程）についてベルリアは、第11条の国民投票手続が定められた理由として、国の将来を左右するような重大法案がその時々の議会内の単純多数のみで決定されてしまうことを避けるためであったことがあるとして、他方で第89条の憲法改正については、議会内の単純多数の賛同に国民投票を加える方途と、国民投票は必要としないものの両院合同会議での5分の3の特別多数を要求する方途とを用意することで、十全にその時々の議会内の単純多数により決定されないように構想されていることからすれば、第11条の国民投票の対象が憲法改正を含まないことは明らか（évident）であるとする[30]。

　最後に、第3の観点（憲法の一般原理）から、ベルリアは、憲法制定権力について、始原的憲法制定権力（pouvoir constituant originaire）と派生的・制度的な憲法制定権力（pouvoir constituant dérivé ou institué）とを区別するよく知られた理論をもちだす。前者はいわば裸の権力として革命のような政治的危機の状況において登場するものであって、当然ながら、とって代わられる運命にある既存の憲法の定める憲法改正手続はもはや機能しない。これに対して後者の制度化された憲法制定権力は、既存の憲法典の定める手続・限界に従って行使される憲法制定権力である。現行憲法典で言えば、すなわち第89条がそれであり、したがって、第11条の国民投票で憲法改正を行うことは、第89条の定める制度的憲法制定権力とは別に、新たな制度的憲法制定権力を政府が作り出すことを意味するものである、と。

　以上の3点から、ベルリアは、「1962年10月2日のデクレの違憲性」が確認される、と結論づける。彼の議論は、「当時の圧倒的多数であった違憲論の代表的なもの」であり、また、議会における非ドゴール派の主張とも重なる部分が大きかった[31]。

　このほかにも、たとえば日刊紙「オロール（*L'Aurore*）」（1985年廃刊）には、国民投票の2週間前に、当時その政治部長を務めており第四共和政期

---

30) Voir G. Berlia, *supra* note 28, p. 942.
31) 参照、井口・前掲注28) 18頁。ただし、憲法学説の反対論が手続上の違憲性に基づくものであったのに対し、議会における反対論は、内容上の反対（議会中心主義から大統領中心主義への移行に対する反対）に基づくものが多かったという意味では重要な違いが存することには注意が必要である。この点については、関連して、後注33) も参照。

には下院議員でもあったポール・バスティド、上記のベルリア、憲法学・政治学の大家ジョルジュ・ビュルドー、第五共和政憲法草案作成のための憲法諮問委員会のメンバーでもあったピエール＝アンリ・テトジャンという4人のパリ大学教授が共同で反対意見を掲載した[32]し、モーリス・デュヴェルジェも、ルモンド（Le Monde）紙上に違憲論を繰り返し発表した[33]。第四共和政期に上院議員であったパリ大学教授のアンドレ・オーリウも、やはり同紙に、「真っ先に確認すべきことは、国家元首が決定した憲法改正のための手続は、憲法そのものに違反するという点について皆の意見が最終的に一致している、ということである」[34]と書いた。

このように、憲法学説のほとんどが（そして議会における多数派も）違憲説を唱えたのに対し、ドゴール（およびポンピドゥ内閣）は、もちろん合憲説を主張した[35]。その主要な論拠は、憲法11条が国民投票に付すことのできる法律案について「公権力の組織に関する・す・べ・て・の法律案（tout projet de loi portant sur l'organisation des pouvoirs publics）」と定め、それは、憲法改正法案（projet de loi constitutionnelle）か、組織法案（projet de loi organique）か、通常法案（projet de loi ordinaire）かを区別していないことと、憲法3条1項が「国の主権は国民に属し、国民は、その代表者によって、また国民投票という方途によって、主権を行使する」と定めていることであった。

---

32) Paul BASTID, G. BERLIA, Georges BURDEAU et Pierre-Henri TEITGEN, L'Aurore, le 14 octobre 1962.
33) M. DUVERGER, « La succession. I. Les fourches caudines », Le Monde, 1er septembre 1962 ; « La succession. II. La carte forcée ? », Le Monde, 2 et 3 septembre 1962; « La succession. III. La forme et le fond », Le Monde, 4 septembre 1962; « La succession. Le testament de Louis XIV », Le Monde, 14 septembre 1962. ただしデュヴェルジェは、憲法11条による憲法改正は違憲であるとしながらも、国民投票で問われる大統領直接公選制導入の提案に対しては賛成すべきことを主張していた。Voir M. DUVERGER, « Une pièce en deux actes », Le Monde, 21 et 22 octobre 1962, cités par Johanna NOËL, « Pour une analyse épistémologique de la querelle autour de l'article 11 », communication au 9e Congrès français de droit constitutionnel, le 27 juin 2014, Lyon, pp. 1-26, at p. 4, note 14 et p. 5, note 16.
34) André HAURIOU, « C'est la première manche qu'il faut gagner », Le Monde, 21 et 22 octobre 1962, cité par J. NOËL, supra note 33, p. 6, note 17.
35) ドゴールおよびポンピドゥの見解については、井口・前掲注28) 3～7頁を参照。

2　憲法裁判官（juges constitutionnels）

　憲法学説や議会の反対を押し切って実施された国民投票については、上院議長モネルヴィルにより、直ちに憲法院に対して違憲審査が請求された（11月3日）。憲法61条2項は、「法律は、その審署前に」憲法院に付託されることができる旨を定めており、そして憲法11条（および10条）は、国民投票で承認された法律が15日以内に大統領によって審署されることを定めている。しかし、61条2項のいう「法律」に、国民投票で承認された法律が含まれるかどうかは明らかではなく、実際に審査が付託されたのもこれが初めてであった。

　モネルヴィルは、10月28日の国民投票で承認された「普通選挙による大統領選出に関する法律」は、もともと10月2日のデクレでも「法律案」とされていたことからもわかるように、組織法律（loi organique）でもなければ憲法法律（loi constitutionnelle）でもない通常法律（loi ordinaire）なのであって、したがって憲法61条の規定により憲法院に付託されうるものであると主張した[36]。

　憲法院はこれを受け、11月7日に決定を下した[37]が、その結論は、「憲法院は、上院議長の訴えについて判断する権限をもたない」というものであった。その主たる理由は、「憲法院を諸公権力の活動を規律する機関とした憲法の精神からすれば、憲法が第61条でとりあげようとした法律とは、議会によって可決された法律だけであって、国民投票の結果国民によって採択された、国の主権の直接の表現（expression directe de la souveraineté nationale）をなすところの法律ではない」[38]、というものであった。なお、後に公開された憲法院の議事録によれば、このとき、10人の憲法院判事[39]

---

36)　モネルヴィルの付託理由書は、憲法院のウェブサイトに掲載されている（Les décision → Décision n° 62-20 DC → Saisine par Président du Sénat）。

37)　Décision n° 62-20 DC du 6 novembre 1962. 同判決については、樋口陽一「人民投票によって採択された法案の違憲審査」『議会制の構造と動態』（木鐸社・1973年）192～202頁〔初出は1969年〕、井口秀作「レフェレンダムによって承認された法律に対する違憲審査」フランス憲法判例研究会編『フランスの憲法判例』（信山社・2002年）383～386頁を参照。

38)　樋口・前掲注37) 193頁。ただし「人民投票」を「国民投票」に、「人民」を「国民」に、「国民主権」を「国の主権」に、それぞれ改め、括弧内にフランス語原文を補った。

39)　ヴァンサン・オリオール元大統領とルネ・コティ元大統領が大統領経験者であるがゆえに

の賛否は 6 対 4 に分かれていた[40]。

　こうして、ドゴールによる憲法11条の国民投票を利用した憲法改正は、学説の大勢がその違憲性を指摘し、議会の多数派が反対し続けるなか、それを無視するかたちで行われ、しかし国民投票では国民の多数派の賛同が得られ、そして（その結果）憲法院は合憲か違憲かの判断を回避する、ということでひとまずの決着をみたことになる。この判決そのものについては、概ね学説の支持を受けたが、「そのいちばん実質的な根本理由は、『明確に宣明されかつ計測された人民意思と明らさまに対立するものとしてあらわれる』」(L. Hamon, note, *Recueil Dalloz*, 1963, jurisprudence, p. 398 et s.) ことになるのを避けなくてはならぬ、というところにある」[41] と言えるだろう。

　もともと憲法院は、国民投票の前に、10月2日の大統領デクレが出される直前に審議を行い、それを違憲とする「非公式見解（avis officieux）」を大統領に伝えていたが、やはり後に公開された議事録によれば、その時の憲法院判事の多数決は 7 対 3 で、第11条の国民投票による憲法改正が違憲であるとする判事たちが、ドゴールの主張に賛同する判事たちに大きく差をつけていたのであった[42]。11月7日の決定は、憲法院が国民投票で承認された法律の審査権をもたないというのが結論であったから、そのことに対する賛否の立場と国民投票自体が違憲であるか否かについての立場とは、もちろん一致するとは言えない。しかし、両方の審議に参加した判事のみで言うと、10月2日に違憲の立場を表明していた者が 6 人いたにもかかわらず、国民投票の後にはドゴールのプラクティスを批判すること

終身憲法院判事としてこの日の審議に参加していた一方で、通常の 9 名の憲法院判事のうちジャン・ジルベール＝ジュール判事が審議に欠席していたため、合計10名となっている。

40) Voir « Séance du 6 novembre 1962, Décision nº 62-20 DC, loi référendaire relative à l'élection du Président de la République au suffrage universel direct », in Bertrand MATHIEU, Jean-Pierre MACHELON, Ferdinand MÉLIN-SOUCRAMANIEN, Dominique ROUSSEAU et Xavier PHILIPPE (sous la dir. de), *Les grandes délibérations du Conseil constitutionnel. 1958-1983*, Paris, Dalloz, 2009, pp. 113-124.

41) 樋口・前掲注37) 201頁。

42) Voir « Séance du 2 octobre 1962. Avis sur le référendum relatif à l'élection du Président de la République au suffrage universel direct, avis officieux sur un projet de loi référendaire », in B. MATHIEU et al. (sous la dir. de), *supra* note 40, pp. 99-112. なおこの日の審議にはオリオール元大統領のみが欠席している。

に積極的に賛同した判事が3人[43]しかいなかったことは、やはり興味深いことであるとは言えるだろう。

そして当時の憲法学説にも、国民投票の前と後で、少なくとも外見的には、そして結論だけに注目するならば、「改説」と言えなくもない現象が存在したのである。

3 事後の学説 (doctrine *a posteriori*)

たとえば、繰り返しルモンド紙上で国民投票違憲説を展開していたデュヴェルジェは、国民投票の10日前に、同紙に「10月28日の投票の有効性」と題した論説を寄せ、そこで、「国民がいったんその意思を表明すれば、もはやそれを無視するわけにはいかない」とし、さらに国民投票の1週間前には、「国民の票決が疑問に付されることはない。いかなる法的屁理屈 (artifice juridique) も国民の判定を覆すことはできない」と述べている[44]。また、その後の著作ではより明確に、憲法11条の国民投票を用いた憲法改正は、「法的には」「瑕疵あるもの (irrégulier) 」であった。しかし、国民投票における国民の承認によって」「この瑕疵は治癒されたのである」と書いている[45]。

デュヴェルジェと並び戦後フランス公法学を代表する論者と言うべきジョルジュ・ヴデルも同様である。1962年の国民投票の7年後、再びドゴールが、1962年と同じ手続で——つまり憲法11条の国民投票によって——憲法改正を企図したことがあった（上院と地方制度の改革のための1969年4月27日国民投票）。「議会の内外で憲法改正案を再度憲法11条によって人民投票に付託しようというプランをめぐる論争がはじまった1968年12

---

43) 上述の通り、10月2日の審議にはオリオール元大統領が、11月7日の審議にはジルベール＝ジュール判事が、それぞれ参加していなかった。したがって、この2人を本文記述の賛否から差し引くと、10月2日の賛否は6対3、11月7日の賛否も6対3となる。

44) M. DUVERGER, « La validité du scrutin du 28 octobre », *Le Monde*, 17 octobre 1962; « Une pièce en deux actes », *supra* note 33 ; cités par J. NOËL, *supra* note 33, p. 10, note 42.

45) M. DUVERGER, *supra* note 10, p. 108. デュヴェルジェ・前掲注1) 160頁も参照（ただしここでは時本訳に従っていない）。また、樋口陽一『現代民主主義の憲法思想』（創文社・1977年）124頁も、デュヴェルジェの同様の主張を、そのよく知られた教科書(*Institutions politiques et droit constitutionnel*, Paris, PUF, 8ᵉ éd., 1965)に依拠して紹介する。

月に」[46]、ヴデルはルモンド紙に論説を寄せる。いわゆる「慣習（coutume）」論の文法で語るところがデュヴェルジェとは異なる[47]が、やはり1962年の国民投票において国民が承認したことを重視し、それを国民の「法的確信（opinio juris）」あるいはコンセンサスと評価することによって、法的実践の繰り返しや継続性がなくとも慣習が成立したとして、したがって、1969年の国民投票による憲法改正は法的に認められると主張した[48]。ただし、ヴデルは、1969年の国民投票が結果として否決されたことから、その後、この主張を修正する。すなわち、「1969年の国民投票における否決は、1962年の先例をいわば消し去ったのであり、したがって、論争は振り出しに戻った」[49]とするのである。

このように、「1962年まではドゴールのやり方を合憲とする主張は非常に少なかったのであるが、国民投票の結果そのような学説状況は変化する。1つの新しい所与が法的議論に付加されたことにより、それは時を経るにつれ根本的な変容を遂げていくことになる」[50]のであった。

こうして、現在では、この点についての通説的見解がどのようなものであるかを明確にすることは容易ではない。一部の有力学説が明確に第11条の国民投票での憲法改正を認める[51]のを除くと、「〔憲法改正に〕憲法11条を用いることの『違憲性』が推定されるとはいえ、いずれにせよ法的なサンクションがない以上、ドゴール将軍の解釈こそが通用することにな

---

46) 樋口・前掲注45）125頁。
47) 詳細は、樋口・同前を参照。
48) Georges VEDEL, « Le droit par la coutume », Le Monde, 22-23 décembre 1968, cité par Le Mong NGUYEN, « Contribution à la théorie de la constitution souveraine par le peuple », RDP, 1971, pp. 923-986, at pp. 983-984. ルモン・エヌグイエンの文献については、樋口・前掲注45）127頁注6を参照。また、同趣旨のものとして、Voir G. VEDEL, « À propos de la réforme du Sénat. II. Le droit, le fait, la coutume... », Le Monde, 27 juillet 1968, cité par J. NOËL, supra note 33, p. 11, note 47.
49) G. VEDEL, Introduction aux études politiques, Fascicule I, Paris, Les cours de droit, 1969-1970, p. 207, cité par J. NOËL, supra note 33, p. 12. 同趣旨のものとして、樋口・前掲注45）126頁の引用する、Roger-Gérard SCHWARTZENBERG, Le Monde, 29-30 octobre 1972 がある。
50) J. NOËL, supra note 33, p. 11.
51) Voir Jean GICQUEL et Jean-Éric GICQUEL, Droit constitutionnel et institutions politiques, Paris, Montchrestien, coll. Domat droit public, 22ᵉ éd., 2008, p. 511. Voir également, infra note 54.

る」[52]としたり、あるいは「このような破壊的なやり方（démarche iconoclaste）も、結局のところ、誰にも妨害されることもなければ制裁されることもなかったのであるから、第五共和政においては、（第89条と第11条という）2種類の憲法改正方法が選択肢として存在すると説明するのが正当であるということになる」[53]とするものなど、1962年の憲法院判決の結果、憲法11条の国民投票を利用して憲法を改正するというドゴール流のプラクティスは、少なくとも今後も可能性としては存在することを認めるものが多いと言える[54]が、他方で、依然として違憲性を主張する学説も有力ではある[55]。

　そしてこのように学説で決着がついておらず、かつ憲法院の判決も出ないという状況は「健全（sain）」ではない、として憲法改正を行い明確に憲法改正の方法を定めることが望ましいとする主張もある[56]。実際、ミッテラン大統領により1992年12月に設置された「憲法改正のための諮問委員会（Comité consultatif pour la révision de la Constitution）」（ヴデルが委員長に任命されたことから、ヴデル委員会と通称される）の提出した報告書（1993年2月15日付）[57]では、憲法11条の国民投票を利用した憲法改正が行われることがないようにするため、同条と第89条の改正が提案された。結局この提案を受けての改正はなされなかったが、それから15年後、サルコジ大統領に

---

52) Dominique CHAGNOLLAUD, *Droit constitutionnel contemporain*, t. III, Paris, Dalloz, 5ᵉ éd., 2009, p. 305, cité par J. NOËL, *supra* note 33, p. 19.
53) Dominique ROUSSEAU et Alexandre VIALA, *Droit constitutionnel*, Paris, Montchrestien, 2004, p. 442, cité par J. NOËL, *ibid*.
54) Francis HAMON et Michel TROPER, *Droit constitutionnel*, Paris, LGDJ, 36ᵉ éd., 2015, p. 459 も、学説の決着はついておらず、憲法院が判断を避けたため、「したがって憲法11条を利用した憲法改正は、現在でも可能（possible）である」とする。
55) Voir Marie-Anne COHENDET, *Droit constitutionnel*, Paris, Montchrestien, 5ᵉ éd., 2011, p. 388; Louis FAVOREU, Patrick GAÏA, Richard GHEVONTIAN, Jean-Louis MESTRE, Otto PFERSMANN, André ROUX et Guy SCOFFONI, *Droit constitutionnel*, Paris, Dalloz, coll. *Précis*, 11ᵉ éd., 2008, p. 762.
56) Gérard CONAC et Jacques LE GALL, « Article 11 », in François LUCHAIRE, Gérard CONAC et Xavier PRÉTOT (sous la dir. de), *La Constitution de la République française. Analyse et commentaires*, Paris, Economica, 3ᵉ éd., 2009, pp. 402-471 at p. 438.
57) La documentation Française のウェブサイト（http://www.ladocumentationfrancaise.fr/rapports-publics/084000091/）から全文ダウンロード可。

より2007年7月に設置された「第五共和政の統治機構の現代化および均衡回復についての検討および提案のための委員会（Comité de réflexion et de proposition sur la modernisation et le rééquilibrage des institutions de la Ve République）」（元首相エドゥアール・バラデュールが委員長に任命されたので、こちらはバラデュール委員会と呼ぶことが多い）の提出した報告書（2007年10月30日付）[58]でも、ヴデル委員会と同様の提案がなされたが、やはりこの提案も2008年7月の改正において取り入れられなかった。したがって、この点に関する限り、現在においても憲法の規定はドゴール当時——ということはすなわち制憲当初——のままなのである。

　このような「憲法の現状（statu quo constitutionnel）」をどのように考えることができるのか。残された紙幅で、本章なりの視点をまとめておきたい。

IV　憲法をめぐる学説と政治

　かねて筆者は、「憲法」の概念について、「テクストとしての憲法」と「規範としての憲法」を区別して考え、いわゆる有権解釈機関が「テクストとしての憲法」を解釈する——そしてその解釈は「自由」になされる——ことで初めて「規範としての憲法」が確定的に明らかになり、したがってそのような「動態的憲法観」を採用するならば、いわゆる憲法変遷や憲法慣習といった問題群について、さらには憲法制定権力や憲法改正・憲法変動といった概念についても、少なくともこれまで日本の憲法学において一般的に論じられてきたのとは異なる理解が可能になるはずであることを主張してきた[59]。

　「憲法改正」を考えるうえで、まずいかなる憲法観をとるのかについて

---

[58]　バラデュール委員会のウェブサイト（http://www.comite-constitutionnel.fr/）から全文ダウンロード可。また、2008年にパリのFayard社から全文が出版されてもいる。南野・前掲注5）242頁注2および3も参照。

[59]　南野森「憲法慣習論から」樋口陽一先生古稀記念『憲法論集』（創文社・2004年）663〜686頁、および南野森「『憲法』の概念」長谷部恭男編集代表『岩波講座憲法6　憲法と時間』（岩波書店・2007年）27〜50頁。解釈が「自由」になされることの意味については、南野「憲法・憲法解釈・憲法学」安西文雄ほか『憲法学の現代的論点［第2版］』（有斐閣・2009年）3〜27頁を参照。

少なくとも自覚的であることが求められるのは言うまでもない。たとえば、「テクストとしての憲法」が一度も変更を受けていない場合に、そこで「憲法改正」を語ることができるのか否か。有権解釈機関によってテクストの意味が確定するとすれば、その意味が変化することは「規範としての憲法」が変動することになるのであって、そうだとすると、それは語の広い意味において「憲法改正」となるのではないか。このような事象をどのような視角から同定し、そして分析するべきかについては、日本では、未だ方法論的観点からの蓄積が十分にあるようには思えない。

　フランスにおいては、Ⅳ-序や本章冒頭でもみたように「テクストとしての憲法」がたびたび変更されてきたのではあるが、その一方で、「テクストとしての憲法」にはまったく変動がないにもかかわらず「規範としての憲法」が変動する例もまた、数多く観察することができる。たとえば、第五共和政憲法には日本国憲法のような人権カタログはないが、にもかかわらず――いやむしろ、だからこそ、とも言うべきなのであるが――憲法院判例が、第五共和政憲法の前文で言及されている第四共和政憲法前文でさらに言及されている「共和国の諸法律によって承認された基本的諸原理（principes fondamentaux reconnus par les lois de la République）」という抽象的な概念や、あるいは、やはりそこで言及されている1789年人権宣言に登場するいくつかの権利規定に「憲法規範としての地位（constitutionnalité）」を認めることによって、「規範としての憲法」を拡大させてきた（いわゆる「憲法ブロック（bloc de constitutionnalité）」論）[60]ことは、日本でもよく知られているであろう。

　それでは、本章が取り上げた1962年の憲法改正の事例をこのような視覚で見つめるとどうなるであろうか。そこでは、第五共和政憲法における「規範としての」憲法改正手続が問題となっていた。「テクストとしての」憲法改正手続は、第五共和政憲法制定以来、変更がない[61]。そして、憲法

---

60) この点については、ひとまず、南野森「フランスにおける大学の自治と『憲法ブロック』」憲法理論研究会編『憲法理論叢書23 対話と憲法理論』（敬文堂・2015年）17～30頁を参照。
61) 憲法89条の定める憲法改正手続のほかに憲法11条の国民投票を利用した憲法改正が可能か否か、という本章がこれまで関心を寄せてきた問題については条文が変更されていない、という意味である。憲法11条も89条も、それとは別の点では改正を施されている。

制定当初はもちろん、ドゴールが1962年の国民投票を示唆し始めるまで、フランスでは、第五共和政憲法の改正手続は憲法89条に定められており、またそれに尽きると信じられてきた。それに加えて憲法11条という手続もあるのだという解釈は、1961～1962年になって政治的言説の中で政府によって初めて声高に主張され、ごく少数の学説の賛同を得はしたものの、大多数の学説はそれを認めず、そのような手続は違憲であると主張したのであった。

　憲法についてのいちばんの有権解釈機関である憲法院は、非公式にではあったが、学説の大勢と同じく違憲であるとの見解を示したし、また、日本の内閣法制局のもともとのモデルでもあり、法制官僚としての役割が現在でも比較されることの多い国務院（コンセイユ・デタ）も、憲法院と同様に消極的な意見をドゴールに伝えていた（10月2日）[62]。そして議会の多数派は、下院においてポンピドゥ内閣に対する不信任案（レノーが起草）を可決した（10月5日。下院は10月10日に解散される）。

　これほどまでの、法的な、そして政治的な反対論にもかかわらず、10月28日の国民投票は実施されたのであった。そしてその合憲性について、憲法院は早々に判断を回避したということもすでにみた。憲法院が判例変更をしない限り、結局のところ合憲なのか違憲なのか、すなわち憲法11条による憲法改正が許されるのか否か、法的な決着はつかぬままの状態が続く、ということになる。

　1962年の国民投票は国民によって承認され、1969年の国民投票は国民によって否決された（その結果ドゴールは大統領を辞任する）。その後の大統領で、憲法改正のために憲法11条の国民投票を用いた者はいないが、ドゴールの二度のプラクティスを当時強烈に批判していたフランソワ・ミッテランが、後に自らが大統領になったときには主張を180度変え、そのようなプラクティスを自らが行う可能性を認めたこともよく知られている[63]

---

62) Yves GAUDEMET, Bernard STIRN, Thierry DAL FARRA et Frédéric ROLIN, *Les grands avis du Conseil d'État*, Paris, Dalloz, 3ᵉ éd., 2008, p.21.

63) Voir « Interview accordée par M. François Mitterrand, Président de la République, à M. Olivier Duhamel pour la revue *"Pouvoirs"* d'avril 1988, sur les institutions et notamment

（実際には行わなかったが）。学説には違憲説もあれば合憲説もあるという状況の中で、白か黒かをはっきりさせるための憲法改正も行われず、そしてこの論点で憲法院が判断を回避し続ける以上、つまるところ、そのようなプラクティスを行うか否かはこの論点での有権解釈者である大統領の決断による、ということになるのである。ここでも、大統領の憲法解釈は、法的には「自由」である[64]。

　「法と事実若しくは法と政治の対立と言ふ最も重大なる国家学の根本問題」への対応として構想される憲法保障の諸制度は、しかし「憲法を動かす歴史的勢力の前には無力である」との認識[65]については、醒めたリアリズムとして、少なくともそのような場合がありうることを否定する者はいないだろう。しかし、およそ憲法変動にとって学説が、あるいは法的言説が、常に「無力」であるとまでは言うこともできまい。

　本章が検討の対象とした第五共和政憲法の改正手続をめぐる政治的言説・法的言説・学説の配置と実務のプラクティスのありようは、日本国憲法のもとでもよく似た実例を見いだすことが可能である。たとえば、衆議院解散権の所在・限界をめぐる論点は、そのひとつである。憲法69条所定の場合以外に内閣が衆議院を解散することができるのか否かについては、学説に両論あるなか、いわゆる苫米地事件判決[66]において最高裁が統治行為論を採用して判断を回避して以来、実務においては日本国憲法制定当初の立法趣旨とは異なった運用が一貫してなされている。今後政治の実務が再び69条限定説に戻る見込みは現時点では少ないと言うべきであろうが、それでも、そのような学説に耳を傾ける政治勢力がプラクティスを変更さ

---

　　sur l'équilibre des pouvoirs »、disponible sur le site officiel de ‘vie-publique.fr'（http://discours.vie-publique.fr/notices/887010600.html）.
64)　解釈が「自由」であることの意味については、前注59)を参照。
65)　佐藤功「ドイツに於ける憲法保障制度とその理論（6・完）」国家学会雑誌57巻8号（1943年）62頁、52頁。全国憲法研究会2016年度春季研究集会における西村裕一（報告）「学問・政治・憲法」による引用（同報告をもとにした論攷が「憲法問題」28号（2017年刊）に掲載される予定である）。関連して、須賀博志「日本近代憲法学説史における剰余金支出違憲論争」大石眞先生還暦記念『憲法改革の理念と展開　下巻』（信山社・2012年）779〜844頁、および本書Ⅷ-2章〔西村〕も参照。
66)　最大判昭和35年6月8日民集14巻7号1206頁。

せる可能性が皆無というわけではもちろんない[67]。少なくとも、そのような政治のプラクティスに反対する学説が皆無になった場合のプラクティス変更の可能性を想定すれば、そのことは明らかであろう。

　もちろん、フランスではそのようなプラクティスは二度繰り返されただけであるのに対し、日本では戦後2回目の解散（1952（昭和27）年8月）以降は69条非限定説のプラクティスが何度も繰り返されてきたという違いもあるし、フランスでは国民がそのようなプラクティスを直接承認している（からこそ憲法院は判断を回避した）のに対し、日本ではそのような国民による直接の承認は存在しない（にもかかわらず最高裁は判断を回避した）という重要な違いもある。また、ドゴールのプラクティスについていえば、その用いられた手続への批判は強かったが、大統領を直接選挙で選出するという内容そのものについての批判は弱かった（レノーの内容上の批判は、議会内部では反ドゴール派の支持を得られても、一般国民の支持は得られるべくもなかった）。そして、ドゴールという政治家は、この点を見誤ってはいなかったのである。民衆にとっては、大統領を直接選ぶというのは、実に自然なことに思えるはずである、と[68]。そしてその通り、1962年の国民投票は承認された。学説の手続的違憲論は、国民の内容的賛成論の前にはほとんど無力であったと言うべきであろう。しかし、その後1969年の国民投票が否決されるに至って、再び、手続的違憲論が一定程度有力化し、そのことの直接の効果とは言えないにせよ、少なくともその後ドゴールのプラクティスが繰り返されていないということは、上にみた通りである。

　有権解釈機関の「解釈が自由になされうることを認めることによって、であるからこそ学説による『解釈の解釈』が重要な役割なり意義なりをもつことがあらためて意識されるはずである」[69]と考える本章の方法論的な見地からすると、その役割なり意義なりをどのように測定するのかという課題は残るものの、憲法変動に向き合う学説のありようを、その刹那的な

---

67)　そのような学説による規範的言説のひとつとして、南野森「伝家の宝刀、無制限に使えぬ」朝日新聞2014年11月18日朝刊オピニオン欄を参照。
68)　Voir J.-J. CHEVALLIER et al., *supra* note 10, pp. 88-89. また、高橋・前掲注7）126頁も参照。
69)　南野森「憲法解釈の変更可能性について」法学教室330号（2008年）28〜36頁、33頁。

「成功」や「失敗」を超えて長期的な憲法動態における1つのアクターとして位置づけ検討することは、「現に妥当する憲法規範（statu quo constitutionnel）」を記述と分析の対象とするはずの憲法学説が、時として政治の言説に対して規範的主張をすることの意味を明らかにすることにもなるだろう。

　本章は、そのような、憲法動態に学説をどう位置づけるかという大きな課題に応えるための、1つの小さな研究ノートでもあるのである。

第 V 部

———

ドイツ

———

V-序 概観

1 ドイツ基本法の改正手続

(1) 議会の加重手続による改正

ドイツ基本法（ドイツ連邦共和国の憲法典）の改正手続の特徴は、議会手続のみで基本法の改正が可能であるという点である。すなわち基本法79条2項は、同法の改正には連邦議会議員の3分の2、および連邦参議院の票決数の3分の2の同意が必要であると定めており、換言すれば、議会の可決した憲法改正案が改めて国民投票にかけられることもなければ、各ラント[1]の承認も必要ではない。比較法的にみて、極めて簡潔な改正規定であるとともに、各ラントの改正手続の関与が限定されている点が注目される[2]。それゆえ、2005〜2009年の第1次メルケル政権や2013年以降の第3次メルケル政権のような大連立政権においては、連立政権内の合意があれば、いつでも憲法改正が可能である。

(2) 改正の限界

ドイツ基本法79条3項は、憲法改正の実体的限界について定めている（いわゆる永久条項）。これにより、連邦国家原理[3]、連邦の立法過程における諸ラントの原則的協力[4]、基本法1条に示された基本原則（人間の尊厳[5]、不可侵・不可譲の

---

1) かつての王公国や都市国家などの領邦国家は、ビスマルクによりドイツ帝国へと統合されたが、なお国家性を想起させる Land として存続した。その後もラントの再編・統合が繰り返されたが、この V-序および V-2 章〔赤坂〕では、このような出自の多様さとドイツ政治史特有の含意に配慮して、Land を州ないし邦とは訳さず、「ラント」と表記している（なお、V-1 章〔近藤(正)〕では「州」の語を用いている）。
2) 小林公夫「主要国の憲法改正手続」調査と情報853号（2015年）1頁以下も参照。
3) もちろん、連邦国家原理を維持したうえでラント領域を再編すること自体は、基本法の予定するところである（同29条）。
4) ただし、立法過程におけるラントの協力の具体的なあり方については、改正が可能である。
5) 「人間の尊厳」は単なる抽象原理にとどまるものではなく、個別基本権ごとに、人間の尊厳との関わり合いの程度に応じて、憲法改正の限界が画定されることになる。ドライアーによれば、少なくとも3種の基本権は最低限保障されなくてはならない。すなわち、平等原則に基づく自律、民主制度にとって不可欠の基本権、および裁判的救済を受ける権利である。Horst Dreier, *Grundgesetz-Kommentar*, Tübingen, 1996, Art. 79. 近年では、テロリストにハイジャックされた航空機を撃墜しうるとした2005年航空輸送安全法の規定が、犯罪に関わりのない乗客・乗員の「人間の尊厳」を侵害するとして違憲とされた連邦憲法裁判所判決

人権、基本権による国家権力の直接拘束)、および基本法20条に示された諸原則（共和制、民主制、連邦制、社会国家原理、法治国家原理、権力分立制）に抵触するような基本法改正は、改正の限界を超えるものとされる。ただし、基本法改正を過度に制約しないために、連邦憲法裁判所はこの「抵触」の有無について狭く解してきたということ、および、1968年の基本法改正で追加された抵抗権規定（20条4項）は、一般に、永久条項に含まれないと解されているということにも、留意しなくてはならない。

2 基本法の改正史概略

(1) 頻繁な憲法改正
――連邦国家における権限分配

　基本法の改正史を概観してみると、基本権に関わる改正は比較的少なく（しかも実現した改正の大半は基本権の制約を内容としている）、大半の改正は国家組織・連邦制に関わる改正であって、とりわけラント権限の連邦レヴェルへの移譲を内容とするものがほとんどであった[6]。2016年3月末時点で基本法の改正は60回、延べ約120か条にわたるが、主要な改正としては年代順に、国防制度の創設・拡充（後述(2)）、財政制度の改革（後述(3)）、緊急事態法制の整備（後述(4)）、憲法抗告の憲法化（後述(5)）、および盗聴の憲法化（後述(6)）が挙げられる。

　そのほか、相対的に特殊な改革として、ドイツ再統一に伴う基本法改正、および、同時に進行した欧州統合の深化に対応する基本法改正が重要である（後述(7)）。連邦国家に特有の連邦制度改革Ⅰ・Ⅱ（後述(8)）もここに挙げられよう[7]。

(2) 国防制度の創設・拡充

　第二次世界大戦後、ドイツを占領統治していた連合国の非軍事化政策のもと、当初の基本法は、良心的兵役拒否（4条3項）や侵略戦争の禁止（26条1項）、および集団安全保障システムへの加入（24条2項）について定めるのみで、国防制度ないし再軍備については直接に規律するところがなかった。1953年の連邦議会選挙で大勝した第2次アデナウアー内閣は、①（18歳以上の男子にかかる国防義務、および民間人の保護を含む）「国防」を連邦の専属的立法管轄とした第4回基本法改正（基本法旧73条1号：第1次国防制度改革

(BVerfGE 115, 118)がある。See also Oliver Lepsius, Human Dignity and the Downing of Aircraft, *German Law Journal,* vol.7, no. 9, 2006.

6) ドイツ憲法史について一般の読者に入手しやすい邦文の解説文献としては、高田敏＝初宿正典編訳『ドイツ憲法集［第7版］』（信山社・2016年）1頁以下〔初宿〕、および高橋和之編『新版 世界憲法集［第2版］』（岩波書店・2012年）160頁以下〔石川健治〕がある。

7) そのほか、経済難民の増加に対応する庇護権規定の改正（16a条）、連邦鉄道・連邦郵便の民営化に伴う基本法改正（87e条・87f条・143a条・143b条）が挙げられる。ハルツⅣ改革に起因する基本法91e条の追加については、**V-2章**〔赤坂〕で扱う。

(1954年))、ならびに、②軍隊の設置および連邦国防行政（87a条・87b条）、連邦国防大臣による軍隊の指揮監督権（65a条）、防衛出動事態の確定（旧59a条・現115a条・115l条）、軍事裁判所（旧96a条・現96条2-3項）、国防委員会（45a条）および国防専門員（45b条）、ならびに兵役に際しての基本権制限（17a条）などの規定を新設する第7回基本法改正（第2次国防制度改革（1956年））を通じて、国防制度の基礎的事項を憲法化している。

(3) 財政制度改革

財政制度について定める基本法第10章は、連邦－ラント間の財政権限の分配に関わることから、基本法各章の中で最も頻繁な改正を受けてきた。最も重要なのは、ラント間の財政調整制度を導入した1955年の財政改革法（第5回基本法改正法律）、および、1967～1969年の3次にわたる基本法改正である（第15・21・22回）。後者はトレーガー財政改革委員会の提言を受けて、経済全体の均衡の要請（109条2項）、予算制度改革（109条・110条・112～115条）、共同事務の導入（91a条・91b条）、および連邦－ラント間の財政分担原則（104a条）について定めたものである。同改革により財政制度の今日の形が整えられ、さらに第2次連邦制度改革（2009年）により新たな起債制限[8]が加えられて、今日に至っている。

(4) 緊急事態法制の整備

制定当初の基本法は、いわゆる緊急事態について十分な備えをもたなかった。というのも、ヴァイマル憲法体制下における緊急命令権（ヴァイマル憲法48条2項）の濫用が議会制民主主義の崩壊をもたらしたとされる歴史を踏まえ、基本法の制定過程においては緊急命令権（緊急事態における連邦政府による基本権の停止権）の採用が否決され、ただ立法緊急事態の規定が置かれるにとどまったからである（81条）。1966年の大連立政権の誕生を受けて、この間隙を埋める第17回基本法改正が行われ（1968年）、防衛出動事態について定める第10a章が新設されたほか、両院の合同委員会について新たな規定が置かれている（53a条）。

同時に、「内憂」についても、公安の維持回復や災害対策、あるいは連邦・ラントの存立に脅威を与える事態を念頭に、「警察力」および「連邦軍」の投入について新たな規定が置かれた（91条・87a条）。

(5) 憲法抗告の憲法化

個人が自身の主観的基本権の侵害に対する救済を求めて連邦憲法裁判所に出訴することを認める憲法抗告（Verfassungsbeschwerde: 憲法異議／憲法訴願とも訳される）は、従来は連邦憲法裁判所法に規定がある場合のみ可能であったところ、

---

[8] 山口和人「ドイツの第二次連邦制改革（連邦と州の財政関係）(1)」外国の立法243号（2010年）3頁以下を参照。

1969年の第19回基本法改正により、自治権侵害に対する憲法抗告とともに、憲法の明文において規律されることとなった（93条1項4a号・4b号）。これにより、連邦憲法裁判所は、客観的な憲法秩序それ自体の維持を目的とする憲法保障から、個人の主観的な基本権侵害の救済を目的とする基本権保障へと、その機能の重点を変化させることとなった。

(6) 盗聴の憲法化

組織的犯罪対策の一環として、大きな論議を呼びながらも基本法13条の住居の不可侵を制約する「盗聴」が憲法化され、他方で、この盗聴に対する議会統制のシステムが設けられた（司法的統制の排除：13条3項ないし6項）。連邦憲法裁判所は、この改正が憲法改正の限界（人間の尊厳の保障）の枠内であるとしつつも、盗聴手続関連規定の多くを憲法違反としている[9]。

(7) ドイツ再統一／欧州統合に伴う基本法改正

西ドイツに妥当してきた基本法は、東西ドイツの統一が達成されたのち失効し、新たな憲法制定会議が開催されるはずであった（基本法旧146条）。しかし、政治的駆け引きの中で東ドイツが西ドイツの憲法秩序に「加入」することとなり、そのための措置を取り決めたドイツ統一条約は、その第4条において、再統一に伴い必要となる基本法の改正について定めていた[10]。具体的には、前文の改正、基本法の適用領域を西ドイツに限っていた旧23条の削除、連邦参議院における各ラント票の再配分（51条2項）、旧東ドイツの債務の取扱い（135a条2項）、再統一に伴う経過規定（143条）、統一達成後の基本法の適用範囲（146条）等の改廃が挙げられる。その後、統一条約5条で予定された両院合同憲法調査委員会が設けられ、その審議を受けて1994年にも大幅な基本法の改正が行われている。

具体的には、本来予定されていたドイツ全体の新憲法の制定を行わなかったことにも鑑み、東ドイツの憲法伝統にも配慮して、国家目標規定の導入（20a条）や男女同権の現実的達成の要請（3条2項）、障害を理由とする不利益取扱いの禁止（同条3項2文）、自治行政の財政基盤の保障（28条2項3文）および競合立法権規定（73条）などの改正が行われた。

それと同時に進行したのが欧州統合の深化である。基本法23条にEU規定が設けられ、EU市民への自治体選挙権の付与（28条1項3文）、連邦議会におけるEU委員会の設置（45条）、連邦参議院における欧州専門部会（その議決をもって連邦参議院の議決とすることができる）の設置

---

9) BVerfGE 109, 279 (309 ff.).
10) このように、基本法改正が条約締結という手続で行われたため、議会の関与は制限されていた（条約を全体として承認または否決しうるのみであった）。統一条約5条が「議会的組織」による基本法改正案の審議を求めたのは、これを埋め合わせるという意味をもつ。

(52条3a項)、および欧州中央銀行に権限を委譲することの連邦銀行への授権（88条2文）など、多岐にわたる改正が行われている。

(8) 連邦制度改革

連邦の立法管轄権の拡大とこれに対応する同意法律（可決・成立するためには連邦参議院の票決数の過半数による同意が必要とされる法律）の増大により、連邦－ラント間の権限関係が錯綜し、責任政治の原則が空洞化する危険が生じたことから、2005～2009年の大連立政権の機会をとらえて、両レヴェルの権限を整序するための第1次連邦制度改革が行われた[11]（2006年の第52回基本法改正）。もっとも、財政に関わる改革は先送りされ、ようやく大連立政権末期の合意により、第2次連邦制度改革として結実した。後者のうちには、いわゆる起債制限条項の創設（109条3項）や経済安定評議会の新設（109a条）などの重要な改正が含まれている。

〔赤坂幸一〕

---

11) とりわけ大綱立法制度（各ラントが詳細の規律を行う権限をもつことを前提としつつ、その大枠（大綱）については連邦が立法管轄権をもつという制度）の廃止や、連邦参議院の同意法律の縮減（概ね60％から40％への減少）が行われた。またラント権限の縮減の代償として、一定領域を限ってラントが異なる規律をする権限が認められた(72条3項)。

第Ⅴ部　ドイツ【動態から考える】

Ⅴ-1章
ドイツにおける憲法改正の政治

近藤正基（神戸大学）

Ⅰ　はじめに
Ⅱ　戦後ドイツ政治の特徴
Ⅲ　基本法改正の政治史——基本法制定から再統一後まで
Ⅳ　基本法改正の政治過程——第1次メルケル政権の改革
Ⅴ　おわりに

Ⅰ　はじめに

　ドイツでは、あるいはドイツでも、憲法改正は特別であり、そのほかの政策とは異なる性質をもつと考えられてきた。憲法には「安定性」と「信頼性」が必要である。性急で度重なる改正は、これら2つを損なってしまう恐れがある。不安定な憲法は社会に根付くことができず、国民の憲法への信頼は失われ、憲法の正統性が空洞化してしまうというわけである[1]。また、憲法を改正することによって、様々な政策が方向づけられ、広範な政策転換を生み出す可能性がある。憲法は政治のあり方も規定する。政治にとって、憲法は単なる法規ではなく、それ自体が「基幹的政治制度」[2]

---

1) Andreas Busch, Verfassungspolitik, in: M.G. Schmidt/R. Zohlnhöfer (hrsg.), *Regieren in der Bundesrepublik Deutschland*, VS Verlag, 2007, S.33.
2) Ⅰ-1章〔待鳥〕参照。

であり、政治が行われる枠組みを形づくっている。こうした理由から、憲法改正には特段の、言い換えればそのほかの政策分野以上に慎重な姿勢が必要とされている。

　その一方で、ドイツは頻繁な憲法改正を経験した国でもある。その数は、2016年3月末時点で60回にのぼる。基本法[3]、つまり戦後ドイツの憲法典を改正することは決して容易でなく、通常の法律より厳格な手続が必要とされるにもかかわらず、このように改正数が多いことは驚きに値するだろう。しかし、数だけをみても、ドイツの憲法改正を理解することは難しい。第7章（連邦の立法）や第10章（財政）は多く改正されたものの、基本的人権、連邦政府、連邦大統領に関わる部分（第1章・第5章・第6章）が比較的安定していたことはほとんど知られていないだろう[4]。また、当然ではあるが、その都度、憲法改正の規模は異なるし、時期によって改革の性格も異なる。キージンガー政権や第1次メルケル政権は基本法改正に積極的に取り組んだが、ほとんど改正をしなかった政権もある[5]。再軍備、緊急事態法、庇護権など、激しい対立がみられた政治過程もあれば、スムーズに改正が達成されたこともある。一口に憲法改正といっても、様々なケースがある。

　そして何より、度重なる改正を経ても、国民の憲法への信頼は損なわれておらず、むしろ、憲法に対する信頼性は極めて高いことに注目すべきだ

---

3) 戦後ドイツの憲法は基本法（Grundgesetz）と呼ばれる。東西ドイツ再統一までの、あくまで暫定的なものとして制定されたからである。しかし、再統一に際して新たな憲法が起草されることはなく、修正を加えられて、現在でもドイツ連邦共和国の憲法として機能している。旧西ドイツの首都・ボンで策定されたことから、ボン基本法とも呼ばれる。

4) 基本法各章の安定性を見定めるためには、各章のボリュームを踏まえたうえで、実際に修正された文言数を検討する必要がある。条文が4つしかない章もあれば、30を超える章もある。条文改正といっても、多くの文言修正を伴う場合もあれば、1つしか修正しない場合もある。こうした点を考慮しなければ、基本法各章の安定性／不安定性は理解できない。それでは、まずは比較的安定していた章からみてみよう。第1章（基本的人権）は19の条文で構成されているが、文言修正の総数は15である。1条文あたり0.79回である。また、第5章（連邦大統領）は8つの条文をもつが、文言が修正された総数は3である。1条文あたり0.38回である。これらに対して、第7章（連邦の立法）は1条文あたり5回を超えており、第10章（財政）も3回を超えている。Ebd., S.48.

5) たとえば、第2次シュレーダー政権期（2002～2005年）には基本法は一度も改正されなかった。

ろう。ドイツの世論調査で、国民が信頼する制度として真っ先に挙がるのが、基本法である。2009年5月20日、基本法制定60周年に先立ってアレンスバッハ世論調査研究所が大規模なアンケートを実施したところ、91％ものドイツ国民が基本法に信頼を寄せていることが明らかになった[6]。基本法の番人である連邦憲法裁判所は86％の信頼を得ている[7]。国民の基本法への信頼は、基本的人権による部分が大きく、人間の尊厳の不可侵、表現の自由、男女同権などが評価のポイントとして挙げられている。政府への信頼が50％、政党への信頼が23％という対比を持ち出さなくとも、基本法がドイツ社会にどれだけ受け入れられているか、その答えは明白だろう。

では、こうしたドイツの現状を理解するために、どのような視座が求められるのだろうか。政治に着目することが重要な手がかりとなりうる。なぜなら、ブッシュが言うところの、憲法の「安定性」と「信頼性」は、政治によって変化しうるからである。つまり、政治は、憲法の改正を通じて、これらを高めることも低下させることもできる。憲法の正統性を強化することも、掘り崩すこともできる。憲法だけに着目しても、憲法の実態はみえてこない。憲法をめぐる政治について考察しなければならないのである。

本章では、ドイツにおける憲法改正の政治について論じる。まず、憲法改正の政治史を検討する。次いで、近年、最も大きな改革とみなされている連邦制改革を中心に、第1次メルケル政権の基本法改正の政治過程をみていく。歴史と事例分析から、ドイツの憲法改正をめぐる政治について検討し、その特徴を捉えたい。

II 戦後ドイツ政治の特徴

本論に入る前に、まず、戦後ドイツ政治の基本的な特徴について確認し

6）「強く信頼する」と「信頼する」を合算した値である。それぞれ、51％と40％であった。
7） そのほか、信頼の高いものから順に、大統領(75％)、連邦議会、連邦参議院(ともに58％)、欧州委員会(29％)である。Institut für Demoskopie Allensbach, *Das Grundgesetz als eine der größten Errungenschaften der Bundesrepublik*, Archiv-Nummer der Umfrage 11016, 2009, S.2-4.

ておこう。

　戦後ドイツでは、政党間で競争が行われながらも、交渉によって合意を調達しながら政策決定が行われてきた。ドイツ政治には「交渉民主主義（Verhandlungsdemokratie）」または「合意民主主義（Konsensdemokratie）」的傾向があると言う場合、この点が強調される。戦後、戦闘的民主主義によって左右両極の政党が排除され、政党の選好は接近した。二院制を採用していることや、両院協議会という利害調整の場が活用されることによって、ドイツの政党は交渉と合意を基本として行動してきた。州（ラント）レヴェルで連邦レヴェルの与党と野党が連立を組むことも頻繁にあり、党派を超えた幅広い合意が可能となっていた[8]。連邦制という政治制度に着目して「連邦型合意民主主義」と呼ばれることもある[9]。

　ドイツの交渉民主主義にとって最も重要なのは、大政党である。つまり、CDU/CSUとSPDという左右の二大政党による交渉と合意が、政策決定への推進力となってきたのである。大政党間合意がない場合には、政治過程は進まず、改革が頓挫する可能性が高まる。この点を捉えて、M. G. シュミットは戦後ドイツを「大連立国家（Grand Coalition State）」と定式化した[10]。フォーマル、つまり二大政党がともに連立与党である場合だけでなく、政策協議などのインフォーマルなかたちで連立が組まれる場合もあるが、ともあれ、二大政党の協力がドイツ政治を動かしてきたという理解である[11]。

　大政党ばかりでなく、そのほかにも重要なアクターが存在している。それは、社会団体である。ドイツにはいくつかの特権的な社会団体が存在しており、政治過程で影響力を及ぼしている。団体が、「コーポラティズム」によって政策決定過程に取り込まれることで、その利害表出が可能になる一方、政策決定の責任を分有するのである。有力な団体としては、労働組

8）　Vgl. Frank Decker, *Regieren im "Parteienbundesstaat"*, VS Verlag, 2011.
9）　アレンド・レイプハルト（粕谷祐子＝菊池啓一訳）『民主主義対民主主義［原著第2版］』（勁草書房・2014年）参照。
10）　Vgl. Manfred G. Schmidt, 'Germany' in: Josep M. Colomer (ed.), *Political Institutions in Europe*, Routledge, 2002, pp.55-93.
11）　インフォーマルな大連立として、年金をめぐる二大政党サミットが該当すると考えられる。

合、使用者団体、教会などが挙げられる。ただ、この決定様式は限られた政策分野でのみ観察されるものであり、政策分野によって有力団体が異なっている[12]。福祉政策の分野では半公的な社会福祉団体が有力団体に該当するし、近年は移民政策においてもコーポラティズム的手法が採用されていることから、一部の移民団体もこれに当てはまると考えられる[13]。

　交渉するのは、政党や団体だけではない。州も重要なアクターである。シャープフが言う「網の目状の政治（Politikverflechtung）」は、この点を強調している[14]。州の利害は連邦参議院において代表されており、連邦参議院は立法過程に強い影響力を及ぼしてきた。異議申立ての権限だけでなく、同意法律については連邦参議院の過半数の賛成が必要となる。また、州首相はいわば連邦首相の候補生であり、有力者が揃っている。ほとんどの政党で下位レヴェルの基礎組織に強い権限が付与されているという事情もある。連邦にとって州は無視できない存在であり、州政府や州の党組織もまた交渉に参加するだけの影響力をもっている。

　このように、交渉と合意の範囲は極めて広い。大政党を中心に、団体や州との利害調整が行われる。これが、戦後ドイツ政治の基本的な構図である。ただ、競争民主主義的側面に注目する議論もある。レームブルッフは、政党間競争が活発だったことに注目して、戦後ドイツ政治を交渉民主主義と競争民主主義の混合形態であると主張した[15]。また、「宰相民主主義（Kanzlerdemokratie）」という表現が用いられるように、アデナウアーからシュレーダー政権までの政治について、首相のリーダーシップが強調されることもある[16]。

---

12) Vgl. Thomas von Winter/Ulrich Willems, Interessenverbände als intermediäre Organisationen, in: T. v.Winter/U. Willems (hrsg.), *Interessenverbände in Deutschland*, VS Verlag, 2007, S.13-50.
13) 統合サミットというかたちで、移民の社会統合をめぐる政策の決定過程に移民団体を取り込んでいる。当然ながら、すべての移民団体が招集されているわけではないので、福祉・労働市場政策に関するコーポラティズムとは性格が異なっている。
14) Vgl. Fritz W. Scharpf, Föderale Politikverflechtung, *MPIfG Working Paper* 99/3, 1999.
15) Vgl. Gerhard Lehmbruch, *Parteienwettbewerb im Bundesstaat*, Westdeutscher Verlag, 2000.
16) Vgl. Karlheinz Niclauß, *Kanzlerdemokratie*, UTB, 2004.

さらに言えば、政策決定様式は政策分野によって異なる。上記の例は、主に内政に該当する。これまで、外交政策は交渉民主主義の範囲の外にあると理解されてきたと言ってよいだろう。つまり、この政策分野では首相のリーダーシップが重要だと考えられてきたのである[17]。首相だけでなく、外相や首相側近も重要な役割を担ってきたという見解もあるが、ともあれ、政党、団体、州による合意が外交政策決定の基礎となっていたかと言うと、そうではない。

　以上、簡単ではあるが、戦後のドイツ政治の特徴について概観した。異なる見解もあるが、多くの論者は、交渉を通じた合意の調達という点にドイツ政治の特徴を見出していると言える。V-序で確認しているように、基本法の改正には両院での3分の2以上の賛成が必要である。したがって、「合意民主主義」、さらに言えば「大連立国家」が強く要請される政策分野だと言うことができる。事実上、CDU/CSUとSPDの大政党の合意なしに、基本法は改正されえない。また、連邦参議院でも3分の2の賛成を得る必要があることを踏まえれば、州政府の影響力も無視できない。「網の目状の政治」という観点も重要だと言えよう。

III　基本法改正の政治史——基本法制定から再統一後まで

　本節では、歴史の検討を通じて、基本法改正の政治の特徴を捉えてみたい。まず、再軍備や庇護権改正などの主要な基本法改正を検討する。次いで、連邦−州関係をめぐる基本法改正を取り上げる。

1　主要な基本法改正と政治

　すでに述べたように、ドイツは度重なる憲法改正を経験してきた。それぞれの改正の概要はV-序でまとめられているため、ここでは最低限触れ

---

17) このようなドイツ外交の特徴は、西側統合、東方外交、ドイツ再統一といった戦後の重要な出来事における首相（加えて外相と首相側近）のリーダーシップを描き出した研究から読み取ることができる。妹尾哲志『戦後西ドイツ外交の分水嶺』（晃陽書房・2011年）、板橋拓己『アデナウアー』（中央公論新社・2014年）参照。ただ、V-2章〔赤坂〕で論じられるように、リンダウ合意の際には州もまた外交政策に強く関わっていた。

るにとどめて、政治力学に焦点を絞って論じたい。

　まず、基本法が制定される際に、国民投票がなかったことに注目する必要があろう。1949年5月23日、基本法が発効したが、これはドイツの議会評議会が主導し、占領軍の軍政長官らと交渉するなかで形づくられてきたものであり、いわば政治エリートによる造形物だった。基本法には国民による直接的支持が欠けていたのであった。加えて、基本法はあくまで暫定的なものだと考えられていた点も重要である。これはドイツ再統一まで効力を発揮するに過ぎず、それゆえに「憲法」という表現は避けられたのであった。そして、あくまで暫定的なものであるということが強調されつつ、各州議会で承認されていき[18]、制定に向かっていった。後に述べるように、1960年代までの改正は、暫定的であるがゆえに不十分な基本法を十全なものに仕上げ、「完全な憲法（Vollverfassung）」にするというロジックでもって正当化されることがあった。

　1955年にドイツ連邦共和国が主権を回復することになるが、それ以前から基本法改正をめぐって激しい対立がみられた。この状況は1960年代まで続く。まずは、再軍備が議論の焦点になった。1950年代初頭、アデナウアー首相が掲げる西側統合に対して、シューマッハーSPD党首がドイツ再統一の優先を主張し、この争いは戦後ドイツの基本方針をめぐる対立となっていた。西ドイツのみを西側の防衛体制に組み込むことで、ドイツ再統一が遠のくというのがシューマッハーの立場であった。シューマッハーの死後もSPDはこの方針を堅持し、徴兵制の導入と連邦軍の設置のために基本法73条と87条を改正しようとするアデナウアー政権に対して、労働組合、教会、若者の政治運動とともに激しく抵抗した[19]。反対勢力は、最終的に連邦憲法裁判所に提訴するに至るのだが、与党は連邦議会および連邦参議院において3分の2の多数を確保していた期間に第73条を改正し、徴兵制の導入を決定した。これはCDU/CSUとSPDが対立したまま基本法が改正されたごくわずかな事例である。一方、1956年3月の連邦軍の

---

18)　唯一、バイエルン州議会だけが基本法を採択しなかった。
19)　クリストフ・クレスマン（石田勇治＝木戸衛一訳）『戦後ドイツ史 1945〜1955』（未来社・1995年）259〜270頁。

設置をめぐる基本法改正（第87条の補充）が行われたときには、SPDは賛成にまわった。国民政党を目指す改革派がSPD内部で主導権を握ったことや、シビリアン・コントロールを確立するためにSPDの軍事専門家が基本法改正に賛成していたことがその背景にあった[20]。この改正は大政党の合意に基づいて実現され、再軍備への道が開かれることになる。

　1960年代半ばにも、基本法改正に対する大規模な反対運動が起こった。すでに1950年代初頭から、連邦政府は緊急事態法に取り組もうとしていた。CDU/CSUは、ドイツ条約5条2項にある連合軍の留保権[21]を破棄し、主権を完全に回復するためにもこの改正が必要だと主張していた。しかし、すぐに実現へと動いたわけではなく、延期を繰り返して、1960年代になってようやく議事日程にのぼっていた。緊急事態法は、基本法の28もの条文を変更・破棄・補充するという、極めて大規模な改正だった。そのため、改正に対して労働組合とSPDが抵抗し、議会外反対運動も盛り上がりをみせた。なかでも学生を中心とした反対運動は活発で、彼／彼女らは非常事態において民主主義が脅かされ、基本的人権が制限されることを問題視したのであった。この政治過程において重要だったのは、SPDが政権に参加したことであろう。フォーマルな「大連立国家」が形成されることで、大政党間の合意が促進されていたのである。議会外の反対運動は収束しなかったが[22]、CDU/CSUとSPDの大連立政権は、1968年夏に基本法を改正することに成功した。しかし、SPDの全議員が基本法改正に賛成したわけではない。SPDからは53名もの議員が反対票を投じたのであった。SPDが基本的に賛成に転じたのには理由がある。それは、20条4項の追加による抵抗権の導入である。抵抗権は、「自由で民主的な基本秩序」を守るためであれば国民の「抵抗」を認めるものであった。労働組合は、

20）　大嶽秀夫『再軍備とナショナリズム』（講談社・2005年）24頁。
21）　ドイツに駐留していた連合軍の保護と安全のため、アメリカ、イギリス、フランスに有効な措置をとることを認めたものであった。緊急事態の際には、この3国の行動に対して連邦政府は従う必要があった。立法によってドイツの行政官庁が同様の権限をもつようになると、この留保権は消滅することとされていた。
22）　1968年5月11日のデモには、警察発表によれば2万人、主催者発表によれば6万人が首都・ボンに集結した。

緊急事態でも労働争議権が制限されないという譲歩を引き出したこともあって、最終段階では批判の手を緩めていた[23]。一方、野党のFDPや学生運動は政治過程の最終段階においても一貫して反対した。

　再軍備と緊急事態に関わる基本法改正は、暫定的なものとして策定された基本法の不足部分を埋め合わせるものであり、これをもって基本法が完成したと目されることもある[24]。先に述べたように、こうした改正をもって基本法が「完全な憲法」になったという理解である。そして、1970年代以降は、1960年代までとは異なる契機から、基本法改正が企図されていくことになる。この時期は、ちょうどシュテルンベルガーが「憲法愛国主義（Verfassungspatriotismus）」という語を用い始めた時期でもあり、基本法が社会に根付いていった時期でもあった。1960年代までは激しい議会外反対運動が起こったこともあったが、1970年代になると、基本法改正が国民の大規模な反対運動を引き起こすことは少なくなっていった。

　第1回目の大連立であるキージンガー政権（1966～1969年）は、歴代の政権の中で最も多い基本法改正を行った。第5立法期には、69もの条文が修正・破棄・補充されたのである。一方、1960年代末になると、改正を繰り返すのではなく、新しい憲法を策定しようとする動きも出てきた。こうした流れの中で、1970年10月には、連邦議会に調査委員会（Enquête-Kommission）が設置されることになる。調査委員会は、基本法が現在および将来の課題に応えうるものかどうか検討することを主たる目的とし、新たな憲法の制定も視野に入れていた。

　調査委員会は、7名の連邦議会議員、7名の州代表、7名の専門家によって構成された。もともと新たな憲法を制定することも含めて議論が進むはずだったが、委員は議会と政府の関係や連邦制の問題に集中したため、実際には基本法の改正ポイントを洗い出すことに主眼が置かれた。連邦大統領の公選制や連邦経済・社会政策評議会の設置など、委員会での議論の過程で様々な論点が浮上したが、それらは結局、最終的な答申には盛り込

---

23)　安章浩『憲法改正の政治過程』（学陽書房・2014年）284頁。
24)　Andreas Busch, Das oft geänderte Grundgesetz, in: W. Merkel/A. Busch (hrsg.), *Demokratie in Ost und West*, Suhrkamp, 1999, S.557.

まれなかった。答申で確認できるのは、連邦議会の自己解散権[25]、連邦全体に効力を及ぼす必要条項（Bedürfnisklausel）の拡充、州政府の立法権限の強化などである。

第6および7立法期（1969～1976年）に、調査委員会はかなり時間をかけて議論し、1976年12月に上記の内容の答申をまとめたが、これはすぐには基本法改正につながっていかなかった。この頃、政府は景気の悪化やテロとの闘争に力を注いでいたため、大規模な改革案を含んでいたにもかかわらず、この答申が注目されることはなかったのである。292頁と大部であったため、総花的であり、どこに力点があるのか判然としないという面もあっただろう。そして、この答申は14年後に日の目をみることになる。

1990年10月にドイツ再統一が成就した。よく知られているように、ドイツ再統一は基本法23条に基づいており、東ドイツの州を西ドイツに組み込むことで達成された。元来、基本法は暫定的な性格を有しており、第146条は、ドイツ再統一によって基本法が効力を失い、新たな憲法が制定されるとしていた。だが、西ドイツが東ドイツを組み込むかたちで再統一がなされることによって、基本法の部分的修正で済むことになった[26]。再統一に際しては、基本法の前文が改正され、その暫定的性格が改められた。しかし、再統一後、新しい憲法を作る必要性も含めて、再び基本法の問題点を探るという機運が高まっていた。統一条約はその第5条で、ドイツ再統一に際して生じた問題群を解決するためにも、再統一後2年の間に基本法を改正するよう勧告していた。その問題群とは、連邦と州の立法権限分担が不明瞭であること、州の再編が困難であること[27]、そして憲法改正に関する国民投票がなかったことを指していた。

こうして、共同憲法委員会（Gemeinsame Verfassungskommission）が立ち上

---

25) 連邦議会の4分の1の議員によって発議され、3分の2の賛成をもって実施されうるという案が示された。
26) 再統一に際して、146条方式と23条方式のどちらをとるかをめぐって激しい対立がみられた。詳細については以下の文献を参照されたい。ハインリヒ・アウグスト・ヴィンクラー（後藤俊明ほか訳）『自由と統一への長い道Ⅱ』（昭和堂・2008年）529～534頁。
27) 再統一に際して、ベルリン州創設のために旧東ドイツのベルリン／ブランデンブルクを切り分けたことにより、州の再編が再び議論を呼んでいた。

がり、基本法の総点検をすることになった。ここで注目されたのが、前述した調査委員会の答申であった。ただ、共同憲法委員会と調査委員会の委員構成は大きく違っており、共同憲法委員会は16名の連邦議会議員と16名の連邦参議院議員、合計32名の政治家からなっていた。州政府代表や専門家を含んでいた検討委員会とは、委員の顔ぶれは大きく異なっていた[28]。

共同憲法委員会では、政党間の選好の違いが明白に表れた。緑の党とSPDは新たな憲法の制定を目指したが、その一方で、当時の与党であるCDU/CSUとFDPはそうした動きに同調せず、基本法の修正で足りると考えていた[29]。緑の党の代表であるウルマンが議論の過程で委員職を辞したことにみられるように、政党間の対立は容易に解消できるものではなかった。ただ、答申に盛り込むためには委員の3分の2の賛成が必要になることもあり、政党は次第に合意志向になっていく。その結果、基本法を大幅に変更しようという目論見はことごとく除外されることになった。たとえば、社会権の創設と直接民主主義制度などがこれに該当するだろう。社会権について述べれば、ドイツが誇る社会保障制度の基礎となっていた「社会的な国家」について、現行の基本法はその内容に踏み込んでいなかった。そのため、SPDがより具体的に社会権を設定するよう主張していた。だが、結局、これは実現されないままに終わったのであった。直接民主主義制度がないことも、長らく基本法の問題とされてきた。だが、直接民主主義に否定的な「基本法の父たち」の意見を重くみたこともあり、結局は答申に盛り込まれなかった。また州首相が反対したことから、連邦と州の財政関係を再編しようという試みも頓挫した。こうした経緯から、その答申は、競合立法や枠組立法の修正など、小幅な改革を提案するにとどまった。共同憲法委員会での基本法改正論議は注目を集めていたわけでもなく、国民的な議論は起こらなかった[30]。

一方、再統一前後に激しい対立がみられた事案もあった。それが、庇護

---

28) Busch, Verfassungspolitik, S.37-38.
29) 北住炯一『ドイツ・デモクラシーの再生』(晃洋書房・1995年) 119～122頁。
30) 近藤潤三『統一ドイツの政治的展開』(木鐸社・2003年) 35～38頁。

権、つまり基本法16条の改正である。再統一を挟んで、急速に庇護権申請者が増加しており、第16条の改正が議事日程にのぼっていた。すでに1986年の段階でCDU/CSUが「庇護権濫用（Asylmissbrauch）」というスローガンを打ち出しており、庇護権が適用されてはいるが、実際には経済的な理由によりドイツに流入する難民が数多くいると主張していた。これを防ぐため、CDU/CSUは庇護権の制限を議論していたが、時のコール政権が本格的にこれに取り組む姿勢をみせた。これにはSPDのみならず、緑の党、人権団体、労働組合、教会、そしてFDPの一部の議員が強く反対した。度重なる交渉の末、最終的にCDU/CSU、FDP、SPDの間で合意がみられる。1992年8月のSPD党大会で、エングホルム党首がこれまでの党の基本方針を覆し、庇護権の制限を支持すると表明し、「庇護権合意（Asylkompromiss）」が成立する。EUが進める域内自由移動政策が難民の流入を促しており、ヨーロッパ全体の安全保障の問題にも関わることから、ドイツの庇護権もEUの政策に適合させる必要があるという与党の主張に引きつけられるかたちで、SPDは庇護権改正に賛成することになった[31]。議決が予定されていた1993年5月26日、首都・ボンには5万人が集結し、反対行動を行ったが、CDU/CSU、FDP、SPDの賛成により改正法は可決された[32]。緊急事態法以来、議会および議会外で非常に激しい反対運動がみられたケースだった。

　以上、主要な基本法改正を概観した。ここからどのような特徴が見出せるだろうか。最も重要なのは、基本法改正の政治過程ではときに激しい対立が見受けられるものの、大政党が辛抱強く交渉し、合意を作り上げながら、改正が行われてきたということである。改正には両院で3分の2以上の賛成が必要だったという背景もあるが、CDU/CSUとSPDが与野党に分かれている場合でも、ほとんどの場合、最終的には合意が調達されてきた。暫定的であった基本法を「完全な憲法」にするという目的をもっていたと理解される1950～1960年代の改正（連邦軍の設置と緊急事態法）でも、

---

31) 昔農英明『「移民国家ドイツ」の難民庇護政策』（慶應義塾大学出版会・2014年）49～50頁。
32) 近藤潤三「戦後ドイツの街頭政治について」社会科学論集（愛知教育大学地域社会システム講座）44号（2006年）202頁。

庇護権の制限を伴う第16条の改正でも、議会および議会外で激しい反対運動が巻き起こった。しかし、徴兵制を除けば、最終的には大政党間合意を基礎として基本法が改正されている。

2　連邦−州関係をめぐる基本法改正と政治

次節の政治過程の事例分析では、第１次メルケル政権による連邦制改革等を検討するが、それに先立って、ここではまず連邦−州関係に関わる基本法改正の政治史についてまとめておきたい。連邦と州の関係は、戦後ドイツの基幹的政治制度と位置づけることができ、州の再編、立法権限の配分、財政調整など多様な論点を含んでいる。

現在、ドイツには16の州があり、州の構成原理は基本法29条１項に明記されている。旧西ドイツでは、州の構成は、連合国の占領地区に基づき、占領軍の意向に従うかたちで決められていった[33]。多くの場合、歴史的な背景は考慮されることなく、異なる大きさ、人口、経済力をもった州が作られることになった。議会評議会は占領軍の案に不満を抱いていたが、メンバー間の意見の相違から、独自案をまとめるには至らなかった。こうして旧西ドイツでは11州が成立した[34]。

ドイツ側は、連合国主導の州の構成に満足していなかったため、基本法が公布されるとすぐに行動を開始する。1952年には連邦議会に「ルター委員会」が組織される。正式な名称は「連邦国家の新編成に関する専門家委員会」であり、その名の通り、州の構成を含む連邦−州関係の再編を目指すものだった。しかし、ルター委員会は、委員間で意見の対立があったため、現行の州の構成で問題ないという判断を下すことになり、州を新たに再編する必要性はないとの結論を出した。

1970年代、この問題が再燃する。1973年、「エアンスト委員会」が設置

---

33)　連邦制構築の経緯については、今野元「戦後ドイツ連邦制の誕生」権左武志編『ドイツ連邦主義の崩壊と再建』(岩波書店・2015年) 208〜230頁参照。
34)　なお、旧東ドイツでは５つの州が存在しており、のちに廃止されることになる。1990年のドイツ再統一の際に、基本的にはこれを復活させるかたちで州が構成されることになった。ベルリン州を作り出すため、旧東ドイツのベルリン／ブランデンブルク地域については一部州境の変更があり、こうして、現在のドイツでは16の州が存在している。

された。エアンスト委員会は、現行の11州を10または5に削減するという大胆な提言をまとめた。経済力、人口規模、面積などに配慮して作成された案であったが、結局、この案が州境の変更をもたらすことはなかった。政府が消極的な姿勢を示したのがその理由だが、これに影響を及ぼした出来事として、1975年のニーダーザクセン州における住民投票を挙げることができよう。1969年の基本法29条の改正によって、州の新編成に関しては住民投票を行うことになっていたのだが、ニーダーザクセン州での投票で住民の多数がオルデンブルクとシャウムブルク＝リッペという旧来の地域の復活を望んでいることが明らかになったのである。より小さい単位で州を編成したいという住民の要望は、エアンスト委員会、ひいては連邦政府の意向とは相容れないものであった。こうして、連邦政府は、州をより大きくするかたちで再編することは難しいと判断したのであった。また、州が削減されることについて、連邦参議院で強い反対意見が出ていた。州政府は現行のポストや職務が減らされることに抵抗し、一部の州では住民運動にまで発展していった。結果として、政府は州の新編成を諦めざるをえなかった[35]。

　新たに州を編成するという権限は、これまで活用されたことはない。ドイツ再統一の際、経済的に脆弱な東部の州が新たに連邦共和国に加わることになり、州の間で財政上の不均衡が生じる恐れがあるため、州の再編問題が再度浮上するという出来事があったが、これも結局は実現されないままに終わった。ベルリン州とブランデンブルク州を統合するという計画が1996年に失敗に終わってからも、このテーマへの関心は失われていないが、16州は存続したままになっている。

　連邦－州関係をめぐる基本法改正において、州の再編のみが議論されてきたわけではない。たとえば、連邦と州の立法権限の配分や財政構造もまた注目を集める論点だった。ここでは、財政に関してみてみよう。連邦と州の財政は基本法第10章で定められているが、当初、第107条では3年の

---

35) 州を新たに編成する場合に、住民投票を行うことについては、1976年に基本法29条が再び改正されることによって、「行うこともできる」と修正されることになった。Busch, Verfassungspolitik, S.43-44.

期限付きで連邦と州の税収配分が決まっていたに過ぎなかった。あくまで暫定的な措置だったと言える。これは二度の延長措置を経て、1955年12月の第106条と第107条の基本法改正によって大きく変更されることになる。この基本法改正をめぐる政治過程において、連邦は、州税であった所得税・法人税を連邦と州の共同税とし、財源の拡大を図る一方で、連邦による垂直的財政調整を拡大すると主張した。これに対して多くの州が反発したが、結局のところ、CDU/CSUとSPDによる協力と、連邦が財政的に弱体な州に支援策を用意することによって、連邦の要望を基本的に取り込むかたちで基本法改正が実現された。しかし、州税を共同税にすることによって連邦の税収拡大をもたらす改革に対しては、とりわけ財政的に強力な州が不満を募らせていた。また、1955年改革が州財政の持続的安定性をもたらしたとも考えられていなかったため、連邦－州の財政構造は時代の変化とともに修正されるべき対象として捉えられるようになった[36]。その後、1960年代後半から連邦は経済的に脆弱な州に対する財政支援を拡大していくことになる。キージンガー政権下で行われた1969年の基本法改正（財政改革法）によって、CDU/CSUとSPDは垂直的な財政調整、すなわち連邦補充交付金を拡大し、水平的な財政調整制度を補完することとした。加えて、税源結合の促進を通じて、州間の財政力格差を是正するという措置も実施された[37]。その政治過程では、連邦参議院で経済的に弱体な州（ニーダーザクセン州など）と強力な州（バーデン＝ヴュルテンベルク州など）との間で紛争が巻き起こったのであるが、二大政党が一貫して協力することによって改正が実現された。その結果、売上税が共同税となり、さらなる税源結合が実現され、これは各州の「財政需要」を加味して州に配分されることになった。1969年の基本法改正は、財政的に脆弱な州の財政基盤を強化することになり、こうした州が改正を支持したことによって成就したのであった。そして、1993年には水平的な財政調整、つまり州間の財政調整が危機に陥ったため、垂直的な財政調整制度が修正され、さ

---

36) ヴォルフガング・レンチュ（伊東弘文訳）『ドイツ財政調整発展史』（九州大学出版会・1999年）177～234頁。
37) レンチュ・前掲注36) 349頁。

らに2001年にも修正が加えられている。

　連邦と州の関係は、長らく基本法をめぐる重要な争点になってきた。しかし、総じて言えば、その政治過程は平穏だったと言ってよい。もちろん、州と州、連邦と州が対立し、政治過程が混乱することはあった。だが、1でみてきたように、再軍備、緊急事態、庇護権をめぐる基本法改正は団体や国民を巻き込んだ激しい対立を惹起しており、それと比較するなら、連邦 − 州関係の改革ではそれほど大きな対立が生じてきたとは言えない。この違いはどこから生まれるのだろうか。一点、指摘できることがあるとすれば、再軍備、緊急事態、庇護権は、戦後ドイツの国家としての方針を示す「原理」や「価値」であり、権利章典に関わるものだということである。再軍備は戦争と平和、緊急事態は基本的人権、庇護権は人権と並んでナショナリズムや国家の開放性と関わっている。連邦制が原理ではないと言い切れない面もあろうが、権限や財源の配分が争点化してきたことを踏まえると、より「ルール」としての性格が強いと考えられる[38]。まとめると、戦後ドイツ国家の原理・価値や権利章典に関わる基本法改正は、ナチズムの反省とも関わるため、世論の注目を集め、議会内外での反対運動も起こるが、連邦制のような「基幹的政治制度」に関わる改正についてはそうではなかったと言えるだろう。そして、原理とルール、どちらの改正であっても、大政党間、すなわちCDU/CSUとSPDの合意が基本法改正の動力源となってきたのである。

Ⅳ　基本法改正の政治過程——第1次メルケル政権の改革

　本節では、基本法改正の政治過程を検討する。ここでは、多くの基本法改正に取り組み、第1次・第2次連邦制改革という大規模な基本法改正を行った第1次メルケル政権に注目したい。第1次メルケル政権は2005年11月22日に発足し、2009年10月28日まで続いた。CDU/CSUとSPDによる大連立政権であり、キージンガー政権に次ぐ二度目の大連立である。

---

38)　「原理」と「ルール」の区別については、Ⅰ-2章〔駒村〕参照。

第1次メルケル政権は6つの基本法改正を行い、これは再統一後の政権の中で最多である。戦後を通じてみても、キージンガー政権（1965～1969年）に次いで多い。

それでは、まず、第1次メルケル政権の基本法改正の全体像をデータから眺めてみることにしよう。

1　基本法改正の概観

第1次メルケル政権期には、28の基本法改正法案が連邦議会ないし連邦参議院に提出された[39]。これは再統一後の立法期の中で最多である。第1回目の大連立政権（キージンガー政権）でも22に過ぎなかった。連邦と州の財政関係に関わる検討を任された共同委員会はいくつかの改正案を廃棄したのだが、これはカウントされていない。これを含めるとさらに多くの基本法改正が企図されていたことになる。

第2回目の大連立、すなわち第1次メルケル政権下では、実際に6つの基本法改正が行われた。改正数は再統一以後でみると最多だったが、第1回目の大連立、すなわちキージンガー政権期の12には達しなかった。その一方で、条文改正は非常に多かった。第1次連邦制改革のみで21もの条文改正があったし、4つの条文追加があった。さらに、49の文言の修正があった。これだけの数の文言修正は、第12立法期（1990～1994年）全体に匹敵する[40]。

第1次メルケル政権による基本法改正の多くは、連邦と州の権限配分、財政、予算、税収をめぐって実施された。これは、再統一以前より争点となってきたポイントである。その証拠に、第1次連邦制改革で行われた21の条文改正・補充のうち、初めて手がつけられた条文は4つに過ぎず、9つは2回目の改正・補充であり、8つはすでに2回以上の改正・補充であった。

39）　28の改正法案のうち6つはFDPから、5つは左翼党から、そして4つは緑の党からであった。これまでの立法期と比べると、野党が活発であった。

40）　Astrid Lorenz, Neue Muster der Verfassungspolitik unter der Großen Koalition?, in: C. Egle/R. Zohlnhöfer（hrsg.）, *Die zweite Große Koalition*, VS Verlag, 2010, S.436-437.

第16立法期（2005〜2009年）の基本法改正を成立率の面からみてみよう。連邦政府、連邦議会、連邦参議院から提出された基本法改正法案のうち、31.8％が可決されたため、これは従来（第1〜15立法期）の17.6％よりはるかに高かった。野党から提出された法案をみると、FDPが提案したものだけが可決された。これはリスボン条約に関わる基本法の改正であった。連邦政府から提出されたものは1つだけであった。1つだけではあるが、100％の成立率である。第15立法期まで、政府提出の基本法改正法案の成立率は72.5％だったため、第16立法期のそれは高かったと言える。

　これらの改正が実際にどれだけの賛成を集めたのだろうか。連邦議会における賛否の票数をみてみよう（表1参照）。最も多くの賛成を集めたのが、自動車税改革をめぐる基本法改正であった。これは連邦議会で100％の賛成票を得ている。リスボン条約承認に伴う基本法改正も90.1％の賛成を集めた。この改正法案は、連立与党がFDPや緑の党と協力して提出したものであり、多くの賛成を集めたのは驚くべきことではない。その一方で、反対・棄権が多くみられた改正もある。たとえば、第1次・第2次連邦制改革が挙げられる。第1次連邦制改革は72.3％、第2次連邦制改革は72.7％の賛成を得たに過ぎなかった。これらの基本法改正においては、連立与党の内部からも反対・棄権があったし、FDPの一部の議員が第2次連邦制改革に賛成票を投じたものの、基本的に野党は反対であった。

表1　連邦議会における基本法改正への賛否　　　　　　　　　　（単位：％）

	賛成	反対	棄権
第1次連邦制改革	72.3	27.2	0.5
リスボン条約承認に伴う改正	90.1	1.4	8.5
自動車税	100.0	0	0
航空行政	81.7	10.5	7.8
議会統制委員会	84.3	10.2	5.5
第2次連邦制改革	72.7	19.0	8.3
第1次メルケル政権期の平均	83.5	11.4	5.1
第1〜15立法期の平均	94.2	4.8	1.0

出典：Lorenz, *op. cit.*, S.440より作成。

　では、連邦参議院における議決はどうだったのか。基本法改正に必要な票数は46である。結論から言えば、連邦参議院で多くの反対票が投じら

れることは稀であった。事前に、両院の委員会や協議会などの場で利害調整が行われていたからである。第1次連邦制改革に対しては、メクレンブルク＝フォアポンメルン州が反対し、シュレスヴィヒ＝ホルシュタイン州が棄権したものの、それ以外の州は賛成にまわった。議会統制委員会（Parlamentarisches Kontorollgremium）の設置をめぐる改正にあたっては、緑の党とFDPが参加している州政府が棄権したが[41]、賛成票57で可決された。第2次連邦制改革では、厳しい財政状況にあるベルリン州、メクレンブルク＝フォアポンメルン州、シュレスヴィヒ＝ホルシュタイン州が棄権した。航空行政に関わる改正では、バーデン＝ヴュルテンベルク州とベルリン州が棄権したが、59の賛成票でもって可決された。連邦参議院で賛否が大きく割れるということはなかったことがわかる。

　以上で、データに基づいて第1次メルケル政権期の基本法改正を概観した。以下では政治過程を分析していく。

2　第1次・第2次連邦制改革の政治過程

　前述の通り、連邦制改革は、戦後最大規模の基本法改正であった。21もの条文改正を伴い、49もの文言が修正されたのである。連邦制改革にとって重要だったのは、すでに1990年代後半に、CDU/CSUとSPDの間で、連邦‐州関係の再編の必要性が認識されていたことである。その背景には、再統一後、連邦議会と連邦参議院で異なる政党が多数派を形成し、そのねじれが政策決定を困難にしているという事情があった。連邦議会と連邦参議院における与野党の勢力図をみてみると、1990～2005年に与党が参加した州政府の数は合計で41にしかならず、州政府全体の半数に過ぎなかった。1969～1990年には、連邦と同様の連立か、与党の一部が参加した州政府は全体の89.1％を占めていた。再統一後、連邦参議院においては与党の力は弱まっていたと言えよう。1990年代半ば以降、ドイツでは「改革の停滞（Reformstau）」と言われる状況が立ち現れ、改革が遅々として進まないことに対する批判がみられた。これは連邦参議院で優位に立

---

41)　棄権したのは、バイエルン州、ブレーメン州、ハンブルク州だった。

つ野党が政策をブロックしたために生じたのだった。また、州の間では財源配分や立法権限をめぐる不満も根強く存在していた。前述Ⅲ2でみたように、経済の面で成功している一部の州は、連邦からの自律性を高めたいと考えていた。このような事情から、改革の方向性はともかく、連邦制改革の必要性それ自体については、二大政党の間でも、州と連邦の間でも一定の合意がみられた[42]。その際、大政党がとりわけ重視したのが、同意法律の削減であった。つまり、連邦参議院の過半数の賛成が必要とされる法案を減らし、連邦議会単独で政策を決定できるような仕組みに変えるということであった。

　こうして、基本法84条1項が注目を集めることになる。これは、しばしば同意法律の根拠を提供してきた。84条1項は、州に新しい行政費用を発生させる連邦法、あるいは既存の州法に代わる連邦法の制定については、連邦参議院の同意が必要と定めている。これを改正することで、連邦参議院の政治的影響力を弱めるというのが、第1次連邦制改革の主眼であった。同意法律の根拠に関する研究をみてみよう。デストナーは、1981年から1999年の期間、全同意法律の58.1％が84条1項に基づいていたという調査結果を公表している[43]。ゲオルギーとボルハニアンの研究によれば、1998年から2005年の全同意法律のうち55％が84条1項に基づくものであった[44]。いずれの研究でも、同意法律の半数以上が84条1項を根拠としていることが明らかになっている。

　第1次連邦制改革の端緒は、すでに2003年時点、つまりシュレーダー政権下で切られていた。2003年10月に、連邦議会と連邦参議院が共同して発足させた「連邦国家の現代化委員会」は、連邦と州の立法権限や財政関係などの事案を検討することを目的としていた。代表は、CSUのシュトイバーとSPDのミュンテフェリングという二大政党の重鎮が務めていた。この委員会は連邦制委員会と呼ばれ、連邦参議院の影響力を弱めるた

42）　Vgl. Fritz W. Scharpf, *Föderalismusreform*, Campus, 2009.
43）　また、28.5％が105条3項に基づく同意法律であった。Christian Dästner, Zur Entwicklung der Zustimmungsbedürftigkeit von Bundesgesetzen seit 1949, *ZParl* 32(2), 2011, S.296.
44）　Harald Georgii/Sarab Borhanian, *Zustimmungsgesetze nach der Föderalismusreform*, Wissenschaftlicher Dienst des Deutschen Bundestages, 2006, S.40-41.

めの一連の計画が議論された。そこでの議論に影響を及ぼしたのが、連邦憲法裁判所であった。連邦憲法裁判所は、2004年7月に、若手教授職（Juniorprofessur）に関する判決を出していた。その内容は、連邦が若手教授職に関して規則を設けることが州の権限を侵しているというものであり、この判決によって教育政策における州の自律性が高まったのである[45]。連邦と州は、同意法律を削減することについて、暫定的ではあるが合意していたが、その後、まさに教育権限の問題が浮上した。州は、高等学校への規則の確定について州が権限を保持することを主張し、連邦との間で意見が一致しなかった。結局、選挙が迫っていたこともあり、前述の合意は水泡に帰すことになった[46]。2004年12月、結論を出さないまま、連邦制委員会は閉幕した。連邦制委員会は成果を出せずに終わったが、注目すべきは、その後も大政党幹部間の交渉は続けられ、そこでの合意がその後の連邦制改革を方向づけたことである。シュトイバーとミュンテフェリングは、同意法律を削減することと、教育政策分野において連邦がより多くの権限をもつことで一致しており、二大政党が協力して基本法改正に取り組むことを確認していたのだった[47]。

　2005年11月、第1次メルケル政権が発足する。大連立政権は実行力を示す必要に迫られており、二大政党が協調できることをアピールしなければならなかった。そして、連立協定では、連邦制委員会での議論の詳細が述べられ、同委員会と同様の目標が掲げられることになる。連邦政府は、州政府との調整を通じて構想を練り、これを基にして基本法を改正するという方針を示した[48]。SPDでは、ミュンテフェリング党首の辞任によって、後任のプラツェックとベックがイニシアティブを握っていた。彼らは、教育権限の問題については、州政府との合意を志向する姿勢が明白であった。一方、CDU/CSUは州首相との交渉の末、2006年5月に草案を準備する

---

45) Lorenz, *op.cit.*, S.442.
46) Werner Reutter, "Grand Coalition State", Große Koalition und Föderalismusreform, in: S. Bukow/W. Seemann (hrsg.), *Die Große Koalition*, VS Verlag, 2010, S.90.
47) FAZ 14.4.2005.
48) CDU/CSU/SPD, *Gemeinsam für Deutschland – mit Mut und Menschlichkeit*, 2005, S.168-224.

に至った[49]。こうして、州の要望が取り入れられていくことになる。たとえば、高等学校については連邦が追加的な補助金を交付することになったし、104a条4項の改正も決まった。104a条4項改正により、「第三者に対する金銭、金銭的価値のある現物、またはそれに準ずるサービスを提供するために、州の義務が根拠づけられる」場合には連邦参議院の同意が必要になった。つまり、84条1項改正の代償として、政府の意図とは逆に、同意法律を増やす効果をもちうる改正も行われることになったのである。また、教育政策にとどまらず、刑の執行と公務員給与の決定が州の権限とされた。その後、連邦議会で公聴会が開催され、法案はいくつかの点で修正された。大気汚染の防止、刑の執行、行政手続などの競合的規制や、地域を越えた研究計画など共同任務がその対象となった。こうした修正が施されたのは、SPDの一部の議員が反対の声を上げていたからであり、その要望の多くは受け入れられることになった。一方、野党からの修正要求は無視されたのであった[50]。迅速な立法が目指されていたため、審議期間はわずか4か月であった。しかし、度重なる修正を経たものの、採決の数日前になってもSPD議員40名が反対しているということが明らかになり、与党に緊張が走った[51]。連邦議会の採決は2009年6月30日だったが、粘り強い交渉の末、同月28日には法務委員会で改革案が承認されることになる。同委員会では、SPD議員の反対は2名にとどまった。連邦議会での議決にあたっては与党からSPDを中心に20名の反対・棄権が出た。しかし、賛成が428票、反対が162票、棄権が3票であり、こうして連邦制改革は連邦議会を通過した。連邦参議院では、メクレンブルク=フォアポンメルン州が反対し、シュレスヴィヒ=ホルシュタイン州が棄権したのだが、3分の2以上の多数から賛成を得て（全体69票のうち62票）、改革は成就した。こうして84条1項が改正されたことによって、全法案に占める同意法律の割合は低下していくことになる。

　しかし、連立与党は、第1次連邦制改革でもって改革が終わったとは考

49) Scharpf, *Föderalismusreform*, S.104f.
50) BT-Drs. 16/2069.
51) FAZ 30.6.2006.

えていなかった。いくつかの問題は、第1次連邦制改革では手つかずのままだった。先の連邦制委員会は、同意法律削減と同様に行政権限財政関係の再編も視野に入れており、連邦と州の共同任務の削減、連邦から州への財政援助に関する要件の厳格化、州独自の財源の強化を計画していた[52]。連立協定では、ドイツ内外の情勢、とりわけ経済成長と雇用政策に対応するように連邦制が改革されるべきだと書かれており、課題を解決するに十分な財政的手段を州に提供すると述べられていた[53]。これらの改革は着手されていなかった。

　2006年12月の連邦議会と連邦参議院による議決を受けて、2007年3月に第2次連邦制委員会が設置された。この委員会は、連立協定の内容に沿った改革を行う意思をみせた[54]。第2次連邦制委員会には、連邦議会と連邦参議院から16名ずつが選出された。このうち、連邦政府の閣僚は4名であった。連邦参議院からの委員は、連邦参議院で選出された。これに加えて、4名の州政府代表が委員会に入ったが、彼らには投票権はなかった。また、4名の州政府代表はそれぞれ3名の自治体連合組織代表者を委員会に参加させることができたが、彼らにも投票権はなかった。共同委員長には、SPDからシュトルックが、CDUからはエッティンガーが選出された。再び、二大政党の協力によって改革が進められていくことになる。

　第2次連邦制改革における連立与党の目的は明確であった。それは、財政赤字の削減である。その背景には、EUレヴェルでの政策展開があった。2005年にEU加盟国によって安定・成長協定が改訂されており、各国財政への拘束力が強化されていた。加盟国は、単年度赤字国債発行3％と累積公債発行残高60％（ともに対GDP比）をより厳格に守る必要があった。連立与党は、この安定・成長協定を盾にして、連邦制改革を機に財政赤字を減らそうと目論んでいたのである。経済的に豊かで、水平的財政調整で多額を拠出している州政府にとっては、より多くの財源を確保し、独自の

---

52)　山口和人「ドイツの第二次連邦制改革（連邦と州の財政関係）(1)」外国の立法243号（2010年）4頁。
53)　CDU/CSU/SPD, *op.cit.*, S.109.
54)　BT-Drs. 16/3885.

歳出の余地を拡大することが大きな関心事であり、改革を契機にこれらを実現しようと企図していた[55]。しかし、州の間で意見が割れていたため、税制権限については合意が難しい状況だった。そのため、第 2 次連邦制委員会はいわゆる「赤字ブレーキ（Schuldenbremse）」の問題に注力するようになる。つまり、財政規律の強化と信用調達の制限を主題とするようになっていった。その背景には、連邦憲法裁判所が2007年判決によって起債規律の強化を立法に求めていたという事情もあった[56]。2008年の 6 ～ 7 月、第 2 次連邦制委員会において、CDU/CSU と SPD の議員は景気に応じた新規債権の発行や、自然災害や緊急事態における例外条項についても考慮するという提案を行い、闇雲に財政規律を強化するわけではないことをアピールした[57]。州首相は、州の財政赤字問題を克服するためには、連邦による州への財政支援の拡大についても議論しなければならないとした[58]。

　リーマン・ショックに端を発する経済危機により、政権与党は赤字ブレーキの必要性をより強く認識するようになった。経済危機に対応して策定された景気対策パッケージには多額の予算がつぎこまれることになったが、この政策に関して有権者の理解を得るためにも、堅実な財政運営を実行するという姿勢を示す必要があった。CDU/CSU と SPD は、譲歩してでも、州政府や野党と合意できる内容を模索した。こうして、新規公債発行に関する規制は、当初と比べて緩やかなものになり、CDU が考案していたものよりは遅れて実施されることになった。というのは、野党はもとより、SPD の一部もこれに反対しており、加えて財政的に脆弱な州も異論を唱えていたからである[59]。一部の州政府は、連邦憲法裁判所への提訴も辞さない姿勢を示していた。連立与党が譲歩を繰り返した背景には、ヘッセン州での州議会選挙で敗北したという事情もあった。2009年 2 月から、連

---

55) Günter Dannemann, Probleme der Föderalismusreform Ⅱ, *Verwaltung und Management* 13(4), 2007, S.176-184.
56) 石森久広「ドイツにおける憲法上の起債制限規律に基づく司法的コントロール」西南学院大学法学論集45号 1 巻（2012年）35頁。
57) K-Drs. 123.
58) K-Drs. 125.
59) FAZ 5.2.2009.

立与党は連邦参議院で過半数を失っていた。一方、FDPは、次回連邦議会選挙後にCDU/CSUとの連立を望んでいたこともあり、連立を組んでいたバイエルン州、バーデン＝ヴュルテンベルク州、ノルトライン＝ヴェストファーレン州、そしてニーダーザクセン州においては、与党と共同歩調をとることを決めていた。連邦議会ではFDPは与党の連邦制改革案に反対していたため、党内で抵抗がみられたが、FDP幹部は改革に賛成するという方針を貫徹した[60]。こうして、第2次連邦制改革が成立する見込みとなった。2009年5月29日、連邦議会において、賛成418、反対109、棄権48で改正法が可決された。6月12日には、連邦参議院において、賛成58、棄権11で可決された[61]。こうして、基本法に起債制限規定が盛り込まれ、連邦と州の財政状況を監視する制度も設けられることになった。自然災害や緊急事態には例外として起債の増額が認められてはいるが、長期的な財政均衡を目指す仕組みが作られたのである[62]。

では、連邦制改革はどのような効果を及ぼしたのだろうか。より広範な基本法改正を伴った第1次連邦制改革について簡単にみておきたい（表2参照）。表で示されているように、改革後、同意法律の数は大きく減少した。改革の前後をみると、第1次連邦制改革前の第16立法期では56.8％であり、その後の同立法期では39.6％である。全法案に占める同意法律の

表2　統一後の同意法律／全法案の割合　　　　　　　　　　　（単位：％）

立法期	第12立法期 (1990-1994)	第13立法期 (1994-1998)	第14立法期 (1998-2002)	第15立法期 (2002-2005)	第1次連邦制改革前の第16立法期 (2005.11-2006.8)	第1次連邦制改革後の第16立法期 (2006.9-2009.9)	第17立法期 (2009-2013)
同意法律の割合	56.6	59.2	54.8	50.5	56.8	39.6	38.8

出典：Iris Reus/Reimut Zohlnhöfer, Die christlich-liberale Koalition als Nutznießer der Föderalismusreform? in:R. Zohlnhöfer/T. Saalfeld（hrsg.）, *Politik im Schatten der Krise*, VS Verlag, 2015, S.246-247; Reimut Zohlnhöfer, Endlich Durchregieren? Die Effekte der Föderalismusreform I auf die Wirtschafts- und Sozialpolitik, in: J. v.Blumenthal/S. Bröchler（hrsg.）, *Föderalismusreform in Deutschland*, VS Verlag, 2010, S.141-142.

60）　FAZ 27.3.2009.
61）　ベルリン州、メクレンブルク＝フォアポンメルン州、シュレスヴィヒ＝ホルシュタイン州が棄権にまわった。
62）　渡辺富久子「ドイツ第二次連邦制改革（連邦と州の財政関係）(2)」外国の立法246号（2010年）95頁。

割合は、改革を挟んで17％程度も下がった。第17立法期をみると、その割合は38.8％であり、戦後の全立法期の中で最低である。

　ただ、第１次連邦制改革による同意法律削減効果に疑問を呈する研究もある。ツォールンヘファーは、シュレーダー政権（1998～2005年）以前に第１次連邦制改革が行われたという反実仮想を行い、同政権の同意法律がどれほど削減されるのかについて分析している。その結果、確かに同意法律は削減されるものの、それはルーチン的に決定される法案が多いことがわかった。論争的な政策は依然として同意法律のままであるとされる。より重要なのは、育児施設建設法のような重要法案が非同意法律から同意法律に変更されることである[63]。これは、州の要望を受けて104a条4項が改正されたことに起因している。総じて言えば、確かに同意法律は減少したが、連邦制改革の効果は依然として不明瞭な部分もあると言えよう[64]。

　それでは、第１次・第２次連邦制改革の政治過程から、どのような含意を得られるだろうか。連邦制改革はいわば基幹的政治制度の修正と理解できる。まず指摘すべきは、二大政党の合意が基本法改正の推進力となった点であろう。連邦制委員会および第２次連邦制委員会の代表は二大政党の重鎮である政治家に任され、彼らの主導のもとで改革が進められてきた。その委員会で、同意法律の削減や赤字ブレーキの設定という、改正の大枠ができあがっていったのである。また、長年にわたって議論を積み重ねてきたという特徴も指摘できよう。二大政党が交渉を始めてから連邦制改革が終わるまで、実に６年の歳月がかかっている。連邦制改革には州の同意も不可欠だったが、委員会での長期にわたる交渉と代償（高等学校への追加的補助金や起債制限の例外規定）を支払うことによって、合意を得ることに成功した。そして最後に言及しておきたいのは、連邦憲法裁判所が果たした役割である。連邦憲法裁判所は基本法改正の政治過程に大きな影響を及ぼした。連邦憲法裁判所の判決によって、教育政策における州の自律性が確

---

63) なお、この法案には連邦参議院は同意していなかった。同意法律であれば、廃案となった可能性が高い。Zohlnhöfer, *op.cit.*, S.146-147.
64) 同意法律削減効果の詳細については、以下の拙稿を参照されたい。近藤正基「集権化する連邦制？」秋月謙吾＝南京兌編『地方分権の国際比較』（慈学社・2016年）157～178頁。

認されたこともあり、第1次連邦制改革はいったん頓挫することになった。第2次連邦制改革で連立与党が譲歩を繰り返したのは、州が連邦憲法裁判所に違憲審査を申請する可能性があったからである。

3 リスボン条約承認に伴う基本法改正と自動車税改革の政治過程

　第1次メルケル政権が取り組んだ基本法改正は他にもある。ここでは、リスボン条約承認に伴う基本法の改正と、自動車税改革の政治過程について検討する。

　第1次メルケル政権の重要な政策目標のひとつに、ヨーロッパ統合のさらなる促進があった。欧州憲法条約の推進については、すでにシュレーダー政権下で二大政党が尽力してきたところであった。フランスとオランダでの否決によって、この流れは停滞していたものの、CDU/CSU と SPD は意欲を失っていなかった。欧州憲法条約の内容を引き継いだ条約が、EU の民主化に寄与し、その活動範囲を拡大し、EU をさらに効率的な組織へと変え、政策決定の透明性を高めるという認識があった。そして、2007年前半期にドイツが議長国になった際、欧州憲法条約の内容を引き継いだリスボン条約の策定を推し進め、2007年12月に連邦政府はリスボン条約に調印した。この条約は、すでに失敗に終わっていた欧州憲法条約の大部分を引き継いでいた。

　リスボン条約は、EU 加盟国の議会に EU 機関に対する直接的な影響力を認めるものだった。ドイツの議会にも EU の立法行為への意見表明権などが承認されていた。連立与党は、連邦議会と連邦参議院に EU に対して意見表明しうる権限を付与し、リスボン条約に合致するように基本法を改正する必要があると考えた[65]。

　与党は野党と協力して、迅速に改正を済ませようとした。というのは、条約は2009年1月1日に発効する予定であり、残された時間はわずかだったからである。FDP も緑の党も改正には賛成していた。両政党はリスボン条約を批判しながらも、現状の基本法が条約に合致していないという

---

65) CDU/CSU/SPD, *op.cit.*, S.148.

認識を示していた。そして、まずは2008年4月に連邦議会で、5月に連邦参議院でリスボン条約承認法が可決される。しかし、ケーラー大統領は批准手続完了の署名を延期した。なぜなら、リスボン条約をめぐって連邦憲法裁判所に機関争訟・憲法異議が出されていたからである。これは、リスボン条約承認法だけでなく、それに伴う基本法改正を問題としていた。この基本法改正法案は、連邦議会および連邦参議院が欧州司法裁判所に提訴する可能性を拡大するものだった[66]。CDU/CSU、SPD、FDP、緑の党は、連邦議会において3分の2以上の多数で可決していたが、左翼党は棄権しており、ドイツの民主主義を空洞化するものだと批判しつつ、CSUのガウヴァイラーとともに連邦憲法裁判所に違憲審査を申し入れていたのだった[67]。

　ここで、連邦憲法裁判所の判断が政治過程を動かすことになる。連邦憲法裁判所は、2009年5月にリスボン条約を基本法に適合していると判示したものの、連邦議会・連邦参議院の権限強化に対しては不十分であるとして退けたのである。連邦憲法裁判所の判断は、大連立政権に対して圧力をかけることになる。CSUの一部の議員は依然として難色を示していたが[68]、何らかの対策を講じなければならなくなった。こうして、連立与党は一致して基本法改正へと動いていった。その結果、2008年8月末から9月に連邦議会および連邦参議院で基本法改正法が可決される運びとなった。連邦議会と連邦参議院の機能が強化されることになり、これを受けてケーラー大統領は署名を行い、リスボン条約批准手続が完了したのだった[69]。

　また、メルケル大連立政権は、徴税権をめぐる基本法改正にも取り組んだ。それが自動車税改革である。ここで、その政治過程をみておこう。基

---

66) これには、連邦憲法裁判所に関わる改正案も付随していた。連邦憲法裁判所に提訴する際の要件は、抽象的規範統制の場合、連邦議会の3分の1以上の議員の賛成が必要だったが、これを4分の1にするという案であった。

67) 一方、連邦参議院はリスボン条約の承認法に対してではなく、これに付随する基本法の改正に対して苦言を呈して、EUレヴェルでの連邦政府の行動について早期かつ詳細に情報を提供する仕組みの構築を求めた。連邦政府はこれに十分に対応したわけではないが、州が憲法改正に反対行動を起こしたわけではなかった。

68) FAZ. 2.7.2009.

69) 初宿正典＝高田敏編訳『ドイツ憲法集［第6版］』（信山社・2010年）332頁。

本法改正を通じて、交通車両に対する課税率を変更することは、連立協定に盛り込まれていた[70]。これは、自動車に対してCO_2排出量基準と排気量基準を併用して課税することを狙いとしており、第2次連邦制委員会で議論されるところとなった。同委員会でCDU/CSUとSPDの間では合意が得られていた。その合意は、自動車税の税収が州に配分され、エネルギー税のそれは連邦が受け取るという内容であった。しかし、交渉の過程で、自動車税も連邦税とすることが議論されるようになると、州が反発するようになる。2009年1月に連邦政府はこの基本法改正を第2次連邦制改革から切り離し、経済・金融危機対策と結びつけるという案を示した[71]。景気対策パッケージのひとつとすることで、基本法改正に賛成するよう州政府に要求したと言えよう。

　連邦議会では反対票は投じられることはなく、スムーズに可決されたが、連邦参議院で問題が生じた。多くの州が自動車税の規制を不服とし、改正を延期すべきだと主張したのである[72]。それだけでなく、たとえばブレーメン州は、自動車税が連邦税となることで州の財政問題が一層深刻になると予測し、連邦憲法裁判所にさらなる財政再建支援を訴え出たのだった。こうした事態を受けて、連立与党は両院協議会を招集することになる。そこで連邦はもともと予定されていた州への補償額にさらに1億5000万ユーロを上乗せして、89億9000万ユーロを支払うこととした。こうして、第106条・第107条・第108条の改正が実現したのであった。

　以上の2つの政治過程から明らかになるのは、やはりCDU/CSUとSPDの協力が基本法改正の要であったということである。二大政党は、連邦制改革のように長期間にわたって議論を積み重ねてきたわけではないが、ヨーロッパ統合の推進と連邦税収の拡大という2点において方針を共有していた。また、連邦制改革と同様に、連邦は州に対して代償を支払うことで連邦参議院を突破することができた。さらに注目すべきは、連邦憲法裁判所の重要性であろう。リスボン条約承認に伴う基本法改正において

---

70) CDU/CSU/SPD, *op.cit.*, S.68.
71) BT-Drs. 16/11900.
72) BR-Drs. 16/11909.

は、連邦憲法裁判所が連邦議会・連邦参議院の権限強化が不十分であるとの判断を下すことで、改正を後押しした。自動車税改革においては、ブレーメン州が連邦憲法裁判所に財政再建支援を訴え出たことにより、州への補償額が上積みされ、これを契機として基本法改正が大きく前進したのである。

V　おわりに

　ブッシュは、憲法が正統性を保持するためには、「安定性」と「信頼性」が必要だと論じた[73]。不安定な憲法は、国民の信頼を失い、憲法の原理・価値は社会に根付くことができない。一方で、戦後ドイツは、度重なる憲法改正を経験している。60回（2016年3月末時点）という改正数は、先進諸国の中でも際立って多い。しかし、だからといって、憲法が不安定で、国民に受け入れられていないわけではない。本章の冒頭で述べたように、むしろ、国民の基本法に対する信頼は非常に高いのである。

　このようなドイツの状況を理解するためには、憲法をめぐる政治について考察する必要がある。政治は憲法を修正することができるため、憲法の「安定性」と「信頼性」を高めることも低下させることもできる。憲法の正統性を強化することも、損なうことも可能なのである。政治の考察なくして、憲法の実態を捉えることは困難だろう。

　それでは、ドイツにおける憲法改正の政治はどのような特徴をもっていたのだろうか。戦後ドイツの憲法典、すなわち基本法に着目し、IIIでは基本法改正の政治史を、IVでは第1次メルケル政権による基本法改正の事例を検討した。本章の締めくくりとして、分析の結果をまとめておきたい。

　まず指摘すべきは、ドイツにおいては、二大政党の協力によって憲法改正が行われてきたことである。徴兵制の導入を除けば、CDU/CSUとSPDの合意に基づいて基本法が改正されてきた。連邦軍の設置、緊急事態法、庇護権改正は議会外の激しい抵抗運動を引き起こしたが、二大政党

---

73) Busch, Verfassungspolitik, S.33.

の合意が推進力となって改正が成就した。連邦－州関係の基本法改正も同様である。第1次メルケル政権でも、CDU/CSUとSPDは長い時間をかけて交渉し[74]、合意を作り上げて、第1次連邦制改革という大規模な改正を実施した。二大政党の選好が概ね一致していたために改正が着手されたケースばかりでなく、両院で3分の2以上の賛成が必要であるがゆえにやむなく合意が形成されたこともあったが、いずれにせよ、「大連立国家」が基本法改正の動力源となってきたと言えよう。

　二大政党ばかりでなく、多くの場合、FPDや緑の党といった小政党からも合意を調達したことにも触れておくべきだろう。リスボン条約承認に伴う基本法改正にはFPDと緑の党が賛成したし、遡れば、難航した庇護権改正にはFDPが賛成した。連邦議会での議決状況をみてみると、戦後のすべての基本法改正について、平均して連邦議会全議員の90％以上から賛成票を得てきた。小政党に加えて、州も重要なアクターだった。連邦－州の財源配分の改革、第1次・第2次連邦制改革、自動車税改革などで、連邦は州に代償を支払うことで、連邦参議院で3分の2以上の賛成を得ることができた。基本法改正は「網の目状の政治」の中で行われてきたと言ってもよいだろう。二大政党の合意が中核だったことは間違いないが、小政党や州を含む広範な合意に基づきながら、改正が進められてきたのである。

　しかし、基本法改正の政治過程が常にスムーズに進んだかと言うと、そうではない。二大政党間の交渉が難航したケースもあったが、より注目すべきは、一部の改正において激しい議会外反対運動が起こったことである。再軍備、緊急事態法、庇護権に関わる基本法改正が、その例として挙げられよう。その一方で、連邦と州の立法権限や財源の配分をめぐる基本法改正では、政治過程は比較的平穏だった。州と連邦が対立したこともあったし、二大政党の合意がなかなか得られなかったことがあったにしても、国民的な議論が巻き起こり、反対運動が活発化したことはなかった。この違いは何に由来するのだろうか。以下のようにまとめることができるだろう。

74)　2003年10月に連邦制委員会が発足してから連邦制改革が実現されるまで（2009年7月の第2次連邦制改革に関わる基本法改正法の可決）、およそ6年もの歳月を要した。

戦後ドイツの原理・価値や権利章典に関わる改正には、国民が強く反対することがあった。ナチの過去への反省に立ち、反軍国主義、反人種主義、基本的人権の尊重を核とする戦後的価値を脅かしかねない改正の際には、世論が沸騰し、大規模な反対運動が生じたのである。一方、連邦制など基幹的政治制度に関わる基本法改正はそうではなかった。政治過程において混乱が生じたこともあるが、戦後的価値に関わる改正と比べると大きな波乱はなかったと言ってよい。

　連邦憲法裁判所の重要性についても言及するべきだろう。連邦制改革、リスボン条約承認に伴う基本法改正、自動車税改革では、連邦憲法裁判所が基本法改正を後押しすることもあったし、押しとどめることもあった。その影響力には、明示的なものあれば、黙示的なものもある。つまり、改正の内容に対する判決だけでなく、これとは別に審査された案件の判決や、州や政党による連邦憲法裁判所への機関争訟や違憲審査（とその可能性）が、政治過程に影響を与えたのである。基本法の動態をにらみながら、また、改正の内容が基本法に適合しているかどうかが問われながら、改正過程が進められたと言うことができる。連邦憲法裁判所の動向を無視して基本法を改正するのは、極めて困難なのである。

V-2章
ドイツにおける憲法改正論議

赤坂幸一（九州大学）

I 考察の対象──憲法秩序の変動
II 基本法改正論議と、憲法附属法・連邦憲法裁判所判例による憲法改革
III 憲法慣習による憲法改革
IV おわりに

I 考察の対象──憲法秩序の変動

1 記述的・規範的憲法／形式的・実質的意味における憲法

　ドイツにおける憲法改正論議について検討する場合、その考察の対象が何か、すなわちそこでいう「憲法」概念の内容について、まず吟味する必要がある。一般の読者をも想定する本書の性格に鑑み、本節ではまず、アカデミズム論議の前提にある基礎的な思考枠組みを提示したい。

　現代ドイツ公法学を牽引する碩学、ドライアー教授によれば[1]、革命期以前は、領土・気候・政治情勢・国民・政治制度など、ある政治的公共体を取り巻く諸々の総合的状態を指して、それが「憲法 Verfassung」だ

---

1) Horst Dreier, *Gilt das Grundgesetz ewig?*, Carl Friedrich von Siemens Stiftung, 2008, Kapitel 1: "Verfassungsgebung: Der Verfassungsstaat zwischen Wille und Wahrheit", S. 7-34; ders., *Idee und Gestalt des freiheitlichen Verfassungsstaates*, Mohr Siebeck, 2014, S. 3-10.

と観念されていた（この意味において、すべての国は特定の憲法（＝状態）であり、それは、ある人間が特定の健康状態にあるのと同様である（「国のかたち」としての憲法））。しかし、近代に入ると、非規範的な要素を排除して、ある国家にとって基本的な諸々の法準則・法文書のみを意味するようになった[2]。これは諸々の規範の存在に着目した記述的な意味をもつものであり、この場合、いかなる政治的支配の形式であれ、結局のところ、憲法を有している、ということになる（存在している諸々の基本的規範としての憲法（＝固有の意味の憲法））。

　この場合、憲法の内容をなす政治的支配の形式の如何は問われなかった。極論すれば、専制・独裁制であっても、固有の意味の憲法は存在している。しかし18世紀末、すなわちアメリカ・フランス両革命時に、憲法は規範的概念となった。すなわち、憲法は、ある基本的規範の存在ではなく、ある国家の内部において最上位に置かれるべき一定内容の規範プログラムを意味することになったのである（＝いかなる憲法を有するべきか）。その内容を最もよく示すのが著名なフランス人権宣言の第16条であり、それによれば、「権利の保障が確保されず、権力の分立が確立されていない社会は、いかなる憲法も有しない」。ここにいう憲法とは、個人の権利・自由を保障するために統治組織の権力分立を確保すべし、という特定の規範内容を指している[3]（立憲的意味の憲法）。

　このように、「立憲的意味の憲法」においては、歴史的・政治的に形成された諸状態ではなく、理念的に構想された一定内容の規範がポイントとなっている。このような内容の規範は、1つの文書・法典（＝憲法典：形式的意味の憲法）に集約されるのが通常であるが、それは、人為的に制定される憲法典によって、旧来の多様な支配主体や諸々の基本的法秩序を打破することに、主眼が置かれたからである。そして、破壊の後に新たに構築さ

2）　その際、諸々の基本的規範（leges fundamentales）が特別の重要性をもった。フランスでは14世紀以来のサリカ法、ドイツでは1356年の金印勅書 Goldene Bulle や1495年の永久ラント平和令 Ewiger Landfrieden、1555年のアウクスブルク宗教会議 Augsburger Religionsfrieden などがそれにあたる。

3）　トマス・ペインが「憲法なき政府は、正義なき権力である」と述べたのも（『人間の権利』第2部第4章）、同様の趣旨である。

れるべきモデルとして構想されたのは、「権力主体を国家という公的存在に一元化し、身分制団体・血縁団体の桎梏を脱した『個人』がこれに対峙する」、という図式であった。

このように憲法典を制定するに際しては、人権宣言・独立宣言の基本理念を背景にもつ「立憲的意味の憲法」（としての規範内容）を、実定憲法典（形式的意味の憲法）に取り込むことが核心的意味を有した。そうである以上、憲法典の制定に際しても、時・所を問わず妥当する哲学的真理の表明が目指されていたはずであって、たとえば、フランス人権宣言においては、人権のみならず[4]、「権力分立」や「代表」「法律」などの統治組織に関わる諸概念も、政治哲学的真理の表明だと考えられていた。これらの概念が、「立憲的意味の憲法」の内実として、実定憲法典に取り込まれることになる。

しかし他方で、具体的な権力分立のあり方（具体的な統治制度のあり方）については、各国各様の政治的考慮も必要となる。近代的意味の憲法が確定的に要請しているのは、権力分立原理に基づく国家構造の採用にとどまり、たとえば議院内閣制／大統領制の選択や、直接民主制／間接民主制のバランス、連邦制の採用の有無について、権力分立原理から一義的な回答を引き出すことはできない。同時に、そのような具体的な憲法秩序の詳細（統治に関わる規範プログラムの詳細）をすべて憲法典に書き込むことは、そもそも実際的ではない[5]。そこで、統治システムの基本ルールについては憲法典で固定しつつも、具体的な規範プログラムの詳細については、憲法附属法の制定や、憲法判例をはじめとする「憲法運用」の蓄積を待つということになる。したがって、憲法秩序の変動について考察する際には、憲法典の改正についての検討を主眼としつつも（後述Ⅱ1・2）、憲法典・憲法附属法・憲法運用（憲法判例・憲法慣習など）の総体（いわゆる実質的意味の憲

---

4) 1776年のヴァージニア権利章典・独立宣言も同様。そこでは、自然によりすべての人に普遍的に認められる、不可譲・不可侵の諸権利について語られていた。
5) たとえば明治憲法典は、安定性を確保するために「帝国の政治に関する大綱目のみに止め、其の条文の如きも簡単明瞭にし、且つ将来国運の進展に順応する様伸縮自在たるべき事」（伊藤博文）との方針に基づいて起草されていた。金子堅太郎『憲法制定と欧米人の評論』（日本青年館・1937年）133頁。

法）の変動に着眼し、かつ各要素間のダイナミズムにも配慮する必要がある（後述 II 3）。実際、このような考察手法は、憲法改正に関する近年の比較憲法学の成果が示唆するところでもある[6]。

2 explicit／implicit な憲法改革

以上の観点からは、フォイクト教授の提唱にかかる explicit な憲法改革と implicit な憲法改革という区別が示唆的である[7]。前者は憲法的文書の明示的な改正を意味し、後者は、憲法的文書の文言はそのままに、何らかの方法でその規範的意義が変化することを指している。EU 加入に起因する憲法改革に着眼しつつ、両手法の適用のあり方を検討した近年の論稿によれば、① explicit／implicit な憲法改革は相互に排他的なものではなく、しばしば併存して現れること、および、② EU 加入に伴う憲法改革は、加入それ自体を授権するような規定を除き、総じて implicit な改革手法によっていること、ただし③多くの場合、部分的に explicit な手法も同時に採用されており、また国・事項による偏差も少なくないこと、が報告されている[8]。

これは EU 加入をめぐる憲法的変動に焦点を当てたケース・スタディに過ぎないが、少なくとも、近年の重要な憲法的変動に際して implicit な手法が大きな比重を占めたことは、憲法変動を考察する際の手法に一定の反省を迫るであろう。それにもかかわらず、憲法改革をめぐる従来の研究は、憲法典の明文の改正をめぐる考察が大半を占め、explicit／implicit な憲法改革の両者を同時に視野に入れる研究に乏しかった[9]。implicit な憲法

6）Dawn Oliver and Carlo Fusaro (eds.), *How Constitutions Change, A Comparative Study*, Hart Publishing, 2011.
7）Stefan Voigt, Implicit Constitutional Change, *European Journal of Law and Economics*, vol. 7, no. 3, 1999, pp. 197-224; ders., *Explaining Constitutional Change*, E. Elgar, 1999.
8）Christer Karlsson, Comparing Constitutional Change in European Union Member States, *JCMS* 2014, vol. 52, no. 3, pp. 566-581.
9）その中で注目される近年の研究成果として、Voigt, Implicit Constitutional Change, *op.cit.*; Nathalie Behnke and Arthur Benz, The Politics of Constitutional Change between Reform and Evolution, *Publius: The Journal of Federalism*, vol. 39, no. 2, pp. 213-240; Oliver and Fusaro (eds.), *op.cit.*; X. Contiades (ed.), *Engineering Constitutional Change*, Routledge, 2013 がある。わが国における研究動向については本章 III 1 を参照。

改革をも視野に入れた「憲法改革の理論」(Theory of constitutional change) の探究の試みは、未だ途に就いたばかりであり[10]、本章が憲法習律・憲法慣行による憲法秩序の変動・形成を扱うのも、そのような理論的関心に基づいている(後述Ⅲ)。

なお、上でみた implicit な憲法改革は、主として、①憲法裁判所・最高裁判所の憲法判断、②一定の憲法解釈を前提とする憲法附属法の制定、および、③執行部の解釈宣言や政党間の合意を通じて行われるとされている(この③が憲法習律・憲法慣行に関わる)。しかしその際、implicit な憲法改革はもっぱら、憲法改正以外の手段による憲法条文の意義の変化と定義されており、憲法典・憲法附属法・憲法判例・憲法習律の総体からなる憲法秩序の変動に着目する本章の立場からすれば、すでに限定的である。本章が、憲法条文の解釈を示す「解釈型習律」以外の憲法慣行[11]にも広く焦点を当てる所以である。

3 欧州統合と憲法多元主義

しかし、近年における欧州統合の深化は、憲法概念それ自体に、再び大きな変革をもたらしつつある。法と政治の制度的関係をいかに理解するかは、欧州憲法条約の帰趨が注目されたこともあり、近年の欧州公法学の最重要テーマであった。欧州統合の進展を前に、(a)(秩序創設的 order-founding な憲法伝統に由来する)法秩序の民主的手続による正統化と、(b)(権力整序的 power-shaping な憲法伝統に由来する)民主的意思形成システムの法的整備との両者を確保するような制度的条件をもって「憲法」と定義するメラースが、この観点から「欧州憲法」の概念を分析したのも[12]、まさしく法と政

---

10) そのような試みとして、Oliver and Fusaro (eds.), *op.cit.*, ch. 18: "Towards a Theory of Constitutional Change".

11) たとえば「創設型習律」や「法に反する習律」について検討することも必要となろう。また議会先例・議会慣行に示される統治ルールの一部のように、憲法条文の解釈と直接関わらずとも「実質的意味の憲法」を形づくる規範は存在しうるであろう。以上につき、赤坂幸一「憲法習律論とフランス憲法学」大石眞先生還暦記念『憲法改革の理念と展開 上巻』(信山社・2012年) 741〜747頁。

12) Christoph Möllers, Pouvoir Constituant-Constitution-Constitutionalisation, in: Armin von Bogdandy and Jürgen Bast (eds.), *Principles of European Constitutional Law*, Revised 2nd

治の制度的関係に着目した議論にほかならない。わが国でも、このようなメラースとはやや異なる視点から、ヨーロッパにおける法秩序の多元性の文脈の中で、欧州における「憲法多元主義」に着目した論考が現れ、憲法概念の、ひいては憲法と政治との関係をめぐる柔軟な再検討が行われている[13]。

これらにおいては、憲法的文書の改正や憲法附属法・憲法判例等による憲法秩序の変動よりもはるかに深い次元で、そもそも憲法とは何か、が問われているのであるが[14]、翻って各国憲法それ自体の理解の仕方にも、影響を与えずにはおかない。すなわち、上のような観点から、憲法の意義を政治の法化（legalisation of politics）と法形成過程の民主化（democratisation of law-making）の共存に見出す立場よりすれば、憲法典の改正のみならず、それを取り巻く諸制度・運用を憲法の観点から分析すること（constitutionalisation）にも、しかるべき配慮を払わなくてはならないだろう。

II 基本法改正論議と、憲法附属法・連邦憲法裁判所判例による憲法改革

以上の考察を踏まえ、本章では、まず憲法秩序の中核となる基本法それ自体の改正論議について、①実現に至らなかった基本法改正論議[15]（後述1）、および、②現在進んでいる基本法改正論議（後述2）について検討したのちに、③近年の重要な社会保障制度改革である Hartz IV を素材として、基本法改正と憲法附属法・憲法裁判所判例による憲法改革のダイナミズムについて検討することとしよう（後述3）。

---

ed., Hart Publishing, 2010, pp. 169-204.
13) 近藤圭介「憲法多元主義」濱本正太郎＝興津征雄編『ヨーロッパという秩序』（勁草書房・2013年）5頁以下、および齊藤正彰「憲法の国際法調和性と多層的立憲主義」北星学園大学経済学部北星論集52巻2号（2013年）303頁以下を参照。
14) この点についての検討は、すでに大幅に予定文字数を超過している今、本章の対象外とせざるをえない。
15) 実現した主要な基本法改正については、V-序を参照。

1　実現に至らなかった基本法改正論議

（1）1970年代の改正論議　　1970年に連邦議会に設置された憲法改革調査委員会は、基本法改正の必要性に関する広範な検討を行い、多くの基本法改正案を提案したが、実現をみたのは請願委員会の新設（45c条）、および連邦議会の被選期間の間隙を埋めるための条文改正（39条1項）などのマージナルなもので（第33回基本法改正）、連邦－ラント間の立法権限の再配分や、ラント議会がラント政府の代表からなる連邦参議院の頭越しに連邦立法過程に関与することを認めるような基本法改正構想は、いずれも実現をみなかった[16]。

（2）国家目標規定　　1981年に大学教授を中心として、国家目標規定および立法委託に関する専門家委員会が設置された。同委員会が1983年に提出した報告書は、労働や環境保護、文化的刻印（kruturelle Prägung）といった国家目標規定を基本法に取り入れるべき旨を提言したが、当時は直接的な影響をもちえず、その構想が部分的に実現するためには、統一条約5条に基づく、ドイツ再統一後の大規模な基本法改正を待たなくてはならなかった（1994年の環境保護規定（20a条）の新設[17]）。

（3）高度通信技術と憲法改革　　この統一条約5条に基づく第42回基本法改正については V-序 で概観しているが、その際、いわゆる個人データ保護関連規定の新設や、国民投票制度の限定的承認、連邦議会の自律的解散権の導入など、見送られた大きな基本法改正も少なくない。もっとも、これは基本法の改正に視野を限定することによる面も少なくなく、たとえばデータ保護については、その後、いわゆる情報自由法の成立や、連邦憲法裁判所による情報自己決定権および情報システム関連基本権の承認を経て[18]、現在ではさらに、たとえば情報アク

---

[16]　麻生茂「西独連邦議会における調査委員会に関する憲法改正の動き」レファレンス28巻3号（1978年）45頁以下、vgl. auch Gert-Joachim Glaessner, *Politik in Deutschland*, 2. Aufl., UTB, 2006, S. 372 f.

[17]　浅川千尋「西ドイツにおける国家目標規定『環境保護』をめぐる最近の議論について」阪大法学40巻2号（1990年）445頁以下、および藤井康博「国家目標規定と動物保護委員会（審議会）意見聴取手続」自治研究91巻5号（2015年）143頁以下を参照。

[18]　国勢調査判決以来のドイツ連邦憲法裁判所の情報自己決定権の理解をめぐる学説論議については、玉蟲由樹「ドイツにおける情報自己決定権について」上智法学論集42巻1号（1998年）

セス権を憲法典自体に規定すべきかどうかが議論の対象になっている[19][20]。また連邦議会の自律的解散権についても、2007年のSPD総会でそれを導入するための基本法改正が方針決定されるなど、現在でも流動的な側面をみせている。

2 基本法改正論議の現況

（1）社会国家・文化保護　　上述のように、1983年の専門家委員会報告書は国家目標規定の導入を提言していたが、左翼党が2009年に連邦議会に提出した基本法改正法律案は、社会国家原理をさらに具体化し、「正義と連帯」を謳う前文改正や、社会における平等取扱いを実際に実現することを目標とする3条4項の新設、社会保障業務の民営化を禁止する第20b条・第20c条の新設を主たる内容としていた[21]。また、ベルリン州が2008年に連邦参議院に提出した基本法改正法律案は、文化保護に関わる国家目標規定を置くもので、2009年6月にはドイツ連邦議会でかかる規定の導入に関して審議が行われたが、実際の規範的意義が不明確であることもあって[22]、議論はなお決着をみていない。そのほか、連邦議会のSPD会派によって、スポーツ、および脱原発に関

115頁以下、および高橋和広「情報自己決定権論に関する一理論的考察」六甲台論集（法学政治学篇）60巻2号（2014年）105頁以下を参照。
19） もっとも、連邦制度改革における基本法改正91c条はすでに、限定的にではあるが、情報・コミュニケーション関係の規定を設けており、これを基盤としてIT関連の法律が成立している。
20） さらに、秘密諜報機関の活動を前にしたデジタル化の可能性と危険を考慮して、電子的コミュニケーションに際しての個人の統合性とアイデンティティとを確保するために、国家の権利義務を新たに規律するための基本法改正の必要性を示唆する論者も存する。Vgl. Hermann Hill/Karl-Peter Sommermann（hrsg.）, *Brauchen wir eine neue Verfassung? - Zur Zukunftsfaehigkeit des Grundgesetze*, Duncker & Humblot, 2014; 情報アクセス基本権の明記については、Michael Kloepfer/Florian Schärdel, Grundrechte für die Infomationsgesellschaft-Datenschutz und Infomationszugangsfreiheit ins Grundgesetz?, *JZ* 2009, S.453 ff.
21） 社会国家に関わる国家目標規定の新設論議については、岡田俊幸「統一ドイツにおける『社会的国家目標規定』をめぐる議論について」和光経済33巻1号（2000年）43頁以下を参照。
22） 国家目標としての文化保護については、特に、ミヒャエル・クレプファー（三宅雄彦訳）「文化は国家目標たりうるか？」比較法学41巻2号（2008年）271頁以下を参照。

する国家目標規定を導入すべきことが検討されたこともある[23]。

(2) 統治機構の改革　統治機構に関わる基本法改正論議の中心のひとつは、選挙権の拡充である。同盟90／緑の党は、2009年、38条2項を改正して選挙権年齢を18歳から16歳に引き下げる基本法改正法律案を連邦議会に提出し[24]、また自治体レヴェルの選挙権をドイツ国内に住所を有するすべての市民に拡張する基本法改正案（28条1項3文の改正）を提案しているが[25]、議論はなお継続中である。議員歳費（48条3項）についても、1995年に当時の最大与党CDUと最大野党SPDが、これを連邦上級裁判所の裁判官と同額にする旨の基本法改正を行うことに合意したが、連邦参議院の否決により議員法のみの改正による歳費増額にとどまった[26]。またFDPも、連邦大統領府に独立の専門家委員会を設置し、議員歳費の額について拘束的に決定する権限を同委員会に与える基本法改正を提案したが（2005年）、議論はなお決着をみていない。

(3) 基本権改革　近年の基本権改革論議の1つの焦点は、児童の権利（Kinderrecht）——児童が援助や教育を受ける権利——の導入の是非である。児童が固有の権利・尊厳を有することは現行の基本法も前提としており、2008年4月1日の連邦憲法裁判所判決もその旨を確認しているが、従来の基本法では児童は6条2項の「両親の自然的権利」の枠内でのみ扱われ、したがって児童が独立の基本権主体としては明記されていなかったことから、基本法の明文に児童基本権を明示することによって、児童に対する国家の保護義務を明確に規範化することが、改正案の趣旨である。2007年のSPD総会では児童基本権の導入方針が採択され、2009年の同党執行部提案ではこの方針がさらに強化された。同様の

---

23) *ZRP* 2007, 57 (60); *Tagesspiegel* v. 13. 7. 2008, S. 1 u. 4.
24) BT-Drs. 16/12344.
25) Renate Künast, Am Anfang steht die Menschenwürde: Ein Grundgesetz für das 21. Jahrhurdert, *NJW* 2009, S. 1727.
26) 山口和人「連邦議会議員の歳費引き上げ」ジュリスト1085号（1996年）70頁。この基本法改正は、議員歳費を公衆の識別可能な方法で定めなければならず、他の公職に議員歳費を連動させることは憲法違反であるとする連邦憲法裁判所の1975年の判決を、いわば正面から突破しようとするものである。同判決については、下田久則「議員歳費に関する西ドイツ連邦憲法裁判所の1975年11月5日判決（短報）」レファレンス25巻12号（1975年）111頁以下を参照。

基本法改正方針は、FDPや左翼党、同盟90／緑の党等も支持しているが、CDUの反対もあり、議論は継続中である。なお連邦参議院では、同様の改革を求めるブレーメン（ラインラント・プファルツも賛同）の基本法改正案が2008年に提出されたが、多数を得られなかった。

　また、上でも触れた情報保護については、すでに1992年よりドイツデータ保護会議が、独立のデータ保護コントロール機関を憲法典レヴェルで設置すべき旨を提言し、同盟90／緑の党も2008年の代議員会で、包括的なコミュニケーション基本権の導入について検討している。さらにFDPも、情報自己決定権を担保するための情報技術システムの秘匿性・統合性を確保することを求める基本権を導入すべきことを2009年のマニフェストに掲記している。近年の海賊党（Piraten）によるインターネット基本権の主張や、その活動態様の特質たる液状民主主義（Liquid Democracy）の成否も含めて、今後の展開が注目されている分野である。

3　基本法改正と憲法附属法・憲法裁判所判例による憲法改革のダイナミズム

　次に、近年の重要な社会保障制度改革であるHartz IVを素材として、基本法改正と憲法附属法・憲法裁判所判例による憲法改革のダイナミズムの有様について概観する。これにより、社会法典の改正と連邦憲法裁判所の違憲判決、および同判決をオーバーライドするための基本法改正といった憲法秩序のダイナミズムを、具体的な素材で感得することができるであろう[27]。

（1）Hartz IVによる求職者基礎保障の導入

　従来の失業扶助・社会扶助制度がその実施主体、財源、訴訟管轄などにおいて整理されておらず、重複や無駄が多かったこと、また従来の社会扶助制度では拡大する一方の連邦財政が危殆に瀕するおそれがあったことから、シュレーダー政権のもとで両者を統合する改革が試みられ、この改革を委ねられたハルツ委員会[28]は、社会扶助[29]（Sozialhilfe）

---

27)　以下の記述は、赤坂幸一「ハルツIV改革と自治権の保障」自治研究92巻3号（2016年）143頁以下の一部を大幅に補完・補注したものである。

行政と失業対策行政とを統合することによって、二重構造を除去し、もって扶助の給付を統一的に行うべきことを提言した[30]。もっとも、任務遂行主体（Aufgabenträgerschaft）の如何、あるいは財政責任（Finanzierungsverantwortung）の所在については見解の相違が大きく、前者については、自治体単独の責任に委ねるとする立場から、連邦労働エージェンシーの単独責任を主張する見解まで、様々であった。Hartz IV 改革を実行に移す「労働市場における現代的サービスの提供に関する第4次法律」（BGBl. I 2003, 2954）は2003年12月29日に公布（2005年1月1日施行）されたが、後述の理由により、2005年1月1日の施行を待たず、すでに「社会法典第2編に基づき自治体が業務遂行主体となるオプションに関する法律」（BGBl. I 2004, 2014; Kommunales Optionsgesetz）により SGB II が改正され、69の郡[31]また

---

28) VW 取締役ペーター・ハルツが委員長を務めた、労働市場改革に関する諮問委員会。従来の「社会扶助」の受給者から就労可能な層を抜き出して「失業扶助」と統合し、就労可能な要扶助者（失業していないが要扶助者である場合も含まれる）に対する「失業給付II」の支給と、職業相談・紹介・訓練などの積極的な就労支援とを一体的に行うべきことが提言された。
　なお「失業給付II」は税を財源とし（給付主体はジョブセンター（協同施設および認可自治体））、生活に必要な最低金額を保障する点で、社会保険料を財源とし、社会保険料納入額に応じて給付金額が決定される「失業給付I」（SGBIII：給付主体は連邦雇用エージェンシー）と異なる。

29) 従来の社会扶助制度およびその根拠法律たる連邦社会扶助法（BGBl. 1 S. 815）については、ヨハネス・ミュンダー（原俊之訳）「ドイツにおける求職者のための基礎保障」日独労働法協会会報10号（2009年）35頁以下を参照。Hartz IV 改革を経て社会扶助制度は社会法典第12編に統合され、求職者基礎保障とは相互に排他的な制度とされた。

30) 従来は「失業扶助」を連邦労働雇用庁（ハルツ第III法による改革後の連邦雇用エージェンシー（BA））およびその管轄下にある地方労働局（Arbeitsamt：ハルツ第III法による改革後の雇用エージェンシー（AA））が担い、他方で旧連邦社会扶助法による「社会扶助」を自治体が担当し、両者の間に矛盾・重複がみられたことから、Hartz IV 改革により、両者を統合した「求職者基礎保障」（稼得能力のある要支援者を対象とし、新たに社会法典第12編に再編された社会扶助とは相互に排他的なものとされた）が「統一的な給付主体」（einheitliche Trägerschaft）によって担われるべきこととされた。同改革については、BVerfGE 119, 331, 332 ff. における概論的な説明も参照されたい。

31) ドイツ全土で約300弱ある郡（Kreis）は、市町村の上位にある広域自治体で、市町村連合（基本法28条2項）の一種と考えられている。郡独立市（Kreisfreiestadt）は概ねわが国の政令指定都市に対応し、郡と同等の地位が与えられており、ドイツ全土で100程度存在する。この69という数は、連邦参議院における投票数を考慮して定められたという。Hans-Günter Henneke, 10 Jahre SGB II, ZG 2015, S. 18.

は郡独立市に限って、かつ2010年末までの一定の期限を区切って、自治体単独の責任で給付事務を行うシステムが実験的に認められた（いわゆる認可自治体 Optionskommune）。同法では、その他の郡レヴェルの自治体は、連邦雇用エージェンシーとの間で協同機関（Arbeitsgemeinschaft: ARGE）を設置すべきものとされた[32]。

(2) 認可自治体モデルの導入　問題の核心は、従来の失業扶助の給付任務や職業紹介が主として連邦によって担われ、他方で社会扶助については自治体（郡および郡独立市）が担ってきた、という点にある。新設の ARGE では、求職者基礎保障の実施主体が連邦雇用エージェンシー（BA）とされ、BA の地方機関たる雇用エージェンシー（AA）が設置するジョブセンター内に ARGE が設けられて、これが AA の任務を遂行すべきものとされた。他方で自治体は、求職者基礎保障に関する業務の遂行を ARGE に委託するものとされ、こうして自治体は、BA および AA の主導する ARGE に従属的な協力関係を求められることとなった。加えて、広域自治体たる郡の管轄事務の半分以上を占める社会扶助業務が ARGE の手に移されると、郡の存在意義それ自体が大幅に失われてしまうことになる。

こうして、自治体（特に郡）は求職者基礎保障の実施主体に関わる社会法典第2編6条・44b条の立法過程において強く抵抗したのであり、2004

---

[32]　2003年法・2004年法の背景および立法過程を概観するものとして、Henneke, *op.cit.*, S. 13 ff. Hartz IV による改革後の求職者基礎保障に関する邦語文献としては、何よりも、戸田典子「失業保険と生活保護の間」レファレンス60巻2号（2010年）1頁以下、および武田公子「ドイツ社会保障制度における政府間関係」海外社会保障研究180号（2012年）28頁以下、同「ハルツIV改革とドイツ型財政連邦主義の行方」金沢大学経済学部論集27巻2号（2007年）149頁以下、ならびに、ブリジッテ・シュテック＝ミカエル・コッセンス（田畑洋一監訳）『ドイツの求職者基礎保障』（学文社・2009年）を参照。そのほか、厚生労働省大臣官房国際課「2009～2010年海外情勢報告 欧米における失業時の生活保障制度及び就労促進に関わる助成制度等」73頁以下（第3章ドイツ）、名古道功「ドイツの求職者支援制度」季刊労働法232号（2011年）29頁以下、正井章笮「ドイツの社会保障制度」早稲田法学86巻4号（2011年）49頁以下、および中内哲「ドイツにおける失業者支援制度」海外社会保障研究183号（2013年）17頁以下を参照。また、社会法典第2編の翻訳として、ドイツ社会法典研究会『社会法典第2編（求職者に対する基礎保障）・第12編（社会扶助）』（厚生労働科学研究費補助金「生活保護における自立支援プログラムの検討」『平成17年度中間報告書』）12頁以下がある。

年のSGB II 改正により認可自治体の単独責任による実施という実験条項が設けられ、ARGE モデルと認可自治体モデル（および分離モデル）との間で業務遂行の効率性が検証されることとなったのも、このような背景があってのことであった[33]。

(3) 混合行政違憲判決　　この協同機関 ARGE をめぐっては、自治体から憲法異議が提出され、2007年12月20日の連邦憲法裁判所判決[34]は、社会法典第2編44b条（当時）に基づく協同機関が、基本法28条2項から導かれる「固有の責任に基づく任務遂行の原則」（いわゆる混合行政の禁止）に違反すると判示した。すなわち、各々の行政サービスは、原則として固有の行政施設（eigene Verwaltungseinrichtung）を通じて──すなわち固有の人員・物的手段・組織を通じて──行うべきものとされ、社会法典第2編44b条の定める「混合行政」は、基本法83条と結びついた基本法28条2項1文・2文の定める自治の保障[35]に違反するとされたのである[36]（立法者には猶予期間が与えられ、2010年末までに新たな規律を行うべきものとされた）。

(4) 2010年基本法改正──第91e条の追加　　Hartz IV 改革の実施後3年を経て、実施主体の8割を占める協同機関 ARGE における AA-自治体間の協力体制が整序された段階において、ARGE に対する違憲判決が下されたことから、SGB II の

---

33) 以上につき、武田・前掲注32)「ドイツ社会保障制度における政府間関係」30〜31頁を参照。認可自治体は、急増した現金給付業務や、経験のなかった職業紹介事業等の実施により、大きな苦労を経験したという（戸田・前掲注32) 25〜26頁）。
34) BverfGE 119, 331 =NVwZ 2008, 183 = NJW 2008, 1212 Ls. 同判決については、名古・前掲注32) 39〜42頁も参照。
35) 基本法28条2項「市町村は、地域的共同体のすべての事項について、法律の範囲内で自らの責任において規律する権利を保障されなければならない。市町村連合も、法律の定める権限の範囲で、法律に基づいて自治を行う権利を有する。自治の保障は、財政上の自己責任の基盤をも包含し、税率設定権を有する市町村に帰属する経済関連の租税財源もこの基盤の一部をなしている」。
36) Hubert Meyer, Das SGB II als Ernstfall des Föderalismus-BVerfG schützt sozialpolitischen Gestaltungsspielraum und föderale Eigenverantwortung, NVwZ 2008, S.275. 本件判決文中に引用されている、Markus Mempel, Hartz IV-Organisation auf dem verfassungsrechtlichen Prüfstand, MMM-Verlag, 2007 も参照。

実施体制は大きな危機に直面した。連邦憲法裁判所が設定した2010年末という期日までに合憲状態を作り出すため、連邦・ラント・自治体の間におけるARGE改革論議が激化することとなった[37]。

連邦 - ラント間の協議では、分離モデルに一元化すべきであるという見解を別にすれば、(a)基本法に例外規定を設け、混合行政たるARGEを合憲化して存続させるという考え方と、(b) ARGEを解体しBA指揮命令下の「共同ジョブセンター」に再編する案とが対立したが[38]、次第に前者が優勢を占め、最終的には2009年秋の総選挙後のCDU/CSUとFDPの連立政権下で、ARGE存続のための基本法改正を行う合意が成立した[39]。こうして2010年7月21日の基本法改正法律 (BGBl. I 2010, 944) により、第8 a 章「共同任務、行政協力」に、新たに第91e条が追加された (第58次改正)。同条は求職者基礎保障における連邦・ラントの共同任務について、「混合行政の禁止」原則に対する例外を憲法上設定するものであり、試訳を示せば以下の通りである。

> 基本法91e条〔求職者基礎保障における協力〕 求職者基礎保障の領域における連邦法律の執行に際して、連邦と、ラント、またはラント法により管轄を有する市町村もしくは市町村連合は、協同施設（gemeinsame Einrichtungen）において協力するのを通例とする。
> ②連邦は、限られた数の市町村又は市町村連合に対し、当該市町村等の申請に基づき、かつラント最高官庁の同意を得て、第１項の任務を単独で遂行することを認めることができる。この場合、連邦は、第１項により法律を執行した場合に連邦が遂行すべき任務に関する限りで、行政支出を含む必要経費を負担するものとする。
> ③詳細は、連邦参議院の同意を要する連邦法律によって規律する。

ここにみられるように、基本法91e条１項は、求職者基礎保障の領域に

---

37) 詳細について参照、Hans-Günter Henneke (hrsg.), *Wege zu einer verfassungskonformen SGB II-Organisation*, Deutscher Landkreistag, 2009.
38) Henneke, *op.cit.*, S. 23は、(b)の連邦志向型モデルではなく、むしろ、ラントの指定する自治体を通じてすべての求職者基礎保障給付業務を行うという、自治体志向的なモデルが存在したとする。
39) 本節につき、武田・前掲注32)「ドイツ社会保障制度における政府間関係」31〜32頁。

おける連邦とラント・市町村の「協力」こそが、求職者基礎保障にかかる原則的な実施体制であるとしており、2007年判決で基本法28条に違反するとされた「混合行政」に、求職者基礎保障の領域に限って、憲法上の根拠を与えている[40]。もっとも協同施設における業務遂行にかかる費用については基本法104a条の一般原則（各実施主体ごとの財政負担の原則）が妥当し、第91e条2項2文が「連邦は、第1項により法律を執行した場合に連邦が遂行すべき任務に関する限りで、行政支出を含む必要経費を負担するものとする」と定めていることも、このことを裏付ける。すなわち連邦は、協同施設において求職者基礎保障にかかる任務の一部のみを遂行するのであり、自治体の側でも同様であって、連邦・ラント・自治体は、各々の任務遂行に関する部分についてのみ、費用を負担するのである。

　他方、限られた数の市町村および市町村連合については、当該市町村等の申請という、基本法上他に類例のない手続によって、その単独責任において求職者基礎保障の給付業務を行うことを認めている[41]。もちろんこれは、法律レヴェルで実験的に導入されていた認可自治体モデルを、基本法に――協同施設による業務遂行（第1項）の例外として――取り込むものである。もうひとつの争点であった、認可自治体モデルにおける財源保障のあり方についても、当該任務が基本法91e条1項により連邦が管轄する任務に関わる限り、必要な費用は連邦が支出すべきものとされ（基本法91e条2項2文：連邦と自治体の直接的な財政的関係[42]）、ドイツ郡会議の主張を取り入れた改正となっている。以上の枠内で、詳細の規律は、連邦参議院の同意を要する連邦法律に委ねられている（基本法91e条3項）。

---

40)　BeckOK GG/Mehde GG Art. 91e Rn. 17-19.

41)　若干類似した例として、ラントの申請に基づく連邦水路の委託行政（基本法89条2項2文）が挙げられる。

42)　これは実質的に財政憲法に関わる規定であり、(a)基本法104a条1項が目的支出に関して、行政任務の遂行に着目して支出すべきとしていることの例外として、法律上の任務割当てに着目して支出すべき旨を定めるもので、その限りで基本法104a条2項の「牽連性の原則」（ラントに対する連邦委託に際して必要経費を連邦が支出すべきとする原則）に類似している。また、(b)基本法104a条5項1文の連邦‐ラント間の行政経費の各別負担の原則に対する例外を定めている点、および、(c)従来は基本法106条8項にのみみられた連邦‐自治体間の直接的な財政関係を基礎づけている点（2層式の財政憲法から2.5層式の財政憲法へ）にも、留意する必要がある。

このように、ドイツにおける憲法秩序の変動を総体として考察するためには、基本法の改正論議のみならず、必要とされる規律内容を憲法事項・法律事項にいかに振り分けるか、連邦憲法裁判所の違憲判決が基本法改正論議および法律改正論議にどのようなインパクトを与えるか、違憲判決をオーバーライドする基本法改正に踏み込むべきか否かといった動態的・総合的な視点から眺めることが必要であり、また、憲法規範と憲法現実との乖離が増大すること自体、法治国家原理の観点から正当化されない（基本法を改正する憲法改正者の責務が生ずる）と考えられていることにも[43]、留意する必要がある[44]。

III 憲法慣習による憲法改革

1 議事法研究と憲法習律

　本節では、いわゆる憲法習律・憲法慣行——その中でも、特に議会に関わる憲法習律（議会習律 parliamentary convention）——にまで視野を広げたうえで、かかる憲法習律等による広義の憲法秩序の変動について、ドイツの理論状況を考察する[45]。議会の運用準則たる議事法ないし議会法は、憲法・国会法のみから構成されるものではなく、各議院の自律的判断により形成される議院規則や議会先例、不文の議会習律等をも含む、議院運営準則の総体である[46]。これらの議事法は、「国権の最高機関」（憲法41条）たる

---

43) Jeans Woelk, Germany, Chap. "The Positivist Element: No Amendment Without Changes to the Text" in: Oliver and Fusaro (eds.), *op.cit.*
44) この点についてはなお、後注80) も参照。
45) ドイツにおいて憲法習律論に寄与した論者・論稿として、とりわけ、Julius Hatschek, Konventionalregeln, oder über die Grenzen der naturwissenschaftlichen Begriffsbildung im öffentlichen Recht, 3 *JöR* [a.F.] 1, 1 (1909); Brun-Otto Bryde, *Verfassungsentwicklung*, Nomos, 1982を参照。近年では、オーストラリアの公法学者グレッグ・テイラーによる、ドイツにおける新たな憲法慣習の生成にかかる分析が興味を惹く。Greg Taylor, Convention by consensus, *International Journal of Constitutional Law*, vol. 12(2), 2014, pp.303-329; ders., Refusals of Assent to Bills Passed by Parliament in Germany and Australia, *Federal Law Review*, vol. 36, no. 1, 2008, p. 83.
46) Werner Blischke, Ungeschriebene Regeln im Deutschen Bundestag, in: E. Busch (hrsg.), *Parlamentarische Demokratie, Bewährung und Verteidigung, FS für Helmut Schellknecht,*

国会の運用を規律する意義をもつもので、かつて宮沢俊義が指摘したように、憲法学の本来的な検討領域に含まれるはずである。一部の議会法研究者を除き、この分野の研究は必ずしも十分に行われてきたわけではないが[47]、筆者はかつて、議会先例の形成過程、『先例集』・『先例彙纂』の編集過程、および憲法習律のイギリス・フランス両モデルの比較という観点から、この未開拓の沃野について検討を加えたことがある[48]。

特に「憲法習律論とフランス憲法学」では、イギリス・フランスの議会習律（convention parlementaire）のあり方の差異に着目しつつ、憲法慣習の成立による憲法改革の途を示唆したところであるが、憲法秩序総体の変動に着眼する本書の研究プロジェクトにおいて、新たに議会習律・慣行による憲法秩序の動態について分析することも、無意義ではないであろう。たとえばわが国では、従来、政権交代を機に、公法学・政治学の双方から、予算・関連法案の審議に関する与野党共通のルール形成の必要性に注意を促す見解が多くみられたが、近年ではさらに、政治学の側から、政権交代時の憲法慣習・憲政ルールを確立すべきことが、有力に主張されている[49]。これは、近年における二度の政権交代の経験を踏まえて、政権移行期の安定的な国政運営を確保する必要性が自覚されたことによる。こういった点に着目して、本節では、政治法（droit politique）としての憲法慣習（による憲法秩序の変動）のあり方を、ドイツの経験に即して紹介し、政治学および

R. v. Decker, 1984, S. 55. 白井誠『国会法』（信山社・2013年）ⅲ頁も、「国会の法」をもって「憲法を核心とする、国会法、各議院規則等の実定法規と先例の、複合的な規範の体系」と定義している。

47) ドイツでも同様の指摘がなされることがある（クリスチャン・ヴァルトホフ（赤坂幸一訳）「近年のドイツにおける議会法の展開」法政研究82巻4号（2016年）1頁が、実務家のみならず研究者の手になる浩瀚な議会法解説書（最新の研究として Martin Morlok/Utz Schliesky (hrsg.), Handbuch Parlamentsrecht, Nomos, 2015）や議会法シリーズ（Beiträge zum Parlamentsrecht）が陸続と刊行されるなど、彼我の研究蓄積の較差はなお大きい。

48) 赤坂幸一「事務局の衡量過程のÉpiphanie」昭和54年3月衆議院事務局編『逐条国会法 第1巻』（信山社・2010年）所収）および、同「統治システムの運用の記憶―議会先例の形成」レヴァイアサン48号（2011年）65頁以下では、議会先例の形成過程における議院事務局や議会官僚の衡量過程の介在につき、これを実証的に解明することを試みているほか、同・前掲注11)、同「憲法秩序と議会官僚」衆議院調査局論究8号（2011年）では、類似のテーマを比較憲政史の観点から考察している。

49) 牧原出『権力移行』（NHK出版・2013年）212頁以下。

憲法学双方の分析の素材として提供してみたい[50]。

2　ドイツ議会法における不文準則

　ドイツにおいても、広義における議会法の「法源」として、基本法、法律および議院規則に加え、「不文の準則」（ungeschriebene Regel）が挙げられるが、この中には、(a)慣習法化した法的準則と、(b)政治法としての性格を有する議会習律、および(c)非法的な準則にとどまる議会慣行が含まれるとされる[51]。

　この議会習律・議会慣行（Parlamentsbrauch）――Übung、Konventionalregel、Courtoisie とも呼称される――は、後に法的確信を備えて議会慣習法となり、あるいは議院規則へと明文化されることも多いが[52]（例：議会日程外の委員会招集にかかる議長の同意権[53]、議事日程変更の動議[54]）、他方、議会慣行によって議院規則等の明文規定が一時的に修正ないし無効化される場合もある[55]

---

[50]　余談ながら、国会法の存在を予定しない日本国憲法下において、なお国会法有効説を前提にしつつ、憲法慣行によるその治癒を主張する芦部信喜説なども、裏側から憲法慣行による憲法改革を主張するものとして捉えうるかもしれない。

[51]　Schulze-Fielitz, in: H. Schneider/W. Zeh, *Parlamentsrecht und Parlamentspraxis*, §11 Rn. 6.

[52]　なお議院規則の改正は全会一致によるのが慣例である。

[53]　当初の議会日程から外れた時間・場所で委員会を開催することは、審議計画の変更にあたり、会派に留保された作業時間の削減につながるおそれがあること、また少数会派の保護という観点から問題があることから、全会派の合意がある場合にのみ認められた。その際、議長の同意が必要とされるという「不文の準則」があり、かつ議長は、全会派の合意がある場合にのみ、この同意を与えるという慣行があった（Hans Troßmann, *Parlamentsrecht des Deutschen Bundestages, Kommentar*, C. H. Beck, 1977, S. 501-503）。この議長同意権が1980年の議院規則改正により規則60条3項に明文化されたが（現行規定）、法文上は同意の付与につき議長が自由裁量権を有するがごとき表現になっているところ、その解釈に際しては、従来の慣行通り、各会派の合意や議会の審議計画との抵触の有無がポイントとされ、議長にフリーハンドが与えられているわけではないとされる。Hans Troßmann/Hans-Achim Roll, *Parlamentsrecht des Deutschen Bundestages, Kommentar*, Ergänzungsband, 1981, S. 118-120.

[54]　Blischke, *op. cit.*, S. 65.

[55]　議員の3分の2の多数で議院規則の適用除外を決めるよりは、長老会議の会派間合意による方がはるかに簡便だからである。Ebd., S. 61. なお、いわゆる先例（Präzedenzfall）や、議事規則の適用除外は、協働原理に基づく交渉的・討議的な決定プロセスの所産であって（このプロセスには連邦議会事務局のみならず会派の長が参加する）、『ドイツ連邦議会審議における議事規則の適用にかかる事例集（Fallsammlung über die Anwendung der Geschäftsordnung in den Verhandlungen des Deutschen Bundestages）』に掲載される。Morlok/Schliesky, *op. cit.*,

（小質問の議事日程への掲載の廃止、少数委員報告者の選任など[56]）。不文準則の内容を外部からうかがい知ることは困難であるだけに、議院規則への明文化は、慣行の柔軟性が喪われるという代償を払いつつも、議会手続の透明化を通じた正統化機能や[57]、各議員に対する平等な情報権の保障に仕える場合もある。

　なお、習律の成立要件をいかに解するかとも関係して、(b)政治法（droit politique）としての性格を有する議会習律と、(c)議会慣行との区別は必ずしも明瞭ではないが、議会慣行の多くは議会内儀礼に関わるものが多い[58]。いずれにせよ、ドイツにおける議会習律・議会慣行は、①発言時間や委員長・委員長代理ポストの配分にかかる比例原理[59]や、②特に長老会議における会派間合意などの協働原理（ペアリング合意や野党への配慮、議会日程の合意[60]もここに含まれる）に基づくものが多く、いわゆる「先例」として、旧ライヒ議会でも現在のドイツ連邦議会でも、重要な役割を果たしている。この「先例」は、具体的には議長の決定（議事規則127条1項による連邦議会議長の裁決）、委員会の慣行（例：少数委員報告者の任命[61]）、長老会議における会派間の合意、あるいは議院の議決等の形式をとるが、議会改革の多くは、このような先例に由来し、たとえば1969年・1980年の議会改革も、先例を明文化したものが多い[62]。

　こうして確立した議会習律として指摘されるのは、特定の投票準則[63]や、

S. 388.
56) Blischke, *op.cit.*, S. 60-67.
57) Ebd., S. 55.
58) Ebd., S. 56-58.
59) これに対して、委員を会派比例で割当選任すべきことは連邦議会規則12条および基本法38条1項の明文上の要請であって、習律・慣行にはあたらない。Taylor, *op.cit.*, p. 314.
60) ここに議会日程とは、本会議の期日や議事日程の確定のみならず会期内の審議計画の策定等を含む概念である。Josef Bücker, in: H. Ritzel/J. Bücker, *Handbuch für die Parlamentarische Praxis*, Luchterhand, 1982, §6 Anm. II. 2.b.
61) Blischke, *op.cit.*, S. 66f. このように、委員会の慣行に基盤をもつものは、当該慣行のインフォーマルな変更という形で修正されることもある。
62) Blischke, *op.cit.*, S. 64.
63) これには3種の不文の投票準則が含まれ、①委員会付託の動議は他の動議に先立ってこれを採決すべきこと（Troßmann, *op.cit.*, S. 917）、②原案の採決に先立って修正案を採決すべきこと（Ebd., S. 619）、および③複数の修正案があるときは原案から最も遠い修正案からこれを

政務次官と連邦議会委員との兼職禁止[64]、最大会派の指名に基づく連邦議会議長の選出[65]、連邦参議院議長の各州首相による1年交代ルール（ケーニッヒシュタイン合意（Königstein Abkommen）[66]）、連邦議会議員と連邦参議院構成員との兼職禁止、連邦議会・連邦参議院による憲法裁判所裁判官の選出法[67]、および予算委員長の野党会派からの選出[68]が挙げられる[69]。

採決すべきこと(Bücker, *op.cit.*, §46 Anm. 2d)、である。
64) 当初SPD会派所属の政務次官は代理委員として連邦議会の委員会に所属していたが、第7立法期以来、両者の兼職禁止が慣習化した。Blischke, *op.cit.*, S. 71f.
65) 帝国議会時代には、内閣が議会に責任を負わなかったため、議長は皇帝および執行部と個人的に良好な関係を取り結びうる人材であることが求められ、結果として議長は富裕・保守的な貴族層から選出された。最大会派所属議員のうちから議長が選出される慣行が確立したのは1932年のヘルマン・ゲーリングの時からであるが、基本法発効後はこのような慣行は一度も破られずに——最大会派が野党である場合であっても——存続している。基本法40条1項および連邦議会規則2条1項は、連邦議会議長が秘密投票で選出されると述べるのみで、最大会派からの議長候補者提示・選出という慣行は、憲法・議院規則を補完する不文の憲法習律の存在を意味している。

しかし、まさしく秘密投票であること、また2回目までは有効投票の過半数の得票が要求されることから、過半数をわずか2票上回る得票で選出されたり、相対多数で足りる3回目の投票でようやく選出されたりする例も存した。それゆえ、秘密投票および（当初2回の投票における）過半数要件は、最大会派が他会派に配慮する誘因となり、政党間の議論を促進し、最大会派の独善を防ぐ意義を有している。詳細についてTaylor, *op.cit.*, pp 307-312; Blischke, *op.cit.*, S. 70f.
66) Taylor, *op.cit.*, pp. 312-314.
67) *Ibid.*, pp. 320-322.
68) 任期途中の政権交代(1982年)の際も、大連立政権形成で左翼党が最大野党となった際も(2013年)、この習律は遵守された。*Ibid.*, pp. 314-316.
69) 基本法32条の解釈運用準則を定めるリンダウ合意(Lindauer Abkommen)も、広い意味で議会にかかる憲法習律の例として挙げられよう。連邦は専属的・競合的立法管轄権の枠外でも条約を締結しうるのか、条約内容がラント立法権に関わる場合の国内法化権限を連邦はもつのかについて、基本法32条は大幅な解釈の余地を残していたが、1957年11月14日の当該合意により、①ラントの専属立法権に関わる条約を締結する前に連邦政府が各ラントの合意を得べきこと、かつ条約の文言が最終確定されるよりも充分以前に、ラントを条約交渉過程に参加させるべきこと、また②条約がラントの基本的利害に関わる場合、とりわけ文化事項に関わる国際協定は、①の適用対象であるか否かにかかわらず、同様の取扱いを受ける。のみならず、②について外務省その他の連邦省庁と各ラント代表者とからなる常設委員会を設置し、条約締結交渉のすべての段階で各ラントが関与することとなった。Bräutigam, Völkerrechtliche Praxis der Bundesrepublik Deutschland im Jahre 1957, 20 *ZaöRV* 88 (1969), S. 113-116.

3　ドイツ型憲法習律の特質・成立要件

　ドイツにおいて、このような議会に関わる憲法習律（議会習律）が確立するための要件としては、関係機関による拘束力の承認、その憲法的性格および憲法システムにおける重要性、ならびに当該習律を支える合理的根拠の存在等が挙げられるが[70]、概ね、イギリスにおける憲法習律の存立要件として説かれるところ共通していると言えよう。すなわち、イギリス憲法学の権威、ド・スミスおよびブレジア両教授の説くところによれば、

　　(a)先例・慣行の存在だけでは不十分であり、その拘束性が関係機関
　　　（大臣、議員、官吏、裁判官等）により承認されていなければならず、
そのためにも、

　　(b)憲法習律には合理的な基盤・根拠が必要である（＝学説上の一般的承
　　　認を要する）と考えられているが、ただし、

　　(c)たとえ先例の集積がなくとも、①明示的合意、②一方的行為、ある
　　　いは③首相・内閣自身による決定によって、憲法習律が成立する余
　　　地もある、

とされる[71]。

　ケーニッヒシュタイン合意・リンダウ合意等の明示的合意に基づくドイツの憲法習律は、同時に長年の先例によってその拘束的性格が関係機関によって承認されており、またそれが広義の憲法秩序（実質的意味における憲法）を構成していることに疑いの余地はない。また、常に議論の余地はあるものの、各習律について相応の合理的根拠が存することは疑われていないようである。

　他方、ダイシー以来のイギリス公法学が主として念頭に置いていたのは、国王特権に対する習律上の制約であり、換言すれば大臣責任制の展開であった。すなわち、イギリスにおける憲法習律は、主として、君主の名目的権限が代議制・責任内閣制の原則に基づいて行使されるよう確保することを、中核的な目的として発展してきたのである（説明責任 accountability の観

---

70)　Taylor, *op.cit.*, p. 323.
71)　赤坂幸一「解散の原理とその運用」初宿正典先生還暦記念『各国憲法の差異と接点』（成文堂・2010年）156頁。

点）[72]。これに対してドイツ型憲法習律の特質は、国民に対する説明責任を確保するというよりは、政治的紛議を齎しかねない状況に対処するため、関係する政治アクターの合意により、あらかじめ一定の憲政ルールを確立するという点に存する。換言すれば、政治上の決定を、国民に広く開かれた決定プロセスから、閉じられたドアの背後におけるエリートの決定に委ねるという特質をもつのであって[73]、ドイツ型憲法習律の多くは(c)の要素を重視し、準契約的な次元（dimension quasi contractuelle[74]）に軸足を置くものと評しうる。

4　新たな憲法習律の生成——憲法秩序の変動

　現在のドイツでは、新たな憲法習律の誕生が議論の対象となっている。すなわち、2005年のドイツ連邦議会選挙において連邦議会に議席を得た政党は5つ存したが、多数派に基盤をもつ内閣を形成するためには、二大政党（CDU/CSU、SPD）の1つと、3つの小会派のうち2つとが連立を組むか、あるいは二大政党による大連立が必要となった。連立交渉の結果、大連立政権が誕生することとなったが、CDU/CSUの得票率は35.2%、SPDは34.2%で、議席数にしてわずかに3の僅差であった。その際、CDU/CSUは「連立政権内の最大会派から首相が選出される」という不文の憲法準則の存在に言及し、メルケル党首が首相に選出されるべきことを主張した[75]。SPDの側でも、当初はこの原則の存在を否定せず、かえって、CDUとCSUとを別に計上すればSPDこそが連立政権内の最大会派であるとを主張していた[76]。両党が数十年にわたって統一会派を結成してきたことからすれば、これは窮余の策とも言うべき論拠であって、結局メルケルが第二次大連立政権の首相となった。しかし、連立交渉は裏舞台で行わ

---

72)　赤坂・前掲注11) 734頁。マーシャルは、その著書の副題が示唆するように、憲法習律をもって「法的ならざる説明責任に関する諸準則(rules of non legal accountability)」と定義している(Geoffrey Marshall, *Constitutional Conventions. The Rules and Forms of political Accountability*, Clarendon Press, 1983, pp. 1-4)。

73)　Taylor, *op.cit.*, p. 325.

74)　Pierre Avril, *Les conventions de la constitution*, PUF, 1997, p. 110.

75)　FAZ 29.9.2005, S. 3; Spiegel 1.10.2005, S. 30 も同様の論陣を張った。

76)　FAZ 20.9.2005, S. 1f; 24.9.2005, S. 1.

れるため、それが上述の憲法習律が確認された結果であるのか否かは不明であった[77]。

　従来のすべての連立政権において、首相は連立政権内の最大会派から選出されているが、その多くは大会派と小会派との連立であるため、この習律が確立しているか否かのテストにはなり難い。第 1 回目の大連立政権（1966〜1969 年）の際は、CDU/CSU から首相を選出することに異論はみられなかったが、他方、かかる憲法習律の存在を指摘する論者も存しなかった。2013 年総選挙後の大連立政権では、CDU/CSU が 41.5%、SPD が 25.7% という圧倒的な差が存したので、CDU/CSU の側から首相を選出することに異論はなく、これも当該憲法習律の存在をテストする適機であったとは言い難い。合意により政治的闘争を事前に回避するというドイツ型憲法習律の特質（同意的性格）に照らしても、そもそも連立交渉における首相選出は政治的交渉に委ねられるべきだという議論も成り立ちうるところで、あらかじめ憲法習律を確立すべき事項なのかどうかは、なお検討の余地が残されている。

　しかしながら、近年の憲法政治の展開は、この新たな憲法習律の存在に改めて注目を促すことになった。すなわち、2011 年 3 月の東日本大震災の影響を受けて、直後（3 月 27 日）に行われたバーデン・ヴュルテンベルク州議会選挙では、脱原発を唱える緑の党が第 2 位に躍進し——ドイツ全体の原発 17 基のうち、バーデン・ヴュルテンベルク州では 4 基の原発が稼働中で、バイエルン州と並んで原発が多いという事情が存した——24.2% の得票を得、CDU が 39%（第 1 位）、SPD が 23.1% で第 3 位となった。この結果、第 2 位の緑の党と第 3 位の SPD の連立により、58 年間続いてきた CDU 政権が交代するという画期的な事態となったが、ただし、緑の党と SPD の得票率の差はわずか 1.1% で、初めて緑の党から州首相が誕生するかどうかが注目を集めることとなった。その際、決め手として援用さ

77）　SPD が予想外に善戦したにもかかわらず首相を選出できない（CDU のメルケル首相のもとでの連立政権を組まざるをえない）という当時の政治状況において、この憲法習律を援用することが、実は、SPD が自身の支持者を説得しその落胆を回避するための手段として好都合であった、という事情も指摘されている（Taylor, *op.cit.*, p. 328）。

れたのがこの憲法習律で、同州のSPD党首自身、選挙当日に当該習律の存在・拘束力を認めていたのである[78]。

IV おわりに

1 「憲法学の責任」

　本章では、広義の憲法秩序の変動に焦点を当てたうえで、憲法典の改正については、これを憲法附属法・憲法判例・憲法習律等による憲法秩序総体の変動との関係で考察すべきこと、また憲法典自体も人間の所産である以上、「不磨の大典」たることは当然の前提たりえず、憲法秩序のダイナミズム全体の中で、憲法典の改正についても冷静な眼で考察すべきことに注意を促した。本書は、「憲法改正」のあるべき姿を政治学と憲法学の対話のうちに探ろうとする試みであるが、その際、常に筆者の念頭にあったのは、政治学者・牧原出の次のような指摘である。

> 戦前、戦後で、いまの段階でどういうことが言えるかというと、私は、日本国憲法は年々機能が強化されて、改憲論がいくら出てもそう変わらない。やはり、一部の憲法学者を除いて、とくに統治機構論を手付かずにしてきたという憲法学の責任が大きいのです。統治機構は実務家の世界になっていて、実務の世界でいったんできた解釈を簡単には変えられないし、変えるといろんなところが破綻して、身動きが取れなくなることが分かってきました。……日本国憲法が年々むしろ強化されて今に至っているということも、経済、社会の変化とともに、戦後を規定していることは間違いありません。[79]

2 憲法秩序のダイナミズム

　不磨の大典とされた明治憲法下の統治システムは、時とともに大きく変容した。天皇の信任のみに依拠する大権内閣制から、政党政治の発達を前提とする政党内閣制（さらには政友会・民政党の二大政党制）、大戦中に諸政党

---

78) Der Tagesspiegel 28.3.2011, S. 2.
79) 福永文夫＝河野康子編『戦後とは何か(上)』（丸善出版・2014年）153頁。

の解散を経て生まれた大政翼賛会体制まで、すべて同じ明治憲法体制のもとで生起している。内閣制度の要である首相選出システムについても然りであった。そして、この点において、新旧両憲法典は同じ軌跡を描いている。現在まで日本国憲法は一度も改正されていないが、実質的意味の憲法は――牧原が指摘するように――憲法附属法の改正や憲法判例・憲法慣習の蓄積により絶えず変動している[80]。たとえば、選挙制度こそが真の憲法だと言ったのはルネ・カピタンであったが、1990年代前半の公職選挙法改正による小選挙区制度の導入、政党助成法による政党交付金制度の新設、および政治資金規正法の改正は、政党内部の派閥による政治家育成システムを弱体化させ、政党執行部が個々の議員の生殺与奪権をもつようになった。加えて、1999（平成11）年の中央省庁改革は、首相のリーダーシップによる内閣機能の強化を狙いとし、従来の政権与党内におけるボトムアップ型の政策決定過程から、官邸によるトップダウン型の政策決定システムへと変容させつつある。さらに、1999（平成11）年から2004（平成16）年にかけて行われた司法制度改革は、司法の制度的基盤・人的基盤・国民的基盤の全体にわたる変革をもたらし、公判準備手続など訴訟手続の改善、および裁判員制度の導入などが実現をみた。実質的意味の憲法は大きく変化しているのであり、これを（憲法改正ならぬ）「憲法改革」と呼ぶこともできよう。

　憲法学は、このような「憲法改革」に決して無関心ではなかったし、む

---

80) 基幹的統治システムのある部分が憲法典で規律されないことにより、あるいは当該規律が「不磨の大典」化することにより、憲法秩序全体の流動性が促進される蓋然性がある一方で、基幹的統治システムの梗概を憲法典で規律することにより、憲法秩序全体の変動が緩化されることも考えられる。園部逸夫「『平和安全法制』雑感」判例時報2269号(2015年)130頁も参照。
　この視点は、翻って、憲法典自体の役割についても再考を促す。本書Ⅷ-1章〔瀧井〕は、憲法典には統治の効率化と威厳性の付与という2つの機能が存し、後者に仕える憲法改正手続が国民投票制度であることを指摘している。前者の観点からは、統治システムの作動方法にかかる機能的修正は議会限りの改正手続（加重要件による可決）でよいという含意も導かれうるが、政策・理念を将来にわたって定める原理的規定にかかる憲法改正には国民投票手続による威厳性の付与という手法が適合的であると言えるかもしれない。ドイツの憲法改正論議から、憲法改正手続の分析を試みるものとして、毛利透「憲法改正論議への比較法的視座」法学論叢161巻4号(2007年)1頁以下、および棟居快行「憲法改正要件論の周辺」レファレンス63巻9号(2013年)7頁以下も参照。

しろそれを主導した側面も大きい。その意味で憲法学は、決して統治機構論を手付かずにしてきたわけではない。問題があるとすれば、憲法典・憲法附属法・憲法判例・憲法習律の全体を見渡した、複合的な視野から憲法秩序全体のダイナミズムを考察してこなかった——あるいは発言を回避してきた——ということである。本書が、広義の「憲法改正」にかかる冷静な議論への道を歩み出す契機となることを願っている。

第VI部

イタリア

Ⅵ-序　概観

1 憲法改正の法形式

イタリアにおいて、「憲法改正」には、「憲法改正法律（legge di revisione della Costituzione）」と「憲法的法律（legge costituzionale）」という2つの方式がある（憲法138条）。憲法改正法律とは、憲法典の規定を直接に書き換える法形式をいい、憲法的法律とは、憲法典を補完するためこれと同一の形式的効力を有する規範を憲法典の外につくる法形式をいう。

このように2つの法形式が用意されている理由は必ずしも明確ではないが、後者の憲法的法律という法形式が用いられる場合には、①普通州の場合とは異なる特殊な自治権を保障するため、特別州の特別憲章を定める場合（憲法116条1項参照）、②憲法典を補完する規範の定立が憲法典自身によって明示的に憲法的法律に委ねられている場合（たとえば、憲法137条1項を受けた1948年2月9日憲法的法律第1号および1953年3月11日憲法的法律第1号）、③憲法典が定める規範とは異なる規範が一時的に定められる場合（たとえば、1997年の憲法改正論議の過程で制定された、そのための特別の両院合同委員会の設置と特別憲法改正手続とを定めた1997年1月24日憲法的法律第1号）などがありうる。

このように、憲法改正法律と憲法的法律とは、一応は区別することができる。しかし、次にみるように、両者の間には制定の主体・手続に違いがないために、この区別は相対的である。実際、憲法改正法律と憲法的法律とが同一の法律中に含まれることもあり、たとえば、1967年11月22日憲法的法律第2号は、憲法裁判所の裁判官の選任方法や任期等を定める憲法135条を改正すると同時に、自ら、議会および最高裁判機関による憲法裁判所裁判官の具体的な選任方法に関して憲法典を補完する規範を定めている。

また、憲法改正法律・憲法的法律は成立後には官報に公布されるが、その際には、いずれも「憲法的法律」の名称で公布されている。

2 憲法改正の手続

憲法改正法律・憲法的法律も「法律」の一種である以上、その発案および審議は、他の法律の場合と同じ手続に従って行われる。それゆえ、憲法改正法律案・憲法的法律案には、現実に、議員の発案によるもののほか、政府の発案によるものおよび州議会の発案によるものがみら

れる（憲法71条1項・121条2項参照）。一方の議院に提出された憲法改正法律案・憲法的法律案は、通常、所轄の委員会（代議院（下院）の場合、第一委員会（憲法問題、内閣府および内務委員会）、元老院（上院）の場合、第一委員会（憲法問題委員会））に付託され、その委員会における討議・審査・議決の後、本会議における討議・審査を経て、本会議の最終表決に付される（憲法72条1項）。

本会議の議決に関しては憲法に特別な規定があり、憲法改正法律・憲法的法律の採択のためには、各議院が少なくとも3か月の期間をおいて連続して2回、議決しなければならず、かつ、2回目の表決では各議院がその議員の絶対多数で可決しなければならない（憲法138条1項）。

日本と異なり、イタリアでは、憲法改正法律・憲法的法律は、常に国民投票に付されるというわけではない。国民投票に付されるのは、憲法改正法律・憲法的法律が各議院で2回目に可決される際その議員の3分の2の賛成が得られなかった場合であって、かつ、「その公示から3か月以内に、一議院の議員の5分の1、50万人の有権者又は5つの州議会」がこれを国民投票に付すよう要求した場合に限られる（憲法138条2項・3項）。したがって、これ以外の場合には、国民投票は実施されない。

国民投票が実施される場合、国民投票に付された憲法改正法律・憲法的法律は、有効投票の過半数で承認されない限り、審署されない。

なお、日本でも憲法改正に限界があるか否かが論じられるが、この点、イタリア憲法は、「共和政体は、憲法改正の対象とすることができない」と、明示的に改正の限界を定めている（憲法139条）。

3 現行憲法の運用とこれまでの憲法改正

イタリアでは、2015年12月末現在までに、38本の「憲法的法律」が制定され、そのうち16本の憲法的法律において憲法典の改正が行われている。

現行憲法の制定・施行（1948年1月）からベルルスコーニ政権の誕生までの時期は、「第一共和制」と呼ばれる。第一共和制のもとでは、各政党の勢力は、キリスト教民主党が40％弱、共産党が25％程度、社会党が10％程度でほぼ安定していた。このように政党の力関係が固定化する中、キリスト教民主党の一党優位を前提に、各政党が国家の諸資源を支配し、市民社会にも影響力を行使する「政党支配制」が形成された。この時期には、憲法典の改正はそれほど頻繁ではなく、また、改正の規模も比較的小規模であった。実際、この時期になされた憲法典の改正は6回に過ぎず、改正された条文数も計12か条にとどまっている。第一共和制のもとでの憲法改正は、要するに、憲法で定められた諸制度の部分的な手直しにとどまっていたと言うことができよう。

こうした第一共和制の終焉と戦後憲法体制の大変動をもたらした要因には、様々なものが考えられる。1989年のベルリンの壁の崩壊に象徴される東欧革命は、共産主義の防波堤としてのキリスト教民主党の存在意義を低下させ、また、共産党の党名変更（1991年）をもたらした。さらに、1992年、ミラノの老人福祉施設をめぐる贈収賄事件の摘発を契機として、大規模な政治汚職（いわゆる「賄賂都市〔タンジェントーポリ〕」）の摘発が行われた。その捜査は、代議院議員338人、元老院議員100人に及び、クラクシ元首相は収賄罪で有罪判決を受け、アンドレオッティ元首相もマフィアとの関係について捜査の対象となった。その結果、既成政党に対する不信と、腐敗・汚職を構造化した選挙制度に対する不信を背景に、1993年、選挙制度が改革され、新たな選挙法のもとで行われた1994年総選挙の結果、ベルルスコーニのフォルツァ・イタリアを中心とする右派連合が勝利して政権を獲得する一方で、第一共和制のもとでの主要政党はことごとく解党ないし消滅し、これによって第一共和制は幕を閉じたのである。

さて、第二共和制の時期に入ると、憲法典の改正が頻繁に行われ、また、大規模な改正が行われるようになった。第一共和制の終焉を受けて、「第二共和制」の諸制度を構築することが目指されたためである。憲法典の改正のうち10回が1993年から2014年までの22年間に集中しており、また、改正された条文数も31か条にのぼる。これらの改正のうち最も重要なのが、1999年11月22日憲法的法律第1号および2001年10月18日憲法的法律第3号によって実現した地方分権改革である。この2回の改正によって、憲法第2部第5章（「州、県及びコムーネ〔市町村〕」）はほぼ全面的に書き換えられ、従来の中央集権的な諸制度が改められて、イタリアは連邦制への移行の一歩を踏み出したとも評される。

また、1980年代から二院制改革の必要性がたびたび議論されており、2016年4月までに、従来の二院制のあり方を大きく改める憲法改正案が議会によって可決されている。

〔田近　肇〕

VI-1章
イタリアにおける憲法改正の政治力学

伊藤　武（専修大学）

I　イタリアにおける憲法改正問題の位相
II　戦後イタリアの憲法改正をめぐる議論と問題
III　第一共和制時代の憲法改正
IV　体制移行期（1990年代前半）の憲法改正
V　第二共和制時代（1994年以降）の憲法改正
VI　小括

I　イタリアにおける憲法改正問題の位相

　第二次世界大戦後のイタリアは、従来、憲法改正が困難な国の代表として取り上げられてきた。大戦終結直後成立した第一共和制における憲法改正は、統治機構の部分的修正という規模の点でも、数回に過ぎない機会の点でも限定的であった。憲法改正の困難は、議会における加重多数決や国民投票を含んだ改正手続の硬直性とも結びつけられている。しばしば、イタリアの事例が日本の憲法改正論議で比較にのぼるのも、このような共通性に注目が集まるからである[1]。
　その後1990年代前半の政治変動の中から生まれた第二共和制では、憲

1）　小林公夫「主要国の憲法改正手続」調査と情報853号（2015年）1頁以下。

法改正は頻繁化し、大規模な改正も行われた。イタリアにおいて、このような変化は、停滞に陥った「行き詰まった民主主義（democrazia bloccata）」からの離脱を目指した動きと考えられている。比較政治学的には、共和国憲法の制定当時に重視された合意志向型民主主義の確立から、多数決型民主主義への移行が望まれていると理解できる。

　しかしながら、このような憲法改正の理解は、いくつかの政治的・政治学的パラドクスに直面せざるをえない。第1に、改正手続そのものは基本的に一定の「硬性」憲法体制でありながら生じた移行前後の断絶を説明できない。第2に、第二共和制の改正に事例を限定してみても、特に超党派的支持基盤から出発した改正（1997〜1998年の両院合同会議、2006年国民投票）が挫折したのに対して、唯一の大規模改正（2001年）は政治的支持の凋落が明白であった中道左派政権によってなされたことである。第3に、合意志向型民主主義から多数決型民主主義への変化により憲法改正が可能になったという理解についても、従来のより強大な多数派をもつはずの政権による改正失敗、頻繁な改正を行ってきた合意志向型民主主義のドイツとの比較などの点で[2]、説明に困難を抱えている。

　本章では、このようなパラドクスを、比較政治制度的・政党政治的観点から分析する。分析の重点は、イタリア共和国憲法の改正をめぐる議論の政治学的観点からの再検討にある。そのため、憲法改正の規範的評価は検討対象外である（Ⅵ-2章〔田近〕参照）。また、憲法改正の内容とそのアプローチの比較政治学的位置づけに焦点を当てるため、憲法改正（の態様）を従属変数とした因果関係に関する仮説検証は射程範囲外とする。ただし、現実の憲法改正（とその挫折）の政治過程や、憲法改正論の背景にある政治力学や制度的要素を明らかにすることは本章の目的とするところである。

　特に憲法改正問題に対する政府など主要プレイヤーの戦略の帰結は、(1)憲法改正手続の制度的インセンティブ（慎重な議会手続・限定的な加重多数決・国民投票制度）の作用、(2)改正過程の時間的インセンティブと政権基盤の変化（選挙サイクル）、(3)改正支持・不支持勢力と政党間・内部の亀裂形成の

2）　Ⅴ-1章〔近藤(正)〕では、ドイツが大連立政権や超党派的な議会審議を通じて頻繁に憲法改正を行ってきたことが明らかにされている。

3点に左右されることを明らかにする。

以上の分析を通じて、イタリア政治にとって近年の憲法改正が通常の政治争点に格下げされ、必ずしも政治システムの刷新につながっていないこと、比較政治学的には政治勢力間の権力配分契約としての憲法の改正は拒否権プレイヤーなどイタリア政治の相対的位置づけに見直しを迫ること、そして改正が難しいはずの憲法体制ではその「制定権力」の担い手であるプレイヤー（イタリアでは政党）の動向が大きな影響を与えることがわかるのである。

II 戦後イタリアの憲法改正をめぐる議論と問題

1 共和国憲法の制定と「憲法的妥協」

(1)「憲法的妥協」の成立　イタリアでは、1946年6月に行われた国民投票で君主制に代わって共和制が選択された。同時に行われた選挙で選出された憲法制定議会において憲法案の議論が進み、1947年12月に制定、翌1948年1月1日より施行された。憲法施行は東西冷戦下のイデオロギー対立が激化する最中で行われたものの、憲法典そのものの内容は、対独レジスタンスを闘った共産党、社会党、キリスト教民主党など左右政党の協調を制度化するものであった。制定された憲法典は、主要政党間の政治権力に関する相互協定という性格を色濃く有していた。それは、やがて「政党支配制（パルティートクラツィア）」とも称される第一共和制の政治制度の基盤を提供したのである。

カトリック教会の特権的地位を保障したラテラーノ条約や、1条1項の「労働に基礎を置く社会的共和国」など、キリスト教民主党、社会党・共産党の三大組織政党の重要な利害が憲法に盛り込まれた。また、対等な二院制、弱い執政権、（実現まで時間がかかったものの）州制度導入を含む地方分権制度など、ファシズム独裁への反省から権力集中を避け、少数派にも一定の利害反映の余地を確保する「保障主義（garantismo）」的制度設計が採用された。まさに、不安定な共和制の民主主義を存続させるため、多様な勢力間の合意調達を企図した「憲法的妥協（compromesso costituzionale）」

の産物であった[3]。

(2) 執政権・立法権関係　後に争点化する憲法改正過程との関係で、とりわけ重要となるのは、議会の合意を重視した立法手続と政府の立法過程に関する統制の弱さである。対等な二院制のもとでは、逐条審議を行う上下両院の一方で修正された法案内容は他の院でもさらに承認されなければならない。そのため、上下両院の間では、「シャトル（navetta）」と称されるように、法案が頻繁に行き交うことになり、審議には非常に時間がかかる。そのため成立に至らないことも少なくない。

　政府がこのような議会運営を統制して、法案成立に漕ぎ着けるのは困難である。共和国憲法の制定を経ても、19世紀半ばに成立した自由主義国家の議会主義的な執政府・立法府関係の遺産を反映して、政府は議会での議事運営の日程・議題設定、本会議の採決などについて、十分な影響力を有さなかった。イギリスはもちろん、フランスなどの「合理化された議会制」と比べても、議会の自律性は高かったとされる[4]。

　その結果、政府は、厳しい左右対立を抱え不安定な連立政権の多数派や、派閥対立で政党規律が働きにくい流動的な政権政党に基づいた政治的統制手段に頼ることになった。政府にとって議会コントロールの制度的手段は乏しかった。本来限定的な緊急性が不可欠な緊急法律命令（decreto legge）、憲法94条に規定された政府信任との関係から違憲の疑いが強いとされた

3）　たとえば、自由主義（戦前の自由主義国家（lo Stato liberale）の継承）・カトリック・共産主義の3つの文化の妥協の産物として憲法を捉える見方がある。Raniero La Valle, Il vento a via della Chiesa Nuova, in Telemaco protoghesi Tuzi e Grazia Tuzi（a cura di）, *Quando si faceva la Costituzione. Storia e personaggi della Comunità del porcellino*, Il Saggiatore, 2010, pp.239-246. 特に大きな影響力を発揮したカトリック、共産主義の二大勢力は、自由主義国家の伝統からは異質な存在であり、正統化に限界を抱えていた。その妥協は、現行第二共和制下で、「カトリック・共産主義（cattocomunismo）」として憲法の正統性そのものへの批判を一部から招くことになった。Francesco Cundari, Ecco che cosa deve sapere Salvini quando parla di "cattocomunisti", in *Il Foglio*, 31 gennaio 2015（http://www.ilfoglio.it/articoli/2015/01/30/quirinale-mattarella-cosa-deve-sapere-salvini-quando-parla-di-cattocomunisti___1-v-125106-rubriche_c377.htm）［2015年6月16日最終アクセス］。

4）　セリーヌ・ヴァンゼル（徳永貴志訳）「合理化された議会制と立法手続：北大立法過程研究会報告」北大法学論集63巻6号（2013年）48［477］～24［501］頁。

政府信任をかけた法案採決の多用などである[5]。

(3) 憲法改正手続における「憲法的妥協」　憲法典が保障主義的設計思想の根幹である以上、憲法改正手続もそれに従って簡単な改正を許容しないものにならざるをえなかった。共和国憲法下での改正手続を定めた第138条の複雑さに加え、上下両院の対等な権限、修正案の提示のしやすさや両院が異なる内容の議決をした場合のすり合わせなど議事手続まで含めて考えると、非常に時間がかかる決定過程である。

次に、両院で可決されたとしても、第一共和制下では、左翼勢力が3分の1近くを占めており、第二共和制でも左右二大陣営の拮抗状況が生じていることからみて、国民投票の回避は難しい。事実上、政治的にはその承認が改正要件となっていると言える。

イタリアの共和国憲法改正手続は、議会での可決要件（絶対多数決）や国民投票の実質的要件化など、改正を困難にするよう期待され、そのような作用を有しているとみられてきた[6]。改正可能なのは、超党派的合意が可能な争点である。そのため、対立の大きい大規模な改正は難しいのである。

(4) 憲法改正事例　共和国憲法下の憲法改正は、主要政党間の政治権力分有のための契約という憲法典の性格とそれを反映した厳格な改正手続を反映して、機会・規模のいずれも限定的なものとなっている（詳細はⅥ-序参照）。

第一共和制下の改正は、元老院（上院）会期の短縮と代議院（下院）会期との統一（1963年）、モリーゼ州の新設（1963年）、憲法裁判所裁判官任期の短縮（1967年）、大臣の弾劾裁判制度の廃止（1989年）など微修正にとどまっている。1990年代前半の体制移行期については、解散に関する大統領の裁量拡大や大赦・減刑の条件強化など、政治腐敗スキャンダルや既成政

---

5) ヴァンゼル・前掲注4) 44[481]頁、および芦田淳「イタリアにおける二院制議会の制度枠組とその帰結」岡田信弘編『二院制の比較研究』（日本評論社・2014年）105頁以下を参照。二院制と憲法改正の関係については、カルロ・フザーロ（芦田淳訳）「イタリアにおける二院制」岡田編・前掲9頁以下。

6) アレッサンドロ・パーチェ（井口文男訳）『憲法の硬性と軟性』（有信堂・2003年）。

党不信に対応した改正が行われたが、いずれも小規模な改正であった。第二共和制の1990年代中盤以降も、改正の数は多いが、2001年の地方分権関連のみが大規模改正である。この改正についても、方向性そのものは超党派的合意があり、内容自体はすでに1990年代末などの各種立法の動向を追認したものであった。この点で、範囲の面ではともかく、変化の度合いという点では大規模改正にふさわしいか疑問もある。

したがって、共和国憲法について、改正は頻繁ではなく小規模で限定的であるという理解は、最近まで抜本的に変化しないまま持続しているのである。

2　問題点の検討

従来のイタリア共和国憲法については、漸進的・限定的改正、憲法体制の持続性をもつという評価が基本である。この点で「硬性」憲法に区分される[7]。しかし、このような理解は、いくつか慎重な検討を要する論点がある。

第1に、改正数についてである。確かに、ドイツと比較すれば改正数ははるかに少ない（V-序参照）。その点で日本や韓国と同様に憲法改正の難しい国と理解されるのも正当である。ただし、実際に16回の改正が行われていることに加え、2006年のように国民投票で否決されたとしても改正案自体が議会で可決された回数はさらに多い。改正案の議会への提起も含めれば、さらに改正に向けた動きは増加する。少なくとも、憲法改正が一種の「タブー」と考えられているわけではないことがわかる。

第2に、改正規模である。恩赦の修正など確かに小規模改正が多い。しかし、そのことをもって、イタリア共和国憲法が硬直的と評価するのは飛躍がある。まず、憲法改正として大規模な改正を当初から望ましいものとするのは、憲法保障の観点から問題である。少なくとも、大規模改正が多数政治勢力や世論から望まれているが、依然としてその現実化が阻まれて

7）　本章では、このような硬性憲法・軟性憲法の二分法にいかなる意味と問題があるかには踏み込まない。詳細は、パーチェ・前掲注6)を参照。

いるという前提が必要である[8]。

第3に、憲法改正の射程である。憲法典そのもの以外にも、それと密接な関連性を有する憲法に準じる重要な法律・制度が存在する。そのような制度の改正（たとえば選挙制度など）あるいは、通常法に優位する特別の地位をもつ法律（イタリアの場合は、いわゆる「憲法的法律（legge costituzionale）」）の改正・制定も憲法秩序の変動という観点からは視野に入れるべきである。

たとえば、イタリアでは、選挙制度について、通常の立法のように多数派の党派的都合で改正するのは好ましくなく、超党派的合意を求めるべきものとされている[9]。その理由は、選挙制度改革が、通常の立法と異なる格別の重要性を有すると認識されているからである。実際選挙制度については、第一共和制でも、第二共和制でも、大規模な改正が行われた。

憲法的法律については、憲法典よりはるかに多い38本もの立法化が行われてきた。その中には、1990年代末の地方分権関係など、憲法改正に近い性格を有するものが数多く含まれている。

第4に、改正手続についてである。まず議会の可決要件は2回目の投票で各院の絶対多数を要求しているが、多数派政権にとって著しく困難な条件ではない。次に、国民投票に関して国民投票での承認を回避するための3分の2の両院多数での可決という要件は厳しく、国民投票の実施要件を満たすのは議会野党や在野の反対運動にとって高いハードルではない。そのため国民投票の実施は実質的に不可避であるとしても、多数の支持があれば承認自体は困難なものではない。

第5に、改正のペースについて、やはり1990年代以降頻繁化していることは、たとえ技術的改正が多いにしても、継続性を重視する議論の射程から外れている。改正手続が基本的に一定であるならば、改正ペースの変化には別の要因が存在しているはずである。

したがって、イタリアの憲法改正が規模・機会とも限定的であり、憲法は

---

8) 後述のように、第一共和制では、憲法改正よりも、憲法規定の現実化（普通州制度の導入など）が重要であったゆえに、大規模改正は争点化しなかった。
9) 当然ながら、実際に行われる選挙制度改正がこの条件を満たしていることを保障するわけではない。

変えにくいものであるという通説的見解は、再検討を要することがわかる。

3　イタリアにおける憲法改正論

(1) 第一共和制における憲法（改正）と政治　　第一共和制時代のイタリアに関する政治学的分析では、選挙制度、執政制度、議会制度や中央-地方関係など個別争点を除いて、憲法改正自体を分析対象とした研究は乏しい[10]。その理由は、逆説的ではあるが、政治による憲法への影響は、共和国憲法の生みの親が左右幅広い政党勢力であったという経緯から当然視されたからであった。憲法について政治（学）的関心が乏しかったわけではなかったが、因果関係については深く考察されることがなかった。憲法による政治への影響という因果関係のもう一方の側面は、本格的関心を呼ばなかったのである。

　この点は、日本の憲法と比較するのが有意義である。憲法と（国内）政治の関係について、イタリアでは、国内政治勢力が憲法を規定したという側面は非常に強かった。第1に、日本と異なり、非占領下での憲法制定議会による制定という過程をたどったため、自主憲法か押しつけかという点が重要な争点となることはなかった[11]。それゆえに、憲法は政治の産物であるのは当然とされたのである。第2に、1970年代頃まで中道与党勢力と左翼野党勢力が、憲法に規定された改革の抑制か完全実施かで対立するという特徴は、日本の改憲・護憲の対立とはずれてはいるものの、恒常的野党勢力が憲法擁護を主張するという点では日本と共通している。いずれにしても、政治（政党）の側が憲法にいかなる期待を込めているか、その動向が憲法（に規定された改革の実現）にいかなる影響を与えているかという関心は、概略的視角にとどまったものの、恒常的に存在していた。

---

10) その1つの理由は、イタリアの憲法学が、判例分析よりも、政治学が公法学から分化する以前の「旧制度論」的・規範的特徴をなお色濃く有していることにある。この点については、高橋利安の一連の研究を参照のこと。

11) この点について、当時イタリアの内政に大きな影響を与えていたアメリカの意向、あるいは米ソ冷戦の影響がなかったわけではない。ただし、当時のデ・ガスペリ首相をはじめとする左右の政治勢力間では、憲法制定過程について国内政治勢力の自主性を保持し、左翼勢力の抑制を求めるアメリカなどの圧力を回避する点ではコンセンサスがあったとされる。

(2)「大改革」論の時代(1980年代以降)　憲法改正の必要性については、1970年代に入り、政治システムの停滞が問題視され始めると、現実政治上も政治学上も注目されるようになった。そこでは、弱い首相のリーダシップなど執政権、法案審議の停滞をもたらす対等な二院制など憲法の統治機構全般に加えて、憲法以外でも小党分立を生み出し政権交代を難しくする選挙制度の改革が求められていった。

抜本的な憲法改正への動きは、1976年には、当時社会党の書記長であったクラクシが憲法の「大改革(Grande Riforma)」を訴えたことを嚆矢とした[12]。その後、ボッツィ委員会(1983〜1985年)、デ・ミータ＝ヨッティ委員会(1992〜1994年)、ダレーマ委員会(1997〜1998年)と大改革を目指した両院合同委員会の動きが続いたが、いずれも構想段階で挫折した。2001年中道左派のアマート政権下では、地方分権関連で比較的大規模な改革が実現したものの、統治機構全体の改革は手付かずであった。その後2005年末に採択された中道右派ベルルスコーニ政権下では、元老院改革などより包括的な政治制度改革を目指したが、2006年の国民投票で否決されて実現しなかった。そして現在レンツィ民主党首班政権下で審議中の憲法改正案では、元老院の地域代表化・非公選化、代議院の権限強化など、抜本的な統治制度改革が再浮上している。

この間、政治学研究では、本書Ⅰ-1章〔待鳥〕が日本について指摘したように、憲法制度が政治にどのような影響を与えるのかという観点からの分析は当初極めて弱かった。1990年代以降、拒否権プレイヤーの議論や資本主義の多様性論などが注目されるなかで、対等な二院制論など個別の制度的問題がイタリアの政治的停滞をもたらす元凶と認識されるようになった。したがって、政治学でも、憲法が政治にいかなる影響を与えるのかという関心は、決して弱くないと言えよう。

---

12) クラクシの改革提起の背景には、当時キリスト教民主党と共産党の二大政党間で進行した「歴史的妥協」に基づく大連立的政治運営に対して、自党が埋没しているという危機感が存在していた。しかし、共和国憲法を超党派的合意の核としていた両党は、抜本的改革の構想に対して冷淡な姿勢をとった。

(3) 政治学的憲法改正論の課題　　第一共和制から現代の第二共和制を通じて、政治学的憲法改正論の射程は、基本的に、停滞の原因分析（共和国憲法の政治制度がなぜイタリア政治の停滞をもたらしたか）と望ましい政治制度（憲法に規定された制度をいかに変えるべきか）に限られていた。たとえば、代表的なブル＝パスクィーノの論文でも、憲法改正を重要な課題として挙げながら、改正内容の意義の説明に力点を置いているが、改正の政治過程については2006年の憲法改正挫折によって「大改革」は終幕を迎え、漸進的改革に向かうと述べている[13]。しかし、現実には、現レンツィ政権など大規模改正の動きが尽きたわけではない。

他方で、既存の議論では、現実の憲法改正のほとんどを占める小規模改正は視野の外に置かれたままである。当然ながら、2で論じたような、憲法改正の数・規模・射程・手続・ペースの変化などは検討対象外である。さらに改正の失敗と成功の区別にも関心は乏しい。

従来の政治学的な改正論は、実質的には大規模な政治改革構想論に等しい。未だ「大改革」が最終的に承認を得たことはない以上[14]、「変われないイタリア」の挫折を描くことに変わりない。その代償として、憲法改正の射程を左右する政治的条件の検討、政治過程としての憲法改正の特徴、アクターの戦略など興味深い問題は手付かずになってしまっているのである。

したがって、大規模な改正がいかに提起され挫折したかのみならず、現実に数々の改正が実現したこと、中には大規模な改正も実現するか、少なくとも議会可決までは至っていることも含めた政治学的検討が必要である。その検討では、憲法改正の射程を左右する政治的条件の検討、政治過程としての憲法改正の特徴、アクターの戦略などに注目する必要があるだろう。

(4) 本章の視角
　　──憲法体制改革としての憲法改正と政治力学　　本章は、イタリア共和国憲法における憲法改正の特徴と政治的条件の考察を課題とする。このような課題を分析する視

---

13) Martin Bull and Gianfranco Pasquino, A long quest in vain, *West European Politics* vol.30, no.4, 2007, pp.670-691.
14) 本章執筆時点では、レンツィ政権下での憲法改正案に関して予定される国民投票（2016年後半予定）は実施されていないため、このような記述をしている。

角として、第1に、憲法改正を憲法典および関連の政治制度改革として拡大して捉える。執政制度や選挙制度などを合わせた「基幹的政治制度」[15]まで拡げて憲法を考えるべきである。具体的には、執政制度・議会制度など三権間の関係変化という観点からだけでなく、主要な政治勢力間のバランスの変容という観点も重視する。なぜなら、先述のように、イタリア共和国憲法の制定では、政治権力の抑制という側面よりも、主要政党間の政治権力に関する契約という側面が強いからである[16]。

第2に、憲法改正に関するアプローチの多様性に注目する。憲法学でも政治学でも、憲法改正に向けた手段（通常議会審議、両院協議会、専門家委員会、多数派与党間の限定的協議、国民投票）の質的相違やその混合戦略は取り上げられなかった。しかし、政治勢力のバランス（勢力関係）を表すのは改正内容だけでない。改正の手段として、たとえば、政権主導で議会勢力の頭越しに行われる一方的アプローチ、超党派的議論の慣行を尊重した両院協議会、それを回避した与党主導の多数決的アプローチのいずれを採用するかは、その時点での政治勢力バランスを反映した戦略的選択の帰結である。また、国民投票についても、議会可決後の成否を左右する決定手段という点だけでなく、議会可決前から国民投票の可能性も織り込んだ賛成・反対勢力の戦略を左右するアプローチと評価できる。

III　第一共和制時代の憲法改正

1　1940年代～1960年代

第一共和制の時代、1990年代初頭までは、憲法典改正の頻度・規模とも限定的であった。改正は6回、改正対象条文も12か条に過ぎなかった。したがって、この期間の憲法改正は、憲法制度の部分的手直しにとどまる

---

15) この意義については、I-1章〔待鳥〕を参照。
16) この点をさらに敷衍すれば、特定の政治勢力による権力独占については保障主義などで制約がかけられているが、政党同士（のカルテル）による政治権力の占有に対する制度的保障は脆弱になってしまうことを意味する。この問題が、いわゆる政党支配制の制度的遠因と言えよう。

と評価できるだろう[17]。ただし、改正内容とその背後にある政治力学、改正アプローチの選択をみると、興味深い点がわかる。

　まず1960年代までの時期は、確かに既存憲法の制定内容の技術的改正にとどまっている。最初の改正である1963年2月の第56条・第57条・第60条の改正は、両院の議員定数および元老院任期の変更を定めたものである。もともと1947年制定の憲法では、代議院任期は5年、元老院任期は6年であった。選挙権、被選挙権年齢も元老院の方が上であるように、元老院には代議院と異なる安定性・見識が要求されたからであった。しかし、第2回（1953年）、第3回（1958年）の総選挙では、いずれも元老院は代議院任期満了の5年で繰り上げ解散させられ、両院同時に選挙が実施された。任期統一の背景には、選挙のタイミングのズレによるハング・パーラメントを回避すること、元老院の牽制・諮問機能は代議院と異なる見解を表明することで十分であることなどの考えが存在していた[18]。

　さらに、同年12月のモリーゼ州新設に関する憲法改正を挟んで3回目の憲法改正である第135条を中心とした改正（1967年の最高裁判所裁判官任期の12年から9年への短縮）は、大統領を含むいずれの選出公職よりも長い任期を、政治的事情の変化に対応させようとしたものと考えられる。したがって、社会党が入閣した中道左派政権の定着期にあたる時期の憲法改正は、政党間関係の安定を反映した改正と評価できよう。

　裏返しとして、1960年代を迎えるまで、憲法体制は安定化したとは言えなかった。そのことは、憲法関連の制度の動向、特に選挙制度に視野を拡げるとわかる。1953年総選挙直前の3月末に成立した新選挙法（法律第148号）は、従来の阻止条項のない比例代表制に代わって、代議院で有効投票の過半数を獲得した多数派に65％の議席を付与するプレミアム制を導入した。いわゆる「いかさま法（legge truffa）」である。導入の背景には、デ・ガスペリ率いるキリスト教民主党を軸とした中道連合政権が、左右両極の野党勢力の攻勢や連合内部の小党との調整に苦しみ流動化したため、

17）Ⅳ-序3を参照。
18）Senato della Repubblica, *Il Senato nel sistema bicamerale: La storia del Senato*（https://www.senato.it/leg17/1022）［2015年6月15日最終アクセス］。

安定政権を実現する多数派を確保しようとした事情が存在した。

結局この法律は肝心の1953年総選挙で与党がプレミアム発動要件の過半数に達せず、ファシズム独裁への道を開いたいわゆる「アチェルボ法案」との類似性を批判されて廃止に追い込まれた。

新選挙法は、もっぱら与党中道連合支配の安定化のための政治戦略[19]という文脈で取り上げられてきた。当時中道連合政権は、地方選挙での敗北、極右勢力の拡大、左翼勢力の攻勢など不安定な政治状況に苦しんでいた。政権と議会との関係は安定していたものの、1953年総選挙の勢力激変は再び流動化をもたらすと危惧された。そのため、1953年には憲法上の任期を短縮した元老院の前倒し解散も行われたのである[20]。憲法体制の権力配分原理として組み込まれた比例原則からの逸脱である以上、これは基幹的政治制度の見直しと解釈できる。共和国憲法の枠組みが、戦後の権力バランス変化に対応して修正された結果であった。

2　1970年代～1980年代

1970年代は、左翼労働運動の攻勢を受けて、様々な社会経済改革が実現した改革の時代であった。共和国憲法に規定された普通州制度の導入も、ようやく1970年に実現した。憲法制定以来「護憲」勢力として憲法に記された改革の実現を旗印に掲げた左翼勢力の影響力拡大によって、ようやく憲法規定に制度化が追いついた。

しかし、1970年代は、政党勢力間の権力配分契約という憲法の特質が一段とあぶり出された時代であった。共和国憲法制定時に大きな影響力を発揮したカトリックと共産主義であったが、いまや二大政党のキリスト教民主党・共産党を軸とした大連立によって、経済危機・左右のテロリズムの政治社会的危機の中での安定化を主導していた。これは反体制勢力たる共産党の正統化を実現した点では画期的であったが、その反面、主要政党間の協定による安定は政治の停滞をもたらしているとの懸念が拡がりつつ

---

19)　Massimo L. Salvadori, *Storia d'Italia, crisi di regime e crisi di sistema: 1861-2013*, Il Mulino, 2013, Capitolo 7, 6.
20)　Umberto Allegretti, *Storia costituzionale italiana*, Il Mulino, 2014.

あった。社会運動の抗議はそのような閉塞感を反映したものであった。

政界の中からも、社会党のクラクシ[21]が統治制度の抜本的見直し(「大改革」)を求める声を上げることになった。その声は、ようやく政治の安定を見出した二大政党から黙殺されることになった。しかし、左右勢力の合意調達と民主主義の安定を目指した共和国憲法の憲法体制が曲がり角に来ていることを知らしめたのである。

1970年代の危機を乗り切ったイタリアでは、共産党・イタリア社会運動という左右両極の体制内への取り込みが進んだ。文字通り共和国憲法に正面から挑戦する勢力は消失し、盤石の時代を迎えたかのようであった。その分、いわゆる政党支配制の停滞は深刻なものと意識された。政権連合である五党連合の主役となりつつあったクラクシは、執政権強化など政治改革構想を打ち出し、他の勢力もそれに呼応して、憲法改正が争点化した。

1983年から1985年にかけて、制度改革両院合同委員会(ボッツィ委員会)が設置された[22]。対等な二院制の改革など、統治制度改革を軸に多くの構想が浮上し、議論された。抽象的な政治制度改革の必要性そのものについては、1970年代の歴史的妥協(=大連立)を経た超党派的コンセンサスを背景に一致をみていた。しかし、執政権強化はクラクシのさらなる台頭をもたらすものとして与党内からも反発が浮上するなど、具体的改正案で合意を得られず、ボッツィ委員会は使命を終えるに至った[23]。

この時期の憲法典の改正は、1989年1月の第96条・第134条・第135条(大臣の弾劾裁判制度の廃止・大臣による犯罪の裁判管轄変更)が唯一であり、小規模なものにとどまった。

ただし、1980年代には、社会の世俗化の進行を受けて、クラクシ政権のもとで新コンコルダート(政教協約)の制定が実現した[24]。憲法7条に定

---

21) 1976年の党大会において、クラクシは若手指導者の「大佐たちの反乱」を率いて社会党指導者となった。

22) Enzo Cheli, *Nata per unire*, Il Mulino, 2012, II, f.5, III.4.

23) ボッツィ委員会の詳細な議論については、Giuseppe Lupone, *Le riforme costituzionali dai Comitati Ritz – Bonifacio – 1982 alla Bicamerale D'Alema – 1998*, Edizioni Scientifiche Italiane, 1998, Capitolo 3, pp.41-73を参照。

24) Allegretti, *op.cit.*, Capitolo tredicesimo, 2.

められたように両者合意に基づく変更は憲法改正を要しないが、この締結は国家 - 教会関係の大きな改革であった。

したがって、1970年代から1980年代は、憲法体制の実質化が頂点に達した時代であるとともに、社会変化に対応して関連制度の改革が行われた時代と評価できる。

IV 体制移行期（1990年代前半）の憲法改正

1990年代前半、イタリアは、財政赤字の膨脹や通貨リラの暴落、マフィア問題の深刻化、「賄賂都市(タンジェントーポリ)」とも形容される構造汚職の露呈など相次ぐ危機の中で、第一共和制の正統性は急速に失われた。共和国の統治制度は、政治経済的危機の元凶であり、その改革は不可避であるとの声が高まった。その結果、共和国憲法の改正、憲法的法律の制定、さらには関連する政治制度改革（選挙制度など）が急増する。

憲法典の改正は、三度実現した。まず、1991年11月の第88条（大統領の解散権行使期間に関する条件緩和）である。従来は大統領任期の最後の6か月にかかる場合は議会解散ができないとされていたが、議会自体の会期（立法期）の最後の6か月と少なくとも部分的に一致する場合は解散できるようにされた。実際1992年春に繰り上げ総選挙が行われるはずが、当時のコッシーガ大統領の任期切れが迫っていたため、技術的な改正として必要なものであった。ただし、政治的流動化が進み、大統領の政治的役割の重要度が高まっていた時期でもあり、大統領の裁量が拡大して以降の傾向の先取りであったとも評価できる。

次に、1992年3月、第79条（大赦および減刑の法律事項への変更）、および1993年10月の第68条（国会議員の訴追関係）の改正が続いた。当時、汚職摘発（清い手（mani pulite）作戦）が進み、政治家を軸とした政治腐敗への非難が沸騰していた時期であった。第79条について、従前恩赦は議会の委任に基づき大統領権限で行うことが可能だったが、各院3分の2の加重多数決を要件とするように条件が厳格化された。第68条も、深まる汚職摘発に対応した改正であった。

いずれも小規模改正であるが、従来は象徴的役割が基本であった大統領の政治的役割の変化、政治家の政治的地位保障の変化など、政党を軸とした第一共和制の骨格部分の変化と連動した改正であった。

1990年代前半には、憲法典以外にも、特に選挙制度と地方政治制度については、大規模な改革が導入された。基礎自治体の市長、県の知事は、議会による間接選挙に代わって直接公選により選出されるように改革された。国政選挙についても、選好投票の票数制限など小規模な改正から始まり、ついには比例代表制に代わって多数決型の小選挙区比例代表並立制が導入されるに至った。

この時期は改正アプローチについても、斬新な動きが登場した。まず、1980年代に続いて2回目の両院合同委員会（デ・ミータ＝ヨッティ委員会）が1993年から1994年にかけて設置された。代表の2人は、キリスト教民主党・旧共産党の二大政党出身であった。特にデ・ミータは、キリスト教民主党の中でも改革派として知られており、当時から多数決型選挙制度導入など政治改革運動の旗手のひとりとなっていた。ヨッティも女性政治家として、共産主義体制崩壊前後で苦しむ旧共産党系勢力の中では、比較的クリーンなイメージを有していた。危機に瀕した第一共和制の主役、政党側からの抜本的制度改革の試みであった[25]。

デ・ミータ＝ヨッティ委員会では、いわゆるドイツ型システムの導入（建設的不信任導入・首相権限強化など）などが中心的構想として浮上する。しかし、既成政党が極度の政治不信と厳しい汚職摘発の波及を受けて総崩れとなるに及んで、議会がわずか2年で前倒し解散されることになったために、議論は中途半端に終わった。デ・ミータ＝ヨッティ委員会はあくまで既成政党の枠内からの統治制度改革構想の提起であるため、当時の政治不信状況と改正案審議に関する時間的制約（前述IIを参照）を考えれば、その完成を待つことは実質的に不可能であったと言える。

もうひとつ新しいのは、選挙制度改革など直接民主政的要素の強化を求める政治改革運動が興隆し、大きな影響を与えたことである。イタリア政

25）　デ・ミータ＝ヨッティ委員会の詳細については、次の文献を参照。Lupone, *op.cit.*, Capitolo sesto, pp.115-139.

治では、女性運動や反核運動など、既成の労働運動などとは異なる新しい社会運動が社会経済改革に影響を与えてきた。ただし、デ・ミータの政治改革運動など当時興隆した運動は、大規模な統治制度改革を射程に捉えており、広く支持を得た点で新しい意義を有していた。

　体制移行期の憲法改正については、第一共和制の行き詰まりの原因である統治制度の改革への要求、憲法の実質的支柱であった政党そのものへの不信が原動力となっていた。選挙制度改革や地方制度改革など、憲法典改正を伴わないが重要な改革が生じた。政党間の均衡を重視した比例代表制から、それを犠牲にしてでも強い政権（連合）を生み出そうとする多数決型選挙制度への移行は、最たる例である。

　憲法典の改正についても、小規模改正ながら、名目的国家元首としての大統領の地位の浮上、政治家の地位の低下などを反映していた。このような変化は、共和国憲法を支えた権力バランスの再編であった。

　しかし、最大の焦点であった大規模な統治制度改革を伴う憲法改正は、実現しなかった。政治勢力の利害が一致しなかったという事情だけでなく、憲法改正に伴う手続上の時間的要請が現実の政治的変化の早さにまったく追いつけなかったことが大きな要因であった。

V　第二共和制時代（1994年以降）の憲法改正

1　中道左派政権時代（1996～2001年）

　1994年、新しい多数決型選挙制度で総選挙が行われ、右派の第1次ベルルスコーニ政権が成立した。既成政党は軒並み消失し、総選挙を闘った右翼連合、左翼連合、中道連合はほとんどが新政党で占められた。イタリア第二共和制の成立は広く認められるようになったが、第一共和制の創設時ともフランスなど他国の例とも異なり、新しい共和制の成立にあわせて新憲法が制定されたわけではなかった[26]。

---

26)　1990年代以降の改正の潮流については、次の文献を参照。Carlo Fusaro「The Politics of Constitutional Reform in Italy. An assessment of the most recent developments」専修大学社会科学研究所月報504号（2005年）2頁以下、高橋利安「イタリアにおける90年代以降の憲法

憲法改正については、改正数の増加、大規模改正の実現が指摘されている。さらに、改正アプローチについても、専門家主導の新しい手法がたびたび浮上している。

　第1の改正の波は、1990年代末、中道左派連合政権の末期であった。当時イタリアでは、緊急の課題とされたユーロ参加に必要な財政改革を果たした後の課題として、政治制度改革が争点化していた。

　改正対象分野は、まず在外選挙制度導入に伴うものである。2000年1月には第48条が改正され、在外投票制度が導入された。続く2001年1月には第56条・第57条の改正によって、在外選挙区の議員定数についての言及が挿入された。これらの改正は小規模なものであった。改正の背景には、政治的シティズンシップの在外自国出身者への拡張の潮流に加えて、当時政権にいた中道左派連合が在外イタリア人の間で優勢と考え、劣勢な政治情勢を挽回しようとした党派的動機もあった[27]。また、1999年11月には、憲法111条に適正手続に関する諸原則の挿入が図られた。

　より重要な改正が行われたのは、地方分権の分野である。1999年11月の第121～123条、および第125条・第126条の改正（地方自治改革）では、コムーネや県に先行導入されていた首長公選制が、州レヴェルにも州知事公選制として導入されたり、州レベルの首長、政府、議会関係の改革が行われたりした。また、いわゆる「ヴァッサニーニ法」の制定によって、実質的分権化は相当進展していた。そのうえで、2001年10月には、第114条・第132条など10か条以上の条文を包括した地方分権に関する大規模改正である。補完性原理の憲法への挿入、国の権限の制限的列挙への変更など、州以下への大幅な分権が進んだ[28]。ただし、単一国家の骨格（第5条「単一不可分の共和国」）は非改正とされた。改正案は同年秋に国民投票で承認された。

　改正の動向」同25頁以下、同「憲法体制転換期におけるイタリア憲法の変容」修道法学30巻2号（2008年）55頁以下。
27) Bruno Mascitelli e Simone Battiston, *Il voto all'estero*, Firenze University Press, 2012.
28) 高橋利安「イタリアにおける地方分権をめぐる動向」修道法学27巻2号（2005年）270頁以下、同訳「2001年10月18日憲法的法律第3号『憲法第2部第5章の改正』（翻訳・解説　イタリア憲法第2部第5章『州、県及びコムーネ』の改正）」外国の立法212号（2002年）53頁以下。

中道左派政権時代（1996～2001年）の憲法改正数の増加と大規模改正の実現、特に中央-地方関係の変化は非常に顕著な改革である。地方分権改革の必要性については、連邦制導入論を唱える北部同盟をはじめとして、左右の幅広い合意が存在していた。具体的内容については見解の相違があったものの、国民投票でも承認を受けることが可能になったのである。

　しかし、左右両派とも要求していた本格的な統治機構の改革は、議論されたものの、実現しなかった。1997年には、中道左派の最大政党・左翼民主党の指導者ダレーマ、中道右派の指導者ベルルスコーニの両者のイニシアティブによって、両院合同委員会（ダレーマ委員会）がこれを指導した。この委員会では、元老院改革、抜本的な地方分権、執政権強化など政治制度全般の改革構想が議論された。二大政党指導者主導の提携は改革の成立を期待させたが、政敵ベルルスコーニとの提携への反発や政権の主導権を失うことを恐れたプローディ首相ら中道左派連合内の勢力の反対、より急進的な連邦制への移行を訴える北部同盟の離反など中道右派野党連合内の摩擦のため、1998年には早くも両院合同委員会における憲法改正案の検討は暗礁に乗り上げてしまった[29]。

　超党派的改正の挫折と野党中道右派勢力の優勢化を受けて、中道左派連合は地方分権など比較的障害の少ない分野の改正を先行させた。2001年の大規模改正はそのような背景を有していたのである。さらに、この改正では、超党派的合意調達に基づく憲法改正という慣例を破って、中道左派のみの賛成で可決する「一方的アプローチ」をとった。この戦略は、争点自体に支持がある地方分権に限っては議会の超党派的支持が不可欠ではないため、妥当であった。しかし、中道右派側にも、党派的構想に基づく一方的改正を採用する口実を与えてしまった点で禍根を残した。

　この時期で興味深いのは、多様な憲法改正アプローチの模索であった。当初目指された両院協議会の左右協調に基づき、国民投票を回避できる多数（上下各院の3分の2の特別多数決）を確保するという路線は、実現しなかった。2001年改正のように政権末期の改正は、選挙サイクルの制約、つ

---

29)　ダレーマ委員会の帰趨については、Lupone, *op. cit.*, pp. 143-354を参照。

まり末期の支持率低下と総選挙敗北を受けた前政権の案が問われることになるため、国民投票の承認を得るのは難しい。しかし、憲法138条の手続と安定を重視した議会規則に従った審議を行う限り、最長議会任期5年というサイクル内で十分余裕を残して改正案の国民投票を行うのは難しい。両院協議会の選択は、結果的には時間の浪費となって、かえって最長5年のサイクル内での国民投票承認を不可能にした。それにもかかわらず2001年改正案が承認されたのは、改正案の地方分権推進という内容が広く世論の支持を受けていたからであった。

2 中道右派政権時代（2001～2006年）

(1) 改正の経緯　2001年春の総選挙で、ベルルスコーニ率いる中道右派連合は圧勝し、安定多数を確保した。政権内の北部同盟の意向もあり、連邦制的要素を導入した抜本的な統治制度改革とそのための憲法改正は政権発足当初から課題と認識されていた。しかし、2001年改正以上に大規模な憲法改正は、政権内部の連邦制導入派（北部同盟など）と共和国維持派（フォルツァ・イタリアなど）の見解の相違もあって、直ちに進まなかった。

中道右派連合政権下での憲法改正としては、まず2003年5月の第51条（公職選出に伴う男女平等促進と公的支援）が行われた[30]。史上初めて大規模な統治機構再編にふさわしい憲法改正が動いたのは、総選挙が翌年に迫った政権任期末期の2005年であった。首相の権力／選出基盤の強化と大統領権限の制限、政府信任権限の代議院への限定、建設的不信任制度、元老院の地域代表化など包括的な統治制度改革が目指された。

改正アプローチとしては、中道右派連合の政権主導で野党との協議を伴わずに改正案が提起されたことが特徴的である[31]。

しかしこの改正案は、2006年、4月総選挙で中道右派が敗北した後の国民投票で否決されて、実現しなかった[32]。否決の背景には、ロンバルディ

---

30) 女性の政治参加に関するイタリアの状況と政策の変遷については、高橋利安「イタリアにおける女性の政治参画の現状」修道法学26巻1号（2003年）25頁以下。

31) フザーロ・前掲注5）23頁。

アとヴェネト以外の全州で反対が上回るなど憲法改正案の現実化による地域間格差拡大などに非難が寄せられたこと、多数派による強引な採決手法に批判が寄せられたことなどが指摘されている。当時の中道右派連合政権のように、政党数が少なく、強力な政党規律が働く多数派を有していれば議会可決は可能である[33]。ただし、政権支持が下降した議会会期末になって可決された改正案が国民投票による承認を得るのは難しいことがわかったのである[34]。

憲法体制にとって、この時期実施された2005年の新選挙法、多数派プレミアム付き比例代表制導入も重要である。同法については、多数決型の選挙制度改革を旗印とした第二共和制の立脚点に対する裏切りという批判も寄せられた。しかし、連結名簿、ハードルの高い阻止条項などの制度設計は、実質的に二大勢力への収斂をさらに加速させるように作用した[35]。

(2) 改正の特徴　中道右派政権期の憲法改正は、前提となる中道左派政権時代からの継続性が顕著である。政党政治は、第一共和制時代と異なり、中道左派と中道右派の左右陣営への二大勢力化(biporalismo)が進展していた。したがって、ダレーマ委員会(両院協議会)のように、二大政党を軸とした争点面での大連立的協調に基づいて改正に臨むというアプローチは、形式上議会の圧倒的多数を独占できるため、一見合理的戦略にみえる。ただしこのアプローチは、内部分裂を刺激し、政権前半で合意に至れない場合は国民投票まで続く成立可能性の低いサイクルに至るという点で問題であった。

その結果、2001年・2006年改正とも、多数党による一方的改正アプローチが採用された。すでに指摘したように、憲法およびそれに相当する法

---

32) Allegreetti, *op.cit.*, capitol quindicesimo, p.9; 岩波祐子「イタリア2006年憲法改正国民投票」立法と調査259号(2006年)107頁以下。
33) Bull e Pasquino, *op.cit.*
34) この改正案については立法手法などについて批判が多いものの、現行改正案につながる内容(元老院改革など)の包括的改革が初めて議会を通過したという点で特筆すべきであった。同改正については、Barbara Pezzini e Silvio Troilo (a cura di), *La costituzione riscritta. Ombre e luci nella revisione del 2005*, Giuffrè, 2006.
35) 伊藤武「政党競合の2ブロック化論をめぐる考察」専修法学論集104号(2008年)85頁以下。

律の改正は超党派合意を志向すべきという慣例に反するうえ、結局、与党連合支持率が低下した政権末期か野党連合勝利後に国民投票での承認を求めることになる困難から逃れられない。反対派にとって、国民投票での否決を狙う戦略は、短期的にはコストが低い選択であった。ただしそれは、自らの政権時の憲法改正の実現に障害となって跳ね返ってくるのである。

3　モンティ政権時代（2011～2012年）

　2006年以降、大規模な憲法改正は、しばらく後景に退いた。中道左派のプローディ政権が短命に終わり、2008年に再び中道右派ベルルスコーニ政権が成立したものの、経済危機への対応に追われることになったからである。

　2011年末に成立したテクノクラート政権であるモンティ政権では、2012年4月に第81条・第97条・第117条・第119条の改正によって、均衡予算原則がEUでもいち早く憲法に導入された[36]。ユーロ危機下の国債デフォルト寸前の危機に対応するための改正であったが、EUの権限が国内の基幹的制度設計にまで直接影響を及ぼす時代状況を反映していた。

　他方で、政治制度改革としては、2012年7月、両院および政府形態に関する憲法第2部改正法案が元老院で可決されるにとどまった[37]。内容はこれまでの一連の憲法改正案をまとめたものにとどまった。この法案は、モンティ政権が短命に終わることによって、日の目を見ずに終わったのである。

4　大連立政権下での憲法改正——レッタ政権・レンツィ政権（2013～2016年）

　2013年総選挙で既成政党批判を掲げた「五つ星運動」が第一党となるなかで、二大政党化状況は事実上消失したが、かえって新興勢力への危機感から左右勢力間の大連立が動き出すことになった。その成果として、まずレッタ政権（民主党を軸とする大連立政権）の組閣過程では、ナポリターノ

---

36)　芦田淳「イタリアにおける憲法改正」レファレンス62巻11号（2012年）65頁以下。
37)　芦田淳「イタリアにおける二院制の動向—第16立法期以降を中心に：北大立法過程研究会報告」北大法学論集65巻2号（2014年）[169]頁。

大統領のイニシアティブで賢人会議が設置され、「完全な二院制」の改革（元老院の地方代表院化・代議院の優越化など）を求める報告書が2013年4月に提出された。さらに、改正アプローチとしても、政権主導で両院委員会、さらにはより小規模な改革委員会が設置されて、審議促進が図られた。

　2014年3月、新たに民主党のレンツィが首相に就任すると、政権主導の憲法改正は一段と加速した。憲法問題担当の閣僚マリナ・エレーナ・ボスキの名をとって「ボスキ法案」と呼ばれた憲法改正案は、最終的に2016年春に議会を通過した。両院の3分の2の多数での可決はならなかったために、同年秋に予定された国民投票による承認を待たねばならないが、この時点での予測では承認が確実視されている。

　レンツィ政権の憲法改正は、史上最大の大規模改正とも言える。改正案では、均等な二院制からの脱却を目指す議会制度改革によって、元老院議員については大統領任命議員と地方代表による間接選挙での選出に変わるほか、予算や政府信任では代議院が優越化する。国民投票についても、既存立法の廃止だけでなく、提案型など新しい要素が導入される。その他、中央－地方関係でも、県廃止など抜本的刷新が予定されている[38]。

　改正アプローチについても、議会における膨大な修正案提起による難破のリスクに対して、新選挙法制定などと絡めた政党規律の強化（与党民主党に対して）や政権連合の引き締めによって審議日程を管理した。その結果、議会会期を2年以上も残して議会を通過させた点が、政権末期に支持率が低迷するなかで不成立に終わるか、成立しても国民投票で否決されたこれまでの大規模改正案との違いである。

---

38) 同改正案は、2006年改正案および、前モンティ政権時代に設置された超党派的賢人委員会提案の骨格を継承している。また、比例代表を骨格とした選挙制度改革とセットと考えられている。Angeletti, *op.cit.*, epilogo, p.1. ただし、微妙な変化がみられる。たとえば、両院の直接選挙による選出という原則は、2006年改正案では、各州の州選挙と一致した任期での漸進的改選であった。フザーロ・前掲注5) 23頁。これに対して、レンツィ政権下では、大幅な定数削減のうえに、非公選化（市長代表・州議会代表・大統領任命の議員など）されている。

VI 小　括

　以上検討してきたように、イタリアの憲法改正は、極めて改正しにくいか小規模改正のみ可能であるに過ぎないという見解は修正を要することがわかった。そのうえで、憲法改正をめぐる政治的条件も徐々に変化し、2016年の最大規模の改正につながり、執政権主導で議会や政党を統制していくアプローチが優勢となっている。

　第1に、憲法典自体だけでなく選挙制度なども含んだ「基幹的政治制度」について考えれば、イタリアはたびたび「憲法改正」を経験している。実際、改正は現実的な政治的オプションとして実現してきた。第一共和制時代は、憲法制定後なお流動的な政治バランスの変化にあわせた制度化が模索された。第一共和制末期から模索された大規模制度改革は、当初は選挙制度など周辺的制度や地方制度など限定的側面にとどまりながらも、1990年代末からの大規模改革、さらに2016年の抜本的改革案の議会可決に結実した[39]。

　第2に、執政制度・議会制度など包括的な統治制度改革は、多くの論者が指摘するように未だ憲法改正としては実現していないものの、強固な議会多数派の支持が存在すれば議会可決そのものは不可能でないことがわかる。2006年改正案や現行改正案、一連の地方政治制度改革はそれを例証している。

　第3に、改正の成否に影響を与えるとされてきた国民投票についての扱いは、従来の議論のように一種の拒否権プレイヤーの拠点という扱いよりも、ニュアンスに富んでいる。確かに、国民投票にかかって承認されたのは1回のみであり[40]、国民投票のハードルは高いと言える。ただし、その

---

[39] 本章では、大規模改正・小規模改正の比較とパラドクスの存在、たとえば最大の大規模改正が、政権基盤の弱いアマート政権で行われたのはなぜか、政権基盤がはるかに安定していた第2次・第3次ベルルスコーニ政権の挫折はなぜか、については、十分検討できなかった。基本的には、改正案の内容と手法に対する批判が強かったからであるというのが、従来の説明である。

[40] 「これまでの憲法改正事例(15件)のうち、各議院における2回目の表決数が総議員の過半

影響は、選挙サイクルと関係した政治アクターの戦略に左右されている。2006年改正に特に示されたように、大改正であればあるほど、最大5年の議会会期中では終盤にようやく議会可決に漕ぎ着けることが可能になる。しかし、それは政権の支持が低下した次期総選挙が迫った時期であるため、通例春の総選挙後夏前までに行われる国民投票で賛成を得る見込みは低下してしまうのである。

　第4に、その問題点が認識されているからこそ、超党派的アプローチ、特に両院協議会が政権前半に選択されることも少なくない（ダレーマ委員会など）。ただし、包括的統治制度改革はいずれにしても合意困難であるため、5年の選挙サイクルの前半を浪費する結果となっている。そのため、政権多数派主導の改正に転換したとしても、上記のように時間切れになってしまうのである。2016年改正にみられたように、執政府主導で議会日程を管理する政治条件が整って初めて、抜本的な改正が可能になったのである[41]。

　第5に、2000年以降は、憲法問題だけでなく憲法改正問題が党派化している。改正はタブーでなかったとしても慎重であるべきであり、超党派的合意を基盤とするべきという規範の力は弱まった。与党多数派に依拠した一方的アプローチと「政党対立型」の憲法改正追求は、超党派的支持のない争点についての改正成立を極めて難しくしている。レンツィ政権が両院協議会でもない大連立を信任投票で引き締めつつ改正案の審議を進めているのは、このような従来の手法のリスクを認識した戦略的選択である。

　イタリアの憲法体制は、大きな変化を遂げてきた。第一共和制時代、共

　　数に達したものの3分の2に満たず、国民投票の要求が可能であった例は6件あるが、国民投票によって承認された事例は1件のみである」。「2001年10月7日の国民投票によって承認された地方分権に関する憲法改正が、その該当事例である。なお、2006年6月25～26日に統治機構改革に関する憲法改正案について国民投票が実施されたが、結果は不承認であった」（小林・前掲注1）7頁）。

41）　この点については、議会における憲法改正に関する両院協議会の設置自体が、従来のように議会側の主導権によるものとは限らず、近年のように政権側の主導権による場合もあることが指摘されている。Massimo Siclari, Una nuova deroga-sospensione dell'art. 138. Cost, in Massimo Siclari (a cura di), *L'istituzione del Comitato Parlamentare per le Riforme Costituzionali*, Aracne, 2013, pp. 11-20.

和国憲法制定者として政党が存在した時代には抜本改正が不可能であった。しかし、第二共和制になってもなぜ抜本改正は貫徹できないのかなど重要な問題は残っている。この点については、2016年後半に予定されている国民投票における現憲法改正案の成否により、明らかになるであろう。

VI-2章
憲法保障としての憲法改正
イタリアの「憲法改正」観

田近　肇（近畿大学）

I　はじめに
II　改正可能性という憲法保障
III　改正困難性という憲法保障
IV　憲法改正手続によらない憲法の変動
V　おわりに

I　はじめに

　イタリアでは、1980年代以降、とりわけ第一共和制から第二共和制へと移行した1990年代半ば以降、ほとんど常に、憲法改正ないし制度改革（riforme istituzionali）が政治の場においてアジェンダとされてきた。実際、1985年には、議会制度の改革に関して制度改革両院合同委員会（ボッツィ委員会）が報告書を出し、1999年および2001年には、地方分権改革（州（regione）の立法権限の強化と州に対する国の統制の見直し）を内容とする憲法改正が行われ[1]、2005年には、連邦制への本格的な移行と議会制度の改革を内容とする憲法改正案が両議院で可決され（ただし、後にみるように、この

---

1) また、地方分権に関する法律レヴェルでの改革について、高橋利安「イタリアにおける地方分権をめぐる動向」修道法学27巻2号（2005年）116頁以下も参照。

憲法改正案は2006年の国民投票で否決された)、2007年および2008年にも、議会制度の改革に関する代議院および元老院の委員会案がそれぞれ提案された。そして、現在も、大統領のもとに設置された賢人会議および政府に設置された憲法改革委員会が2013年にそれぞれ報告書を出した後、2014年に、議会制度の改革を主たる内容とする憲法改正案が議会に提出され、2016年4月までに議会によって可決された（今後、国民投票が行われる）。

　これらの憲法改正ないし制度改革の試みは、第一共和制の終焉を受けて、第二共和制の諸制度の構築を目指して模索が続けられてきたことの表れであり、これらの中には、地方分権改革のように憲法改正に成功したものもあれば、2005年の憲法改正案のように失敗に終わったものもある。ただ、たとえば、二院制のあり方について、第二院廃止論、両議院機能分担論、第二院地方代表機関化論[2]、また、両議院と政府との関係のあり方についても、フランス型半大統領制の導入論、代議院の優越の強化論、ドイツ型の建設的不信任制度の導入論など、多種多様な憲法改正の提案が次から次へと積極的に打ち出されているのは事実であり、憲法を改正するということ自体に対して強い抵抗感が存在するように見受けられるわが国とは、随分と様子が異なっている。

　彼我の間に存在するこの違いは、一体何に由来するのであろうか。そもそもイタリアでは、憲法の改正はどのようなものと考えられ、また、どのようなものであるべきと考えられているのかを考察してみたい。

II　改正可能性という憲法保障

　日本国憲法において、憲法改正は独立の章（第9章）に定められているため、憲法がその改正にどのような位置づけを与えているのかは、憲法の規定からは明らかではない。他方で、イタリア共和国憲法の改正規定をみると、憲法改正に「憲法保障」という位置づけが与えられている点に気づく。すなわち、イタリア憲法において、憲法改正規定は、「憲法保障」と

---

2)　これらの二院制改革論については、田近肇「イタリア型二院制の現状と課題」岡山大学法学会雑誌63巻1号（2013年）19頁を参照。

題する第2部第6章に、憲法裁判所に関する諸規定（第1節）と並ぶかたちで置かれているのである。では、憲法改正が憲法保障であるというのは、どういうことなのだろうか。

　この点に関連して、成文憲法とは何かを比較憲法的に考察したアレッサンドロ・パーチェによれば、「18世紀の末には、憲法改正の特別な手続が担った三重の機能が一般に自覚されていたと端的に主張することができる」とされる。すなわち、「〔①〕憲法規範の絶対的改正不可能性……に由来する政治的脆弱性を避け、〔②〕そして、それにもかかわらず成文憲法の規定の相対的安定性を保障し、〔③〕さらに『すべての世代は、その時代の状況により要請されるあらゆる決断を下すことができなければならない』という原理を尊重するという機能である」[3]、と。

　ここで、まず、「憲法規範の絶対的改正不可能性」は「政治的脆弱性」をもたらすがゆえに、憲法の改正が可能であることが特別な憲法改正規定の「憲法保障」機能のひとつであるとされている点に注目したい。パーチェによれば、「憲法改正を定める憲法規範は、……改正不可能な憲法と対比した場合には、よく見れば憲法の硬性を『弱体化』している。それにもかかわらず、この規範は、長期的には、憲法自体の『保障』となる。実際、絶対的に改正不可能な憲法は、社会的緊張そして政治的均衡の変化に直面して立ちつくすか崩壊するかしかない」[4]。別の言い方をすれば、「特別の改正手続による憲法改正が考案されたのは……それがなければ改正不可能とされる憲法の改正を可能ならしめるためである。……〔改正手続が規定されていなければ〕改正は必然的に法外のものとなり、おそらくは暴力的なものとなるであろう……。したがって、憲法改正手続は憲法体制（正

---

3) Alessandro Pace, Costituzioni rigide e costituzioni flessibili in id, *Potere costituente, rigidità costituzionale, autovincoli legislativi*, 2ª ed., CEDAM, 2002, p.270（邦訳は、アレッサンドロ・パーチェ（井口文男訳）「硬性憲法と軟性憲法」岡山大学法学会雑誌55巻1号（2005年）177頁）. Vedi anche A. Pace, L'instaurazione di una nuova Costituzione, in id, *op.cit.*, p.132.

4) Alessandro Pace, *La causa della rigidità costituzionale*, 2ª ed. ampliata, CEDAM, 1996, p.11（邦訳は、アレッサンドロ・パーチェ（井口文男訳）『憲法の硬性と軟性』（有信堂・2003年）16頁以下）.

確には所与の憲法体制）の保障のために置かれているのであ」る[5]。

　パーチェが指摘する通り、憲法の「強さ」をもたらすのはその柔軟性であるという発想は、イタリアでは、立憲主義の当初から根強い。この点で興味深いのは、第二次世界大戦が終わるまでイタリア王国の憲章であった1848年3月4日のサルデーニャ王国基本憲章（アルベルト憲章）がたどった運命である。この憲法は、「恒久にして取り消すことができない憲章」（前文）[6]であるとされ、それゆえ、これを改正するための規定は設けられていなかった。つまり、アルベルト憲章は本来、改正不可能な「超硬性」の憲法だったのである。

　しかしながら、今日、アルベルト憲章は「軟性憲法の典型例」であるという評価が定着している[7]。事実、この憲章は、国旗について定めた同憲章77条の規定にかかわらず、その発布から間もない同年3月23日に、国王がイタリア三色旗を国旗とする旨を宣言することによって「改正」されている[8]。

　アルベルト憲章に憲法改正規定がないにもかかわらず、その改正が可能であるということについて、カヴールは、同憲章の発布のすぐ後に、憲章が改正不可能であるというのは「まったくばかげた考えであろう」と述べ、憲法改正の権限は「議会における国王（Re in Parlamento）」に属すると説いていたようである[9]。そして、前文の「取り消すことができない（irrevocabile）」という語は、同憲章の欽定性にもかかわらず、国王は単独ではこれを改正することができないことを意味するものと理解されるようになった。アルベルト憲章がどの時点から軟性憲法となったのかについては争いもあるが[10]、最終的に、「通常法律による憲章規範の改正を許す慣習

5）　Pace, *La causa della rigidità*, p.90（パーチェ・前掲注4）143頁）.
6）　アルベルト憲章の邦訳は、パーチェ・前掲注4）155頁以下を参照されたい。
7）　Roberto Bin e Giovanni Pitruzzella, *Diritto costituzionale*, 15ª ed., G. Giappichelli, 2014, p.124.
8）　Alessandro Pizzorusso, Art.138, in Giuseppe Branca（a cura di）, *Commentario della Costituzione, Garanzie costituzionali, Art.134-139*, Zanichelli, 1981, p.709.
9）　Bin e Pitruzzella, *op.cit.*, p.125.
10）　この点につき、Pace, *La causa della rigidità*, p.20 e 50（パーチェ・前掲注4）31頁、80頁）は、アルベルト憲章はその制定の当初から軟性憲法だったのではなく、「その施行後何十年も」経って、「国会の全権という『イギリスの』命題が政治の実際において主張され」ることによ

的規範」[11]が導入されたことは、確かである。

　もちろん、アルベルト憲章のこのような柔軟性には、否定的な評価もありえよう。なぜなら、この柔軟性ゆえに、ムッソリーニは、「完全に合法性を尊重して機軸となる構造を変更すること」ができたからである[12]。しかしながら、反面で、この柔軟性がなければ、アルベルト憲章はもっと早くに形式的にも廃棄されていたのかもしれず、同憲章が形式的には廃棄されていなかったからこそ、ムッソリーニは、同憲章65条に基づいて国王によって解任され、失脚することになったのである[13]。

　ともあれ、イタリアにおいては、憲法が改正可能であることは、憲法規範が「化石化(pietrificazione)」することによる憲法典の政治的脆弱化を防止し、少なくとも憲法典を形式的に存続させることを可能にするという意味で「憲法保障」に資すると、明快に説かれているのである。

　他方で、わが国では、憲法が改正可能であることが憲法保障であると明確に説かれることは、少ないように思われる。せいぜい、「憲法には、高度の安定性が求められるが、政治・経済・社会の動きに適応する可変性も不可欠である。この安定性と可変性という相互に矛盾する要請に応えるために考案されたのが、……憲法の改正手続を定めつつ、その改正の要件を厳格にするという方法である」[14]と、控えめなかたちで、憲法が改正可能であることの意義が論じられる程度である。

　このように、わが国において、少なくとも憲法体系書の中で、憲法の改正可能性が「憲法保障」としての機能を有するという意識がやや稀薄なようにみえるのは、「護憲」こそが重視されてきた日本の政治的文脈のゆえかもしれず、また、わが国では憲法改正が「憲法変動」の項に位置づけられることがあり[15]、さらには、「憲法典も制定法の1つとして改正が不可

って軟性憲法になったのだと説いている。
11) Pace, *La causa della rigidità*, p.15（パーチェ・前掲注4) 23頁）.
12) Pace, *La causa della rigidità*, p.16（パーチェ・前掲注4) 24頁）.
13) Vedi Pace, *La causa della rigidità*, p.17 nota 18（パーチェ・前掲注4) 26頁注18参照）.
14) 芦部信喜（高橋和之補訂）『憲法[第6版]』（岩波書店・2015年）392頁。また、辻村みよ子『憲法[第4版]』（日本評論社・2012年）526頁もみよ。
15) たとえば、佐藤幸治『日本国憲法論』（成文堂・2011年）33頁以下および、渋谷秀樹『憲法[第

避である」[16] のは当然であって、わざわざ強調するまでもないということなのかもしれない。

ただ、そうしたなかで興味深いのは、高橋和之による次の叙述である。すなわち、「絶えず発展し変化する社会は、憲法に対して適応を迫る。……基本価値を実現するための手段的憲法規範は、時代の変化に適応してつくりかえていく方が真に憲法を護ることにつながろう」（傍点は筆者による）、と[17]。高橋のこの叙述は、憲法の改正が可能だということが憲法保障であるということを、わが国で明快に説いたものとして注目に値しよう。

III 改正困難性という憲法保障

1 厳格な改正手続？

（1）議会内の手続　　さて、先に触れたように、パーチェによれば、特別の憲法改正手続には第2の機能、すなわち、通常法律の制定改廃の場合とは異なる特別の手続に憲法の改正を服せしめることによって「成文憲法の規定の相対的安定性を保障」するという機能もあるとされる。特別の憲法改正手続が憲法保障機能を有することについて、わが国で強調されるのは、ほとんどの場合、この側面であろう。

すでにⅥ-序でみたように、イタリアでも、憲法の改正については、各議院が少なくとも3か月の期間をおいて連続して2回の議決をすることが必要であり、各議院が第2回目の表決においてその議員の3分の2の多数で可決した場合を除き、一定の請求権者から請求があるときは国民投票に付してその過半数の賛成で承認されることが必要であるという、厳格な手続が定められている。そして、このような手続の厳格さが、憲法およびその最高の諸価値の保護を目的とした、「多かれ少なかれ骨の折れる複雑な

2版）』（有斐閣・2013年）33頁。なお、長谷部恭男『憲法[第6版]』（新世社・2014年）33頁は、憲法改正を「憲法の変動と保障」の項に位置づけ、野中俊彦＝中村睦男＝高橋和之＝高見勝利『憲法Ⅱ[第5版]』（有斐閣・2012年）407頁は、「国法の諸形式」の項の中で憲法改正を論じている。

16) 佐藤・前掲注15) 45頁注45。
17) 高橋和之『立憲主義と日本国憲法[第3版]』（有斐閣・2013年）423頁。

方式に従って改正手続を規律するための保障手段」であることは、当然、イタリアでも指摘されている[18]。

　ただ、イタリア憲法の改正手続は、純粋に制度的な観点からみると、それほど厳格なものではないとも言えるのかもしれない。第1に、諸国の憲法の中には、議会が憲法改正を議決する際、特別多数の賛成で議決すべき旨を定めるもの──日本国憲法の改正手続もそうである──が少なくないが、イタリアの場合、2回の表決のいずれにおいても過半数の賛成で可決することが可能だからである。もちろん、選挙の結果次第では多数党が常に両議院で過半数の議席を占めるとは限らないが、現行の代議院議員選挙法および元老院議員選挙法が「多数派プレミアム付き比例代表制」を採用している以上[19]、多数党は代議院では必ず過半数の議席を占めるはずであり、元老院で過半数の議席を占めることも理論上は決して困難なことではない。

　第2に、憲法改正を両議院が2回の表決で議決しなければならないという点は、一見したところ、厳格な手続にみえるかもしれない。しかし、諸国の憲法の中には、複数の立法期において議決することを要求する例や[20]、さらには、憲法改正の議決がなされたときには当然に議会が解散され、新たな議会で再度、憲法改正の議決がなされなければならないものとする例もあるところ[21]、イタリアの場合、同一の立法期の中で2回議決すればよいものとされている。選挙を間に挟まない以上、1回目の議決と2回目の議決との間で両議院における政党勢力が大きく変わることは通常は考えにくく、それゆえ、2回の議決が必要であるとする要件も、それ自体としては、憲法改正にとって必ずしも大きな障害にはならないとも言えるのである。

---

18)　Francesco Teresi, *Lezioni sulle garanzie costituzionali*, CEDAM, 1999, p.175.
19)　この制度については、田近・前掲注2）5頁以下、または芦田淳「イタリアにおける選挙制度改革」外国の立法230号（2006年）132頁などを参照。ただし、この多数派プレミアム制度に関しては、2013年12月に憲法裁判所によって違憲判決が下され（2014年判決第1号）、選挙法の改正が議論されている点に注意されたい。
20)　たとえば、スウェーデン統治法典第8章15条1項を参照。
21)　たとえば、デンマーク王国憲法88条、ベルギー憲法195条を参照。

(2) 国民投票　　他方で、一定の場合には憲法改正が国民投票で承認されることが必要であるとされている点は、決して軽視することができない。確かに憲法上、各議院が2回目の表決において3分の2の多数で可決した場合には国民投票は行わないものとされているが（138条3項）、イタリアの政党政治の現実を考えれば、多数党が両議院のいずれにおいても3分の2の議席を占めるということは考えにくい。それゆえ、多数党が憲法を改正しようとするとき、国民投票を避けたいのであれば、特別多数での憲法改正の議決を単独ではすることができない以上、超党派での合意を形成しなければならず、反対に、過半数の議決によって単独で憲法改正を可決するのであれば、その後の国民投票で国民の支持を得なければならないのである。

　実際、この仕組みのもとで憲法の改正に失敗したのが、2005年の憲法改正案であった。2003年10月、ベルルスコーニ政権は、野党との事前協議のないままに、二院制改革・首相の権限強化・地方分権の強化・憲法裁判所の機構改革等を内容とする大規模かつ包括的な憲法改正法律案を議会に提出し、2005年11月までに与党は代議院および元老院の両議院において与党単独で、この改正案を過半数の賛成で可決したが、すべての請求権者から国民投票の請求がなされ、2006年5月に実施された国民投票の結果、この改正案は否決された[22]。両議院による憲法改正法律案の可決から国民投票までの間に中道右派政権から中道左派政権への政権交代（2006年4月）があったとはいえ、この憲法改正の失敗は、党派を超えた合意のないままに憲法改正を行うことが現実には難しいことを示しているということができるように思われる。

　超党派的な合意の形成と国民投票による承認との関連で興味深いのは、憲法典が定める通常の憲法改正手続とは別に、特定の憲法改正に対してのみ適用される特別な憲法改正手続を定める憲法的法律（Ⅵ-序参照）が制定されることがあることである。その例としては、1993年8月6日憲法的

---

22) この憲法改正案の提案から否決までの経緯については、高橋利安「憲法体制転換期におけるイタリア憲法の変容」修道法学30巻2号(2008年)55頁以下(とりわけ71頁以下)、および岩波祐子「イタリア2006年憲法改正国民投票」立法と調査259号(2006年)107頁を参照。

法律第1号、1997年1月24日憲法的法律第1号および2013年6月に元老院に提出された憲法的法律案が挙げられる。

これらの憲法的法律（案）はいずれも、憲法138条が定める憲法改正手続にかかわらず、特定の大規模な憲法改正に関しては、各議院の会派勢力に比例するかたちで選任された委員で組織される両院合同委員会 (Commissione parlamentare o Comitato parlamentare) を設置し、まず、この合同委員会が憲法改正法律案を審査・起草して、この委員会案を各議院が3か月の期間をおいてそれぞれ2回議決した後、両議院の2回目の議決の際に3分の2の賛成で可決されたかを問わず、請求があれば常に国民投票に付す旨を定めるものである。

もちろん、このような仕組みが現実にうまく機能するかどうかは別問題である。1993年憲法的法律第1号に基づいて設置された合同委員会は、両議院の解散によって成案を得ることのないままに作業を終了してしまったし[23]、1997年憲法的法律第1号に従って進められていた憲法改正は、合同委員会案を採択することはできたものの、両議院での審議の途中で中断してしまっている[24]。また、2013年の憲法的法律案は、元老院で2回目の議決を受けた後、代議院における2回目の審議の途中で放置されたままであり、2014年4月には、この憲法的法律案とは無関係に、本体となる憲法改正法律案が政府によって提出されている。

しかしながら、両院合同委員会の設置と義務的な国民投票の実施とを定める憲法的法律というやり方が、大規模な憲法改正をする場合の「定石」となりつつあることは否定できない。これらの憲法的法律（案）からは、少なくとも、統治機構に関する憲法第2部の諸規定を全面的に書き換えるほどの大規模な憲法改正をしようとする場合には、主要なすべての政党が憲法改正法律案の起草・審議の作業に参加して超党派的な合意が形成されることが必要であり[25]、また、そのような憲法改正については、両議院における議決の際どれだけの賛成が得られたかにかかわらず、国民投票に付

---

23) 髙橋・前掲注22) 67頁注18。
24) 同前68頁。
25) 同前67頁参照。

して国民の承認を得ることが必要であるという規範——どこまで確固たるものであるかは別にして——の存在をうかがうことができるように思われる。

なお、国民投票を義務的なものにするという点に関しては、先の2005年の憲法改正案がすでに、憲法138条が定める改正手続自体を改正して、憲法改正が特別多数で可決された場合も含めて、請求があれば憲法改正案を国民投票に付すものとすることを提案していたし、冒頭で触れた2013年の賢人会議報告書も、憲法典の改正は常に国民投票に付すように憲法改正手続を改めることを提案している[26]。

2　憲法改正の限界とその統制

（1）憲法改正の実体的な限界

ところで、イタリアの場合、憲法の改正に関しては、厳格な改正手続が定められているという改正の手続的な困難さだけではなく——あるいは、それ以上に——、実体的な困難さが重要であるように思われる。この点に関連して、日本でも憲法改正の限界ということが論じられるが、イタリア憲法は、「共和政体は、憲法改正の対象とすることができない」と、明示的に改正の限界を定めている（139条）。

この規定は、現行憲法の制定に先立って、1946年に、憲法制定議会の選挙と同時に実施された、政体選択（王制か、共和制か）の国民投票で選択されたところを憲法改正の限界としたものであり、「共和政体」という文言は、狭義には、国家元首が世襲で任期を定めずに就任する王制と対置される、国家元首が選挙で選ばれる共和制という政体を意味する。しかし、この文言は、それだけでなく、共和国の民主的性格および国民主権原理（憲法1条）をも含むものであると広く解釈されており[27]、その結果、代表民主制、投票の自由および平等、表現の自由、結社の自由、集会の自由といった、民主的な政治秩序に不可欠な諸原理もまた、憲法改正の「明示的な

---

26) Gruppo di Lavoro sulle riforme istituzionali, *Relazione Finale*, 2013, p.6.
27) Costantino Mortati, *Istituzioni di diritto pubblico*, tomo II, 9ª ed., CEDAM, 1976, p.1243.

限界」であると理解されている[28]。

このほか、憲法裁判所は、イタリアの憲法秩序には、憲法が立脚する「憲法秩序の最高原理（principi supremi dell'ordinamento costituzionale）」というものがあり、これらは、憲法改正の明示的な限界には含まれないとしても、憲法改正の限界となると説いている（たとえば、後述の憲法裁判所1988年判決第1146号を参照）。憲法裁判所自身は何が「憲法秩序の最高原理」に含まれるのかを包括的に説いたことはないが、学説上は、たとえば人間の諸権利が「不可侵」であると宣言する憲法2条の規定を根拠として、第13条以下に列挙されている諸自由も憲法改正の対象とすることができないと解釈されている[29]。

(2) 憲法改正に対する裁判的統制　広義に理解される「共和政体」および「憲法秩序の最高原理」が憲法改正の実体的な限界であることは、憲法裁判所の裁判を通じた憲法改正法律の「合憲性」の統制によって裏打ちされている。もっとも、現実には、憲法改正法律が憲法裁判所によって「違憲」と判断された実例というのは存在しない。しかし、憲法裁判所は、その判例において、憲法改正法律も理論上その合憲性の統制の対象となりうることを認めてきた。

たとえば、憲法裁判所1971年2月24日判決第30号[30]は、国家がカトリック教会との間で結んだラテラーノ協約のうち婚姻の無効に関して教会裁判所の終局的な裁判権等を認めた第34条の規定が、特別裁判官の設置を禁止した憲法102条2項に反しないかどうかが争われた事例である。本件で、憲法裁判所は、憲法7条がカトリック教会に対して、国家から独立した主権的な立場を承認し、国家とカトリック教会との間の関係をラテラーノ諸協定によって規律することを定めているとしても、ラテラーノ協約（より正確には、ラテラーノ協約の施行法律）が国家の憲法秩序の最高原理を否

---

28) Livio Paladin, *Diritto costituzionale*, 3ª ed., CEDAM, 1998, p.159; Bin e Pitruzzella, *op.cit.*, p.357.
29) Bin e Pitruzzella, *ibidem*. Vedi anche Mortati, *op.cit.*, p.1244; Paladin, *op.cit.*, p.160.
30) Sentenza Corte cost. 24 febbraio 1971 n. 30, in *Giur. cost.*, 1971, I, p.150. Vedi anche sentenze Corte cost. 24 febbraio 1971 n.31, in *Giur. cost.*, 1971, I, p.154 e Corte cost. 24 febbraio 1971 n.32, in *Giur. cost.*, 1971, I, p.156.

定する効力を有することにはならないと判示している。

この裁判で争われたのは、ラテラーノ協約の施行法律の合憲性であって、憲法改正法律の合憲性が問題となっていたわけではない。しかし、一般に、憲法7条2項がラテラーノ諸協定に言及していることから、ラテラーノ諸協定の施行法律は憲法的法律と同等の形式的効力を有すると理解されており[31]、そうすると、この判決で憲法裁判所が説いたところは、憲法改正法律についても当てはまることになる。つまり、憲法改正法律もまた憲法裁判所の合憲性の統制の対象となり、その合憲性は「憲法秩序の最高原理」に照らして判断されるということになるはずである。

このことを憲法裁判所がより明確に説いたのが、憲法裁判所1988年12月15日判決第1146号[32]である。本件では、トレンティーノ・アルト・アディジェ州特別憲章の規定の合憲性が争われ、特別州の憲章は憲法的法律の形式で定められるため（憲法116条1項）、その規定の合憲性の問題が憲法裁判所の裁判の対象になるか否かが争点となっていた。この問題について憲法裁判所は、次のように説いている。すなわち、「イタリア憲法は、憲法改正法律またはその他の憲法的法律によっても、その本質的内容において覆されまたは改正されえない、いくつかの最高原理を含んでいる。……当裁判所は、多くの判決において、憲法秩序の最高原理が憲法レヴェルの他の諸規範または諸法律に優越する効力を有することを認めてきた。……それゆえ、憲法改正法律およびその他の憲法的法律が憲法秩序の最高原理にも適合するか否かを判断する権限を当裁判所が有することは、否定することができない。もし、そうでないとすれば、憲法規範がより高位の効力を有することに関して、憲法の裁判的保障の制度は欠陥を有しまたは実効性をもたないという不合理に陥ることになろう」、と。

このように、イタリアでは、憲法の改正には実体的な限界があり、しかも、憲法改正法律も憲法裁判所による合憲性の統制の対象になると理解されている。その結果、憲法が改正されるとしても、現実には、広義の「共

---

31) この点につき、田近肇「イタリアにおけるカトリック教会の法的地位」岡山大学法学会雑誌54巻4号(2005年) 97頁を参照。
32) Sentenza Corte cost. 15 dicembre 1988 n.1146, *Giur. cost.*, 1988, parte prima, p.5565.

和政体」および「憲法秩序の最高原理」に関わる諸規定、つまり憲法の基本的諸原理を定めた第1条から第12条まで、ならびに市民の権利および義務を定めた第13条から第54条までの規定が改正されることは、ほとんどない。

　もちろん、人権規定が改正された例も皆無ではない。しかし、それらの改正は、①戦時軍法律に定める場合に限って死刑を容認していた規範の廃止（27条4項の改正）、②在外投票制度の新設（48条3項の追加）、③いわゆるポジティブ・アクションの根拠となる規定の追加（51条1項2文の追加）を内容とするものであって、いずれも憲法の基本的諸価値を促進するものでこそあれ、これを変更・否定するものではないのである。

IV　憲法改正手続によらない憲法の変動

1　憲法の解釈・運用の変化

　憲法は、正式な憲法改正手続によらずして、事実上その規範が変動するということがありうる。憲法規範のそのような変動は、極端な場合には、新たな憲法秩序の創設と評価されることになろう[33]。しかし、そこまでいかない場合、憲法規範の事実上の変動は、イタリアでは、憲法解釈の変化あるいは運用の変化として受け入れられてしまうことがある。

　憲法規範の事実上の変動が政治部門における慣行の積み重ねによって生じた例として、「政府の提案に対する一議院または両議院の反対表決は、政府の辞職の義務を伴うものではない」と定める憲法94条4項の規定を挙げることができる。この規定を文字通りに受け取る限り、たとえば「政府提出法律案が両議院によって承認されない場合には、政府への信任が失われたものとみなして辞職する」旨を政府が宣言するということ（信任問題）はできないようにみえる。しかし、この規定は政府が特定の提案に信任をかけることを妨げるものではないと解釈され、その結果、信任問題は、当初慣習上の制度として用いられるようになり、今日では法律および議院

---

33)　Vedi Pace, L'instaurazione, p.102ss.

規則によって一定の規律がなされるにまで至っているのである[34]。

また、別の例として、すべての大統領の行為に大臣の副署を要求する憲法89条の規定を挙げることができよう。この規定も、文字通りに受け取れば、イギリス型の大臣助言制を定めたもので、大統領には自律的な行為の余地はないようにみえる。しかし、通説は、この規定の解釈上、大統領の行為を、(a)形式的には大統領の行為であるが、実質的には政府の行為であるもの、(b)形式的にも、実質的にも大統領の行為であるもの（たとえば、憲法裁判所裁判官の任命（135条1項）や終身元老院議員の任命（59条2項））、(c)大統領と政府とが協同して行うものという3つに分類し、(b)に関して大統領が自律的に行為することを認めているのである[35]。

このように、憲法の規定が正式に改正されたわけではないにもかかわらず、憲法の文言に反するようにみえる運用が定着するのは、イタリアにおける憲法のあり方の特徴とされる「脆弱な憲法化」[36]——憲法典が実効性を弱くしかもたず、必ずしも定められた通りに実施されていないこと——のゆえなのかもしれない。ただ、これらの事実上の変動、たとえば憲法94条4項の規定にかかわらず信任問題というやり方を認めるという変動は、それ自体としてはやや技術的な性格のものにとどまるのであって、憲法の基本的な諸価値——あるいは、広義の「共和政体」および「憲法秩序の最高原理」——の変更をもたらすものではない。これに対して、憲法の基本的な価値に関わるようにみえる規範の変動が生ずる場合には、当然のことながら、そのような解釈あるいは運用が許されるのか否かが激しく論じられることになる。そのような例として、戦争放棄条項をめぐる議論を挙げることができる。

---

34) Luigi Gianniti e Nicola Lupo, *Corso di diritto parlamentare*, il Mulino, 2008, p.183. Vedi anche Armando Mannino, *Diritto parlamentare*, Giuffrè, 2010, p.300.
35) Bin e Pitruzzella, *op.cit.*, p.268.
36) Sabino Cassese, The Italian Constitutional Architecture, in http://www.iitaly.org/18293/pdf-papers, 2011, p.3 ［2016年5月12日最終アクセス］. なお、この英語論文における原語は"mild constitutionalization"であるが、高橋利安「イタリア王国の憲法構造」日伊文化研究50号（2012年）3頁は「脆弱な憲法化」と訳しているので、それに従った。

2 戦争放棄条項をめぐる変動

イタリア共和国憲法11条は、「イタリアは、他の国民の自由を侵害する手段及び国際紛争を解決する方法としての戦争を放棄する」と定めている。ただ、わが国の憲法9条とは異なり、その文言からも、憲法制定時の議論からも[37]、この規定によって放棄されているのは侵略戦争に限られ、この規定が自衛戦争までをも放棄したものではないことは明らかであるとされる[38]。事実、憲法は同時に、祖国を防衛する「市民の神聖な義務」を定め（52条。ただし、現在、2000年11月14日法律第331号によって徴兵制は停止されている）、戦争状態の宣言の手続を特定し（78条・87条9号）、その他戦争を想定した規定を置いている（60条2項・103条3項・111条7項）。

集団的自衛権の行使が憲法上可能かどうかについては議論の余地があるが[39]、多数説によれば、イタリアがNATOおよび国際連合に加盟していることから（国連憲章も、北大西洋条約も、集団的自衛を目的とする軍事介入の可能性を定めている）、加盟国間に不平等の存しない軍事同盟である限り、国際条約の履行として集団的自衛権を行使することは違憲ではないと理解されているようである[40]。実際、イタリアは、憲法施行の翌年（1949年）には、原加盟国としてNATOに加盟しており、そのこと自体が憲法上問題とされることはなかった。それは、憲法の施行から憲法裁判所の発足（1956年）までの時期には、憲法典の多くの規定がプログラム的な規範と理解されていたこと[41]に由来するのかもしれない。この時期には、憲法11条の規定についても、「政治的宣言としての性格を強調し、『この条項は、全く法的内容を欠いたものであり、法技術的な視点から見れば、この条項の憲法へ

---

[37] この規定をめぐる憲法制定時の議論について、高橋利安「イタリア共和国憲法の平和主義」浦田一郎ほか編『平和と憲法の現在』（明治大学軍縮平和研究所・2009年）157頁以下、山岡規雄「イタリア共和国憲法第11条（戦争否認条項）をめぐる議論」レファレンス765号（2014年）61頁以下を参照。

[38] Antonio Cassese, Art.11, in Giuseppe Branca (a cura di), *Commentario della Costituzione*, Zanichelli, 1975, p.568.

[39] Vezio Crisafulli e Livio Paladin (a cura di), *Commentario breve alla Costituzione*, CEDAM, 1990, p.70 (Roberto Bin).

[40] Crisafulli e Paladin, *ibidem*. また、高橋・前掲注37）167頁、および山岡・前掲注37）64頁も参照。

[41] Bin e Pitruzzella, *op.cit.*, p.138.

の挿入は無意味である』という学説……が有力であ」り、1980年代までは、「イタリア軍が海外に派遣される機会も少なく、憲法学会においても11条への関心はあまり高くなかった」と言われる[42]。イタリアでは、憲法11条が国民のうちに十分定着しないうちに——その結果、問題が十分意識されないうちに——北大西洋条約の締結という事実が先行してしまったというのが実情のようであり、それゆえ、わが国とは事情が異なり、集団的自衛権の行使に関しては憲法規範の変動を語ることはできないように思われる。

　むしろ、憲法11条の事実上の変動が問題となるのは、個別的・集団的自衛権の行使とは異なる軍事介入への参加に関してであろう。冷戦が終結した1990年代以後、イタリアはいわゆる「人道的介入」や国連平和維持活動に参加することが増えており、たとえば、ミロシェビッチによる「民族浄化」を前に、1999年にNATOがコソボの空爆に踏み切った際、イタリアは、欧州最大の出撃基地を提供している。その結果、人権侵害国家の領土に対する武力の行使を伴う積極的介入にイタリアが参加することと憲法11条との整合性が問題とされるようになった[43]。こうした積極的な軍事介入への参加に対しては当然違憲論も有力であるが、他方で、極めて重大な人権侵害がなされているときに、これを止めさせるために軍事介入をすることは正当であるとする国際慣習法が形成されていることを根拠とする合憲論も主張されており[44]、実際、イタリアは、コソボ空爆への参加の後も、2001年にアメリカ軍主導の対タリバーン攻撃を支援するため1400人の部隊を、2003年のイラク戦争に際しても3000人の部隊を派遣し、また、2011年にはリビア空爆を行った多国籍軍にも参加している。

　憲法11条のこのような解釈変更が許されるか否か、言い換えれば、人道的介入への参加という新たな問題によって生じた同条の規範の変動がイタリア憲法の基本的な価値の変更をもたらすものか否かという問いに関して、学説の中には、憲法11条は憲法の冒頭に「基本的諸原理」のひとつ

42)　高橋・前掲注37) 165頁以下。また、ウンベルト・アレグレッティ (高橋利安訳)「平和と憲法」鹿児島経大論集36巻4号(1996年) 467頁も参照。
43)　そうした軍事介入への参加に対する反対運動等の状況について、村上義和「憲法と戦争放棄」同編『現代イタリアを知るための44章』(明石書店・2008年) 21頁を参照。
44)　Bin e Pitruzzella, *op.cit.*, p.215. また、山岡・前掲注37) 64頁以下も参照。

として掲げられているのであるから、憲法改正によっても変更することのできない「憲法秩序の最高原理」にあたるとして、このような憲法規範の変動に否定的な見解がある[45]。しかし、先にも触れたように、憲法裁判所が憲法秩序の最高原理に何が含まれるのかを包括的に説いたことはなく、そのような見解がイタリアにおいて通説であるとまでは断言できないようである[46]。それゆえ、人道的介入という、従来の戦争の概念とは異なる軍事介入の形態を前に、憲法11条の解釈が従前のまま維持され続けるのか、それとも新たな解釈が定着していくのか、今後の動向を注視していく必要がある。

　ただ、イタリアで、国外への軍隊の派遣に関して戦争放棄条項が論じられるとき、その議論は、ファシズムによる侵略戦争の過去に対する反省という単色的なものではないということには留意すべきであろう。もちろん、イタリアでも憲法に戦争放棄条項が置かれるに至った背景に、過去に対する反省があったことは確かである。しかし、反面で、ファシズム体制を崩壊させ、ファシズムの残党とドイツ軍からイタリアを解放したのは、連合国の軍事攻撃とレジスタンスだったという感覚があることも事実であり、それゆえ、「民族浄化」のように明らかに非人道的な行為がなされているときには積極的な軍事介入に踏み切ることも許されるという主張が、イタリアの文脈では一定の説得力をもっていることは否定できないように思われる。

V　おわりに

　本章は、憲法あるいは憲法改正に関し、イタリアにおいて、日本とは異なる何か警抜なものの見方がなされていることを紹介しようというものではない。イタリアでもやはり、憲法とは、法秩序としての国家（Stato ordinamento）――国家の権力機構（apparato）としての側面と共同体

---

45)　アレグレッティ・前掲注42) 463頁。
46)　山岡・前掲注37) 73頁注75。

(comunità) としての側面とを同時に言い表す表現[47]——を形成している諸規範であり、憲法改正とは、所与の憲法の手続的および実体的な諸規範を尊重しつつ新たな憲法規範を導入するものであると理解されている[48]。別の言い方をすれば、憲法の基本的な諸価値、すなわち広義の「共和政体」と「憲法秩序の最高原理」とを維持しつつ、社会の変化に適応するように憲法規範をつくり変えることによって憲法体制を保障するのが、憲法改正なのである。

　この結論は、「結論」と呼ぶにはあまりに当たり前のことであって、何を今さらと思われるかもしれない。しかし、言わずもがなのことを言わざるをえないのは、これがわが国では必ずしも当たり前ではないように見受けられるからである。つまり、わが国において憲法改正をめぐる議論は、一方では自民党の憲法改正草案[49]にみられるように、憲法の「改正」によって現行憲法の基本的な諸価値を変更しようとする立場[50]と、他方ではおよそ憲法改正を議論すること自体を拒否する立場——一般論としては必要に応じた憲法改正に理解を示しつつも、「蟻の一穴」的な論理で具体的な改正案には反対する立場も結局これと同じと言えよう——という両極端な立場に挟まれて、極めて不幸な状況に置かれているようにみえる。そうしたとき、「守るべきものは守りつつ、変えるべきものは変える」という、憲法改正に対するイタリアの現実的なアプローチの仕方は、日本の状況と比べて、はるかに健全であるように思われるのである。

　もちろん、イタリアにも、現行憲法を根本的に疑問視する見解がないわけではない。もっとも、イタリアの場合、「連合国側の干渉なき完全に自

---

47)　Bin e Pitruzzella, *op. cit.*, p. 28.
48)　Vedi Pace, L'instaurazione, p. 101.
49)　自由民主党「日本国憲法改正草案」(2012年：https://www.jimin.jp/policy/policy_topics/pdf/seisaku-109.pdf)［2016年4月8日最終アクセス］。
50)　この改正草案に関して自民党自身は、「立憲主義の考え方を何ら否定するものではありません」という説明をしており（自由民主党「日本国憲法改正草案 Q&A［増補版］」(2013年：https://www.jimin.jp/policy/pamphlet/pdf/kenpou_qa.pdf) 6頁［2016年4月8日最終アクセス］）、日本国憲法の諸価値を変更しようとするものではないということなのかもしれない。しかし、この草案は、前文をすべて書き換え、第2章に大きな変更を加え、緊急事態の章を新設するなどしている反面で、国会・内閣・裁判所などのあり方に関しては現行制度を基本的に維持しようとするものであり、その底意を疑われてもやむをえないように思われる。

主的な新憲法の制定がなされた」[51]のであって、日本でみられるような「押しつけ憲法論」が出てくる余地はない。しかし、従来、イタリアの現行憲法は、レジスタンスの最大の成果であり、「レジスタンスを主導し、制憲議会に代表を送った主要な政治勢力」の間の「合意の産物」ないしは「協定」であると言われてきたところ[52]、1990年代以降、「自由と民主主義を再建したのはレジスタンスであるというのは『神話』であ」るとする歴史修正主義者が台頭し、「憲法典の作成過程をいずれも自由民主主義の正統派ではない、共産党、ドセッティ派（キリスト教民主党の左派）、行動党（急進的自由主義の知識人政党）が指導することになったこと」に批判の目が向けられていることが指摘されている[53]。

また、この点に関連して、現行憲法の基本的諸価値に異議を唱える見解もみられる。すなわち、憲法政治上の諸問題の原因を「現行憲法の構想自体の欠陥・限界」に帰し、その構想を乗り越えるため、「基本的な価値自体の変更（新自由主義の立場から特に第3条2項に体現されている実質的平等の原則、『社会国家』の立場から資本の自由な活動に規制を加え、労働者の権利を体系的に保障している第1部第3章『経済関係』）を含めた憲法の全面的な改正論」が主張されているのである[54]。

しかしながら、現実に議会に提案がなされ、審議がなされてきた憲法改正案はいずれも、「憲法構想の基本的な価値の積極的な評価に立って、……現行憲法の『基本原理』〔と〕第1部『市民の権利および義務』には手をつけず、改正を第2部『共和国の組織』に限定する立場」に立ったものであって、現行憲法の基本的な諸価値を頭から否定する立場は、決して支配的ではない。

実際、冒頭で触れた、2014年にレンツィ政権によって議会に提出され、

---

51) 豊下楢彦『日本占領管理体制の成立』（岩波書店・1992年）359頁注22。
52) 高橋・前掲注37）155頁。この点に関し、高橋利安『「労働に基礎を置く民主共和国」についての一考察㈠㈡㈢』早稲田大学大学院法研論集36号（1985年）211頁、38号（1986年）45頁、46号（1988年）167頁も参照。
53) 高橋利安「イタリアにおける90年代以降の憲法改正の動向」専修大学社会科学研究所月報504号（2005年）27頁。また、同「国際的・国内的背景と改正論の特徴」村上編・前掲注43）52頁。
54) 高橋・前掲注53）「イタリアにおける90年代以降の憲法改正の動向」26頁。また、同・前掲注53）「国際的・国内的背景と改正論の特徴」51頁。

2016年4月までに両議院で可決された憲法改正法律案[55]は、経過規定および最終規定を除いて全部で139か条ある現行憲法のうち47か条を改正しようという非常に大がかりな憲法改正法律案であるが、これによって改正される条文は、1か条を除いてすべて憲法第2部の「共和国の組織」(55条から139条まで)に含まれる条文なのであって、憲法の「基本的諸原理」(1条から12条まで)や第1部の「市民の権利及び義務」(13条から54条まで)の諸規定を改正しようとするものでは決してない[56]。

　この憲法改正法律案はそもそも、2013年の両議院の総選挙――イタリアでは両議院の選挙は常に同日選挙という方法で実施される――の結果、代議院と元老院との間に「ねじれ現象」が生じたことによって後継政権の組閣が難航した――しかも、この政治空白の間に行われた大統領選挙も混乱した――ことを直接の契機として、「対等で対称的な二院制（bicameralismo paritario e simmetrico）」[57]のもとでの政権の不安定性と意思決定の鈍重さ・非効率を憲法改正によって克服する必要があるという、1980年代後半から指摘されてきた30年来の課題が改めて認識され、再び政治の場で議論されるに至ったものである。また、2011年の政府債務危機の後、財政安定化に関するEUの規律を迅速かつ確実にイタリア国内で実施することが喫緊の課題とされ、政治の安定と効率性の実現が求められているという背景もあった。つまり、今日、「政府と議会とは、過去と比べてより一層、政治の安定と決定の迅速性とを確保しうる条件に置かれ」なければならない反面で[58]、イタリアでは、問題が放置され蓄積された結果、国家財政と実体経済とが危機に陥っているにもかかわらず、現在の政治制度は安定した政治方針を

---

[55] この憲法改正法律案は、その最終案が2015年10月13日および2016年1月20日に元老院で、2016年1月11日および4月12日に代議院で可決された。今後、10月にもその賛否を問う国民投票の実施が予定されている。

[56] 厳密には、この憲法改正案には、第1部の「市民の権利及び義務」に含まれる48条3項の改正が含まれているが、それは、二院制の改革に伴って「両議院」の語を「代議院」と変更する改正に過ぎず、現行憲法の基本的な価値に変更を加えようとするものではない。

[57] 「対等で対称的な二院制」に関しては、田近・前掲注2)のほか、芦田淳「イタリアの対等な二院制下での立法過程をめぐる考察」北大法学論集62巻6号(2012年)265頁、および同・前掲注19)、ならびに岩崎美紀子「二院制議会(八)――イタリア」地方自治741号(2009年)39頁を参照。

[58] Gruppo di Lavoro sulle riforme istituzionali, *op.cit.*, p.11.

表明することができずにおり、それゆえ、執行府の安定と効率性とを確保し、議会の活動の効率性を促進する制度的な仕組みの導入が必要だとされるのである[59]。

　こうした課題に対処するため、今回の憲法改正法律案は、第1に、両議院の組織方法に関して、代議院については従来の直接選挙を維持する一方で、元老院についてはその組織原理を見直し、各州議会が州民数に応じて元老院議員を選出する間接選挙制を導入して、両議院の組織原理に違いをもたせること（「相違のある二院制（bicameralismo differenziato）」）を提案している。このように元老院が州の利益を代表する地方代表機関へと改められることに伴い、この憲法改正法律案は、第2に、両議院の権限関係を見直し、両議院の権限を対等なものとする現在の制度を改めて、政府に対する信任付与の権限を代議院にのみ帰属させ、また、立法権限に関しても、憲法改正法律・憲法的法律や地方団体の組織にかかる法律等は別にして、その他の法律については基本的には代議院のみで審議し可決するものとすることを提案している。さらに、この憲法改正法律案は、第3に、地方自治制度に関して、州－県－コムーネ（市町村）という従来の3層構造の制度を改め、県を廃止して、2層構造の制度へと変更し、また、国と州との立法事項の見直しを提案している。

　この憲法改正法律案は、最終的に成立すれば、まさしくイタリア憲法史上最大規模の憲法改正を実現するものであるが、しかし、その内容は、現行憲法の基本的な諸価値を変更しようとするものではなく、むしろ、現行憲法の基本的な諸価値を前提としつつ、「イタリア民主政のバージョンアップ」[60]を図ろうとするものなのである。

　さて、再びわが国に目を向ければ、日本国憲法についても改正を考える余地あるいはその必要がまったくないとは思われない。衆議院と参議院との間の「ねじれ現象」と「強すぎる参議院」[61]によってもたらされた政治の停滞――いわゆる「決められない政治」――が問題とされたのはそう遠

---

59) Commissione per le riforme costituzionali, *Relazione finale*, 2013, p.4.
60) 髙橋・前掲注53)「国際的・国内的背景と改正論の特徴」50頁。
61) 大山礼子『国会学入門［第2版］』（三省堂・2003年）156頁。

い昔のことではなく、その後、その制度的な要因が除去されたわけではない。また、いわゆる議員定数不均衡訴訟を通じて最高裁は、組織方法の点で参議院に独自性をもたせることに対して否定的な憲法解釈を示すようになっており[62]、その結果、少なくとも組織方法の工夫を通じて参議院に独自性をもたせることは困難になっている。もし、「憲法上の両院制が十分な意味をもつためには、両議院組織法はできるだけ異なっていることが望まし」く[63]、他方で、投票価値の平等の点も含めて参議院の選挙制度に柔軟な制度設計の余地を認めることができないのは「〔憲法が〕立法をはじめとする多くの事柄について参議院にも衆議院とほぼ等しい権限を与え」ているからだとしたら[64]、衆議院とは異なる独自の存在意義がどこにあるのかがわからなくなっている参議院に独自の存在意義をもたせ、二院制を意味のあるものにするためには、憲法の改正に訴えるほかないということになろう。その際、わが国の二院制のあり方を考えるうえで、イタリアの今回の憲法改正法律案は、大いに参考になるように思われる。

　このように、日本国憲法についても改正を論ずる余地はないわけではない。しかしながら、憲法の「改正」を論ずる以上、その議論は、日本国憲法の基本的諸価値を維持し、憲法体制を保障することを目的とするものでなければならない。そして、日本国憲法の現状をみるとき、憲法の諸価値に直接関わる前文、第1章、第2章および第3章に手を付けようとするよりも、考えなければならないことは他にあるように思われるのである。

---

62) 最大判平成16年1月14日民集58巻1号56頁、最大判平成18年10月4日民集60巻8号2696頁、最大判平成21年9月30日民集63巻7号1520頁、最大判平成24年10月17日民集66巻10号3357頁および最大判平成26年11月26日民集68巻9号1363頁を参照。
63) 大石眞『憲法講義Ⅰ〔第3版〕』(有斐閣・2014年) 134頁。
64) 前掲注62)最大判平成24年10月17日。また、前掲注62)最大判平成16年1月14日における泉徳治裁判官の追加反対意見も参照。

第VII部

韓　国

Ⅶ-序　概観

1　はじめに

　大韓民国では、1910年から1945年までの日本による植民地支配、その後のアメリカ軍政期を経て、1948年に憲法が制定された。以降、今日までに9回の憲法改正が行われている。憲法史は、上記の憲法改正のうち、大きな政治体制の変化が起こった時期に従って6つの画期に分けて説明されることが多く、現在の憲法は「第六共和国憲法」（1987年憲法）と呼ばれている。

　以下では、韓国憲法の改正史の概略を記すこととする。

2　第一共和国憲法（制憲憲法、1948年憲法）

　植民地支配からの解放後、朝鮮半島は、米ソの分割占領を経て、結局は国連の指導下、南側だけで総選挙が行われることとなった。第一共和国憲法（1948年憲法）と呼ばれる制憲憲法は、1948年5月10日のこの総選挙により成立した初代国会で制定されたものである。この憲法は、前文で三・一運動以来の独立精神を継承することを謳い、一院制議会、大統領中心制、統制的な経済体制などの特徴をも

ったものであった。

　その後、初代大統領李承晩政権下で、1952年に大統領・副統領直選制、二院制、責任内閣制の導入等の改正（第1次改正）、1954年に現職大統領の三選禁止を解除する附則の追加、国務総理の廃止等を含む改正（第2次改正）が行われた。「抜粋改憲」と呼ばれる前者は、与野党の案を抜粋して盛り込んだものであるが、従来の国会での選挙によっては再選の難しかった李承晩が自らの政権の続行を図って直選制への変更を企図した点に主眼があった。改正過程では政府側から国会議員へ様々な圧力が加えられ、憲法が定める30日間の公告期間（98条3項）を満たしていない等、手続的違法性が指摘されるものでもあった。一方、後者の第2次改正は、「四捨五入改憲」と呼ばれる。これは国会での議決の際に、203議席中135票の賛成にとどまり、3分の2に1票不足していったん否決された改憲案を、与党がその後、「203議席の3分の2は135.333……であり四捨五入すると135であるから、135票の賛成を得た改憲案は可決された」としたものである。しかし、こうした体制への不満は次第に膨らみ、1960年、不正選挙に対する学生らの反

対デモに抗し切れず、李承晩は退陣に追い込まれたのであった（4・19革命）。

3 第二共和国憲法（1960年憲法）

李承晩退陣後、首席国務委員許政を首班とする過渡政府が作られた。国会では1960年6月に憲法改正が決議され（第3次改正）、ここに第二共和国憲法（1960年憲法）が成立した。この改正は、憲法史上唯一、議院内閣制を導入したほか、ドイツに類似した憲法裁判所の設置や基本権保障の強化等、李承晩政権下での政治的腐敗を一掃するための大規模な体制の変更を目指したものであった。同年11月には、それまでの不正政治の清算として反民主的行為者処罰のための遡及立法を可能にするための憲法改正も行われた（第4次改正）。

4 第三共和国憲法（1962年憲法）

第二共和国の目指した新たな国家建設は進展しなかった。1961年には、混乱した国内状況および朝鮮半島統一問題において韓国が守勢に置かれていることを危惧した朴正熙ら少壮軍人が「革命六公約」を掲げ、軍事政府を樹立し、軍事政権時代が始まった。軍事政府は国家再建非常措置法を制定・公布し、基本権を制限するとともに、国家権力を国家再建最高会議に統合し、憲法裁判所の機能を停止する等、非常事態の名のもとに第二共和国憲法の効力を大幅に制約した。また革命公約に基づき、民政移管するために新憲法も準備し、1962年、最高会議議員9名と民間人学者、専門家21名からなる憲法審議委員会で作成された要綱を最高会議で議決し、国民投票で確定した（第5次改正）。これが第三共和国憲法（1962年憲法）である。再び大統領中心制が導入されたほか、政党条項、法院による違憲審査権の行使、経済・科学審議会議と国家安全保障会議の設置等が新たに規定された。その後1969年には、大統領の3期継続在任を認める第6次改正が行われた。

5 第四共和国憲法（維新憲法、1972年憲法）

朴正熙体制下の1972年7月4日、南北共同声明が発表され、自主的平和的統一の実現が掲げられた。このことは一方では、それぞれの体制の強化につながった。同年10月17日には、朴正熙大統領は、南北対話の積極的な展開と周辺情勢の急変する事態に対処する体制改革の必要性を理由に、2か月間憲法の一部の条項の効力を停止する非常戒厳を宣布し、国会解散、政党および政治活動禁止とともに国会の権限を大統領、国務総理、国務委員からなる非常国務会議が遂行するものとし、平和統一を指向する憲法改正案の公示を宣言した。この改正案は、非常国務会議の議決、国民投票を経て、同年10月22日に確定した（第7次改正、「維新憲法」と呼ばれる）。この憲法では、前文で平和的統一の理念が謳われ、平和的

統一の推進を標榜して設置された統一主体国民会議が「国民の主権的受任機関」として、国民に代わって大統領選任など大きな権限をもつこととなった。また大統領権限が強化されて国会の会期短縮・権限の弱化が図られるとともに、違憲審査については憲法委員会が設置され、個別の基本権条項に法律の留保が付けられた。以後、外交的には国連の南北同時参加の意向表明などの動きが示されたが、内政においては反体制的言論に対処するため大統領緊急措置が頻繁に出され、社会は混乱した。1979年10月26日には朴正熙が暗殺され、統一主体国民会議の大統領補選によって崔圭夏が大統領となった。

6 第五共和国憲法（1980年憲法）

崔圭夏は大統領就任とともに憲法改正の意向を示した。意見の統一に困難はつきまとったものの、憲法改正の機運が高まり、改正作業が進められた。しかし一方で、軍内部では全斗煥らの勢力が実権を握り、社会では学生の民主化デモが激化して、大統領はついに軍の要求に基づき戒厳令を宣布するに至った。こうしたなか、1980年5月18日、軍が学生による大規模デモを鎮圧しようとして光州事件が起こっている。6月には、大統領を議長とし26名の委員からなる国家保衛非常対策委員会が設置され、国政全般の統制機能をもつこととなり、8月16日には崔圭夏大統領が辞任、統一主体国民会議は後任として全斗煥を選出した。一方、1980年3月に作られた憲法審議委員会小委員会では、国会案や各界各種の案を参照して要綱が作成され、国務会議で議決され、10月に国民投票で確定された（第8次改正）。

この憲法は前文で「第五民主共和国の出発」を明示した。維新憲法と比べ、大統領権限は制限され、大統領選挙は選挙人団による間接選挙で7年の単任制とされた。また個別の基本権条項における法律の留保がなくなり、プライバシーの保護・環境権・幸福追求権などの新しい基本権条項が盛り込まれている。附則では過渡立法機関として国家保衛立法会議を規定し、同会議に不正を行った者に対する政治活動制限の遡及立法の権限を認めた。

7 第六共和国憲法（1987年憲法）

第五共和国時代には、大統領の間接選挙制が改憲論議の中心となった。この議論は全斗煥政権の正統性の問題に関わるもので、大統領の任期満了の年に向けて国民全体を巻き込んだ民主化要求に発展していった。1987年、全斗煥は自分の後継に盧泰愚を指名するが、結局、盧泰愚は国民の要求を容れて、大統領直接選挙制を含む多方面の民主化を示した「国民大和合と偉大な国家への前進のための特別宣言」（6・29宣言）を発し、韓国はようやく民主化の時代を迎えた。第9次改正案は、国会で民正党、民主党両案を

すり合わせ、与野党合意のもとで議決し、国民投票で確定した。これが第六共和国憲法（1987年憲法）である。大統領については直選制のほか、5年単任制とし、国会解散権を削除する等、その権限を制限するとともに、国会権限の相対的強化が図られた。また憲法裁判所制度が復活し、今日の活発な活動につながっている。

8 改正手続

現在の第六共和国憲法（1987年憲法）の改正手続は、国会在籍議員の過半数または大統領の発議に基づき、国会在籍議員の3分の2以上の賛成および国民投票を必要としており[1]、日本に似た厳しい改正要件となっている。第六共和国に入ってからは憲法改正の議論はあるものの、改正は行われていない。独裁政権時代も、第三共和国および第五共和国の憲法は、国会在籍議員の3分の2以上の賛成と国民投票を要する改正手続を規定しており、現在と類似していた。にもかかわらず、改正が行われてきたのは、民主化以前の韓国の不安定な政治状況と強権的な執政のゆえであった。現在の改正手続は、過去の歴史を踏まえ、大統領の任期延長や再選についての憲法改正が現職大統領に効力のないことを明記し（128条2項）、政権延長のための改正を阻んでいる。しかしこのことは逆に、現職大統領のこの問題への関心を弱め、大統領の任期改正の必要が多くの論者によって指摘される今日、大統領提案による改正案が出されにくい1つの要因になっているとも言われている。

〔國分典子〕

---

1) 現在の憲法は、「憲法改正」の章（第10章）に3か条を設け、以下のように規定している。
　　第128条　①憲法改正は、国会在籍議員の過半数又は大統領の発議で提案される。
　　②大統領の任期延長又は重任変更のための憲法改正は、その憲法改正提案当時の大統領に対しては効力を有しない。
　　第129条　提案された憲法改正案は、大統領が20日以上の期間これを公告しなければならない。
　　第130条　①国会は、憲法改正案が公告された日から60日以内に議決しなければならず、国会の議決は、在籍議員の3分の2以上の賛成を得なければならない。
　　②憲法改正案は、国会が議決した後、30日以内に国民投票に付し、国会議員選挙権者の過半数の投票及び投票者の過半数の賛成を得なければならない。
　　③憲法改正案が前項の賛成を得たときは、憲法改正は確定され、大統領は、直ちにこれを公布しなければならない。

第Ⅶ部　韓国【動態から考える】

Ⅶ-1章
韓国における1987年憲法の持続と憲法体制の変化

浅羽祐樹（新潟県立大学）

Ⅰ　はじめに
Ⅱ　憲法典改正の歴史
Ⅲ　1987年憲法の持続とその理由
Ⅳ　1987年憲法改正の試み
Ⅴ　韓国における基幹的政治制度
Ⅵ　憲法典の改正なき憲法体制の変化
Ⅶ　おわりに

Ⅰ　はじめに

　韓国では、建国時の1948年憲法[1]の制定以来、憲法典の改正が9回行われたが、1987年憲法は2016年6月現在も現行憲法のままである。この29年間においても2回、憲法改正が試みられたことがあったが、いずれも国会での議決、そして国民投票への回付という手続に進む以前に、発議さえされなかった。
　確かに、1987年憲法それ自体は改正されていない。しかし、この間も、

1）　成立年度によって韓国の歴代憲法を分類する方法はチョン・ジョンソプ『韓国憲法史文類【韓国語文献】』（博英社・2002年）に拠る。以下同様に、韓国語文献は筆者の責任で日本語に訳出し、その旨を記す。

政治権力を創出する選挙制度や、その間で相互に抑制させることで均衡を図ろうとする執政制度、すなわち基幹的政治制度は変化した。選挙制度や執政制度は憲法だけでなく、法律や判例によっても形づくられているため、法律改正や判例変更を通じても制度は変化する。

待鳥聡史[2]が示すように、基幹的政治制度を憲法体制として理解するならば、韓国においても、「憲法典の改正なき憲法体制の変化」が認められる。本章では、この憲法体制変化の政治過程について韓国憲政史の中で時系列比較すると同時に、多国間比較による分析も可能になるように位置づける。

多国間の比較分析において韓国事例の特徴は、憲法典の改正と憲法体制の変化との関係においてみられる。たとえば、日本やイタリアはそれぞれ「憲法典の改正なき憲法体制の変化」と「憲法典の改正による憲法体制の変化」で一貫している反面、韓国は1987年憲法を契機に後者から前者へと移った。それだけ、政治変動の帰結として憲法が改正されてきた歴史の中で、1987年以降は憲法が政治を規定するようになったということである。

さらに、「憲法典の改正なき憲法体制の変化」において、大統領や国会など政治部門だけでなく、憲法裁判所といった司法部門の役割が大きいのが特徴である。基幹的政治制度の中でも選挙制度は、公職選挙法（以下「選挙法」という）が憲法裁判所によって「違憲」や「憲法不合致」とされることで変化した。特に「憲法不合致」は、憲法にも憲法裁判所法にも明示的に規定されていないが判例を通じて憲法裁判制度として確立していて、国会に法律改正の方向と期限を定めることで、政治部門と司法部門の間で「対話」[3]を促している。大統領と国会との関係だけでなく、法律の違憲審査などを通じて司法によっても政治権力を抑制することを執政制度として理解するならば、韓国は「司法政治論（judicial politics）」がどこよりも適用されなければならない事例であることを示している。

本章は次のように構成される。Ⅱでは韓国において憲法典が改正されてきた歴史を概観する。Ⅲでは1987年憲法が持続している理由を明らかに

---

2) Ⅰ-1章〔待鳥〕Ⅲ。
3) 佐々木雅寿『対話的違憲審査の理論』（三省堂・2013年）。

する。Ⅳは1987年憲法に対する改正の試みを概観する。Ⅴは韓国では基幹的政治制度が憲法や法律によってどのように構成されているかを示す。Ⅵは選挙制度に焦点を当てて、それが変化することでどのように憲法体制が変化しているかを描く。最後に、Ⅶでは本章の知見を要約し、「憲法改正」の比較政治学における含意を導き出す。

Ⅱ 憲法典改正の歴史

本節では、韓国において1987年憲法までは、憲法典そのものが改正されることで憲法体制が変化してきた歴史を概観する。それだけ政治権力によって憲法が左右されてきたということで、両者の間の関係は一方的なものだった。

1948年に、建国に際して憲法が制定されて以来、1952年、1954年、1960年6月、同年11月、1962年、1969年、1972年、1980年、1987年の9回、改正されている。歴代憲法の前文ではすべて憲法改正とされているが、1960年6月、1962年、1972年、1980年、1987年の5回は、実質的には新憲法の制定に該当する。1948年から1987年までの39年間で憲法改正が9回行われたということは、1つの憲法がそのまま持続した期間は平均するとわずか4年4か月に過ぎないということである[4]。同一性が担保されている憲法に限ると、いちばん長く持続したのは1948年憲法で、それでも1960年6月憲法によって代替されるまでの12年間に過ぎない。

この間、大統領制から議院内閣制へと執政制度を大きく変更した1960年6月の憲法改正と、前政権期における不正行為、反民主的行為、不正蓄財などを処罰するための特別法を根拠づける同年11月の憲法改正の2回以外は、憲法改正の焦点は権利章典ではなく統治構造、特に大統領の選出方法や任期、その権限に関するものだった。

1948年憲法では、大統領は国会によって選出されると規定（53条）されていて、大統領制とも議院内閣制とも半大統領制とも分類し難い執政制度

---

4) Donald S. Lutz, *Toward a Theory of Constitutional Amendment*, 88(2) AMERICAN POLITICAL SCIENCE REVIEW 355 (1994).

だった。その任期は4年で、1回だけ再任されることが可能（55条）だったが、国会に当初勢力を有していなかった初代大統領の李承晩はそのままでは再任されないと認識していた。そのため、1952年に憲法改正を発議（98条）し、一院制から両院制への変更（31条）や国務院（内閣）に対する民議院（第一院）の不信任制度の新設（70条の2）を国会に対する反対給付とすることで、大統領の選出方法を国会選出から国民による選挙（53条）へと変更することに成功した。李承晩は狙い通り選挙で大統領に再選されたが、今度は4年2期という当選回数制限（presidential term limit）（55条）に直面した。そこで、2期目の任期が半ばを迎えた1954年に憲法改正を改めて発議し、「憲法公布当時の大統領に対しては」（附則）適用除外とすることを認め、その通り1956年に三選した。1952年、1954年のいずれの憲法改正も、李承晩大統領が自らの執権延長のため、大統領の選出方法や任期といった憲法典で規定された政治制度の基幹を変化させたものである。

1962年憲法でも、大統領の任期は4年2期に制限（69条1項・3項）されていた。朴正熙大統領も2期目の任期が半ばを迎えた1969年に憲法改正を行い、当選回数制限を3期までに緩和した（69条3項）。さらに、1972年には、憲法改正ではなく新憲法の制定を通じて、大統領の選出方法を国民による選挙（64条1項）から統一主体国民会議（第3章）という事実上の官選機構による選出（39条1項）へと変更した。同時に、大統領の任期を6年とし、当選回数制限を撤廃した（47条）。1969年、1972年のいずれの憲法改正や新憲法制定も、朴正熙大統領が自らの執権延長のため、大統領の選出方法や任期といった憲法典で規定された政治制度の基幹を変化させたものである。それだけでなく、1972年憲法では、大統領の権限が国会や司法に比べて著しく強化された。

1980年憲法では、大統領の任期は7年1期に制限（45条）されたものの、大統領は依然として大統領選挙人団（39条・40条）という事実上の官選機構による選出（39条1項）のままだった。その中で、「民主化」の焦点は「大統領直選制の復活」となった[5]。大統領の選出方法や任期は、政治権

5） カン・ウォンテク「『87年体制』と民主化推進協議会【韓国語文献】」カン・ウォンテクほか『韓国の民主化と民主化推進協議会』（オルム・2015年）。

力による執権延長や権威主義体制への体制移行だけでなく、民主化や民主主義体制の定着においても重要な憲法規定である。

　事実、1987年憲法において、大統領の選出方法は再び国民による選挙（67条1項）へと変更され、その任期も5年1期に制限された（70条）。さらに、「大統領の任期延長または当選回数制限変更のための憲法改正は、その憲法改正提案当時の大統領に対しては効力がない」（128条2項）と定められることで、李承晩や朴正煕のように自らの執権延長のために憲法を改正することはできなくなった。1987年憲法の規定に従って大統領になった盧泰愚、金泳三、金大中、盧武鉉、李明博の5名のいずれもが、所定の任期が終了すると権力の座から退いている。それまでは政治変動の帰結として憲法が改正されてきたが、1987年憲法になってようやく憲法が政治を規定するようになったというわけである。

　このように、韓国では、憲法と政治の関係において、憲法が政治権力によって左右される一方的なものから、逆に憲法が政治を規定するところもある双方向的なものへと変化したが、両者間のダイナミズムは常に認識されている。1987年憲法が歴代憲法の中で最も長く29年間持続している現在においても、「憲政史」は生きた言葉（living language）である。2004年の国会による大統領の弾劾訴追や2014年の憲法裁判所による政党解散などは、「憲政史上初めての出来事」として韓国民にとって生きられた経験（lived experience／Erlebnis）になっている。

III　1987年憲法の持続とその理由

　本節では、1987年憲法が、それまでの憲法とは異なり、2016年6月現在、一度も改正されることなく29年間持続している理由について明らかにする。その際、憲法典だけでなく、選挙法や国会法、それに憲法裁判所法や選挙管理委員会法など法律によっても形づくられている選挙制度と執政制度に注目する。

1　大統領にかかるステイク

　第1の理由として、大統領ポストにかかるステイクが低下したことが挙げられる。一般に、執政長官にかかるステイクが大きすぎると、その座をめぐる競争が熾烈になる。その分、その結果を敗者は受け入れ難いし、勝者は次も勝てるように競争のルールを自らに有利になるように変えたり、競争自体をなくしたりしようとする[6]。この敗者の同意[7]と勝者の自制を同時に担保するのが、政治権力間に権限を配分する執政制度である。

　韓国では長い間、「帝王的大統領制」と形容されるくらい大統領の権限が国会に比べて圧倒的に大きかった。その最たる1972年憲法では、大統領は、「国政全般にわたって」立法を事実上代替する緊急措置（53条1項）を行えるだけでなく、国会を解散（59条1項）することもできた。それだけでなく、司法も大統領によって統制され、国民の権利や自由も法律による留保というかたちで著しく制限されていた。

　民主化し、1987年憲法が成立することで、国民の権利や自由は広く保障されるようになり、その「本質的内容」は法律で制限できないと明記された（37条2項）。大統領と国会の間の権限配分も、相互に抑制しあうことで均衡が保たれるようになった。

　大統領（41条1項）と国会（67条1項）はどちらも国民によって選出され、それぞれ5年（70条）と4年（42条）の任期が保障されるなど、両者の成立と存続は完全に独立している。韓国の大統領制には首相が存在するという特徴があるが、その推薦がなければ大統領は内閣を形成できないため（87条1項）、その任命に同意を与えたり（86条1項）、解任を建議（63条1項）したりすることができる国会は、首相の任命や解任を通じて大統領の内閣形成に影響を及ぼす[8]。とはいえ、国会による首相の解任決議には法的拘束力はないため、半大統領制ではなく、首相は「大統領を補佐」（86条2項）するに過ぎない。また、大統領も法案を提出することができるが（52

---

6) Barry R. Weingast, *The Political Foundations of Democracy and the Rule of Law*, 91(2) AMERICAN POLITICAL SCIENCE REVIEW 245 (1997).
7) CHRISTOPHER J. ANDERSON et al., LOSERS' CONSENT (2005).
8) 浅羽祐樹「首相がいる韓国の大統領制」吉川洋子編『民主化過程の選挙』（行路社・2010年）41～64頁。

条)、立法権は国会にのみ属する。大統領には包括拒否権があるが (53条2項・3項)、国会は3分の2以上の再可決でそれを無効化することができる (同条4項)。つまり、大統領と国会という異なる政治権力をそれぞれ創出し、両者の間で抑制・均衡を図るうえでまず重要なのは、憲法典の規定であるということである[9]。

2　選挙サイクルと分割政府

　1987年憲法が持続した第2の理由は、大統領選挙の敗者が国会では多数派になるという「与小野大」国会、つまり分割政府の出現である。それによって、敗者の同意が得られやすくなり、大統領も法律の制定など国会を円滑に運営するために野党に一定の譲歩をせざるをえなくなる[10]。

　大統領と国会の任期は憲法で定められているが、それぞれの選挙制度やその日程は選挙法という法律で定められている。特に選挙日程は、民主化当時は大統領選挙と総選挙それぞれ別々の選挙法でその都度規定された。「大統領直選制」が焦点となった民主化の結果成立した1987年憲法は、国民投票を経て10月29日に公布されたが、それと並行して大統領選挙法がまず改正され、12月に大統領選挙が実施されることになった。それに勝利した盧泰愚は翌2月に大統領に就任したが、敗北した金泳三や金大中との交渉の結果、3月に国会議員選挙法が改正され、4月に総選挙が実施された。大統領選挙法の改正、大統領選挙、大統領就任、国会議員選挙法の改正、総選挙という順で、民主化後の定礎選挙が実施されたわけだが、大統領選挙と総選挙の日程はこれ以降も12月と4月となった。その結果、この2つの選挙は常に非同時選挙ではあるものの、その間隔が毎回変化することになった。大統領選挙から (最初の) 総選挙までの間隔は、4か月、3年4か月、2年4か月、1年4か月の順に変化し、20年で一巡する。その中で、盧泰愚や李明博のように4人に1人の大統領は、就任2か月後と

---

9)　浅羽祐樹「韓国の大統領制」粕谷祐子編『アジアにおける大統領の比較政治学』(ミネルヴァ書房・2010年) 39〜59頁。

10)　康元澤＝浅羽祐樹「分割政府の日韓比較」康元澤＝浅羽祐樹＝高選圭編『日韓政治制度比較』(慶應義塾大学出版会・2015年) 43〜79頁。

退任10か月前に2回総選挙を実施することになる。

　一般に、同時選挙よりも非同時選挙の場合の方が、議会選挙の結果その多数派と大統領の党派構成が異なる分割政府が成立しやすい。韓国の場合、同じ非同時選挙でも、大統領の任期半ばの中間選挙もあれば、就任直後の「ほぼ同時選挙」もある。後者の場合だと、業績評価というよりは新政権に対する期待投票になり、「与大野小」国会、つまり統合政府が生じやすい。ところが、1988年総選挙では、4か月前の大統領選挙で敗北した金泳三や金大中の政党が過半数を獲得し、「与小野大」国会で盧泰愚大統領と対峙した。分割政府のもと、国会に確かな足掛かりを得ることで、民主化運動を主導した野党政治家は権威主義体制の後継指名者に対して超憲法的手段で挑戦せず、次の大統領選挙に備えることができた。こうして、政治的競争は選挙という方法によってのみ決着がつけられるようになった。

　このように、1987年憲法の持続にも影響を及ぼしている選挙サイクルは、大統領と国会それぞれの任期と選挙日程によって左右されるが、任期は憲法、選挙日程は選挙法という法律によって規定されている[11]。しかも、選挙法は当初、大統領選挙と総選挙それぞれ別々に存在し、その都度改正されたように、大統領と国会という2つの異なる政治権力を創出するうえで、両者間の関係を統一的な枠組みで整序する必要があるとは理解されていなかった。

3　選出部門と非選出部門の関係

　1987年憲法が持続した第3の理由は、大統領や国会といった選出部門が憲法裁判所や中央選挙管理委員会といった非選出部門によって抑制されているからである。民主政治やその基礎をなす多数決による決定に外から制約を加えるということであり、何より、抑制・均衡は、執政府と立法府の間だけでなく、司法府も含めた三者の関係において試みるということで

---

11)　浅羽祐樹＝大西裕＝建林正彦「Loser's Disconsent in Korean Presidential Primary: Separation of Powers, Electoral Cycles, and Party Organization」選挙研究26巻1号(2010年)53～66頁、浅羽祐樹＝大西裕＝春木育美「韓国における選挙サイクル不一致の政党政治への影響」レヴァイアサン47号(2010年)65～88頁。

ある。つまり、司法も執政制度として位置づける必要があるのである。

韓国では、一般の法院（裁判所）とは別に憲法裁判所が設置され、法律の違憲審査を専管している。国民が相対多数制で選んだ議員が国会において過半数で制定した法律について、国民が選んでいない少数の裁判官が憲法に反すると判断すれば、その法律は無効になる（111条1項）。これは、立法権を有する国会や法案提出権を有する大統領からすると、自らの権限に対する挑戦であり、政策実現の足枷にもなる[12]。さらに、法院による付随的違憲審査の要請だけでなく、個人も憲法訴願を直接憲法裁判所に申し出ることができる。法律の違憲審判と憲法訴願の両方を合わせると、1988年9月に創設されてから2013年10月までの25年間で、481件の違憲決定が下されている[13]。1か月に1.6件の頻度であり、韓国の憲法裁判所は多国間比較において司法積極主義であると言える。このほかにも、憲法裁判所は弾劾、国家機関間の権限争議、政党解散の審判を担当している[14]。

中央選挙管理員会は、選挙法改正意見の国会提出[15]、選挙法の有権解釈、選挙法違反の取締[16]など準立法的・準司法的権限を有していて、選挙「管理」にとどまらない選挙「ガバナンス」を専管している[17]。選挙は民主的競争の根幹であり、政治権力にとって正統性の源泉でもあるが、そのガバナンスは非選出機関に委ねられているというわけである。しかも、こうした広範囲な「職務範囲」（憲法114条7項）は選挙管理委員会法という法律で具体的に定められていて、その度重なる改正を通じて徐々に拡大している。

4　新興民主主義体制の定着

以上3つの理由で1987年憲法は29年間持続しているが、それは新興民主主義体制が定着したということでもある。韓国は「第3の波」の中で民

---

12) パク・ジェヒョン『韓国政治と憲法裁判所【韓国語文献】』（集文堂・2010年）。
13) 憲法裁判所『憲法裁判所【韓国語文献】』（憲法裁判所・2015年）55頁。
14) 李範俊（在日コリアン弁護士協会訳）『憲法裁判所』（日本加除出版・2012年）、在日コリアン弁護士協会編／孫亨燮監修『韓国憲法裁判所』（日本加除出版・2010年）。
15) 磯崎典世＝大西裕「韓国における選挙管理機関の立法への影響力」大西裕編『選挙管理の政治学』（有斐閣・2013年）153〜178頁。
16) 磯崎典世「韓国の選挙管理委員会の準司法機能」大西編・前掲注15) 203〜229頁。
17) 大西裕「民主主義と選挙管理」同編・前掲注15) 13〜36頁。

主化したが、今や選挙民主主義を超え自由民主主義体制として分類できる。フリーダムハウスの指標では、「政治的権利」も「市民的自由」も2とされ、総合評価も2で「自由」とされる[18]。ポリティのスコアだと8で、「完全な民主主義（full democracy）」に次ぐ「民主主義（democracy）」とされる[19]。憲法体制において民主主義とともに重要な柱である法の支配も、世界司法プロジェクト（World Justice Project）によると世界第11位で、アジアで最も早く民主主義体制を確立した日本を上回る順位である[20]。こうしたなか、現体制は、いつ、いかなる条件でも、他の体制によって代替されてはならないものとして韓国民に認識されるようになった[21]。

つまり、1987年憲法が持続したのは、憲法典だけでなく様々な法律によっても形づくられている選挙制度と執政制度によって、政治権力が創出されると同時に、適切に抑制されることで、均衡制度（equilibrium institution）、自己拘束的な制度（self-enforcing institutuion）になっているからである[22]。

Ⅳ　1987年憲法改正の試み

本節では、1987年憲法に対して行われた2回の改正の試みを概観すると同時に、いずれも発議さえされることなく失敗に終わった理由について検討する。そうすることで、1987年憲法が持続している理由が改めて明らかになると同時に、憲法典の改正によってのみ実現可能な憲法体制の変

---

18) Freedom House, Freedom in the World 2015（https://freedomhouse.org/report/freedom-world/freedom-world-2015#.VYEG3-kVj3g）[2016年3月24日最終アクセス].
19) Center for Systemic Peace, Polity Ⅳ Project: Political Regime Characteristics and Transitions, 1800-2013（http://www.systemicpeace.org/polity/polity4.htm）[2016年3月24日最終アクセス].
20) World Justice Project, WJP Rule of Law Index 2015（http://worldjusticeproject.org/sites/default/files/roli_2015_0.pdf）[2016年3月24日最終アクセス].
21) Asian Barometer, Asian Barometer Survey（http://www.asianbarometer.org/data/data-release）; Korean Barometer, Korean Barometer Survey（http://www.koreabarometer.org/Database.htm）[2016年3月24日最終アクセス].
22) Jongryn Mo and Barry R. Weingast, Korean Political and Economic Development（2013).

化とは何なのかも示すことができる[23]。

まず、憲法改正の手続を確認する[24]。発議は国会在籍議員の過半数か大統領によって行われる（128条1項）。国会で在籍議員3分の2以上の賛成が得られると国民投票に回付され（130条1項）、そこで有権者の過半数の投票と投票者の過半数の賛成が得られると確定（130条2項）し、大統領が公布する。一院制議会における3分の2以上という特別多数と国民投票を組み合わせたもので、国会における過半数の賛成だけで足りる法律の改正よりもはるかに厳格である。多国間比較においても、韓国憲法は改正要件が厳しい方の硬性憲法に該当する。

1　議院内閣制への改憲案

1987年憲法に対する改正の試みは2回行われたが、1回目は大統領制から議院内閣制へと執政制度そのものを変えようとするものだった。1997年大統領選挙を前に、2回連続して負けている金大中は支持基盤を異とする金鍾泌と「DJP連合[25]」を形成した。金鍾泌からの選挙協力とその政党である自民連からの国会での協力の代わりに、金大中は自民連への閣僚ポストの配分と任期中の議院内閣制への憲法改正を約束した。

大統領になった金大中は、金鍾泌を首相に任命すると同時に、自民連議員5名を入閣させた。韓国の首相は「大統領の命を受けて行政各部を統括する」（86条2項）とされていて、閣僚の推薦（87条1項）や解任建議（同条3項）を大統領に行うことができる。その任命には国会の同意が必要（86条1項）だが、国会による解任建議（63条1項）に法的拘束力はなく、成立と存続の両方が議会に左右される半大統領制における首相とは区別される。とはいえ、国会議員の閣僚兼任（43条）も含めて、韓国の大統領制には「議院内閣制的要素が加味」[26]されている。そもそも1948年憲法は議院内閣制として起草されたが、日本統治期に臨時政府の主導者だった李承晩が

---

23)　Ⅰ-2章〔駒村〕Ⅴ。
24)　Ⅶ-序で詳述されている。
25)　金大中（Kim Dae-Jung）と金鍾泌（Kim Jong-Pil）は韓国ではそれぞれDJ・JPの略称で一般にもよく知られているが、それを連続して表記したもの。
26)　キム・チョルス『憲法学概論[第14全訂新版]【韓国語文献】』（博英社・2002年）950頁。

それだと国政に参加しないと主張したため、国会で選出する大統領職の規定が付け加えられたという経緯がある[27]。

大統領からの信任によっては、首相が内閣を主導できるが、そもそも内閣は国政を議決するのではなく審議するだけで（88条1項）、首相も「大統領を補佐」（86条1項）するに過ぎない。大統領になれる見込みがない金鍾泌は、首相権限の実質化だけでなく、そもそも議院内閣制へと執政制度を変えることで、金大中の退任後にも影響力を残そうとしたのである。

金大中からすれば、DJP連合はあくまでも政権獲得に向けた選挙協力のためのものであって、せいぜい首相をはじめとする閣僚ポストを自民連に配分する執政連合にとどまる。2000年総選挙の結果、国会内で会派を形成できないくらい自民連の勢力が小さくなり「与小野大」国会が生じると、立法連合の価値も薄れた。まもなくして金大中は世論の支持がないとして議院内閣制への改憲合意を反故にした。確かに、議院内閣制は1960年憲法で失敗した執政制度として韓国では認識されている[28]。その後もしばらく執政連合自体は続いたが、そもそもの保革の理念差が北朝鮮政策をめぐって露呈すると、金鍾泌は自民連議員の閣僚を引き上げ、執政連合も瓦解した。

2　ワンポイント改憲案

2回目の改憲の試みは、大統領制の中で大統領の任期と当選回数制限を変えようとするものだった。「5年単任制」から「4年重任制」へと、70条だけに絞った「ワンポイント改憲」構想を盧武鉉大統領が任期5年目に発表し、具体的な改正案も提示した。さらに、選挙の日程についても、大統領が何らかの理由で闕位し補欠選挙が実施される場合、その任期は4年間ではなく前任者の残任期間とすることで、大統領選挙と総選挙が将来にわたって同時選挙からずれないように腐心したものだった。「大統領の任期延長または当選回数制限変更のための憲法改正は、その憲法改正提案当

---

[27]　ソ・ヒギョン『大韓民国憲法の誕生【韓国語文献】』（チャンビ・2012年）。
[28]　浅羽祐樹「韓国における両院制議院内閣制」猪口孝編『日本と韓国』（原書房・2015年）213～232頁。

時の大統領に対しては効力がない」(128条2項) ため、盧武鉉大統領は自らの執権延長のために改憲を提案したわけではない。大統領の任期と選挙サイクルを変えることで、分割政府を回避し、大統領にガバナビリティを保障すると同時に、そのアカウンタビリティを問うことができるようにしようとしたのである。

　事実、盧武鉉大統領は就任当時から、弾劾訴追（65条2項）を阻止する3分の1の勢力すら国会に有しておらず、2004年総選挙で統合政府を実現したがわずか1年で再び分割政府に直面した。そこで、盧武鉉大統領は「与小野大」国会で多数派の野党ハンナラ党（現セヌリ党）に対して、小選挙区比例代表並立制から中選挙区制への選挙制度改正に合意することを条件に、首相をはじめとする内閣の形成権を付与する「大連立」を提案した。つまり、大統領と首相や閣僚の党派構成が異なる「コアビタシオン」である。これは首相権限の実質化（「責任首相制」）を超え、内閣の成立だけでなく存続も国会に対して責任を負うようになると、事実上半大統領制となる。分割政府を前提に憲法の運用を変えようとしたわけだが、ハンナラ党が応じず霧散した。そこで、今後は分割政府がそもそも生じないように憲法そのものを変えようとしたわけである。

　大統領選挙と総選挙の選挙サイクルを揃えるうえで、盧武鉉大統領の任期末で一巡し、20年ぶりにほぼ同時選挙になることは好機だった。大統領にせよ国会にせよ、自らの任期が短縮されることに応じる現職者は出にくいものだが、このタイミングだと、どちらからもほとんど短縮しなくても済むため、その点では同意を得られやすいからである。それに、4年2期の大統領制は5年1期の大統領制や議院内閣制よりも優れた執政制度であるとして専門家の間で評価されていて、韓国民にも支持されていた[29]。しかし、有力な大統領候補を抱え、2007年大統領選挙の勝利を確信していたハンナラ党はこれを拒否し、盧武鉉大統領も発議自体を放棄せざるをえなくなった。

---

29)　カン・ウォンテク『大統領制・議院内閣制・半大統領制【韓国語文献】』（インガンサラン・2006年）。

3 小　結

　1987年憲法に対する改正の試みは、大統領制から議院内閣制へという執政制度それ自体や、大統領制の中で大統領の任期と当選回数制限に焦点があった。いずれも憲法典で規定されているため、当然、その改正を通じてのみ変えることができるものだが、憲法典の改正だけでは十分でなく、選挙法などの法律もあわせて改正する必要がある。そもそも、非同時選挙という選挙サイクルや「与小野大」国会は、大統領や国会の任期という憲法規定だけでなく、選挙日程や小選挙区比例代表並立制という選挙法の規定によっても生じているからである。その意味で、「大連立」提案時とは異なって、盧武鉉大統領が「ワンポイント改憲」構想に選挙制度改革を含めなかったのは、「憲法体制」の理解として含意が大きい。

V　韓国における基幹的政治制度

　本節では、韓国における憲法体制、すなわち執政制度や選挙制度などの基幹的政治制度が1987年憲法だけでなく法律や判例によってどのように構成されているかを示す。

1　大統領・国会間関係

　まず、執政制度の核心は、韓国のように大統領制の場合、大統領と議会（国会）の間の関係である。すでにIIIで、それぞれに配分されている権限や任期について検討し、それまでの憲法と比べると、1987年憲法では両者の間で抑制・均衡が成り立っていて、1987年憲法の持続につながっていると論じた。また、首相の存在や国会議員の閣僚兼任など、大統領制のプロトタイプとされるアメリカではみられない制度も憲法で規定されている。この首相も含めて国会議員の入閣という制度は、5年1期に任期が制限されていて、任期末が近づくにつれ求心力が低下する大統領にとって、与党を統制する重要な手段になっている。

　憲法では「国会議員は法律が定める職を兼ねることができない」（43条）と規定されているだけで、具体的には国会法で「首相と閣僚」（29条1項）

が例外と規定されている。制度上は、国会法を改正さえすれば、大統領が野党も含めて国会議員を統制するためのポストを増やすことができるようになっている。そのためには、国会で単純多数を得ればよく、「法律が定める職」ではなく「首相と閣僚以外の職」と憲法で定められている場合と大きく異なる。事実、1962年憲法では「大統領、首相、閣僚、地方議会議員、その他法律が定める職」（39条）と明記されていた。それが、大統領の任期を3期へと拡大する1969年の憲法改正時に、国会の定数拡大（36条2項）とともに、国会議員の閣僚兼任（39条）が反対給付として認められたが、国会法（30条1項）もあわせて改正され、現在と同じようなかたちになった。

2　議会制度

　議会制度も、一院制や任期、法律や予算の議決要件（49条）などは憲法で規定されているが、委員会中心の運営であることや法律案上程の手続などは国会法で定められている。何より、国会の定数について憲法では「法律で定めるが、200人以上とする」（41条2項）と規定されているだけで、詳細は選挙法（21条1項・25条2項別表1）に委ねられている。その分、総選挙のたびに定数自体が争点になる。事実、1988年、1992年、1996年の総選挙では国会の定数は299人だったが、アジア経済危機からの克服過程にあった2000年総選挙では「コスト分担」の名目で273人に減らされた。その後、2004年、2008年の総選挙で再び299人に戻されたが、2012年総選挙で300人へと増やされ、2016年総選挙でも維持された。国会の定数や小選挙区と比例代表制の議席数配分は、1票の格差是正において選挙区1つ当たりの平均有権者数という基数が自動的に決まるためには固定されている必要があるが、それ自体が毎回争点になると、選挙区画定がそれだけ難しくなる。まして、詳しくはⅥで検討するが、憲法裁判所によって1票の格差の基準が順次厳格化している場合、なおさらである。選挙区画定は選挙法で「市・道の管轄区域内で人口・行政区域・地勢・交通、その他の条件を考慮して、これを確定」（25条1項）すると定められているが、「人口（平均有権者数）」だけが優先されると、17ある広域自治体（市・道）の中で

済州島[30]や世宗市[31]の地域代表性が確保されなくなるため、それぞれ3議席と1議席は配分すると別途（21条1項）定められている。

3 執政制度としての非選出部門

　政治権力を相互に抑制させることで均衡を図ることが執政制度の要諦である以上、大統領・議会間関係だけでなく、それら選出部門と憲法裁判所や中央選挙管理委員会などの非選出部門との関係も重要である。すでにIIIで、それぞれに配分されている権限について検討し、特に法律の違憲審査や憲法訴願において積極主義に立つ憲法裁判所によって、多数決による行き過ぎから少数派の基本的人権を保護する法の支配が徹底されることで、むしろ韓国の自由民主主義体制が定着していることを論じた。ここでは、それら非選出部門がどのように構成されているのかを確認する。

　憲法裁判所は一般の法院（裁判所）（第5章）とは別に構成（第6章）され、それまで憲法委員会（1980年憲法第6章）では一回も決定を下していない法律の違憲審査などを専管するようになった。9名の裁判官によって構成され、大統領、国会、大法院長（最高裁判所長官）が3名ずつ選出する（111条2項・3項）。国会選出の3名は、与党1名、野党1名、与野党合意で1名という慣例が確立している。任期は大統領（5年）や国会（4年）より長い6年で、再任も可能である（112条1項）。所長は大統領が任命するが、国会の同意が必要である（111条4項）。このように大統領や国会との「選出サイクル（selection cycle）」が異なるため、選出時期が集中することがある。

　憲法裁判所長の人事をめぐってこの憲法規定が問題になったことがある。2006年、盧武鉉大統領は憲法裁判所裁判官の全孝淑を一度辞任させたう

---

[30] 広域自治体の中で人口が最小の50万人程度で、1988年総選挙以降3議席を確保していたが、人口増と都市部への集中の結果、2004年総選挙では2議席へと減らされる可能性があった。しかし、選挙法自体を改正し、「各市・道の地域区国会議員の定数は少なくとも3人」を保証した。

[31] 行政機能の分散と国土の均衡発展を目的に、国務総理室や企画財政部など9部・2処・2庁・1室・2委員会の16の政府機関が順次移転することで2012年7月に新設された特別自治市。その3か月前の総選挙は新しい行政区域に基づいた選挙区割りで実施されたが、有権者数は80,028名に過ぎず、選挙区1つ当たりの平均有権者数を基に3倍以内という基準によって算出される有権者数の下限に及んでいなかった。

えで所長に任命しようとすると、任命同意のための国会聴聞会で違憲論が噴出した。確かに、憲法には「裁判官の中から」と明示されているため、「民間人」では要件を満たさない。大統領が強行しようとしたのは、その3年前に大法院長の指名によって裁判官になった全孝淑では、任期は残余の3年間だけで、再任が可能だとはいえ、自らの任期後も性向の近い人物を長く憲法裁判所に残すためには、一度「リセット」する必要があると考えたからである。全孝淑は、大統領に対する弾劾訴追審判でも、首都移転法の違憲審査でも、常に盧武鉉を支持する個別意見を書いていた[32]。

憲法裁判所については、大法院との関係も重要である[33]。大統領が国会の同意を得て任命する大法院長(104条1項)個人が9名中3名の憲法裁判所裁判官を指名するのは、憲法上同格(それぞれ第5章と第6章)のはずなのに、一方の成立だけが他方に左右されるということである。権限配分についても、法律の違憲審査は憲法裁判所が専管しているが、「命令・規則または処分」については大法院が「最終的に審査する権限を有する」(107条2項)と規定されている。さらに、法院の判決も憲法裁判所による違憲審査の対象にはならないが、そのことは憲法裁判所法という法律で決められている(68条1項)。

中央選挙管理委員会も9名の委員によって構成され、大統領、国会、大法院長が3名ずつ選出する(114条2項)。任期は憲法裁判所と同じ6年で、委員長は委員の間で互選する(同条3項)。権限については、憲法では「選挙と国民投票の公正な管理及び政党に関する事務を処理する」(同条1項)と規定されているだけで、選挙法改正意見の国会提出(17条2項)、選挙法の有権解釈や選挙法違反の取締(14条の2)など準立法的・準司法的権限は1992年の選挙管理委員会法改正で追加された。

4 中央・地方間関係

立法、行政、司法の間での水平的な抑制・均衡だけでなく、中央・地方

---

32) 李範俊・前掲注14) 285頁、328頁。なお、首都移転についてはⅦ-2章〔國分〕Ⅲで詳述されている。
33) Ⅶ-2章〔國分〕Ⅱで詳述されている。

間関係といった垂直的な抑制・均衡も重要である。憲法で「地方自治」（第8章）が独立した章として規定されているものの、条文の数はわずか2つに過ぎず、その内容も1962年憲法以来まったく変わっていない。権限配分は様々な法律で規定されていて、それらの制定や改正を通じて1987年以降29年間で大きく変わった[34]。首長や議会の選挙制度も選挙法という法律で規定されている。首長は建国以来一貫して中央政府によって任命されてきたが、議会選挙は1952年、1956年、1960年に3回実施されたことがある。それが「復活」したのが1991年で、3月にまず基礎自治体（市・郡・区）で、6月に広域自治体（特別市・広域市・道）の順で実施された。それぞれ別々の選挙法で規定され、任期はいずれも4年で、前者では候補者の政党公認が不可とされた反面、後者では認められた。地方選挙、大統領選挙、総選挙の選挙法が1つに統合されたのは1994年である。首長選挙はその「統合選挙法」によって規定され、1995年6月に、基礎自治体と広域自治体を問わず、議会選挙とあわせて「全国同時地方選挙」として実施された。この時だけ任期は3年で、それ以降は4年とされた。1998年以降も、完全な統一地方選挙が維持されている。このように、各種地方選挙は常に同時選挙である反面、大統領選挙や総選挙など国政選挙との間では常に非同時選挙だと、個別の選挙区事情や候補者要因よりもナショナル・スイングや政党要因が効きやすく、大統領に対する業績評価になりやすい。地方の選挙制度は国政に大きな影響があるが、それを規定しているのは憲法ではなく選挙法という法律というわけである。

5 人　事

　法律や予算だけでなく人事も、大統領にとって、自らの政策課題を推進するうえで重要である。大統領が任命するときに、憲法上、国会の同意が必要なポストは、首相（86条1項）、大法院長（104条1項）、大法官（最高裁判所裁判官）（同条2項）、監査院長（98条2項）、憲法裁判所長（111条4項）だけである。しかし、2000年に人事聴聞会法が制定され、数回の改正を経

---

34) 南京兌『地方分権の取引費用政治学』（木鐸社・2014年）、高選圭＝辻陽「日韓両国における首都機能移転をめぐる政治過程」康＝浅羽＝高編・前掲注10) 153〜181頁。

て国会聴聞の対象が徐々に拡大した結果、今ではすべての閣僚、憲法裁判所裁判官や中央選挙管理委員会委員だけでなく、検察総長、国税庁長官、警察庁長官、さらには放送通信委員会委員長、公正取引委員会委員長、金融委員会委員長、国家人権委員会委員長、原子力安全委員会委員長、軍の合同参謀議長、韓国銀行総裁にまで及んでいる。国会人事聴聞会では候補者の適格性を審査し、賛否を明確にした報告書を採択する。法的拘束力はないものの、脱税、徴兵免除、論文剽窃、子息の国籍などが問題になり、「身体検査」を通過できない候補者が続出し、事実上大統領の人事を制約している。

6　選挙制度

　最後に、選挙制度について検討する。執政制度とは異なり、選挙制度については国政の場合も憲法ではほとんど何も規定されておらず、「国会議員の選挙区と比例代表制その他選挙に関する事項は法律で定める」（41条3項）とあるだけである。大統領選挙は、12月に実施し翌年2月に就任するという日程以外、1972年憲法以前の「国民直選制」の「復活」に民主化時の制度改正の議論が収斂したため、相対多数制という選挙制度への改正は特に問題にならなかった。問題は総選挙の方で、特に「比例代表制」との混合型になる「選挙区」は、1972年以前の小選挙区制なのか、1972年以降も大統領選挙とは異なり残存した総選挙における中選挙区制（2人区）なのか、フォーカル・ポイントが不明瞭だった。1987年大統領選挙の結果、地域ごとに政党支持に顕著な差があることが明らかになったため、勝者（盧泰愚）も敗者（金泳三、金大中、金鍾泌）も、小選挙区制だと「与大野小」「与小野大」国会になりやすいとそれぞれ異なる計算をして、合意した。実際は「与小野大」国会という憲政史上初めての事態が出現したが、当時の選挙法では小選挙区比例代表並立制とはいえ、「比例代表制」で政党に対して別途投票することはできず、「選挙区」における各政党の議席率に応じて議席が比例配分された。1992年総選挙で議席率ではなく得票率に応じて議席配分されるようになったが、依然として投票方式は1人1票制で、2000年総選挙まで続いた。地方の議会選挙は当初、基礎自治体も広

域自治体もすべて小選挙区制だったが、2006年地方選挙以降、どちらも比例代表制との混合型になり、基礎自治体では地域区部分が小選挙区制から中選挙区制（2人区〜4人区）へと選挙制度が変化した。

7　小　結

このように、韓国では、立法・行政・司法の間の水平的な関係に関する執政制度は、1987年憲法で根幹が規定されているが、法律が伴うことで具体化している。中央・地方間の垂直的な関係という執政制度や、選挙制度については、ほとんどすべてが法律に委ねられていて、しかも、たびたび改正されている。執政制度と選挙制度といった基幹的政治制度が憲法体制であるとするならば、少なくとも韓国の場合、憲法典だけで憲法体制が成り立っていないことは明らかであるし、憲法典の改正がないからといって憲法体制が変化していないわけではない。

VI　憲法典の改正なき憲法体制の変化

本節では、選挙制度の変化を中心に、憲法典の改正がなくても憲法体制がどのように変化しているのかを分析する。基幹的政治制度の中でも選挙制度は、憲法よりも選挙法で規定されているが、その改正を通じて実質的に変化している。その中で、大統領や国会など政治部門だけでなく、憲法裁判所といった司法部門が法律の違憲審査を通じて大きな役割を果たしている。つまり、立法・行政・司法の間の水平的な関係を定める執政制度によって選挙制度が変化することで、憲法典がそのままでも憲法体制が変化したというわけである。

1　対話的違憲審査の理論・司法政治論という観点

政治部門と司法部門の関係について、前者が後者を隷属化しているだとか、逆に後者は常に前者を領導するべきであるとか、一方的なものとして想定するのではなく、両者間の継続的な相互作用に注目するのが対話的違憲審査の理論である。日本の憲法学では従来、「人権保障や憲法的価値

を実現するという憲法保障は、最高裁判所の違憲審査という1つの点によって実現すると考える傾向が強かった。そのため、憲法保障の担い手としては最高裁のみが強く意識され、他の国家機関や国民などの役割や機能については必ずしも十分な関心が払われていなかった」[35]という。畢竟、法は政治を規定するべきであるという規範が確認されたうえで、むしろ政治が法を左右している現状が批判される構図になる[36]。こうした「静止画」に基づく一方的な見方ではなく、「憲法保障は……国会の法律制定⇒最高裁の違憲審査⇒国会の法改正⇒最高裁の更なる違憲審査⇒国会の更なる法改正という、最高裁と国会などとの相互作用のプロセスによって実現する」[37]というように、「動画」の中で政治部門と司法部門の間で繰り返される相互作用、つまり「対話」として理解するという観点である。最高裁は法律を違憲・無効にはできるが、その改正や廃止はあくまでも立法権を有する国会に委ねられている。特に、選挙法やそれに基づく選挙結果が違憲審査の対象になる場合、選挙法を違憲とし、選挙結果も無効にすると、それを是正するための国会そのものが成り立たなくなってしまう。

　最高裁は2015年11月に、衆議院の選挙区割りを規定した公職選挙法（13条1項）に関する違憲審査において、2倍を超える票の格差は投票価値の平等に反する「違憲状態」であるが、国会がそれを是正するための「合理的期間」は過ぎていないとした。その際、「憲法の予定している司法権と立法権との関係」（最大判平成27年11月25日）に言及しているが、両者の間で段階を追って「対話」を重ねているとみなすことができる。第1に、最高裁が国会に対して、「立法者は憲法によって課されたところの、選挙制度を立法によって適切に構築するという要請に反していることを、国会に通知する」というのが「違憲状態判決」である。第2に、その通知を受けて、国会が是正措置を模索する「合理的期間」が必要である。第3に、そのうえで、その立法裁量を勘案してもなお是正されない場合は「違憲判決」となる。第4に、そのときも、直ちに「違憲無効」になるのではなく、

---

35) 佐々木・前掲注3）i頁。
36) 辻村みよ子『選挙権と国民主権』（日本評論社・2015年）。
37) 佐々木・前掲注3）i頁。

違憲だが効力そのものは否定しない「事情判決の法理」もある[38]。衆議院だけでなく参議院も含めて、国会の選挙区割りを規定した公職選挙法に関する違憲審査における「最高裁の姿勢は、『最高法規』(憲法98条1項)としての憲法の斧を国会の頭上から振り下ろそうとするものというよりは、権力分立の対等の機関として、憲法が期待する有効な役割分担を、最高裁と国会との間でどのように実現すべきかを模索」しているというのである[39]。

このように「司法権と立法権との関係」を「対話」とみなす憲法学の観点は、両者の間の戦略的相互作用に焦点を当てる「司法政治論（judicial politics）」そのものである。たとえば、ドイツ連邦最高裁判所が法律を違憲にするかどうかは、どのような議会の反応が予想されるか次第であるという[40]。違憲にした場合、議会がその法律を改正・廃止するなどしてその通り「履行（implement）」するという見込みがあるときは違憲にしやすいが、不履行が予想されるとむしろ自らの権威が傷つくかもしれず、最高裁は違憲を躊躇しがちになる。違憲無効判決は法の改正・廃止そのものではない以上、司法府が立法府に対して行動を選択するうえで、この（不）履行という問題は常に内在化している。それだけではなく、ドイツ連邦最高裁は、自らと議会の両者に対して、(中位)有権者がそれぞれどのように反応するかまで先読みしたうえで、法律を違憲にするかどうかを選択しているという。たとえ議会による不履行が予想されたとしても、有権者がその議会に対して批判的に臨むという見通しが立つのであれば、違憲を躊躇しなくなるというのである。あるいは逆に、有権者が議会を支持しそうな場合、そもそも違憲にしないのである。司法府も、行政府や立法府、そして有権者と同じように戦略的プレーヤーであり、政治部門や有権者との間で逆向き推論を行って行動を選択していると理解すべきなのである[41]。

---

38) 棟居快行「選挙無効訴訟と国会の裁量」レファレンス766号(2014年)25〜26頁。
39) 棟居快行「参議院議員定数配分をめぐる近時の最高裁判例」レファレンス774号(2015年)30頁。
40) GEORG VANBERG, THE POLITICS OF CONSTITUTIONAL REVIEW IN GERMANY (2009).
41) 本書ではほかにもⅢ-1章〔岡山〕で司法政治論が展開されている。

2　1人2票制

　こうした司法政治論の観点から、韓国における選挙制度の変化を分析すると、憲法裁判所と国会が選挙法をめぐって戦略的に「対話」を重ねてきた結果、「憲法の予定している司法権と立法権との関係」、つまり憲法体制が変化したことが明らかになる。

　総選挙の選挙制度は1988年総選挙以降一貫して小選挙区比例代表並立制だが、比例代表制での議席決定方式（electoral formula）や投票方式（ballot structure）、小選挙区と比例区それぞれの議席数などはたびたび変わった。特に議席決定方式や投票方式は、待鳥聡史[42]が提示する基幹的政治制度のリストに該当し、その変化は憲法体制の変化と評価できる。1988年総選挙では、有権者は1票しか有しておらず、小選挙区で候補者に対して投票することしかできず、それとは別に比例区で政党に対して投票することはできなかった。その中で、比例区の議席は、小選挙区における各政党の議席率に応じて配分された。1992年総選挙では、投票方式はそのままだが、小選挙区における各政党の議席率ではなく、候補者全員の政党別得票総数の比率に応じて、比例区の議席が配分されるようになった。選挙制度のこの部分は、1996年と2000年の総選挙でもそのまま維持された。

　この1人1票という投票方式によって、議席決定方式も歪められ、その結果、政党所属の候補者と無所属の候補者に投票した有権者の間で、投票価値の平等が侵害されているとして、有権者が直接憲法裁判所に対して憲法訴願を起こした。憲法裁判所は2001年、1人1票制を定めた選挙法（146条2項）は違憲であるという決定（2000憲マ91）を下し、国会に対して投票方式を改めるように求めた。その際、違憲ではあるものの、その制度による選挙結果や、そうして選出された比例区議員や国会そのものは無効にしなかった。それを受けて、比例区議員も含めた国会は、2004年総選挙の前に、1人2票制へと選挙法を改正し、有権者は小選挙区における候補者に対してだけでなく、比例区で政党に対しても投票することができるようになった。それに伴い、比例区の議席は、政党の得票率に応じて配分され

---

42)　Ⅰ-1章〔待鳥〕Ⅲ。

るようになった。

　このように、比例代表制の投票方式が憲法裁判所によって違憲とされることで、国会が議席決定方式とあわせて選挙法を改正したのである。小選挙区比例代表並立制の中での変化ではあるものの、憲法裁判所と国会の間の戦略的対話によって、選挙制度が変化したと言える。このほか、Ⅴで示したように、地方選挙でも、国会が独自に選挙法を改正し、議会の選挙制度が小選挙区制単独から、広域自治体では比例代表制との混合型へ、基礎自治体では中選挙区制と比例代表制の混合型へとそれぞれ変化した。これも、議席決定方式や選挙区定数（district magnitude）という選挙制度の根幹の変化に該当するため、憲法体制の変化である。さらに、広域自治体と基礎自治体を問わず地方における議会選挙と首長選挙を同時選挙に揃え、国政選挙とは常に非同時選挙になるというように選挙サイクルも変化している。

3　1票の格差是正

　選挙区の画定（redistricting）は、「議席決定方式・選挙区定数・投票方式・選挙サイクルの4つ」[43]という選挙制度の根幹には該当しないが、1票の格差という「投票価値の平等は個人の平等保障の問題というにとどまらず、むしろ一義的には民主的政治過程の健全さの問題」[44]であり、韓国の場合、国会と憲法裁判所の間の戦略的対話が最も継続的に展開している争点である。それだけでなく、「民主的政治過程の健全さ」が非選出部門によって担保されるというのは執政制度の問題でもあるため、本章ではこれも基幹的政治制度のひとつとみなし、検討する。

　総選挙における1票の格差は、民主化以後も5倍前後という高いレヴェルで推移し、1996年総選挙を前に国会が1995年8月に確定した選挙区割りでは、5.87倍にまで達していた[45]。そこで、選挙区によって投票価値の平等が侵害されているとして、有権者が直接憲法裁判所に対して憲法訴願

---

43)　Ⅰ-1章〔待鳥〕Ⅲ。
44)　棟居・前掲注38) 7頁。
45)　浅羽祐樹「被治者間の政治的平等」現代韓国朝鮮研究5号(2005年) 22〜28頁。

を起こした。憲法裁判所は、総選挙が翌年4月に迫るなかで審査を急ぎ、同年12月に、選挙区割りを定めた選挙法（25条2項別表1）は「違憲・無効」であるという決定（95憲マ224）を下した。選挙区割りにおいて投票価値の平等以外にも考慮すべき点があり、選挙制度の具体的な設計に関して国会には裁量権があるものの、投票価値の平等が「最も重要で基本的な基準」であり、「4倍」を超えるのは「合理的な裁量の範囲を逸脱する」という判断である。しかも、選挙区割りは憲法訴願が提起された選挙区だけではなく、「全体で不可分の一体をなす」として、区割り全体が違憲・無効とされた。憲法裁判所は、総選挙まで106日しか残っていない時点で、選挙区割りをやり直すように国会に命じたのである。これを受けて、国会は1996年2月に、1票の格差が4倍以内に収まるように選挙法を改正した。

　同じ基準で実施された2回目の2000年総選挙に対して、3.88倍というのは投票価値の平等を侵害するとして、同じように憲法訴願が提起された。憲法裁判所は2001年10月に、「憲法不合致」（2000憲マ92）という決定を下した。選挙区割りにおいて投票価値の平等が「基本的で一次的な基準」であり、「次第に厳格化するのは世界的な趨勢」である中で、「3倍」を超えるのは「国会の裁量を逸脱している」という判断である。「2倍」という基準も検討したものの、憲法裁判所が1票の格差の問題について初めて基準を示してから「せいぜい5年あまりが経った現時点で、理想に偏るあまり、現実的な問題をまったく度外視することもし難い」として準用しなかった。とはいえ、「投票価値の平等という原則からすると本来は2倍以内にするのが妥当で、今後相当な期間が経った後には2倍、またはそれ未満の基準によって違憲審査しなければならない」と将来に向けて警告もしている。そのうえで、選挙区割りは「全体で不可分の一体をなす」ため、すでに実施されている総選挙について「違憲・無効」にすると、それを是正する国会そのものが成り立たなくなり、法的空白や混乱が生じかねないため、「憲法不合致」として、2003年12月末までと期限を定めて、国会に自ら是正する機会を与えたのである。事実、国会は、2004年総選挙を前に、1票の格差が3倍以内に収まるように選挙法を改正した。ただ、同年3月になってようやくのことだった。

この「憲法不合致」は、法律の違憲性を認め、それを是正する義務を立法者に課しつつも、具体的な方法については立法裁量を尊重するものである。「憲法不合致」は「限定違憲」や「限定合憲」と並んで「変形決定」のひとつで、憲法にも憲法裁判所法にも明示的な規定は存在しない[46]。憲法裁判所が法律の違憲審査に関する判例を通じて確立してきた憲法裁判制度である。「合憲」と「違憲・無効」の間に段階を設けることで、国会との間で戦略的対話がしやすくなっていると言える。

　その3倍という基準に基づいて、2004年、2008年、2012年と総選挙が3回実施された。その間、11年あまりという期間が過ぎたにもかかわらず2.86倍という格差があるのは投票価値の平等の侵害であるとして、有権者が憲法裁判所に憲法訴願を提起した。それに対して、憲法裁判所は2014年10月に、基準を3倍から2倍に引き上げて「憲法不合致」という決定(2012憲マ192) を下した。投票価値の平等は「国民主権の出発点」であり、かつて一院制という議会制度において地域代表性も考慮する必要性が認められたとしても、地方自治制度の定着によって別の方法で反映することができるようになり、「相当な期間が経った」以上、3倍にまで緩めるのは行き過ぎであるとして、基準を2倍に変更するのが妥当であるという判断である。この基準を新たに適用すると、246の選挙区のうち60が対象になるため選挙区割りのやり直しには「現実的困難」が伴うが、次の総選挙まで1年6か月の期間があり、国会選挙区画定委員会から専門的支援を受けることも可能であるため、特に考慮すべき要素にならないとした。国会がその後自ら是正するうえで直面する問題についてもあらかじめ検討して、十分対応可能であると機先を制したのである。そのうえで、2001年と同じように、「違憲・無効」ではなく「憲法不合致」とし、国会に対して2015年12月末までに自ら是正する機会を与えたのである。事実、国会は、2016年総選挙を前に、同年3月に選挙法を改正した。今回も、国会は憲法裁判所が定めた期限を遵守しなかった。

---

46) 変形決定の類型については、Ⅶ-2章〔國分〕Ⅱで詳述されている。

4 小　結

このように、選挙区の画定や1票の格差をめぐっても、国会と憲法裁判所の間で戦略的対話が重ねられることで、選挙法が継続的に改正されてきた。投票価値の平等は「代議制民主主義体制の根幹」であり、その実現は当初より「憲法上の要請」（95憲マ224）である以上、それに関する選挙制度の変化は憲法体制の変化を意味すると言える。

このほか、そもそも誰が有権者（constituency）なのかをめぐっても、国会が選挙法（15条）の改正を主導して実現した「外国人」や「19歳」だけでなく、憲法裁判所による「違憲」や「憲法不合致」という決定が契機になって、「在外国民」（97憲マ253；2004憲マ644）、「洋上」（2005憲マ772）、「執行猶予者・受刑者」（2012憲マ409）にまで拡大した[47]。投票権の平等（one person, one vote, one value）を形式的にも実質的にも保障するうえで、戦略的対話を通して「憲法の予定している司法権と立法権との関係」が徐々に明らかになっていったとも言える。

以上、選挙制度の変化を中心に、韓国では1987年憲法が改正されないまま憲法体制が変化していることを示した。そもそも基幹的政治制度の中で選挙制度は、憲法典よりも選挙法という法律で具体的に規定されていて、その改正は憲法で規定されている執政制度より容易である。その際、法律の違憲審査をめぐる国会と憲法裁判所との間の戦略的対話、司法政治論という視点が欠かせず、特に「憲法不合致」は、違憲性は確認するが、法律改正の裁量を国会に認めているため、対話を促進する重要な憲法裁判制度になっている。

Ⅶ　おわりに

韓国では、1987年憲法が改正されることなく持続するなかで、憲法体制が変化している。基幹的政治制度の中でも特に選挙制度は、選挙法という法律と憲法裁判所の判例によって形づくられているが、法改正と判例変

---

47)　Ⅶ-2章〔國分〕Ⅲで詳述されている。

更を通じて変化した。この憲法典の改正なき憲法体制の変化において、国会や大統領など政治部門と憲法裁判所という司法部門の間で戦略的対話が重ねられてきたというのが韓国の特徴である。立法・行政・司法の間の水平的な関係や、中央・地方間の垂直的な関係を規定することで、政治権力間の抑制・均衡を図るのが執政制度であるが、それによって政治権力の創出を規定する選挙制度が変化したというわけである。

このほかにも、本章では検討できなかったが、国会法の改正を通じて議会制度も変化した。国会は、法案を本会議に上程する前に法制司法委員会で審議・可決させなければならないなど委員会を中心にして運営することが国会法で規定されているが、委員会での案件の処理手続（85条の2・86条3項）や議事妨害の要件（106条の2）、議長による職権上程の要件（85条1項・86条2項）などが2012年に改正された[48]。その結果、従来、憲法で「3分の2」が必要とされている大統領による法案拒否権の無効化（53条4項）、憲法改正案の国民投票回付（130条1項）、大統領の弾劾訴追（65条2項）以外、法律・予算・人事の成立には「2分の1」が必要だったが、法律の成立要件が「5分の3」へと事実上強化された。韓国の民主主義のタイプは絶対的には依然として「多数決型」だが、相対的には若干「コンセンサス型」へ移動したと言える[49]。

今後、1987年憲法が改正されるとしたら、すでに2回の試みがあったように、大統領の任期や当選回数制限と首相のあり方が焦点になるのは間違いない。さらに、憲法裁判所と大法院の関係[50]や、北朝鮮との統一に向けた二院制議会[51]などがリストに追加されるかもしれないが、いずれも統治構造に関連する。権利章典が問題になるとすると、財界[52]から要求のある「経済の民主化」（119条2項）が挙げられる。事実、1954年の憲法改正

48）菊池勇次「『国会先進化法』と韓国国会」韓国研究センター年報15号（2015年）67〜80頁。
49）アレンド・レイプハルト（粕谷祐子＝菊池啓一訳）『民主主義対民主主義［原著第2版］』（勁草書房・2014年）。
50）朴時煥「大韓民国の大法院と憲法裁判所」市川正人＝大久保史郎＝斎藤浩＝渡辺千原編『日本の最高裁判所』（日本評論社・2015年）388〜411頁。
51）カン・ウォンテク『統一以後の韓国民主主義【韓国語文献】』（ナナム・2011年）。
52）ジャ・スンヒ編『先進自由民主主義と市場経済の定着のための新憲法研究【韓国語文献】』（京畿開発研究院・2007年）。

では、大統領の当選回数制限だけでなく経済条項も焦点になり、混合経済から自由経済へと移行した。

　憲法体制変化の比較政治学において、韓国事例の特徴は、憲法体制が変化するうえで法律の違憲審査を通じた憲法裁判所の役割が大きいということである。司法も執政制度のひとつとして位置づけ政治学的に分析する司法政治論の研究は端緒についたところだが、たとえば、1票の格差是正に関して、一人一票実現国民会議などアドボカシー・グループも含めて、「憲法の予定している司法権と立法権との関係」に関する日韓比較なども有望な研究テーマになろう。いずれにせよ、政治と司法の関係、憲法と政治の歴史、「憲政史」のダイナミズムを分析するアプローチが問われていることだけは確かである。

第Ⅶ部　韓国【規範から考える】

Ⅶ-2章
韓国における「広義」の憲法改正と憲法裁判所の機能

國分典子（名古屋大学）

Ⅰ　はじめに
Ⅱ　憲法内容確定機関としての憲法裁判所
Ⅲ　韓国における憲法概念の理解
Ⅳ　おわりに

Ⅰ　はじめに

　韓国では、現在の1987年憲法（第六共和国憲法。以下、単に「韓国憲法」ともいう）の成立以降、憲法改正は行われていない。しかし、現憲法下でも、憲法改正についての議論は継続して行われてきており、現在も行われている。直近では、2014年に国会議長傘下で作られた憲法改正諮問委員会が報告書を出している[1]。同報告書の「まえがき」で委員長の金哲洙ソウ

1）「［懸案取材］過去8年間政界・学界が検討した改憲方向は？"大統領権限縮小指向 国民が求める形式にしてこそ"【韓国語文献】」月刊朝鮮 WEB 版（2014年12月号：http://monthly.chosun.com/client/news/print.asp?ctcd=A&nNewsNumb=201412100015）参照［2016年2月29日 最終アクセス］（なお、韓国語文献の表記方法はⅦ-1章〔浅羽〕に倣ったが、原文の著者名表記が漢字のものはそのまま漢字で表記した）。この報告書は「憲法改正ではなく第2の憲法制定を行うという覚悟で、21世紀の新たな先進韓国にふさわしい憲法」を準備しようとした（憲法改正諮

ル大学名誉教授は、憲法改正の必要性について、次のように述べている。

> 1987年憲法が施行されてから今年で26年が流れた。1987年の第9次改正憲法は大統領直選制という国民の期待に立脚したものとして民主化に寄与した。民主化が成就して政権の平和的交代まで経験した。この過程で国家権力の特定機関による独占という現行憲法の病弊が多く指摘された。これは憲法を運営する人々の誤りのみならず、制度的な権力集中の問題と考えられ、権力構造の改正が議論されるようになった。[2]

Ⅶ-序で言及されているように、1987年憲法以前の改正は、執政者の権力強化のためか、あるいは独裁政権の腐敗を正すためという、前述の金哲洙委員長の言によれば、「憲法を運営する人々」の問題に起因するものであったのに対し、民主化以降の論点は主に権力構造をいかに是正するかの制度論的な視点から行われてきた。

現在の韓国の改憲論には、学界もかなりコミットしているという特徴がある。2014年の憲法改正諮問委員会は、国会議長が9名を指名し、セヌリ党と新政治民主連合が3名ずつを推薦し、計15名の委員によって組織されているが、その内訳は、学界から8名、政界から2名、法曹界から2名、言論界から2名、官僚出身者1名となっている[3]。

またⅦ-1章〔浅羽〕が言及しているように、過去には、2007年に盧武鉉大統領が「ワンポイント改憲案」を提案しているが、これも憲法学者たちの学会としては韓国では最大級の韓国憲法学会が2006年に4つの分科委員会を置いて検討し、その結果を報告書にまとめたものが土台となったと言われている[4]。さらに盧武鉉大統領の提案後、当時の第18代国会議長のもとで憲法諮問委員会が2008年に作られ、大部の報告書を作っている

問委員会『活動結果報告書Ⅰ【韓国語文献】』(国会法制室法制研究課・2014年)「まえがき」)と述べられている通り、すべての条文についての検討を行い、新たな条文案を提示している。
2) 憲法改正諮問委員会・前掲注1)「まえがき」。
3) 「国会議長直属'改憲諮問委'—法曹界人士等参与【韓国語文献】」法律新聞2014年1月24日記事(https://www.lawtimes.co.kr/Legal-Info/Print-Legal-Info?serial=82076&type=PrecedentAnalysis&tab=)参照[2019年2月29日最終アクセス]。
4) 前掲注1)[懸案取材]参照。

が[5]）、この委員会もソウル大学の憲法学の教授たちを中心に10名余の法学教授がメンバーに入り、活動したものであった。

　これらの憲法改正をめぐる報告書の中でこれまで具体的に憲法改正の対象事項として憲法学者たちが取り上げてきた事項は、統治機構から人権条項に至るまで、極めて多岐にわたる。しかし、現在の国会の状況では、国会在籍議員3分の2の多数の賛成を得て、国民投票にかけるという、憲法の定める手続にのっとって憲法改正を行うことは、現実にはかなり難しい。

　そのようななかで、むしろ、前述の「権力構造の改正」という視点から考えるならば、Ⅶ-1章〔浅羽〕が指摘するように、政府と国会との関係という従来的な論点は、憲法改正手続によってではなく、国会法や公職選挙法等、憲法より下位の法規範によりかなり変化してきている。前述の金哲洙憲法改正諮問委員会委員長も、「国民的同意が必要で、政治が合意点を探すのが容易ではないため、今、すぐに改憲するのは難しいでしょう。さらに国会先進化法で、野党がかえって独裁をする時代です。改憲よりは選挙法や政党法等、選挙制度改革をより優先しなければならないと思われます」と述べている[6]）。この発言は、裏返せば、国会先進化法（後述の通り、2012年の改正国会法がこのように呼ばれている）等を通じて、従来、強い大統領制と考えられてきた大統領への権力集中が崩れてきていることを示すと同時に、憲法改正なくしても法律の改正が統治構造の適正化に寄与する余地がありうることを含意している。

　一方、1987年憲法で新たに登場した憲法裁判所が、憲法体制の変化について今日その役割を強めていることも、Ⅶ-1章〔浅羽〕の結論で言及された通りである。とりわけ、前述の国会の法改正の背景として、憲法裁判所の決定が影響を与えていることを考えるならば、統治機構の中でも憲法裁判所がⅠ-2章〔駒村〕のいう広い意味での憲法改正（以下、本章では「『広義』の憲法改正」という）に与える影響は極めて大きいと言える。

　このような観点から、本章では民主化とともに行われた1987年の憲法改正によって導入され、統治機構の中でもプレゼンスを強めている憲法裁

5）　憲法研究諮問委員会「憲法研究諮問委員会 結果報告書【韓国語文献】」（2009年）全614頁。
6）　前掲注1）［懸案取材］参照。

判所に焦点を当て、憲法裁判所が「広義」の憲法改正に関連してどのような役割を果たしているのか、さらにそれは、韓国における「憲法」概念の理解に照らして、いかなる意味をもつことになるのかを検討する。

II 憲法内容確定機関としての憲法裁判所

憲法裁判所は、設立当初、それほど大きな期待をもたれていなかったとされるが、独裁政権時代の悪法の排除や盧武鉉大統領時代に起きたいくつかの政治的な判断事例で国民の注目を集め、今日の地位を確立してきた。

以下、韓国の憲法裁判所の憲法上の位置づけを確認（1）したうえで、国家構造の骨格の確定における憲法裁判所の作用を考察する（2・3・4）こととする。

1 憲法裁判所の位置づけ

韓国憲法111条1項は、以下の5つの権限を憲法裁判所に与えている。

①法院[7]の提請[8]による法律の違憲如何についての審判
②弾劾の審判
③政党解散の審判
④国家機関相互間、国家機関と地方自治団体間または地方自治団体相互間の権限争議に関する審判
⑤法律が定める憲法訴願に関する審判

韓国の憲法裁判所はドイツをモデルにしていると言われるが、ドイツとは大きく違う点が2つある。ひとつは、抽象的規範統制の制度がないこと、

---

[7] 日本の裁判所にあたる司法機関である。ここでは「憲法裁判所」（原語でもそのまま漢字語で「裁判所」である）と区別するため、韓国語の原語そのままの「法院」の語を用いることとする。なお、後述の「大法院」は法院の最上級審として日本の最高裁判所にあたる。
[8] 「提請」は日本語にない言葉で、ここでは「提出」やドイツの憲法裁判について使われる「移送」に近い意味であるが、「提出」「移送」にあたる語は韓国語でそれぞれ別にあるので、ここでは通例に従い、「提請」をそのまま用いる。

もうひとつは、具体的規範統制の中でも法律の違憲審査の権限だけが憲法裁判所に与えられ、命令・規則・処分の違憲審査は法院が行うことになっていることである。前者は、具体的事件を前提とする必要があるという点で、憲法裁判所の司法的性格を強める意味を有し、後者は、憲法裁判所だけが唯一の違憲審査機関ではないことを意味する。憲法裁判所が司法機関か否かについては韓国でも議論のあるところであるが、司法機関であるにせよないにせよ、大法院との間に上下関係はなく、憲法上同格の存在と考えられるという点では学説上ほとんど争いはない。こうした特徴から、憲法裁判所をあくまで国会・政府・大法院と横並びの権力分立の中での1つの機関と考えるのが通説的な見解であり、憲法裁判所自身もこれを否定してはいない。しかし、憲法裁判所が脚光を浴び、積極的な活動をするなかで事実上、その権限は強められてきていると言える[9]。以下、この点を大法院との関係、国会との関係、憲法原理確定との関係からみていきたい。

2　大法院との関係

憲法裁判所の権限については、憲法上は、「憲法裁判所」の章に極めて簡単に上記の5つの権限が記され、また「法院」の章に以下のような規定が置かれているに過ぎない。

> 第107条　①法律が憲法に違反するか否かが裁判の前提となった場合には、法院は、憲法裁判所に提請し、その審判に基づき、裁判する。
> ②命令、規則又は処分が、憲法又は法律に違反するか否かが裁判の前提となった場合には、大法院は、これを最終的に審査する権限を有する。

憲法裁判所における具体的な手続については、憲法裁判所法が定めている。特に憲法訴願については、憲法111条1項5号は「法律が定める憲法訴願に関する審判」としてその内容を法律に委任しており、憲法裁判所法

---

[9]　当初、大きな働きを期待されていなかった憲法裁判所は、盧武鉉大統領時代に、大統領弾劾の審判をはじめとする大統領をめぐるいくつかの事件で脚光を浴び、国民からも認知される機関となった。中央日報の行う世論調査では、例年、国民が最も信頼する国家機関に挙がっている（李範俊（在日コリアン弁護士協会訳）『憲法裁判所』（日本加除出版・2012年）286頁以下参照）。

68条はこれを受けて、以下の2種類の憲法訴願を認めている。

> 第68条 ①公権力の行使又は不行使により憲法上保障された基本権を侵害された者は、法院の裁判を除いては、憲法裁判所に憲法訴願審判を請求することができる。ただし、他の法律に救済手続がある場合には、その手続をすべて経た後でなければ請求することができない。
> ②第41条第1項の規定による法律が違憲であるか否かの審判の提請申請が棄却されたときは、その申請をした当事者は、憲法裁判所に憲法訴願審判を請求することができる。この場合、その当事者は、当該事件の訴訟手続において同一の事由を理由として再度違憲であるか否かの審判の提請を申請することができない。

この憲法訴願の範囲について、憲法裁判所は判例によって境界領域を確定してきた。その第1は、憲法訴願による審査対象の確定である。法務士（日本の司法書士にあたる）法施行規則事件において、憲法裁判所は、憲法訴願の対象には法律のみならず、命令・規則も含まれるとして、憲法107条による法律と命令・規則・処分の区分はいわゆる具体的規範統制の領域のものであって、憲法訴願はこれに拘束されないことを表明した[10]。

第2は、憲法裁判所法68条1項の対象となる「公権力」の範囲の拡大である。68条1項は「法院の裁判を除いては」という限定をつけているが、憲法裁判所はこれを限定解釈し、1997年12月24日の決定において、「憲

---

10) 法務士法施行規則事件についての憲法裁判所1990年10月15日の決定で、憲法裁判所は「憲法107条2項に規定する命令・規則に対する大法院の最終審査権とは、具体的な訴訟事件において命令・規則の違憲性の有無が問題になった場合に、法律の場合とは異なり憲法裁判所に提請することなく大法院が最終的に審査できるという意味であり、憲法111条1項1号において法律の違憲審査権を憲法裁判所に付与した以上、統一的な憲法解釈と規範統制のため、公権力による基本権侵害を理由とする憲法訴願審判請求事件において、法律の下位法規である命令・規則の違憲審査権が憲法裁判所の管轄に属するのは当然であって、憲法107条2項の規定がこれを排除したものと解することはできない。したがって、法律の場合と同様、命令・規則それ自体により直接基本権が侵害されたことを理由として憲法訴願審判を請求することは、上記憲法規定とは何ら関係のない問題である。そして、憲法裁判所法68条1項が規定している憲法訴願審判の対象としての『公権力』とは、立法・司法・行政等すべての公権力をいうものであるから、立法府において制定された法律、行政府において制定された施行令や施行規則および司法府において制定された規則等、これらが別途の執行行為を待たずに直接基本権を侵害するものであるときはすべて憲法訴願審判の対象となりうる」とした（憲裁1990.10.15、89憲マ178、判例集2、369頁以下）。

法裁判所が違憲と決定した法律を適用することで、基本権を侵害した裁判については憲法訴願審判を請求することができる」としたのであった[11]。

このような憲法裁判所の決定は、大法院の反発を招き、憲法裁判所と大法院の間には現在も取り除き難い溝がある[12]。この両者の摩擦自体が、憲法改正による是正の必要なトピックのひとつに挙げられてもいる。特に憲法裁判所の決定にどこまでの効力があるかについては、両者の間に大きな見解の違いがある。そもそも当該事件に限る個別的効力を有するにとどまると考えられている法院の判決に比べ、憲法裁判所法上、憲法裁判所の判断は、一般的効力をもち、すべての国家機関を拘束（韓国語では「羈束」）すると規定されていることから、結果的により大きな影響力をもち、憲法の内容を一般的に確定する作用を有する。ただし、憲法裁判所法に従っても、本件のような憲法裁判所決定に一般的効力が認められるかどうかについては、大法院の側からは異論がある。なぜならば、憲法裁判所法45条は「憲法裁判所は提請された法律条項が違憲であるか否かのみを決定する」としているため、本件決定主文のように、条文自体を単純に違憲とするのではなく、「憲法裁判所法68条1項本文の『法院の裁判』に、憲法裁判所が違憲と決定した法令を適用することによって、国民の基本権を侵害した裁判をも含ませると解する限りにおいて、同条項が憲法に違反する」というたぐいの判断（韓国では限定違憲決定と呼ばれる）は、単なる憲法条文の解釈を示したのみで憲法裁判所法45条のいう決定とは言えないと考えられうるからである。これに対し、憲法裁判所側は限定違憲決定も単純な違憲決定と同様、一般的効力があると捉えている。

なお、先の判例で、憲法裁判所法68条1項の「法院の裁判を除いては」の意味を限定解釈したことについて言えば、これは単に法院の裁判内容への干渉・制約を意味するのみならず、立法府への干渉という側面をも有しうる。なぜならば、憲法裁判所法68条1項の規定は、憲法111条1項5号

---

11) 憲裁 1997.12.24、96憲マ172・173（併合）、判例集 9-2、842頁。
12) 特に憲法裁判所の決定様式のうち、以下で述べる限定違憲決定について、大法院は一般的効力を認めていないため、憲法裁判所の判断に大法院が従わないという事例がしばしば出てきている。

が「法律が定める憲法訴願」として、憲法訴願制度の具体化を法律に委任していることに基づいて制定されたものであり、憲法裁判所の判断は憲法裁判所法を制定した立法府の判断を縮小解釈によって制約するという側面をも有しているからである。

この点について、憲法裁判所は判旨の中で、かなり注意深く、法律への委任が尊重されるべきこと、本決定がそれを制約するものではないことについて説明している。

曰く、「法院の裁判を憲法訴願審判の対象に含めなければならないという見解は、基本権保護の側面からはより理想的であるが、これは憲法裁判所の違憲決定を通じて成し遂げられる問題というよりも、立法者が解決しなければならない課題である。そうであるなら、憲法裁判所法68条1項は国民の基本権（平等権および裁判請求権等）の観点からは立法形成権の憲法的限界を超えた違憲的法律条項であると言うことはできない」[13]。そして、そもそも「法院の裁判を除く」という憲法裁判所法の規定自体が基本権保障に反するとしていた請求人の主張に対しては、「憲法111条1項5号が『法律が定める憲法訴願に関する審判』と規定したのは、結局、憲法が立法者に対して、公権力作用によって憲法上の権利を侵害された者がその権利の救済を受けるための主観的権利救済手続をわが司法体系、憲法裁判の歴史、法律文化および政治的社会的現況等を考慮して憲法の理念と現実に合うように具体的な立法を通じて具現するよう委任したものとみなければならないもので、憲法訴願は常に『法院の裁判についての訴願』をその審判の対象にしてこそ初めて憲法訴願制度の本質に符合するとは断定できないと言えよう」[14]とするのである。

このように、本件決定は、すべての国家機関を拘束するという決定の一般的拘束力（羈束力）の観点から憲法裁判所が、過去の決定においてすでに違憲と判断し、その効力を全部ないし一部喪失した法律を適用することで国民の基本権を侵害したことに着目して判断したのであって、立法権を制約する趣旨ではない、すなわち立法作用に対しては謙抑的であるという

---

13) 前掲注11) 858頁以下。
14) 同前855頁。

のが、憲法裁判所の立場であった。しかしながら、限定違憲決定にも一般的拘束力があるという憲法裁判所の主張に立つ限り、成文憲法では不明確な法院と憲法裁判所の権限の境界線は、事実上、憲法に委任された法律たる憲法裁判所法についての憲法裁判所の解釈によって確定されることになる[15]。

3 国会との関係

(1) 憲法裁判所の間接的法形成機能

憲法裁判所は、先に述べた憲法107条により、いわゆる具体的規範統制の領域では、法律の違憲審査権しか有さず、命令・規則・処分の違憲審査は、法院の管轄となっている。また憲法訴願については、107条の規定にとらわれないとは考えられているが、前記法務士法施行規則事件決定でも、憲法訴願の対象になるのは、命令・規則が直接基本権侵害をした場合までに限定されており、個別の処分にまでは拡大されていない。このため、執行府の制定する法規範や不作為による基本権侵害以外に執行府の行為が直接、憲法裁判の対象になることはそれほど多いわけではない[16]。これに対し、国会との関係では憲法裁判所の判断は直接的な影響を与える。

2で挙げた決定では、憲法自身が法律への委任を明記していることから、憲法裁判所は国会の立法裁量を制約する趣旨ではないことを強調していた。しかし本来、憲法裁判所の主たる機能は、法律の違憲審査である。先に述べたように、憲法裁判所決定には一般的効力があるとされていることから、法律に対する違憲決定が出されると、それは違憲とされた法律の内容を廃止するという立法と同様の作用を有することになる。ただし、ここでも憲法裁判所は立法権に対する一定の配慮を示している。憲法裁判所が他の三権と並列的な権力分立の一機関に過ぎないこと、また違憲決定によって法の空白が生じうること等から、判例上は、単純な合憲・違憲の決定以外の

---

15) この点については、もちろん最終的に執行機関が憲法裁判所と大法院のどちらに従うかという問題が残っている。しかし、本件事例に関しては結局、執行機関が憲法裁判所の判断に従っている。

16) もちろん、法令の違憲判断の結果、当該法令の違憲性に付随して、執行行為の違憲性も問題になることはありうる。

いわゆる「変形決定」と呼ばれる手法が多用されている。その中には「……と解する限り、違憲である」とする前述の限定違憲決定や、反対に「……と解する限り、合憲である」という日本の合憲限定解釈に似た限定合憲決定などとともに、「……は憲法に合致しない」という憲法不合致決定と呼ばれる決定様式がある。これは、内容的には違憲であるものの、単純に違憲として無効とすると法の空白等の不具合が生ずる場合、一定期間を設定して「○年○月○日までに改正しない場合、その効力を喪失する」という形でその期間内に立法を促すという手法である（ただし、期間を定めない場合もある）。

特に憲法不合致決定は、日本と同様な議員定数不均衡についての判断などで使われることで、法律の改正を促し、選挙法の一連の改革の元にもなっている。選挙法改正の具体的な内容は、Ⅶ-1章〔浅羽〕で示されているのでここでは触れないが、そこでも指摘されているように、憲法不合致決定は国会の立法権を重視する性格は有するものの、立法についての一定の基準を示し、それに合った法改正を促すことを通じて国会関連法の改革を行わせ、結果的に統治構造を改革するという「広義」の憲法改正の火付け役として機能している。

(2) 政治の司法化　立法府との関係で近年もうひとつ重要な問題として指摘されているのが、本来、政治の場で解決されるべき問題が憲法裁判所に委ねられるという、いわゆる政治の司法化の問題である。近年、韓国では、国会内の与野党の対立が権限争議として憲法裁判の場に持ち込まれるという現象が起こってきている。そのひとつは、李明博政権下の2009年7月22日、第283回国会（臨時会）第2次本会議におけるメディア関連法案（＝「新聞等の自由および機能保障に関する法律」、「放送法」、「インターネット・マルチメディア放送事業法」）等の改正手続に関して、野党議員から起こされた権限争議である[17]。以下、経緯を紹介しておく。

政府・与党はこの改正について、「放送・通信融合とは、技術発展により急変しているメディア環境に合致しない広範で不均衡な規制を改善する

---

17)　憲裁 2009.10.29、2009憲ラ 8・9・10(併合)、判例集21-2下、14頁以下。

ものでなければならない」として、新聞と放送の兼業禁止条項の削除や新聞と大企業に地上波放送の持ち分の一部保有を許容することを主たる内容とする法案を提出した。これに対し、野党や放送局、労働組合は、同改正が李明博政権寄りの三大新聞社や大財閥による放送局支配を狙ったもので、放送局による政権批判を封ずることを意図しているとして強く反対し、乱闘にまでなる激しい応酬が続いた。最終的に国会議長は法案を本会議に職権上程したが、これに反発した野党議員たちは出入口を封鎖し議長が本会議場に入れないようにしたため、議長は副議長に議事進行を委任した。そこで、副議長は法案の一括上程を宣言し、審査報告、提案説明は端末機の会議録、会議資料をもって代替し、質疑および討論も行わないこととした。投票は電子投票により結果が電光板に示されることとなっていたが、ハンナラ党が発議した放送法修正案の票決では、副議長が投票終了を宣言した後、電光板に「国会在籍294人、在席145人、賛成142人、反対0人、棄権3人」と表示された。これに対し、副議長は「在席が不足し票決が不成立となったので、再度投票してくださるようお願い致します」と述べ、再度票決が行われた。二度目は「在籍294人、在席153人、賛成150人、反対0人、棄権3人」と表示された。こうして同案は可決され、他の法案もそれぞれ可決された。

　これに対し、一連の手続について、議長は職権上程できないこと、説明・討論を行わなかった副議長の議事進行は適正手続に反すること、放送法修正案の票決が一事不再議の原則に反すること、等を理由に、野党議員たちが自分たちの票決権を侵害されたとして同法の無効確認を求める権限争議を憲法裁判所に提起したのであった。

　この事件において、憲法裁判所は法律案の可決宣布行為についての無効を認めなかった。一事不再議の原則違反については、裁判官9名中5名が違法性を認めたが、違憲決定に必要な数（＝9名中6名）には至らなかった。また被請求人たちの審議・票決権の侵害も認めたものの、可決行為の宣布自体は問題がなく、各法の成立は有効とされている。

　同決定に対しては、メディアや市民たちの間で賛成・反対両極の議論があった。特に「違法事実はあるが、無効とするほど重大ではない」という

憲法裁判所の「二重的な態度」を多くの言論人や知識人たちが「政治の司法化」と命名し、深刻な問題と受け止めたと言われている[18]。

この事件に代表されるような国会での与野党の争いの副産物とも言うべきものに、本章の冒頭で引用した金哲洙憲法改正諮問委員会委員長の言及した国会先進化法がある。

国会先進化法とは、2012年に行われた国会法改正の通称である。国会議長には、従来、委員会における案件審査の期間を指定し、期間内に終了しない時には指定した期間を過ぎた場合に直ちに他の委員会に付託するか、または本会議に上程する権限があった。しかし第18代国会（2008～2012年）で上記の事件も含め、予算案や米韓ＦＴＡ等与野党が対立する案件をめぐって職権上程が行われ、これが暴力行為を誘発したことから、2012年5月の国会法改正で職権上程の要件が制限され、①天災地変が生じた場合、②戦時、事変またはそれに準ずる国家非常事態の場合、③議長が院内代表と合意した場合のいずれか（ただし、①②の場合も院内代表との協議は必要）の場合のみに職権上程ができるものとされたのである。迅速処理案件に指定するためには、在籍議員過半数による動議と在籍議員の5分の3以上の賛成が必要とされる。

同じく、「国会先進化法」によって導入されたものに「無制限討論」（フィリバスター）制度がある。これは本会議に付された案件について、在籍議員の3分の1以上の署名による要求書が提出された場合、議長は無制限討論を実施しなくてはならないというものである（ただし、発言回数は、案件ごとに議員1名につき1回のみ）。無制限討論を議決により終結するには在籍議員の3分の1以上の連署による終結動議の提出、提出から24時間経過後の無記名投票による票決が行われなければならず、票決においては在籍議員の5分の3以上の賛成が必要とされる[19]。

この改正は、総選挙時のセヌリ党の公約でもあり、与野党合意で行われ

---

18) チェ・ジンウォン「政治の司法化現象の理論的争点【韓国語文献】」平和研究2011年秋号258頁参照。
19) 菊池勇次「『国会先進化法』と韓国国会」韓国研究センター年報15号（2015年）67頁以下、藤原夏人「韓国 国会改革」外国の立法 No.252-1（2012年）10頁以下等参照。

たが、その結果、「植物国会」と揶揄されるように国会の審議が進行しない状況が生まれ、金哲洙憲法改正諮問委員会委員長の表現を借りれば「かえって野党が独裁」するとさえ言われる状況が生まれている。そのような状況のもとでは、国会法を再改正すること自体も困難であるため、この問題は憲法裁判所で解決せざるをえないという見方が出てきている[20]。こうしたなかで現在、国会運営との関係で憲法裁判所の判断に注目が集まっているのが、国会先進化法をめぐる権限争議である。これは、2015年1月30日に、セヌリ党国会議員ら19名が「国会法の条項が国会議員の審議・議決権を侵害する」として国会議長と企画財政委員会委員長を相手どって憲法裁判所に権限争議審判を請求したものである[21]。これに対する憲法裁

20) 朝鮮日報電子版 chosun.com 2015年10月31日社説「憲裁、国会先進化法・憲法訴願決定 何の顔色をうかがうのか【韓国語文献】」(http://news.chosun.com/site/data/html_dir/2015/10/29/2015102904826.html?Dep0=twitter&d=2015102904826) 参照[2016年2月29日最終アクセス]。
21) 「セヌリ党、『国会先進化法』について憲裁に権限争議審判請求【韓国語文献】」法律新聞2015年1月30日記事(https://www.lawtimes.co.kr/Legal-News/Legal-News-View?Serial=90762)[2016年2月29日最終アクセス]。本件では、迅速処理法案に指定するのに必要な要件を定めた国会法85条と85条の2が問題とされている。条文は以下の通り：
第85条 ①議長は次の各号の一に当たる場合には、委員会に回付する案件または回付された案件について審査期間を指定することができる。この場合第1号または第2号に該当するときには、議長が各交渉団体代表委員と協議し、当該の号に関連する案件に対してのみ審査期間を指定することができる。
 1 天災地変の場合
 2 戦時・事変又はこれに準ずる国家非常事態の場合
 3 議長が各交渉団体代表委員と協議する場合
②第1項の場合、委員会が理由なくその期間内に審査を終えなかった時には、議長は中間報告を聞いたのち他の委員会に回付するか直ちに本会議に付議することができる。
第85条の2 ①委員会に回付された案件(体系・字句審査のために法制司法委員会に回付された案件を含む)を第2項による迅速処理対象案件に指定しようとする場合、議員は在籍議員の過半数が署名した迅速処理対象案件指定要求動議(以下、本条で「迅速処理案件処理動議」という。)を議長に、案件の所管委員会所属委員は所管委員会在籍委員の過半数が署名した迅速処理案件指定動議を所管委員会委員長に提出しなければならない。その場合、議長又は案件の所管委員会委員長は遅滞なく迅速処理案件指定動議を無記名投票で票決させ、在籍議員の5分の3以上又は案件の所管委員会在籍委員の5分の3以上の賛成で議決する。
②議長は、第1項の後段により迅速処理案件指定動議が可決されたときには、該当案件を第3項の期間内に審査を終えなければならない案件に指定しなければならない。その場合、委員会が前段に従い、指定された案件(以下「迅速処理対象案件」という。)に対する代案を立

判所の判断はまだ示されていない（2016年2月現在）が、本件の争点にはそもそも民主主義の本質をどのように捉えるか、多数の意思による合意か熟議かといった問題が含まれている。憲法裁判所が国会先進化法に下す判断によっては、それによって韓国憲法の想定する民主主義に一定の指針が示されるということにもなりうる。

(3) 政党解散　国会との関係では、憲法裁判所の権限として触れなければならないもうひとつの重要な事件が最近起こった。韓国憲法には、「政党の目的又は活動が、民主的基本秩序に違背するときには、政府は、憲法裁判所にその解散を提訴することができ、政党は、憲法裁判所の審判により解散される」（8条4項）とする政党解散の条項があるが、それが初めて適用されて耳目を集めたのが統合進歩党にまつわる事件である。この事件の直接的なきっかけとなったのは、同党所属の李石基国会議員ほかが、有事の際に北朝鮮に同調して国家機関の施設を破壊する等の謀議を行っていたとして、内乱陰謀罪、内乱扇動罪、国家保安法違反の罪によって逮捕・起訴されたことであった[22]。この事件では、李石基らのグループの活動を統合進歩党自体の活動とみることができるのかどうかが問題となった。憲法裁判所は、李石基ら3名の国会議員が当該秘密会合に出席していたこと、その他の多くも同党の幹部であったこと、さらに同党の要職にある者等が李石基らの無罪を主張して積極的に擁護し、会合への参加者を公職候補として推薦していたこと等から、当該内乱関連事件についてこれを統合進歩党の活動に帰属すると判断した[23]。さらに統合進歩党の目的について綱領にある「進歩的民主主義」が国民主権を否定する階級的世界観に立脚した社会主義国家の理念であるとして、これを民主的基本秩序に反するものと捉えたのであった[24]。憲法裁判所はこの決定で統合進歩党を解散すると同時に、同党の国会議員5名（地域区代表を含む）につい

　　　案した場合、その代案を迅速処理対象案件とする。〔3項以下、略〕
22)　藤原夏人「【韓国】憲法裁判所が統合進歩党の解散を決定」外国の立法 No.262-2（2015年）20頁参照。
23)　憲裁 2014.12.19、2013憲タ1、判例集 26-2下、97頁以下、105頁以下。
24)　前掲注23) 54頁以下。

て国会議員の資格を剥奪している。

　この憲法裁判所の判断については、同決定ののち、大法院判決で李石基等が刑法上の内乱扇動罪および国家保安法違反では有罪とされたものの、内乱陰謀罪の成立は認められなかった[25]こと、さらに議員職剥奪についての明文規定がないにもかかわらず、政党解散と同時に地域区選出議員も含めた5名の国会議員資格を剥奪したことに関し、憲法裁判所決定の判断の正当性に批判的な声も多い。しかしいずれにせよ、この決定により憲法裁判所は、国会の構成に直接関与するという意味で立法府への大きな影響力を行使することとなったわけである。

　この事例には様々な論点が含まれているが、本書の扱う憲法改正との関連でとりわけ重要だと考えられるのは、政党解散の前提となる「民主的基本秩序」とは何かという問題である。これは憲法の基本原理をどのように解するかに関わるものであるので、次の4で触れることとしたい。

4　憲法の基本原理との関係——憲法裁判所の基本原理内容確定機能

（1）民主的基本秩序の意味確定　　前述の統合進歩党解散決定では、前提として同党が憲法8条4項のいう「民主的基本秩序」に違背していることの検証が必要であった。

　韓国憲法では、憲法前文[26]や4条の統一条項[27]では「自由民主的基本秩序」という語が用いられているのに対し、8条4項のみは「民主的基本秩序」と書かれている。そこでこれらを同じと解するか区別するかについて、学説上議論が分かれている。また「民主的基本秩序」からどのような具体的原理を引き出すことができるのかについても種々の学説がある。今回の決定は、これらに対し、憲法裁判所の解釈を明らかにするという意味をもっていた。憲法裁判所は、本件政党解散決定で自由民主主義との関係には

---

25)　大法院2015.1.22宣告、2014ト10978、公2015上、357頁以下。
26)　前文は、「悠久の歴史と伝統に輝く我が大韓国民は……自律と調和を基礎として自由民主的基本秩序を一層確固にし……」としている。
27)　第4条は、「大韓民国は、統一を指向し、自由民主的基本秩序に立脚した平和的統一政策を樹立し、これを推進する」としている。

触れず、政党解散の制度が立憲民主主義体制を守るためのものであり、立憲民主主義体制とは民主主義原理と法治主義原理に基づくものであることを説明した[28]。そして、「民主的基本秩序」を「個人の自律的理性に信頼し、あらゆる政治的見解がそれぞれ相対的真理性と合理性を有していることを前提とする多元的世界観に立脚したものであって、あらゆる暴力的・恣意的支配を排除し、多数を尊重しつつも少数に配慮する民主的意思決定ならびに自由および平等を基本原理として構成され、運営される政治的秩序」であると定義した。また具体的には、「国民主権の原理、基本的人権の尊重、権力分立制度、複数政党制、等が現行憲法上主要な要素であるとみることができる」とも述べている[29]。

一方、政党解散と同時に、同党国会議員職の剥奪を行うことの正当性については、以下のように述べられている。

> 政党解散審判制度の本質は、その目的または活動が民主的基本秩序に違背する政党を国民の政治的意思形成過程からあらかじめ排除することで、国民を保護し憲法を守護するためのものである。ある政党を厳格な要件のもとで違憲政党と判断し、解散を命じることは憲法を守護するというたたかう民主制〔戦闘的民主主義。韓国語の原語は「防禦的民主主義」。以下、同様〕の観点からくるものであり、このような非常状況においては、国会議員の国民代表性はやむなく犠牲とされざるをえない。……国会議員が国民全体の代表者としての地位を有することと、たたかう民主制の精神が論理必然的に衝突するわけではなく、国会議員が憲法機関として政党帰属と無関係に国民の自由委任に従って政治活動を行いうることは、憲法の枠内でわが憲法が追求する民主的基本秩序を尊重し実現する場合のみ可能であり、憲法裁判所の解散決定にもかかわらず、その政党所属の国会議員が違憲的な政治理念を実現するための政治活動を継続することまで保護されるものではない。……仮に解散された政党所属の国会議員が議員職を維持すれば、その政党の違憲的な政治理念を政治的意思形成過程において代弁し、また、これを実現しようとする活動を継続することを許容することで、実質的には政党が引き続き存続し活動することと

---

28) 前掲注23) 17頁。
29) 同前23頁。

同様の結果を有することとなる。したがって、解散政党に所属する国会議員の議員職を喪失させないことは、結局、違憲政党解散制度が有する憲法守護の機能やたたかう民主制の理念と原理から外れるものであり、ひいては政党解散決定の実効性自体を確保できなくさせる。30)

　これらの説明では、8条4項の政党解散条項が立憲主義の要請であるとともに、たたかう民主制の考え方に基づくものであることが示されている。政党解散と言うと、一般にドイツとの類似性が想起され、韓国の学説上でも従来、そのような視点からの理解が多く行われてきた。しかし、統合進歩党が解散対象となったことをきっかけに最近では、これがドイツ的なたたかう民主制（戦闘的民主主義）とは異なる韓国独自の制度であるという説が有力に主張されている31)。政党解散条項は、韓国では1960年憲法（第二共和国憲法）のときから導入されているが、その背景には李承晩の第一共和国時代に政府によって政党が解散に追い込まれたことへの反省があったと言われている32)。このため、本制度は「解散」に主眼があるのではなく、政治権力により恣意的な解散が行われないための歯止めとして憲法裁判所にその権限を委ね、政党を「守る」趣旨であるのだというのが韓国の制度の独自性に着眼する学説の立場である33)。こうした見方に対し、憲法裁判所の判断はドイツ的なたたかう民主制の立場から8条4項を説明し、これま

---

30) 同前113頁以下。
31) イ・ジョンス「わが憲法上の防御的民主主義の受容否認論【韓国語文献】」法と社会48号（2015年）219頁以下、キム・ソンテク「政党解散の実体的要件の規範適合的解釈【韓国語文献】」憲法研究1巻1号（2014年）145頁以下、ハン・サンヒ「違憲政党解散審判制度 その意味と問題点【韓国語文献】」民主法学54号（2014年）387頁以下等。なお、こうした学説動向については、益base浩志「大韓民国憲法における政党解散制度」（名古屋大学大学院国際開発研究科2015年度修士論文）から多くの教示を得た。
32) 李聖煥＝丁泰鎬＝宋石允＝成鮮濟「政党解散審判制度に関する研究【韓国語文献】」憲法裁判研究15巻（2004年）4頁参照。ただし、同研究では、第二共和国時代には、政党保護とドイツ的なたたかう民主制の両面があったとしている。ハン・サンヒ・前掲注31) 383頁以下、イ・ジョンス・前掲注31) 238頁以下、キム・ソンテク・前掲注31) 147頁以下等参照。本件憲法裁判所の決定も、この点を認めてはいる（前掲注23) 19頁）。
33) ハン・サンヒ・前掲注31) 383頁以下、イ・ジョンス・前掲注31) 238頁以下、キム・ソンテク・前掲注31) 149頁以下はこの考え方を示している。なお、ドイツの「たたかう民主制」（streitbare または wehrhafte Demokratie）は、韓国語では「防禦的民主主義」と訳されており、これらの説では、「防禦」の意味に政党を「守る」という意味をも含意させているようである。

で議論のあった民主的基本秩序の内容を明らかにして韓国憲法のとる価値観に反するものを民主主義の俎上から排除する方向性を明確に示したものであると言えよう。同時にそれは、仮に有力説の言うように8条4項が政党保護に重心を置くものとして作られたのであるとすれば、その重心を変更する意味を有するものでもある。

(2) 国民概念の確定　政党解散の事例は、民主的基本秩序の内容確定と国会構成員の確定という2つの点で大きな意味をもつものであった。このうち、後者は国家意思形成の具体的問題、すなわち誰が国家意思を決定するのかという問題に関わるが、この点に関連しては、国民代表としての国会議員以前に、かれらを選ぶ国民の範囲の問題についても付言しておく必要があるだろう。

韓国では、選挙権については公職選挙法が、国民投票については国民投票法が、「19歳以上の国民」を投票権者としている。また「国民」については、国籍法が伝統的には父系血統主義をとっていたが、現在では「出生当時、父または母が大韓民国の国民である者」(2条1号)とし、父母両系血統主義を原則としている[34]。血統主義をとる場合、そもそもおよそ国民のルーツをどこに求めるかということが問題になるが、韓国に特殊なのは、植民地時代以降の歴史をどう捉え、国民を確定するかという問題があることである[35]。1948年の建国以降、韓国憲法は一貫して大韓民国が大韓民国臨時政府からの継続性を有することを前文で謳う[36]とともに、領土条項を

---

34) 韓国国籍法の変化について、石東炫＝具本俊(金汶淑訳)『最新・大韓民国国籍法』(日本加除出版・2011年)36頁以下参照。
　　現在の国籍法2条は次のように規定している：
　　第2条　①次の各号の一に該当する者は、出生と同時に大韓民国の国籍を取得する。
　　　1　出生当時、父または母が大韓民国の国民である者
　　　2　出生前に父が死亡した場合には、死亡当時に父が大韓民国の国民であった者
　　　3　父母がいずれも明らかではない場合、または国籍がない場合には、大韓民国で出生した者
　　②大韓民国で発見された棄児は大韓民国で出生した者と推定する。
35) 大韓民国国民確定の困難性にまつわる歴史的問題を論ずるものとして、岡克彦「大韓民国の建国過程における国民確定の問題」アジア法学会編『アジア法研究の新たな地平』(成文堂・2006年) 386頁以下。
36) 現在の憲法の前文では、「大韓民国臨時政府の法統……を継承し」とされている。

設けて朝鮮半島とその付属島嶼を領土とすることを規定してきた。

これを受けて韓国の政府見解および判例は、大韓民国の憲法は北朝鮮地域を含んだ朝鮮半島全域に効力を有するものとし、大韓民国は旧韓末大韓帝国の領土を承継した国家であり、大韓民国政府は朝鮮半島唯一の合法政府であって、北朝鮮地域は大韓民国の領土であるが、いわゆる「朝鮮民主主義人民共和国」と呼ばれる不法な団体により占領されている未収復地域として大韓民国の主権は当然に及ぶが統治権は現実的に及んでいないものとみている[37]。これを前提に北朝鮮離脱住民（いわゆる脱北者）も、当然、韓国籍を有するものと認められてきた[38]。さらに法制上も、南北間交流についての法律がある一方で、北朝鮮地域の「住民」も韓国民であるという考え方のもとに、北朝鮮離脱住民に関する法律が定められている[39]。

北朝鮮地域の住民も含めて自国民と捉えるという立場をとることは、しかしながら、国民の意思形成という観点からは二律背反の問題を生じる。なぜならば、イデオロギーの異なる北朝鮮に属する人々も大韓民国の国民意思形成に参与させることは安全保障の観点からは問題があるからである。このため、具体的な参政権行使者の範囲について、従来、韓国では在外国民が選挙権や国民投票権を行使できないようになっていた。選挙技術的な理由のみならず、いわゆる在日の人々をはじめ、海外在留者の多い韓国では、かれらが投票に加わることで国政に北朝鮮寄りの影響が出るのではな

---

37) 權寧星『憲法学原論[2010年版]【韓国語文献】』(法文社・2010年) 122頁以下等参照。
38) 大法院は、1996年11月12日の判決で、1937年生まれで1960年ごろ北朝鮮から中国に渡ったとされる原告について、①1948年の建国以前の南朝鮮過渡政府法律第11号国籍に関する臨時条例2条1号が朝鮮人を父親として出生した者は朝鮮の国籍を有するものと規定している、②1948年の制憲憲法3条が大韓民国の国民となる要件を法律で定めるとし、第100条で「現行法令はこの憲法に抵触しない限り、効力を有する」ことから上記臨時条例2条1号は効力を有するものと考えられる、③中国駐在の北朝鮮大使館から海外公民証を受けているとしても、北朝鮮地域は大韓民国の領土に属することを理由として、韓国国籍を認めている(大法院1996.11.12.宣告、96ヌ1221、集44(2)特、703頁下、公1996.12.15、㉔、3602頁以下)。
39) たとえば、「北韓離脱住民の保護および定着支援に関する法律」は、「軍事分界線以北地域から逃れ、大韓民国の保護を受けようとする軍事分界線以北地域の住民が政治・経済・社会・文化等すべての生活領域において迅速に適応・定着するのに必要な保護および支援に関する事項を規定すること」を目的としているが、ここで「住民」という言葉が用いられるのも、このためである。

いかと考えられたからである。しかし、こうした選挙権制限については基本権侵害であるとして、憲法裁判所に憲法訴願が出され、憲法裁判所がこれを憲法不合致とした結果、2009年の公職選挙法改正により、在外国民が選挙権を行使できるようになり、国民投票についても国民投票法が改正されている。このことは憲法裁判所が国民意思形成の問題に一定程度コミットしていることを意味する。

在外国民の選挙権についての2007年6月28日の憲法裁判所決定は、住民登録のできない在外国民が選挙できない公職選挙法の当該条項を在外国民の選挙権と平等権を侵害し、普通選挙の原則にも違反するとした。その判旨では、「選挙権の制限は、不可避的に要請される個別的・具体的事由が存在することが明白な場合にのみ正当化することができ、漠然とした抽象的危険や国家の努力によって克服できる技術上の困難性・障害などを理由にして、その制限を正当化することはできない」とされた。しかし一方では、「北朝鮮住民や朝鮮総連系の在日韓国人が選挙に影響を及ぼす可能性、選挙の公正性、選挙技術上の理由などは、在外国民登録制度や在外国民居所申告制度、海外での選挙運動の方法についての制限、投票者身分確認制度、情報技術の活用などを通じて克服することができ」るとも述べており、北朝鮮系の人々を排除する別途の方法を模索することを提案してバランスをとってもいる[40]。

本件では、同じく住民登録を必要としていた国民投票法についても、公職選挙法と同一の理由で、憲法不合致と判断されており[41]、これを受けて、国会は公職選挙法および国民投票法を改正し、大統領選挙と任期満了に伴う国会議員の比例代表選挙について在外国民が選挙できるようにし、さらに国会議員地域区（日本の小選挙区にあたる）選挙および国民投票については、「在外同胞の出入国および法的地位に関する法律」に従い、国内居所申告をした者に選挙権・投票権を認めることとしたのであった。なお、この国内居所申告を必要とする制度に対しても憲法訴願が提起されたが、2014年7月24日の憲法裁判所決定は、国内居所申告のない者が国会議員の地

---

40) 憲裁2007.6.28、2004憲マ644、2005憲マ360（併合）、判例集19-1、860頁。
41) 前掲注40) 885頁。

域区選挙に参加できないことについては、これを憲法違反としない[42]。一方、国民投票法の同様の要件については先の決定とほぼ同じ理由づけで憲法に合致しないという判断をしている[43]。

こうした決定は、先に述べた選挙法改革の一環につながるものであるという意味で統治構造の改革を引き起こすものであると同時に、公職選挙法や国民投票法の改正へと向かわせることによって、結果的には憲法の基盤となる国民意思の主体の範囲を決定するという役割をも果たしている。

5 小　結

以上、大法院との関係、国会との関係、基本原理との関係に分けて、憲法裁判所の決定が果たした機能をみてきた。憲法裁判所は、憲法不合致決定等を多用することで立法府の裁量権に配慮し、また葛藤があると言われる大法院に対しても、処分についての違憲審査は具体的な法的紛争を処理する本来的な司法の領域に属するものと捉え、これに対する判断は、憲法訴願においても原則的に控えている。これらは、憲法裁判所が自らを権力分立の中の一機関と捉えていること、単に司法積極主義に走るものではないことを示していると言えよう。その一方で、憲法裁判所の憲法解釈権は、

---

[42] 憲裁2014.7.24、2009憲マ256、2010憲マ394（併合）、判例集 26-2 上、173頁。なお、地域区については、「『特定の地域の国会議員を選出することができる権利』の要件は『大韓民国国会の国会議員を選出する権利』とは異なって形成することができる。全国を単位に選挙を実施する大統領選挙および比例代表国会議員選挙に投票するためには、国民という資格だけで十分なのに反し、特定の地域区の国会議員選挙に投票するためには、『当該地域との関連性』が認定されなければならない。結局、『特定地域区の国会議員』ならば『地域に理解を有する者』が地域の利益を代表する国会議員を選出しなければならないのである」としている（同188頁）。

[43] 国民投票法の違憲性については、「在外選挙人は代議機関を選出する権利がある国民として代議機関の議事決定に対し、承認する権利があるのであって、国民投票権者には在外選挙人が包含されるとみなければならない。また国民投票は選挙と異なり、国民が直接国家の政治に参与する手続であるので国民投票権は大韓民国国民の資格がある人に必ず認定しなければならない権利である。このように、国民の本質的地位から導出される国民投票権を抽象的危険ないし選挙技術上の事由で排除するのは、憲法が付与する参政権を事実上剥奪することにほかならない。したがって国民投票法条項は在外選挙人の国民投票権を侵害する」と述べられている（2009憲マ256、2010憲マ394（併合）、195頁）。この決定では、違憲な部分については、2015年12月31日までに是正することが求められているが、この期限までに改正立法は行われなかった。

そもそもの憲法の意味内容を確定するものであり、「民主的基本秩序」や「国民」のような憲法の基礎をなす概念を確定することは、憲政秩序全般を枠づける。これは憲法裁判所が本来有する憲法守護の機能にほかならないが、それは場合によっては従来の解釈・運用を変更するという作用を生み、統治のあり方や基本原理の理解の変動という「広義」の憲法改正をもたらすのである。

ここで問題になるのは、そもそも憲法裁判所が守ろうとする「憲法」とは何かである。そこで以下では、改めて韓国における憲法概念に立ち返り、それに対して憲法裁判所の機能がもつ意味と問題性を考察しておきたい。

III 韓国における憲法概念の理解

1 学説における憲法概念の捉え方

韓国の憲法の教科書は一般に、「憲法」について、「国家の根本法」であることや、固有の意味の憲法や実質的意味の憲法と形式的意味の憲法があることを説明しており、その点は、日本の教科書と類似している。いくつかの代表的な憲法学者の教科書の説明をみてみると、以下のような叙述がみられる。

權寧星は、「憲法は国家的共同体の存在形態と基本的価値秩序に関する国民的合意を法規範体系に定立することで、事実的権利関係を無視した憲法規範論はもちろん、憲法の規範性を無視した権力関係論も真正な意味での憲法理解であると言うことはできない。憲法の本質を適確に把握しようとすれば、憲法の動態的・事実的側面と規範的側面を同時に注目しなければならない。要するに、憲法とは政治的共同体（国家形態と統治構造等）と基本価値秩序（国家の基本秩序と国民の基本権保障体系等）に関する国民的合意を法規範的な論理体系として定立した国家の基本法（規範性）と理解しなければならない」[44]とする。

また許營は、ケーギやシュミット、スメントらの憲法観を紹介したのち、

---

44) 權寧星・前掲注37) 6頁。

私見として、「規範的」要素と「決断的」要素と「価値的」要素を総合的に考慮する必要があると述べ、「憲法は共感帯的な価値を基礎として国家社会の同化的統合を実現し、促進させるための政治規範であると要約することができる」とする[45]。

　鄭宗燮は、「憲法は国家と共同体および共同体構成員たちの生活の根本とその秩序を形成する根本法（fundamental law）である」とし、「憲法は最高の法規範であり、共同体構成員の合意である」としている[46]。

　立憲主義的視点を重視する金哲洙は、今日の憲法のもつ意義について、「現代の憲法は、レーヴェンシュタイン（Loewenstein）が述べているように『権力の濫用を防止するために、権力担当者の権力を牽制する手段』である。また権力牽制・統制は権力濫用を防止し、基本権を保障するためのものであり、憲法は憲法保障規範を含んでいる。したがって、憲法は、①権力分散の原則、②牽制・均衡の原則、③国民主権の原則、④基本権保障の原則、⑤憲法改正方法の合理性等を規定するようになった」とするが、その立憲主義的憲法について、歴史的には「国民の国家契約の文書として重要な意味をもつようになった」と[47]している。

　このような説明では、立憲主義的な観点からの国家権力の統制や人権保障に着目される一方で、日本のこの種の説明では必ずしも言及されない、国民ないし共同体構成員の合意であるということが（それに付随する政治的性格とともに）重視されている点に特徴がある。この合意は、憲法改正においては直截には国民投票の手続が必要とされるということに現れる。実は、この点に関しても、憲法裁判所が日本でも広く知られる新行政首都移転事件に関する決定[48]において、憲法概念に言及しているのが注目される。

2　憲法裁判所の憲法概念理解——新行政首都移転事件決定

　新行政首都移転事件に関する憲法裁判所の決定は、首都機能をソウルか

---

45)　許營『韓国憲法論［全訂新版］【韓国語文献】』（博英社・2005年）20頁。
46)　鄭宗燮『憲法学原論［第4版］【韓国語文献】』（博英社・2009年）17頁以下。
47)　金哲洙『憲法学新論［第18版］【韓国語文献】』（博英社・2008年）7頁。
48)　憲裁 2004.10.21、2004憲マ554・556（併合）、判例集16-2下、1頁以下。

ら移転することを定めた「新行政首都の建設のための特別措置法」が憲法改正手続を経ておらず、請求人（ソウル市の公務員、市議会議員、住民等）の国民投票権等を侵害したとする憲法訴願に対して、これを認めたものであった。そもそも首都について、韓国憲法上、明文の定めがあるわけではない。しかし、判旨の中で、憲法裁判所は、「憲法機関の所在地、特に国家を代表する大統領と民主主義的統治原理に核心的役割を果たす議会の所在地を定める問題は国家のアインデンティティ〔原語は「正体性」〕を表現する実質的憲法事項」であり[49]、また「首都を設定したり移転することは、国会と大統領等の最高憲法機関の位置を設定して国家組織の根幹を場所的に配置するものであるから、国家生活に関する国民の根本的決断であると同時に国を構成する基盤となる核心的憲法事項に属するものである」とし[50]、首都は憲法で定めるべきものであると捉えた。そのうえで、「わが憲法上には首都に関する明文の憲法条項が設けられたことはないが、……ソウルが首都であることは、国家生活の長い伝統と慣習から確固たるものとして形成された自明な事実または前提された事実として、すべての国民がわが国の国家構成に関する強制力のある法規範として認識している」とした[51]。すなわち、1392年に朝鮮が創建されて以来、ソウルが首都であることは、600年間維持されてきたことであり、すべての国民がそのように認識しているから、ソウルが首都であることは「慣習憲法」である、というのである。したがって、「首都がソウルであるという点について慣習憲法を廃止するためには憲法が定める手続に従い憲法改正が行われるべきである」とし、成文の首都条項を憲法に定めることによってのみその廃止がなされるとしたのであった[52]。

さらにここでは、これに付け加えて、憲法改正手続以外の方法として、「歳月の流れと憲法的状況の変化に伴いそれに対する侵犯が発生しさらにその違反が一般化されてその法的効力に対する国民的合意が喪失するに

---

49) 前掲注48) 41頁。
50) 同前41頁。
51) 同前41頁以下。
52) 同前49頁。

至った場合には慣習憲法は消滅する」が、消滅を認めるためには国民に対する総合的意思の確認として、国民投票等の信頼される方法がとられるべきとも述べられており[53]、憲法の変更に国民の意思確認は欠かせないものと捉えられている。国民意思を憲法の基礎とするという限りでは、憲法裁判所の理解は学説の憲法概念と類似するものとみることができよう。しかし、韓国の憲法裁判所が提示した慣習憲法の理解に対しては、多くの学者が批判的な見解を示している。

3　新行政首都移転事件決定への批判

　この事件における憲法訴願認容決定以降、首都移転の問題については、結局、「首都」ではなく「行政中心複合都市」の名で新たに法案（行政中心複合都市建設特別法）が提出されて国会を通過し、現在、政府機関の一部が世宗市に移転している。このことは、Ⅶ-1章〔浅羽〕の指摘する司法と立法との間における「対話」の一例とみることができるかもしれない。

　しかし、この決定の内容自体をめぐっては、賛否両論があり、上述のように、韓国の憲法学界にも批判的な意見が多い[54]。その主たる問題は、何が憲法の中身に含まれるかということであった。

　それら憲法概念に関連する指摘の主なものをまとめると、以下のようなものがある。

　第1に、憲法裁判所は、首都問題は国家のアイデンティティを表現する基本的憲法事項として国民が自ら決断すべき事項であり、大統領や政府またはその下位機関の決定に任せる事項ではないと判示しているが、首都問

---

53) 同前。
54) 全光錫「首都移転特別法違憲決定についての憲法理論的検討【韓国語文献】」公法研究33輯2号（2005年）113頁以下、金培元「国家政策、慣習憲法と立法権についての憲法的考察【韓国語文献】」公法学研究5巻3号（2004年）147頁以下、金峡謙「成文憲法国家における慣習憲法の意味に関する研究【韓国語文献】」憲法学研究11巻1号（2005年）295頁以下、金慶濟「新行政首都建設のための特別措置法違憲決定（2004憲マ554・566併合）の憲法的問題点【韓国語文献】」公法研究33輯4号（2005年）269頁以下、金昇大「憲法慣習の法規範性についての考察【韓国語文献】」憲法論叢15集（2004年）133頁以下等がある。この問題を取り上げた日本の文献として、野間重光「韓国の新行政首都建設をめぐる論争」熊本学園大学産業経営研究24号（2005年）11頁以下等。

題は、必ずしも基本的憲法事項とは言えない。もともと法律によって定める事項というのは、憲法解釈によって原理上画定することができるが、本来的に憲法によって定めるべき事項というのは存在しない。何が憲法としての形式的効力を有するかは、何が憲法典の中に書き込まれているかによって決める以外にないわけである。それゆえに、憲法典に書き込まれていない事項は、憲法としての形式的効力を有するとは言えない。

　第2に、憲法とは、国家権力の濫用を抑制し国民の権利と自由を守ることを主な目的とするものであるため、憲法裁判所が判示したように、国家のアイデンティティを表現することが必ずしも憲法事項とは言えない。すなわち、憲法とは、国家権力が濫用されると人間の権利と自由が侵害されるので、国家権力の濫用を抑制して、国民の権利と自由を守る基本法が必要になって国民と執権者との間で結んだ契約である。こうした立憲的意味の憲法は、国家権力を掌握した者はその権力を濫用しやすいという人間に対する不信に基づいている。だから、立憲的意味の憲法は、主な目的として、国民の権利と自由を保障する基本的人権の保障とこれを保障するための手段としての統治組織で構成されている。したがって、首都事項が必ずしも憲法に明記されるものとは言えない。

　第3に、慣習憲法とは、一定の具体的行為が長期間にわたって反復・持続され、その後に先例や慣行となり、さらにその慣習化された先例や慣行に法的価値を承認する広範囲な国民の合意が形成された場合に、憲法に関する先例が法的性格を獲得したと言えるものである。しかし、ソウルが首都であるという事実は、長い間に、民族の中に自明に認識されてきた慣行に属するとしても、首都移転に関して国民の意見が分かれており、政治の場においても鋭く対立する状態であるから、国民がそれを強制力ある法規範として確信しているとは断定できない。

　第4に、法廷意見では、慣習憲法も成文憲法と同様の効力を有するために、その廃止には成文憲法と同様の憲法改正手続が必要であるとされているが、「首都がソウルであること」が慣習憲法だと認めるにしても、その廃止は、法律によって可能である。慣習憲法が憲法に反する場合もあるから、慣習憲法の法源性を一般的に認めることはできない。

慣習憲法ないし憲法慣習については、日本でも「憲法慣習には憲法規定に反するものもありうるため、一般的に憲法慣習の法源性を認めることは困難である」55)とされたり、「憲法慣習に法律によっても変更しえないほどの効力を認めることは行き過ぎであろう。本来法律で定めるべき事項というのは、憲法解釈として原理上確定しうるが、本来憲法によって定めるべき事項というのは存在しない。何が憲法としての形式的効力を有するかは、何が憲法典の中に書き込まれているかによって決める以外にないのである。ゆえに、憲法典に書き込まれていない事項は、憲法としての形式的効力はもたない。したがって、かかる憲法慣習は、法律により自由に変更しうると考えざるを得ない」56)という見方がある。

4 小　　結

新行政首都移転事件にみられる憲法裁判所の捉え方によれば、慣習憲法は実質的意味の憲法であるが、本書の扱う「広義」の憲法に含まれるような憲法附属法や憲法的内容を有する判例とは異なる。「慣習憲法も憲法の一部として成文憲法の場合と同一の効力を有する」57)もので、憲法典と同等の改正手続を要するとされ、その意味では、「広義」ではなく、「狭義」の憲法である。しかし、内容的に何が慣習憲法領域に含まれ、何が憲法附属法の領域に含まれるのかが確定できないという問題をどのように解消すればよいのか。反対意見で示されているように、慣習憲法を成文憲法と同格のものとみるならば、憲法的慣行によって成文憲法が変更されることになり、究極的には、成文憲法典よりも不文の憲法の慣行が優先することになり、それが国民生活を圧倒的に支配する結果になってしまう可能性があるのではないか。

憲法裁判所の考え方によれば、こうした「何が憲法か」という問題は、そもそも国民の意識によって決定されるということになる。慣習憲法の中に何が含まれるかは国民が何を憲法の中身と考えるかによることになり、

---

55)　辻村みよ子『憲法[第4版]』(日本評論社・2012年)13頁。
56)　野中俊彦＝中村睦男＝高橋和之＝高見勝利『憲法Ⅰ[第5版]』(有斐閣・2012年)12頁。
57)　前掲注48)48頁。

その内容の変更も国民の意思による、具体的には国民投票で決まるというのが前述の判旨から導き出されるところであろう。ただし、国民概念の問題になると、そこには憲法と法律の間の奇妙な牽連関係がある。国民投票については、前述の国民投票に関する2014年の決定において、「国民投票権は大韓民国国民の資格がある人に必ず認定しなければならない権利である」とされている。しかし、実際には「国民」の範囲は憲法2条が委任した国籍法によって定められるという構造になっている。この国籍法自体も従来の父系血統主義から、父母両系血統主義へと修正されたという経緯があるが、このことは国家の最も重要な要素が法律によって定められ、またその内容の変化も憲法改正手続ではなく法律の改正として行われているということを意味する。法律改正に憲法裁判所が与える影響については、先に述べた。もっとも、国民の要件については、憲法自体が法律に委任しているのだから問題にならないという見方もできるであろう。しかし、国籍法にせよ国民投票法にせよ、法律である以上、立法裁量には憲法に基づく限界が考えられるのに対し、憲法と同等である慣習憲法に関しては——その内容変更には国民投票を要するとしても——新行政首都移転事件のように、現状においてそのようにある事柄を慣習憲法であると憲法裁判所が認定すれば、それと成文憲法との整合性は改めて問われないままになるのではないか。この点で、結果的に憲法裁判所は自ら何が国民の意思かを汲み取り、何が憲法かを決める大きな役割を担おうとしているとも言える。

IV　おわりに

本章では、憲法裁判所が大法院や国会、憲法の基本原理そして憲法概念自体に影響を与えた諸決定をみてきた。これらは、憲法裁判所がそもそも憲法の解釈権を有するということに起因するのであって、その点では憲法裁判所を設置した以上、織り込み済みの問題であると言うことができよう。ただし、韓国の場合、憲法上、憲法裁判所のみが憲法の番人であるとは言えない。冒頭で述べたように、原則的には権力分立の横並びの一翼を担うに過ぎないと想定される憲法裁判所が憲法裁判所法に基づいて具体化され

たその権限によって、結果的に憲法内容を確定する機能をもっているという構造になっている点に問題がある。

それでは、なぜそのような憲法裁判所の権限が正当化されてきたか。それは憲法裁判所に対する国民の信頼があったということによる。政治の司法化もそれだけ政治部門からの信頼が厚いのだという見方をすることができるかもしれない。しかし、政治の司法化は司法の政治化をも生み、憲法裁判所の中立性への信頼が崩れる危険がある。特に政党解散のような特殊な権限が憲法裁判所によって行使されることは、民主主義とは何かという根本的な問いに対する答えを政治部門以外の機関がもつという側面を有する。

この点について興味深いのは、韓国の憲法裁判所がしばしば民主主義に寄与する存在として語られてきたことである[58]。ここで想定される民主主義は、「立憲民主主義」であって、その具体的内容としては、①国家権力の統制による民主主義への寄与、②少数者の権利保障による多元的民主主義の具現化、③政党解散による民主的基本秩序の維持、さらに近年では、④裁判所が公正な手続を通して当事者間の熟議の場を与えることで熟議民主主義に寄与するといったことが挙げられてもいる[59]。ただし、ここに挙げた最初の3つに寄与する憲法裁判所の役割は民主主義原理をその内容として掲げた憲法を守護するための憲法裁判所の権限から出てくるものであって、直接的には「民主」よりは「立憲」の領域のものである。4つ目に関しては、この機能が裁判所に与えられることについて共和主義的憲法の理解からの批判がある。そこでは、「政治の司法化」は、法律家集団に複数の権力を与えるものであると批判され、「公論空間」および「憲法解釈機関」としての議会の意義を再発見し、議会を通じた責任政治を行うこと

---

58) たとえば、当時、憲法裁判所の裁判官であった李東洽が日本で行った講演のタイトルも「韓国民主主義の発展における憲法裁判所の貢献」(法律時報82巻5号(2010年)72頁以下)である。
59) ユン・ジョンイン＝キム・ソンテク「憲法裁判所は民主主義の守護者か【韓国語文献】」公法学研究16巻1号(2015年)136頁以下は、憲法裁判所が民主主義に寄与するという論拠としてこうしたものが挙げられていることに言及している。ただし、同論文自体は憲法裁判所が常に民主主義を守護する存在であると考えることには否定的である。

が必要であると主張される[60]。

憲法裁判所のウェブサイトをみると、憲法裁判所長の挨拶の末尾に以下の言葉がある。

> わが憲法裁判所は常に国民の側に立って、国民の基本権を迅速に保護し、社会的弱者および少数者の声を反映し、社会的葛藤を調和的に解決し、国家と社会を統合しようとする憲法の精神を具現するために最善を尽くします。憲法裁判所に国民の皆様の惜しみない支持とご声援をお願い申し上げます。[61]

この言葉には、図らずも国民意思を具現しようとする憲法裁判所の性格が表れているように思われる。確かに、憲法裁判所は国民意思の表れとしての成文憲法の解釈者であるし、韓国の歴史の中では民主化の定着に寄与する存在でもあった。しかし、憲法を基礎づける動態的な国民意思そのものを具現できるのか、また、そもそも憲法裁判所がそれを具現すべき存在なのかは問い直す必要があるであろう。

Ⅶ-1章〔浅羽〕も指摘する司法と立法との対話が「広義」の憲法改正に重要な意味をもつという点では、韓国の事例は日本にとっても一定の示唆をもちうるであろう。憲法裁判所はその決定が一般的効力を有し、政党解散の審判権のような特殊政治的な権限を有するため、日本との単純な比較はできるものではない。しかし、憲法改正手続に基づくのではない「広義」の憲法改正が行われるとき、果たして憲法を基礎づける国民意思を汲み取ることができるのは誰なのか、本来、立憲主義を担う機関が民主主義にどのように関わってゆくべきなのかは、「立憲民主主義」を掲げる国に共通する今日的な課題である。

---

60) 李國運「韓国憲政における立法者の権威失墜【韓国語文献】」公法研究35輯2号(2006年) 69頁以下参照。
61) 韓国憲法裁判所ウェブサイト中の朴漢澈憲法裁判所長挨拶(https://www.ccourt.go.kr/cckhome/kor/ccourt/greeting/greeting.do)[2016年2月29日最終アクセス]。

第VIII部

日　本

Ⅷ−序　概観

第Ⅷ部　日本

1 憲法改正の手続

　まず、戦前においては、大日本帝国憲法73条が次のように改正手続を規定していた。「〔①〕将来此ノ憲法ノ条項ヲ改正スルノ必要アルトキハ勅命ヲ以テ議案ヲ帝国議会ニ議ニ付スヘシ　〔②〕此ノ場合ニ於テ両議院ハ各々其ノ総員三分ノ二以上出席スルニ非サレハ議事ヲ開クコトヲ得ス出席議員三分ノ二以上ノ多数ヲ得ルニ非サレハ改正ノ議決ヲ為スコトヲ得ス」。すなわち、憲法改正の発案権は天皇大権に専属する。ただし、憲法改正を発案するためには枢密院の諮詢を経なければならない（枢密院官制6条2号）。憲法改正案が帝国議会に付されると、貴族院・衆議院の両院において審議が行われ、それぞれ出席議員の3分の2以上の賛成によって憲法改正の議決が成立する。さらに、憲法改正は天皇の裁可によって確定し、上諭を附して官報で公布される（公式令3条・12条）。なお、摂政が置かれている間は憲法改正を行うことができない（大日本帝国憲法75条）。

　続いて、戦後においては、日本国憲法96条が次のように改正手続を規定している。「〔①〕この憲法の改正は、各議院の総議員の3分の2以上の賛成で、国会が、これを発議し、国民に提案してその承認を経なければならない。この承認には、特別の国民投票又は国会の定める選挙の際行はれる投票において、その過半数の賛成を必要とする。〔②〕憲法改正について前項の承認を経たときは、天皇は、国民の名で、この憲法と一体を成すものとして、直ちにこれを公布する」。すなわち、憲法改正は国会の発議・国民の承認・天皇の公布という3つの手続を経て行われることになっている。国会の発議については、まず憲法改正案の原案が国会に提出されると（国会法68条の2・102条の7）、各議院の憲法審査会の審査に付される（同法102条の6）。その後、憲法改正原案は本会議で審議され、各議院において総議員の3分の2以上の賛成が得られたとき、国会の発議が成立する。

　国民の承認のための国民投票の手続については、「日本国憲法の改正手続に関する法律」が2007（平成19）年に成立し、2010（平成22）年から施行されている。同法によれば、国会における憲法改正の発議から60日以後180日以内に国民投票が行われる（2条1項）。国民投票にお

いては、「投票総数」の2分の1を超えたとき国民の承認があったとされるが（126条1項）、同法にいう「投票総数」とは「憲法改正案に対する賛成の投票の数及び反対の投票の数を合計した数をいう」（98条2項）。そして、承認の通知を受けると内閣総理大臣は直ちに公布の手続を執らなければならない（126条2項）。

2 改正史の概略

わが国の近代史において憲法改正が行われた場面としては、1946（昭和21）年11月3日に成立した大日本帝国憲法の全面改正が、現在のところ唯一のものとなっている。もとよりそれは、旧憲法の「改正」であると同時に新憲法の「制定」でもあった。すなわち、帝国憲法73条が定める改正手続に従って、日本国憲法は制定されたのである。この点については、日本国憲法もその上諭において、「枢密顧問の諮詢及び帝国憲法第73条による帝国議会の議決を経た帝国憲法の改正」によって成立したと述べている。

したがって、ここで論じるべきわが国における憲法改正史とは、日本国憲法制定史を意味することになるだろう。その概略を述べると、次の通りである。

1945（昭和20）年8月14日にポツダム宣言を受諾した日本政府は、当初、憲法改正が必要だとは考えていなかったよう である。しかし、10月11日、幣原喜重郎首相がマッカーサー連合国最高司令官から「憲法の自由主義化」が必要であるという示唆を受け、幣原内閣は同月25日、松本烝治国務大臣を長とする憲法問題調査委員会（松本委員会）を発足させる。同委員会は、翌1946（昭和21）年1月に「松本案」を作成するが、2月1日に毎日新聞が「憲法問題調査委員会試案」（正確には「松本案」よりも進歩的な「宮沢甲案」）をスクープすると[1]、その保守的な内容に驚いた総司令部は、極東委員会の発足が迫っていたこともあり、自ら憲法改正原案を作成する方針に転じる。こうして作成された総司令部案（マッカーサー草案）が2月13日に日本政府に手交されると、2月22日の閣議において総司令部案の受け入れを決定した日本政府は、これをもとに「三月二日案」を作成、さらに総司令部との折衝を経て3月6日に「憲法改正草案要綱」を閣議決定する。次いで、4月10日に行われた戦後初の衆議院議員総選挙を挟んで、同月17日に「憲法改正草案要綱」を口語化した「憲法改正草案」が作成され、これが正式の大日本帝国憲法改正案となった。

その後の経緯は、帝国憲法の改正手続に従う。すなわち、4月17日に枢密院に諮詢された「憲法改正草案」は、6月

---

1) ただし、古関彰一『平和憲法の深層』（筑摩書房・2015年）65〜71頁は、彼の『日本国憲法の誕生』（岩波書店・2009年）110〜116頁に比べて、「スクープ」説から「リーク」説へとやや傾いているようにみえる。

8日に枢密院本会議で可決されると、6月20日、勅書を付して帝国議会に付議される。ついで同案は、6月25日に衆議院本会議に上程され、若干の修正が加えられた後、8月24日に可決。その後、この修正案は貴族院に送付され、ここでも若干の修正が加えられた後、10月6日に可決。翌10月7日、衆議院が貴族院の修正に同意して、憲法改正案が確定する。かかる帝国議会の議決を経た案は、10月29日に枢密院で可決された後、天皇の裁可を経て、公式令の規定に従い上諭を附して11月3日に「日本国憲法」の標題で公布され、1947（昭和22）年5月3日に施行された。

3 諸論点

すでに述べたように、日本国憲法の「制定」という場面を除き、大日本帝国憲法73条の手続に基づく憲法改正が行われたことはない。ただしこのことは、同条に関する憲法解釈論上の論点が存在しなかったことを意味するものではない。その中で、大日本帝国憲法の改正（＝日本国憲法の制定）過程において問題になった論点のひとつが、議会の協賛権には憲法改正案の修正権を含むかというものであった[2]。この点、従来はそれを否定する見解が通説であったところ、憲法制定議会において政府原案の修正の可否が問題となったのである。もっとも、戦前は否定説を採用していた金森徳次郎国務大臣自身が議会答弁においては肯定説に依拠している——この事実は貴族院議員であった佐々木惣一が指摘している——ことにも表れているように、議会には修正権があるということを当然の前提として実際の審議は進んだものと考えられる。

他方、日本国憲法のもとでは、未だ第96条の手続に基づく憲法改正が行われたことはない。しかし、「日本国憲法60年余の歴史は、同時に改憲論の歴史でもあった」[3]。確かに一度たりとも憲法改正は行われなかったが、そのような「明文改憲」をめぐる綱引きの中で、「解釈改憲」の成否が論点になっていく。また、1990年代に行われた一連の政治改革や行政改革などの統治構造改革をもって、「憲法改革」が行われたと論じる者もいる（以上の点については、Ⅰ-1章〔待鳥〕も参照）。これらの点については、Ⅷ-2章〔西村〕で改めて検討することとしたい。

〔西村裕一〕

---

2) この論点について簡単には、鵜飼信成「終戦後における法学界・判例の回顧」法律時報19巻13号（1947年）19頁を、より詳細な解説としては、佐藤功『日本国憲法十二講〔増補版〕』（学陽書房・1956年）83頁以下を、それぞれ参照。
3) 安念潤司ほか編『論点 日本国憲法〔第2版〕』（東京法令出版・2014年）36頁〔安念〕。

VIII-1章
日本憲法史における伊藤博文の遺産

瀧井一博（国際日本文化研究センター）

I　日本の憲法文化？──大日本帝国憲法と日本国憲法をつなぐもの
II　伊藤の憲法観──「一片の紙切れ」
III　明治憲法の成立──伊藤の国家デザイン
IV　進化する「憲法」──国民による政治へ
V　伊藤博文の遺産

I　日本の憲法文化？──大日本帝国憲法と日本国憲法をつなぐもの

　大日本帝国憲法（以下「明治憲法」という）と日本国憲法の間には、まごうかたなき連続性がある。後者が前者の「改正手続」によって成立したという形式的な次元の話ではない。法的意味内容をまったく異にしていると一般に考えられている２つの憲法だが、両者の間には成り立ちや歴史的展開の面で興味深い類似性が指摘できるのである。憲法典が拠って立つところの日本の政治文化に根差す特質と言えるかもしれない。

　そのように考える理由は３つある。まず第１に「欽定」性である。明治憲法が天皇による欽定という手続で発布されたことは言うまでもない。また、日本国憲法も純然たる民定憲法として成立したわけではない。それは占領下でアメリカ占領軍の主導のもと作成された。両者はその成立の端緒において、国民の関与を排して作られた。その意味で、ともに「押しつ

け」憲法である[1]。

　そのことは、日本国憲法の民主的性格を損なうものではない。日本国憲法の制定にあたって、鈴木安蔵、馬場恒吾、森戸辰男、高野岩三郎らによる民間の憲法研究会が政府の改正案よりもはるかに民主的な改正草案を起案し、それが占領軍の改正案にも影響を与えていたことが指摘される[2]。できあがった日本国憲法の民主的な装いは国民を驚嘆させたが、同時に歓迎され、スムーズに受け入れられていった。

　同じことは明治憲法についても言える。日本が初めて西洋立憲主義に基づいた憲法典を有するに先立って、民間の自由民権運動の盛り上がりがあったことを看過することはできない。民権家による様々な憲法私案（私擬憲法）の提起が明治14年政変を導出し、国会開設の勅諭を引き出した。そのような在野の動きを無視することはできず、藩閥政府の中ではドイツ流の欽定憲法主義を採用することが確定していたものの、明治憲法には臣民の権利が列条され（権利章典）、議会の予算審議権も明記されるなど立憲主義の大枠を踏み外すものではなかった。成立当初、それは海外の専門家から当時の諸外国の憲法と比べて遜色ないものとされ、また何よりも民権運動家からの歓迎を受けた。初期議会期に憲法停止の危機があったにもかかわらず、それを乗り越えて明治大正期の日本には議会政治の定着と進展がみられた。明治憲法の非民主性や外見的立憲主義の側面ばかりを強調するのは、歴史の実態には即していない[3]。

　以上のように、2つの憲法には「民主」的性格ということでも共通性がある。「欽定」性、「民主」性に加えて、第3に指摘できるのが、両憲法の伸縮性である。ここには、起草者による明確な意図がある。明治憲法をデ

1）　明治憲法の制定過程について網羅的に叙述した記念碑的著作として、稲田正次『明治憲法成立史の研究（上）（下）』（有斐閣・1960～1962年）、日本国憲法については、佐藤達夫『日本国憲法成立史 第1巻～第4巻』（有斐閣・1962～1994年）。両憲法を通じての歴史の流れをコンパクトに概観したものとして、大石眞『日本憲法史［第2版］』（有斐閣・2005年）。

2）　小西豊治『憲法「押しつけ」論の幻』（講談社・2006年）、古関彰一『平和憲法の深層』（筑摩書房・2015年）。

3）　その点を正当に評価し、中庸のとれた日本近代の憲法史的・政治史的論述を行った逸早い例として、ジョージ・アキタ（荒井孝太郎＝坂野潤治訳）『明治立憲政と伊藤博文』（東京大学出版会・1971年）、鳥海靖『日本近代史講義』（東京大学出版会・1988年）を参照。

ザインした伊藤博文は、簡素な憲法を心がけた。彼は自らの作った明治憲法を「不磨の大典」と位置づけた。後述するが、伊藤はこの世を変遷常なきものと捉えていた。そのようななかで、憲法という国の根幹は、皇室と同様に一定不動のものであることを求めた。そのために彼がとった方策、それが憲法条文の簡素化であった。憲法の中には極めて理念的な条項や統治機構および政治運営上の必要最低限の事柄のみを定め、政治社会の進展にいかようにも適応できる伸縮自在の金科玉条を伊藤は作り出そうとした[4]。日本国憲法についてしばしば指摘される「解釈改憲」の歴史は、そのルーツを明治憲法にもっていると言うことができる[5]。

ところで、本章の課題は、憲法改正の歴史的事例分析である。本来、このテーマに応えるならば、明治憲法の「改正」と日本国憲法成立の経緯が取り上げられるべきだろう。しかし、それについてはすでにいくつもの良書に恵まれているので[6]、ここでは別の素材を提供することにしたい。本章で紹介したいのは、明治憲法のデザイナー・伊藤博文の憲法思想と国家構想である。上述のように、日本国憲法の上にも伊藤博文の影を認めることができる。憲法に対する基本的な考え方や姿勢を日本人の脳裏に刻み込んだという意味である。

しかしその一方で、伊藤その人の憲法に対する考えは十全には知られていない。明治憲法の"起草者"として一般に喧伝されているにもかかわらず、あるいはそれゆえに伊藤の憲法思想は真剣な検討の対象になってこなかったのであろう。

だが、日本に憲法のレールを敷いた人物の思想像を把握することは、それ自体として意義を有する。彼が敷いたレールの上を日本人は未だに走っているのかもしれないと考えあわせれば、なおさらである。本章では、日

4） 井上毅、伊東巳代治とともに伊藤のもとで明治憲法の起草にあたった金子堅太郎によれば、伊藤は憲法起草の方針のひとつとして、「憲法は帝国の政治に関する大綱目のみに止め、其の条文の如きも簡単明瞭にし、且つ将来国運の進展に順応する様伸縮自在たるべき事」と訓示したという。金子堅太郎『憲法制定と欧米人の評論』（日本青年館・1938年）120頁。
5） 憲法学の立場からこの点の問題性について論究しているものとして、Ⅷ-2章〔西村〕を参照。
6） 前注1）に掲げた文献のほか、西修『日本国憲法はこうして生まれた』（中央公論新社・2000年）や、古関彰一『日本国憲法の誕生』（岩波書店・2009年）など。

本憲法史における伊藤博文の遺産を提示し、そこから憲法改正論議に示唆するものを考えてみたい。

II 伊藤の憲法観——「一片の紙切れ」

1 枢密院憲法草案審議での発言

　伊藤の憲法観を表明したものとして、おそらく最も引き合いに出されてきたのは、明治憲法の草案を審議する枢密院での彼の発言であろう。1888（明治21）年6月18日に始まった憲法草案の最終審議会の冒頭、議長の伊藤は憲法政治を施行するには、国民をまとめる機軸が必要であるとの考えを展開している。西欧において立憲主義が機能しているのは、キリスト教という機軸があって、それを通じて国民が1つにまとまっているからだという。憲法を制定する大前提としてそのような機軸の確立が不可欠とされるが、伊藤によれば日本においては宗教は「微弱」で、仏教も神道もその役割を担いえない。日本において機軸となるのは皇室しかないとして、次のように述べている。

　　　我国ニ在テ機軸トスヘキハ独リ皇室アルノミ。是ヲ以テ此憲法草案ニ於テハ専ラ意ヲ此点ニ用イ、君権ヲ尊重シテ成ルヘク之ヲ束縛セサランコトヲ勉メタリ。[7]

　徹底した君主主義の弁証である。君主権力の束縛を極力避けたとの言明であるが、この点さらに、「徒ニ濫用ヲ恐レテ君権ノ区域ヲ狭縮セントスルカ如キハ道理ナキノ説」と畳みかけられ、「敢テ彼ノ欧州ノ主権分割ノ精神ニ拠ラス。固ヨリ欧州数国ノ制度ニ於テ君権民権共同スルト其揆ヲ異ニセリ」と言い切られている[8]。天皇のもとでの国家権力の一元化、天皇主権の絶対性——このことを不動の原理として掲げることが、憲法制定

---

[7]　『枢密院会議議事録 第一巻』（東京大学出版会・1984年）157頁。引用に際して、適宜句読点を付し、旧字体を新字体に変えた。以下同。なお、瀧井一博編『伊藤博文演説集』（講談社・2011年。以下『伊藤博文演説集』として引用する）18頁も参照。

[8]　同前。

者・伊藤の意思であった。

　このような典型的な天皇主権説の表明でもって、憲法草案の審議はスタートした。それは、天皇絶対権力をカモフラージュする外見的立憲主義の憲法という明治憲法の世評を裏書きするもののように思われよう。しかし、当の伊藤は、実際の会議に入るや、前言を翻すかのように次のごとく弁じている。同じ日の数時間後、第 4 条「天皇ハ国ノ元首ニシテ統治権ヲ総攬シ此ノ憲法ノ条規ニ依リ之ヲ行フ」原案の審議に際しての発言である。

　　　本条ハ此憲法ノ骨子ナリ。憲法ヲ創設シテ政治ヲ施スト云フモノハ君主ノ大権ヲ制規ニ明記シ其ノ幾部分ヲ制限スルモノナリ。又君主ノ権力ハ制限ナキヲ自然ノモノトスルモ已ニ憲法政治ヲ施行スルトキニハ其君主権ヲ制限セサルヲ得ス。故ニ憲法政治ト云ヘハ、即チ君主権制限ノ意義ナルコト明ナリ。9)

　第四条の「憲法ノ条規」以下の文言を削除すべきではないかとの山田顕義の意見に対する回答である。先に引用した伊藤の開会の弁に照らせば、しごく当然の意見であろう。伊藤は天皇の主権を制約してはならないと力説していた。しかし、その舌の根の乾かぬうちに今度は、憲法政治とは君主権を制限するものだと唱えているのである。矛盾している、どころの騒ぎではない。これは憲法の名のもと、あらゆる党派を取り込もうとした政治家的ご都合主義のなせる業なのだろうか。

　しかし彼は、これ以後も恬然として立憲主義の正道を説き続けている。「法律制定ナリ予算ナリ議会ニ於テ承知スル丈ケノ一点ハ到底此憲法ノ上ニ於テ欠クコト能ハサラントス。議会ノ承認ヲ経スシテ国政ヲ施行スルハ立憲政体ニアラサルナリ」と述べ、立憲政体下で政府は君主のみならず議会に対しても同じく責任を有していると断言する10)。

　極めつけは、有名な森有礼との臣民の権利条項をめぐる一幕だろう。草案第二章の「臣民権利義務」を森は「臣民ノ分際」と改称するべきだと説く。天皇主権の憲法の手前、その天皇に対して臣民が権利を有するとは妥

---

9)　前掲注 7)『枢密院会議議事録　第一巻』173 頁。
10)　同前 176 頁。

当とは言えない。臣民が天皇に対して有しているのは、「分際」、すなわち責任のみだと森は主張した[11]。

これに対して、伊藤は「憲法学及国法学ニ退去ヲ命シタルノ説」として、猛然と反論した。「憲法ヲ創設スルノ精神ハ第一君権ヲ制限シ、第二臣民ノ権利ヲ保護スルニアリ」と立憲主義の教科書的定義を持ち出したうえで、次のように論弁した。

> 若シ憲法ニ於テ臣民ノ権利ヲ列記セス只責任ノミヲ記載セハ、憲法ヲ設クルノ必要ナシ。又如何ナル国ト雖モ臣民ノ権利ヲ保護セス、又君主権ヲ制限セサルトキニハ臣民ニハ無限ノ責任アリ。君主ニハ無限ノ権力アリ。是レ之ヲ称シテ君主専制国ト云フ。[12]

会議の冒頭で憲法制定の趣旨をあたかも、絶対的な君主主権の確立にあるように謳いながらも、実際の逐条審議の過程では、正統的な立憲主義を祖述するかのように伊藤は立ち回っている。ここで想起されるのは、もうはるか半世紀も以前に、久野収＝鶴見俊輔『現代日本の思想』の中で提起された「顕教・密教」論である。この中では、スイスの歴史家ヤーコプ・ブルクハルトの名著『イタリア・ルネサンスの文化』に登場した「芸術作品としての国家」という概念を援用して、「伊藤が明治天皇を中心として作りあげた明治の国家こそは、何よりも一個のみごとな芸術作品のモデル」[13]とみなされている。久野と鶴見によれば、伊藤が作った明治国家の芸術性とは、天皇の権威と権力が、「顕教」と「密教」の微妙な運営的調和の上に成り立っていたことに求められる。その「顕教」と「密教」とは、

---

11) 同前217頁。
12) 同前217〜218頁。
13) 久野収＝鶴見俊輔『現代日本の思想』（岩波書店・1956年）126頁。なお、国家を芸術作品に比定した時、当のブルクハルト自身は、日本語の語感とは異なり、国家を造出するイタリア・ルネサンス期の領邦君主たちの芸術的手腕を称揚してかく述べたのではない。ブルクハルトは、国家なるものが本質的に人工的で非自然的なものとの考えから国家を Kunstwerk＝人為品と形容したのである（この点を考慮してか、最近の新井靖一による翻訳では、「精緻な構築体としての国家」と訳されている。ヤーコプ・ブルクハルト（新井靖一訳）『イタリア・ルネサンスの文化』（筑摩書房・2007年））。このこととの関連では、ブルクハルトが「国家体制は作ることができる、すなわち現存の諸勢力と趨勢を算定することができるという大きな近代的謬見」と記していることも参照（同書104頁）。

次のように説明される。

> 顕教とは、天皇を無限の権威と権力を持つ絶対君主とみる解釈のシステム、密教とは、天皇の権威と権力を憲法その他によって限界づけられた制限君主とみる解釈のシステムである。はっきりいえば、国民全体には、天皇を絶対君主として信奉させ、この国民のエネルギーを国政に動員した上で、国政を運用する秘訣としては、立憲君主説、すなわち天皇国家最高機関説を採用するという仕方である。[14]

　言い換えるならば、「タテマエ」としての天皇主権説と「ホンネ」としての天皇機関説という使い分けである。国民一般に対しては、絶対君主としての天皇が称揚され、支配にあずかるエリート内部では立憲君主が申し合わせとなっていたとされる。
　枢密院での伊藤の言説は、まさにこのような顕教・密教論を裏書きしているように見受けられる。それが、伊藤の築こうとした国家のかたちとみなして間違いないのだろうか。それに答えるためには、もう少し伊藤の憲法制定作業を内在的に立ち入って観察する必要がある。

2　憲法調査と「国制」の発見

　伊藤の憲法や立憲体制への関心には長い歴史があるが、彼が直接憲法制定に携わるようになったのは、いわゆる明治14年政変の後である[15]。1881（明治14）年に勃発したこの政変は、明治政府内でイギリス流の議院内閣制の採用を画策した大隈重信とその一派を政府外に追放し、プロイセンに範をとった欽定憲法主義を来たるべき憲法の方針としたものとして、明治憲法史の転換点となったものである。すでに言及したように、この時、国会開設の勅諭が同時に発せられ、1890（明治23）年までに憲法を制定し議会を開設することが、いわば公約された。政変の代価として、藩閥政府の方も憲法の制定に本腰を入れなければならなくなったのである。

---

14)　久野＝鶴見・前掲注13) 132頁。
15)　以下の論述については、特に断りのない限り、瀧井一博『文明史のなかの明治憲法』（講談社・2001年）と、同『伊藤博文』（中央公論新社・2010年）を参照。

政府の輿望を担って、憲法起草の責任者として担がれたのが伊藤だった。この時、伊藤には憲法制定に定見がなく、自信を喪失していた。もっとも、伊藤が自ら制憲作業をリードせずとも、すでに政府内には井上毅という卓越した法制官僚がおり、伊藤はただ担がれていればよかったのだが、憲法の起草は大久保利通や木戸孝允から直々に信託された自分の専管事業であるとのプライドが彼にはあった。事態を打開すべく、伊藤はヨーロッパに旅立つことになる。立憲主義の本国で憲法調査を行い、箔づけを図ろうとしたのである。

　1882（明治15）年3月から約1年半、伊藤は欧州諸国を巡回する憲法調査を行った。とはいえ、主たる目的地はドイツであった。藩閥政府内部でのプロイセン主義の採択にあわせて、彼はまずベルリンに向かった。

　しかし、ベルリンでの調査は芳しくなかった。彼がついたベルリン大学の憲法学教授ルドルフ・フォン・グナイストは、随員の回想によれば、一行の調査に冷淡であった。伊藤自身も、「頗る専制論」と日本への通信でその印象を語っている[16]。グナイストは、議会を開設しても予算の審議権を与えてはならないという極端な言辞すら漏らし、伊藤を驚愕させた。その背景には、当時のドイツにおける議会政治の混迷があった。ドイツの識者には、議会制度のような厄介なものを無理して導入せずとも、アジアはこれまで通り専制主義でいった方がうまくいくだろうとの親切心もあったのであろう。伊藤は、ドイツ皇帝からも同じ助言を聞くことになる[17]。

　このように頼みの綱であったベルリンでの調査には暗雲が立ち込めていた。伊藤が焦眉を開くことができたのは、ベルリンでの調査の合間に訪れたハプスブルク帝国の首都ウィーンにおいてである。ウィーン大学の国家学教授ローレンツ・フォン・シュタインと面談した伊藤は、啓示を受けたかのように、憲法制定に関し大確信を得た旨日本に向けて喧伝することになる。彼が受けた啓示とはどのようなものだったのか。

---

16) 1882（明治15）年5月24日付松方正義宛伊藤博文書簡、春畝公追頌会編『伊藤博文伝 中巻』（原書房・1970年）271頁。

17) 8月28日にドイツ皇帝と陪食した際、伊藤は「朕は日本天子の為めに、国会の開かる、を賀せず」との「意外の言」を聞いている。1882（明治15）年9月6日付松方正義宛伊藤博文書簡、春畝公追頌会編・前掲注16) 314頁以下。

この点については、シュタインが狭義の憲法学者ではなかったことに留意する必要がある。彼は自らを国家学者と自己規定しており、19世紀後半のドイツ公法学における実証主義の流れを激しく攻撃し、行政学や社会学、経済学といった社会科学全般の知見を総動員した壮大な国家学体系を築こうとした人物だった[18]。

　伊藤にも彼はそのような見地から講義した。すなわち、シュタインが伊藤に伝授したこととは、どのような憲法を書くべきかということではなく、憲法というものが国家の全体的な存立構造の中でどのように位置づけられ、またどのような機能をもつものなのかという認識だった。シュタインから得た教示を、伊藤は次のように書き記している。

> 縦令如何様ノ好憲法ヲ設立スルモ、好議会ヲ開設スルモ、施治ノ善良ナラサル時ハ、其成迹見ル可キ者ナキハ論ヲ俟タス、施治ノ善良ナランヲ欲スル時ハ、先其組織準縄ヲ確定セザル可カラズ組織準縄中、尤不可欠モノハ宰臣ノ職権責任官衙ノ構成官吏ノ遵奉ス可キ規律及其進退任免、試験ノ方法、退隠優待ノ定規等ニシテ、……之レアルヲ以テ帝室ノ威権ヲ損セス、帝権ヲ熾盛ナラシムルヲ得ルト云モ可ナリ。スタインノ講談中ニモ、憲法政治ノ必要不可欠モノハ、帝家ノ法、政府ノ組織及ヒ立法府組織ノ三箇ニシテ、此一ヲ欠ク立君憲法政治ニアラスト、三箇ノ組織定法能ク確立シテ並ヒ行ハレテ相悖ラサルノ極ヲ結合スル者、則憲法ナリト、由之観之、政府ノ組織行政ノ準備ヲ確立スル、実ニ一大要目ナリ[19]

　「どんなに良い憲法を作っても、またどんなに良い議会を開いても、実際の政治がうまく運ばなければ意味がない」。そして、実際の政治がうまく機能するためには、政府の組織を固め、行政を確立することが何よりも重要だと喝破する。これにとどまらず、伊藤は「憲法ハ大体ノ事而已ニ御座候故、左程心力ヲ労スル程ノ事モ無之候」[20]とか、「一片之憲法而已取調

---

18) シュタインの国家学については、瀧井一博『ドイツ国家学と明治国制』(ミネルヴァ書房・1999年)、および Kazuhiro Takii, Savignynähe und Savignykritik, in: S. Koslowski (hrsg.), Lorenz von Stein und der Sozialstaat, Nomos, 2014, S.42-63を参照。
19) 伊藤博邦監修／平塚篤編『続伊藤博文秘録』(原書房・1982年) 46～47頁。
20) 伊藤監修／平塚編・前掲注19) 45頁。

候而モ何ノ用ニモ不相立儀ニ御座候」[21] などと繰り返し日本に書き送っている。憲法には政治体制の概略的なことだけが書いてあればよい、憲法はそれだけでは一片の紙にしか過ぎず、大切なのはそれを効果的なものとする行政の働きなのだというわけである。伊藤の調査は、「憲法」調査という看板とは裏腹に[22]、行政の調査、さらに言えば憲法と行政を包摂した国制の調査に重きが置かれることになるのである。

　この時の滞欧調査には、もうひとつの重要な成果があったと思われる。それは、日本における議会政治の移植についての確信である。この時期、憲法を制定するとは、議会政治の導入を意味していた。議会を開設し、選挙で選ばれた国民の代表を国政に参与させるということが、憲法制定の眼目であった。伊藤の憲法調査も、欧州における議会政治の実際を視察し、その運営の妙について聴取することに大きな目的があった。しかし、前述のように、主としてドイツにおいて伊藤の一行は、議会政治の導入にネガティブな意見を聴くことになる。その理由が、単に日本人の文明度に対する懐疑に起因するものではないということも示唆しておいた。今少し、この点を敷衍しておこう。

　伊藤がヨーロッパ、特にドイツ語圏の諸国でつぶさに観察したことは、議会政治が袋小路にはまっていることだった。ベルリンの地ではちょうどその頃、帝国議会で審議されていたたばこ専売の問題で政府は窮地にあり、宰相ビスマルクもさじを投げ、どこかに引きこもってしまうという状況であった。そのような事態はオーストリアにおいても同様であり、そもそもそこでは議会は機能不全に陥っており、現実の政治は皇帝による緊急勅令の連発によって行われていた。滞欧中の覚書に、「帝王ハ……此器械〔国家〕ヲ運転シテ、百事凝滞ナカラシムルノ主宰者ナリ、故ニ時トシテハ之ニ油ヲ差シ、又ハ釘ヲシムル等ノ抑揚ナカル可カラズ」と記されているのは、オーストリアのことを指してのものだと考えられる[23]。

21) 伊藤博邦監修／平塚篤編『伊藤博文秘録』(原書房・1982年) 307頁。
22) そもそも、伊藤の滞欧憲法調査は、constitution の訳語として「憲法」の語が公定される機縁になったと指摘される。小嶋和司『憲法学講話』(有斐閣・1982年) 2頁。
23) 伊藤監修／平塚編・前掲注21) 308頁。

注意すべきなのは、このように議会政治の混迷を実見したにもかかわらず、伊藤の中で議会制度の導入について迷いの生じた形跡がないことである。むしろこの点について、彼は日本での議会開設に手応えをもったようである。ドイツ帝国議会の議員選挙は、世界でも逸早く男子普通選挙を採用していた。ビスマルクはそうすることで、諸々のラント（領邦）から構成される連邦的構造を克服し、帝国の国民的一体性を造出しようとしたのであるが、結果的には階級対立の議会内へのストレートな投映をもたらしてしまった。急進的な制度改革は有効に機能しない。そのように伊藤は感じ取ったのであろう。議会制度を開いても、国民の政治参加は漸進的になされるべきというのが、伊藤の得た教訓だった。

　また、議会制度がうまく機能するためには、国民的な同質性が必要であることも伊藤は感得した。オーストリアの議会が混乱していたのは、当時のハプスブルク帝国の多民族、多宗教、多言語という事情があった。そのようななかで、合議制度を運営することには困難があった。オーストリアの帝国議会は、容易に民族対立のるつぼと化したのである。

　以上のことから、伊藤はむしろ日本では議会政治に有利な条件があると思い至った。つまり、オーストリアと異なり、日本には国民的同質性が高い。それは幕末維新期、さらに言えば江戸時代の海禁体制から醸成されたものである。他の東アジア諸国に対する小中華意識や西洋列強に対する攘夷観に基づき、日本には国民的な単一意識が高いレヴェルで形成されていた。また、漸進的に国民の政治参加を進めれば、ドイツのような階級対立に議会が支配されることも防げるだろう。漸進主義ということも、征韓論政変以降、日本の指導者層に共有されていたものだった。

　このようにして、伊藤は憲法の制定に大きな自信をもってヨーロッパから帰国した。その自信とは、①憲法を相対化する国制という視座、②議会政治を機能させる条件（国民政治の可能性）への開眼、この両者からなるものと言える。

III　明治憲法の成立——伊藤の国家デザイン

1　憲法から国制へ

　欧州での成果を胸に、伊藤は1883（明治16）年8月、日本に戻った。以後伊藤は、明治14年政変で策定された政府の立憲方針（井上毅による岩倉意見書）を換骨奪胎しながら明治日本の「国のかたち」＝明治国制をデザインしていくことになる。そのプロセスを概観しておこう。

　帰国後の伊藤の問題意識は、議会制度をいかに免疫不全を起こすことなく、日本に移植するかということだった。ドイツとオーストリアにおいて伊藤は、かの地の議会制度が機能不全に陥っている現状を目の当たりにしていた。ドイツでは早急な普通選挙制度によって階級対立が帝国議会の中に持ち込まれ、オーストリアでは民族対立によって議会政治は袋小路にあった。

　だが、伊藤の中で、議会制度を導入し立憲政治を布くことへの躊躇が生じることはなかった。その背景には、日本国民の文化的一体性の強さという認識があったことは前述したが、もうひとつ無視できないものとして、シュタインから習得した行政の奥義が挙げられる。伊藤はシュタインの教えを、議会制度移植のための制度的インフラの構築へと昇華させていくのである。帰国後、伊藤は各種の行政改革に手を染め、国家の抜本的な制度改革を推し進めていくが、それらはすべてそのことを目的として遂行されたのだと言ってよい。伊藤の行った改革とは、以下のようなものである[24]。

　まず、宮中改革である。1884（明治17）年3月に宮内卿に就任した伊藤は、宮内省機構を整備すると同時に、皇室財政の自立化を図る。伊藤はこのようにして宮中府中の別を確立しようとした。これより以前、天皇が直接政治をつかさどる天皇親政の運動が宮中の天皇側近グループから持ち上がっていたが、伊藤はその動きに終始反対していた。それを根絶し、天皇が独自の政治的意思をもった為政者として政権を左右するのを防ごうとし

---

[24]　明治憲法の制定に至るまでの伊藤による国制改革の詳細については、坂本一登『伊藤博文と明治国家形成』（吉川弘文館・1991年）、ならびに瀧井・前掲注18)を参照。

たのである。立憲君主制へ向けた布石である。

　翌年には、官制の大改革という大がかりな行政機構の刷新が行われた。ここで特に重要なのが、内閣制度の導入である。これによってそれまでの太政官制度に名実ともに終止符が打たれ、太政大臣および左右両大臣とその下になる参議たちという政府指導者層の重層構造が改められ、また、公家の家柄にかかわらず、国民であれば誰もが大臣の職に就き、政治のリーダーとなることが形式的に可能となった。

　次に、大学制度の改革である。1886（明治19）年に帝国大学という新たな高等教育体制が構築された。それは官僚のリクルート・システムの役割をもたせられる。行政を担う人的資源の再生産装置である。また、新設の帝国大学の法科大学内には、国家学会という学術組織が創設された。国家学会とは今日も東京大学大学院法学政治学研究科のスタッフを中心として組織されている法学政治学研究の殿堂であるが、創立当初、それは立憲国家を運営するための知を産出する機関として、伊藤の肝煎りで設けられたものだったのである。

　1888（明治21）年4月には、先に触れた枢密院が設置されている。これは当初、憲法典や皇室典範の草案を審議するために設けられたのであったが、伊藤はさらにそれを天皇の政治的行為のための諮問機関としても位置づけていた。政治から区別された宮中にいったん押し込められた天皇は、主権者として政治的意思形成をなす場合も、枢密院の場において、そこでの審議を通じてそれをなすべきものとされたのである。天皇の政治活動は、このようにして徹底的に制度化されたのであった。

　以上のようにして、憲法調査から帰国後、伊藤のリーダーシップにより、国制の再編制が進んでいった。その果てに、1889（明治22）年2月11日、明治憲法が発布され、翌年には帝国議会が開設されるのである。こういった一連の有機的つながりの中に明治憲法は位置づけられる。そのつながりの全体を指して「国のかたち」と称することもできるだろうが、そもそも「憲法」の原語であるconstitutionとは、ものごとの成り立ちや構造を意味する言葉である。ドイツの政治学者ドルフ・シュテルンベルガーは、この点を指して、constitution（Verfassung）を「複雑な構成体」と称してい

る[25]。憲法調査から帰国後の一連の改革は、まさにそのような「複雑な構成体」としての国家の統治システムの総体（国制）を作り変える作業だった。その掉尾を飾るものとして、憲法の制定があったのである。

しかし、そのような複雑性のすべてを掌握した制度設計や制度構築を一気に達成することなど人知の及ぶところではないし、不可能であろう。そもそも複雑性と言うとき、単に制度の全体的な連関構造のみを指しているのではなく、時間性の側面も無視できない。時間の流れにあわせて、複雑に変遷するという動態的な問題である。

伊藤はこの点をわきまえていたと思われる。彼にとって、憲法の成立は、あるべき国制の完成なのではなく、来たるべき国制へのスタートラインであった。1889（明治22）年の時点で成し遂げられたのは、立憲体制へ向けてのデッサンだったのである。

2　主権者の造形──「表彰（Representation）」としての天皇

そのような全体としての国制の中で、天皇はどのように位置づけられていたのか。既述のように、伊藤は枢密院での憲法草案審議の劈頭、「我国ニ在テ機軸トスヘキハ独リ皇室アルノミ」として、「君権ヲ尊重シテ成ルヘク之ヲ束縛セサランコトヲ勉メタリ」と謳っていた。しかし、その一方で、同じ日の会議の別の発言では、「憲法ヲ創設シテ政治ヲ施スト云フモノハ君主ノ大権ヲ制規ニ明記シ其ノ幾部分ヲ制限スルモノナリ」とも述べ、「憲法政治ト云ヘハ、即チ君主権制限ノ意義ナルコト明ナリ」と断言していた。一体、伊藤は天皇の主権というものをいかに考えていたのか。

まず現実政治の場で伊藤が理想としたのが、政治的にアクティブな天皇でなかったことは間違いない。彼は、君主の恣意的な意思によって国政が左右されることを避けようとしていた。そのことは、憲法制定以前からの、また憲法施行後の彼の政治指導を考えあわせれば、容易に納得できる。憲法制定以前、伊藤は天皇親政を求める天皇側近の動きを封じ、宮中の制度化を図った[26]。そして、憲法の実際の運用においては、普段は政治への介

---

25)　Dolf Sternberger, *Verfassungspatriotismus*, Insel Verlag, 1990, S. 24.
26)　坂本・前掲注24)参照。

入を慎むが、議会と政府の対立が袋小路に陥った際には中立的な立場から調停を行う裁定者となるよう天皇を仕向けた[27]。伊藤はそのように政治に深入りしないが、それとまったく没交渉でもない存在として、立憲君主を考えていた。

この一方で、伊藤はまた別の役割を天皇に期待していた。伊藤自身の言葉を引用しよう。1899年（明治32）に行われた演説の中で、彼は次のように語っている。

> 一国と云うものは其国土と人民とを総て一つの風呂敷の中に包んだようなものである。之を代表、所謂レプレセント〔represent〕と云う字を使って居る。此れは正しく代表と云う字に当るが、私は日本の君主は国家を代表すると言わずして日本国を表彰する、表わすと云う字を使いたいと思う。決して代表ではない。[28]

ここで伊藤は、天皇は日本国の representation だと述べている。今日でもこの英語の日本語訳としては、自動的に「代表」の語があてられることが多いが、伊藤によれば、天皇に関して言えばそれは間違いであって、むしろ「表彰」と訳されるべきと説かれている。もともと representation には表現、描写、演出といった語義もあり、理念的なものを可視化するという意味合いを含んだ概念である[29]。何らかの抽象的理念を象徴的に代表させ、現実的なものとして具現することが、representation のそもそもの意味である。王権というものは、まさにそのような representation にうってつけの制度だと言えよう。国家というものを1人の人格に代表的にシンボライズさせるものとして、王権はある。

伊藤が、天皇は日本国を represent する、表彰すると述べた時、彼は結果的にそのような representation の概念史的本質に迫っていたことになる。では、天皇をそのように定義することを通じて、彼は具体的に天皇に

---

27) 伊藤と天皇の関係については、伊藤之雄『明治天皇』（ミネルヴァ書房・2006年）。
28) 『伊藤博文演説集』169頁。
29) この点を勘案して、アカデミズムの世界では、「表象」とか「再現前」などと訳されることもある。和仁陽『教会・公法学・国家』（東京大学出版会・1990年）171頁以下参照。

何を求めていたのか。

　まず指摘できるのが、対外的表象性の強調である。そのことは彼が、先の引用に先駆けて、一国が外国と相対した時にはあたかも一個人が相対した時のようでなければならないとして、そのような「一個人」の役割を君主に求めていることから明らかである[30]。

　他方で、伊藤の要請する天皇の表彰性には、もうひとつの含意があるものと考えられる。伊藤が欧州のキリスト教に該当する人心帰一の機軸としての役割を皇室に求めていたことを想起したい[31]。それは、言葉を換えれば、「国民統合の象徴」という意義に理解できよう。そしてこの点に、枢密院会議開会の辞の真意が根差していると考えられる。すなわち、伊藤がそこで強調したかったこととは、天皇が国民統合の象徴であるがゆえに政治的に全能な主権者として君臨できるということであり、逆に言えば、天皇は国民全体によって構成される国家という政治体（body politic）の一部である限りにおいて、そのような主権者たりうるということなのであろう。伊藤にとって天皇とは、何よりも国民国家としての統合性をシンボライズする政治的権威の象徴だったと言える。

　以上のように、天皇の絶対的な主権者性とは、国民を統合した国家権力の絶対性のシンボルとして観念されていたと考えることができる。主権者たる天皇は、国家の主権を象徴（表彰）する存在なのであり、主権を行使する存在なのではない。天皇を表彰と形容するに先立って、主権者たる君主は主権の作用を委任するとして次のように論じられている。

　　　王家の大権にあって分割すべからざる主権を如何にして活用するかと云うに、此作用に至っては即ち委任して以て事を行うのである。故に立法

---

30)　『伊藤博文演説集』169頁。
31)　そのように皇室を宗教に模したからといって、伊藤が天皇崇敬を国教化しようとしていたわけではない。1879（明治12）年に儒教道徳に基づいた教育改革の提言が元田永孚ら天皇側近によってまとめられた際、伊藤はこれに敢然と異を唱え、「一ノ国教ヲ建立シテ以テ世ニ行フカ如キハ、必ス賢哲其人アルヲ待ツ。而シテ政府ノ宜シク管制スヘキ所ニ非サルナリ」と述べている（春畝公追頌会編・前掲注16）152〜153頁）。すなわち、政府なるものは徹底的に世俗化されたものとして宗教から中立的な立場をとるべきこと、宗教的真理はその道の賢哲の出現に任せ、政治がそのような真理の創造に関与すべきではないとされているのである。

部を置くは立法に参与せしむるが為である。……天皇の大権の一部の運用を以てして議会に之を扱わせるのである。行政もそうである。司法亦た然り。而して勿論派出の権である以上は主権が之を奪うことを得る訳であるが、妄に之を奪わぬと云うことを規定したのが即ち憲法である。[32]

　以上をまとめると、伊藤にとって主権者たる天皇の地位とは、国家の諸々の権力作用を正当化する権威の源泉であり、そのような国家的権威をシンボライズするものだったということになる。枢密院での「天皇権力は束縛されない」との言、そしてそれを受けての明治憲法1条の規定は、そのことの表現にほかならない。他方で、実際の権力の行使は、憲法の規定に従って各機関に委ねられ、立憲的に運用される（4条）。伊藤において、天皇権力の無制約と立憲的規制は、国家主権の絶対性の象徴とその運用面での制約という意味において、決して矛盾したものとしては捉えられていなかったのである。

3　憲政への旋回

　伊藤は、どんなに立派な憲法や議会をしつらえても、実際の政治がうまくいかなければ意味がないと考えていた。では、明治憲法のもとで、彼はどのような政治を理想視していたのだろうか。

　この点を明示するものとして、憲法発布直後の1889（明治22）年2月27日に伊藤が皇族や華族に向けて行った演説がある。そこには、来るべき立憲政治の理念が語られているので、その内容を紹介しておこう。まず引いておくべきは、次の言である。

> 　国の人民の文化を進めなければならぬ。人民を暗愚にして置いては国力を増進することに於て妨げが有るゆえに、人民の智徳並び進ましめて、学問の土台を上げて国力を増進する基としなければならぬ[33]

　国の土台は国民の開化にあるということが謳われている。国民の教育水準を高め、知力・学問を向上させなければならない。国の独立のために不

---

32) 『伊藤博文演説集』168頁。
33) 同前43頁。

可欠なことはそれなのだという。「他国と競争して、以て独立の地位を保ち国威を損せぬ様にしなければならぬと云うには、人民の学力を進め、人民の智識を進めなければなりませぬ。其結果は一国の力の上に於て大いなる国力の発達を顕すと云うことは、自然の結果で有りましょう」[34]というわけである。学問・教育の進んだ開化した国民を政治の礎とし、それにあわせて政治の仕組みやあり方も変えていかなければならない。そのように伊藤は説いている。

　さて、国力増進のために開化された結果、人民は政治的にどのような存在になるであろうか。伊藤は次のように論じる。長くなるが、味読の価値がある。

> 人民の学力、智識を進歩させて、文化に誘導させて参りますと、人民も己れの国家何物である。己れの政治何物である、他国の政治何物である、他国の国力何物である、他国の兵力何物であると云うことを、学問をする結果に就て知って来るので、其れが知って来る様になれば知って来るに就て、支配をしなければなりませぬ。若し其の支配の仕方が善く無いと云うと、其の人民は是非善悪の見分けを付けることの出来る人民で有るから、黙って居れと言って一国は治まるもので無い。[35]

すなわち、開化され、文化に誘導された国民というのは、支配する側にとっては両刃の剣なのである。そのような国民は、当然、自分たちの受けている支配がどのようなものであるか、国家のレヴェルがどうであるか、といったことを洞察し、また他国と比較してどうなのかということにまで考えをめぐらせて声を上げるようになる。そのように賢くなった国民にどう対処したらよいのか。伊藤は、もはやかつてのように「黙っていろ」と言って上から押さえつける政治はとりえないと断言する。後年においても、旧時のような「民はよらしむべし、知らしむべからず」を旨とした政治のあり方というのは、文明の政治・憲法政治のもとでは成立しえないと語っている[36]。その逆に、民に積極的に政治のこと、また国の現状について知

---

34) 同前43～44頁。
35) 同前44頁。
36) 同前189頁。

らしめなければならないと述べる。そうやって国民に自分たちの考えを述べさせるのが、憲法政治だという。

　そのようにして国民に自由に政治的な発言をさせつつも、それがゆえに政治が無秩序に陥ってはならない。この両者を調和させるために、どのような政治体制を布くべきか。それは、曖昧模糊でない政治体制だと語られる。

　　　其普通の道理に従って開けた人民を支配する方法は何であると云うと、曖昧模糊の間に物を置くことが出来ませぬ。君主は則ち君主の位置に在って、君主の権を有って一国を統治しなければならぬ。臣民は臣民の尽すべき義務が明かにならなければならぬ。是れが憲法政治上に於て必要なることで有ります。[37]

　かく述べたうえで伊藤は、憲法ができた今、君主の統治も各々の政治機関に委ねられ、それらの機関は憲法の規定に従って権力を行使しなければならないと弁じる。そのように権力の発動が曖昧模糊でなくなった支配の体制、すなわち公明正大な支配の仕組みが、憲法政治とされるのである。

　以上のように、伊藤は憲法に基づいたこれからの政治のあり方を皇族・華族という国家のエリート層に対して諄々と説いた。憲法調査から帰国後、明治憲法の制定に至るまで、伊藤は憲法を相対化する行政の整備に従事し、憲法をひとこまとする国制の構築を推し進めた。この演説は、そのような国制がひとまず立ち上がった今、その中でどのような政治が運営されるべきかを指し示したものである。ひとことで言えば、伊藤は明治国制の中に憲政の精神を盛り込もうとした。憲法に保障された権利に基づいて国民が政治に参加するあり方であり、それが彼にとっての憲法政治であった。

　従来、伊藤の憲法発布直後の演説と言えば、これに先立つ2月15日に府県会議長たちを前にして行ったものが有名である。これは『東京日日新聞』に筆記録が掲載され国民に広く周知されたが、その内容は時の首相黒田清隆が行った演説と同様、政府が政党から超然として施政をとることを

---

[37] 同前44頁。

公言した超然主義の宣言として、しばしば引き合いに出される。だが、注意深く全文を読めば、そこで語られていることは、「遽に議会政府即ち政党を以て内閣を組織せんと望むが如き最も至険の事たるを免れず」との言からもうかがえるように、政党内閣の即時実行という急進論の否定である。逆に言えば、将来における政党内閣の実現には含みをもたせているのである。伊藤は、「政治をして公議の府に拠らしむるには充分の力を養成するを要す」とも述べており、政党に政権を委ねるには充分の力の養成が必要と考えていた[38]。この言葉を実践するかのように、彼は10年後に自ら政党政治の養成へ身を投じることになる。

IV 進化する「憲法」──国民による政治へ

1 政党政治への転身？──立憲政友会の創設

　伊藤には、独特の世界観がある。彼によれば、この世は絶えざる変遷のもとにある。「天地間之百事百物ハ転〔ジ〕、瞬間も止息スルコトナク一定之秩序中ニアリテ動作変遷スルモノ」との彼の言がある[39]。憲法秩序も例外ではない。問題は、憲法を取り巻く状況の変化にあわせて、その都度憲法を改正するべきなのか、ということである。

　伊藤はそのようには考えなかった。憲法には「大体ノ事而已」を記し、時勢の変遷にあわせて柔軟に憲法を適用させていこうと考えていた。もとより、それは融通無碍ということを意味しない。伊藤には、この世の変化には「一定之秩序」があるともみなしていた。言い換えれば、一定の方向に従った進化の道筋があるということである。では、その方向とは何か。それは、憲法発布直後の演説で説かれていたような国民による政治、すなわち国民の参加に基づく政治である。

　1900（明治33）年、前年に一切の官職を辞して政府から飛び出していた伊藤は、野党の自由党と手を結び、それを基盤にして自らの政党、立憲政

38）　この演説については、『伊藤博文演説集』22頁以下に全文が翻刻されている。
39）　1889（明治22）年8月4日付井上馨宛伊藤博文書簡、国立国会図書館憲政資料室蔵『井上馨関係文書』303 - 1。

友会を創設する。藩閥政治家から政党政治家への転回を遂げたわけである。それは政界に激震を生ぜしめたが、伊藤にしてみれば、憲法制定当初からの一貫した歩みであったろう[40]。

では、伊藤はかつて自分が属していた藩閥政府を打倒し、政権を奪うために政党の結成に乗り出したのだろうか。結党時の伊藤の言動を追ってみると、それとは異なった企図が浮かび上がってくる。

1900（明治33）年9月15日、伊藤を党首（総裁）として立憲政友会が結成された。これに先立って、伊藤は以下のような新党設立の趣旨を公にしていた。それは、出陣式にふさわしい天下獲りのシュプレヒコールではなく、むしろ党員の自重と自粛を求めるものとなっている。伊藤はここで、この党が政権奪取のマシーンではなく、国民的調和のための公器たるべきことを訴えたのである。

> 凡ソ政党ノ国家ニ対スルヤ、其ノ全力ヲ挙ケ、一意公ニ奉スルヲ以テ任トセサルヘカラス。凡ソ行政ヲ刷振シテ、以テ国運ノ隆興ニ伴ハシメムトセハ、一定ノ資格ヲ設ケ、党ノ内外ヲ問フコトナク、博ク適当ノ学識経験ヲ備フル人才ヲ収メサルヘカラス。党員タルノ故ヲ以テ地位ヲ与フルニ能力ヲ論セサルカ如キハ、断シテ戒メサルヘカラス。地方、若クハ団体利害ノ問題ニ至リテハ、亦一ニ公益ヲ以テ準ト為シ、緩急ヲ按シテ之カ施設ヲ決セサルヘカラス。或ハ郷党ノ情実ニ泥ミ、或ハ当業ノ請託ヲ受ケ、与フルニ党援ヲ以テスルカ如キハ、亦断シテ不可ナリ。予ハ同志ト共ニ此ノ如キノ陋套ヲ一洗センコトヲ希フ。[41]

「党員タルノ故ヲ以テ地位ヲ与フルニ能力ヲ論セサルカ如キハ、断シテ戒メサルヘカラス」。すなわち、党員であるからという理由で、政府のポストが与えられるわけではないと唱えられている。「党ノ内外ヲ問フコトナク、博ク適当ノ学識経験ヲ備フル人才ヲ収メサルヘカラス」とあるように、行政のポストが与えられるには能力が必要とされた。閣僚とて例外ではない。そのことをわきまえずに、議会で多数を制した党のメンバーだからといって、我が物顔で官職を占奪するようなことは論外とされた。天下

---

40) 立憲政友会の創立については、瀧井・前掲注15)『伊藤博文』第4章を参照。
41) 「政友」第1号(1900年)1〜2頁。

をとろうとして伊藤の下に集まった者たちにとっては、何とも気勢を殺がれる思いだったのではなかろうか。

このような政党観は、はっきりとした信念に基づくものだった。政友会結成に向けて伊藤が書き残したものをも考慮に入れると、そのことが明らかとなる。そもそも伊藤は、「党」の名を冠することを拒否した。読んで字のごとく、政友会は「会」であった。党の語は「朋党」を意識させ(「徒党を組む」の「党」)、東洋的な考え方ではネガティブな響きがあり、官界や実業界から人を募るためにも避けるべきだというのである[42]。

これは単なる名称の問題にとどまらない。「会」の名のもと、伊藤は従来の政党とは異質な政治組織を考えていたのである。伊藤が当初作成した新党の規約をみれば、そのことが明瞭となる[43]。そこではすでに、①大臣の選任は天皇の大権に基づくもので、党外から選出されているという理由でその内閣に反対すべきでないこと、②内閣は天皇輔弼の府であり、かつ責任政治の府であるので、党員が大臣に選ばれているからといって、党内から容喙すべきでないこと、③行政各部に適任の人材を配置するため、政党外からも公平に人選されるべきこと、といった政党内閣を牽制する方針がつづられている。

以上から明らかなように、伊藤が自ら政党政治家へと転身したことには、政党内閣の実現や政党政治の促進などと単純視できない別個の論理があったと考えられる。その論理とは何か。ここで先に引用した「党ノ内外ヲ問フコトナク、博ク適当ノ学識経験ヲ備フル人才ヲ収メサルヘカラス」との言葉を思い出しておこう。この宣言は、裏を返せば、政党がそのような「学識経験ヲ備フル人才」を見出し、育成して、政府に供給する場のひとつとなるべきことの要請としても読める。ひとことで言えば、伊藤にとって、政友会は「人才」の集う場であるべきだった。では、それはどのような「人」であり、「才」なのか。この点を明らかとするために、立憲政友会結成の前年、伊藤が日本各地を遊説して回った際に彼が語りかけたこと

42) 春畝公追頌会編『伊藤博文伝 下』(原書房・1970年) 446〜447頁。
43) 国立国会図書館憲政資料室『伊藤博文関係文書』書類の部166。瀧井・前掲注15『伊藤博文』178頁も参照。

を検証しよう。

2　政党政治から憲法政治へ

　1899（明治32）年の4月から10月にかけて、伊藤は断続的に中部地方、西日本、九州、北陸を回り、各地で演説を行った。すでに藩閥政府を飛び出し、政党結成が取り沙汰されていた時期であり、そのための下準備との憶測が巷間ささやかれていた。しかし、伊藤の演説内容を子細に検討してみれば、そこで語られていたのは、先にみたような政党政治の是正というトーンで一貫している。その代わりに彼が提示するのは、憲法政治というものである[44]。

　憲法政治と聞けば、今日の憲法学では、立憲体制に関わる制度改革を行う政治プロセスを指して言うアメリカの憲法学者ブルース・アッカーマンの語法[45]、あるいは議会政治そのものが想起されるかもしれない。前者においては、憲法政治とは日常的な政治の営みとは区別される、憲法改正やそれに比肩されるような歴史を画期する"大"政治が念頭にある。また後者にあっては、議会制度を通じての国民の政治参加を根幹とし、議会政治は政党によって担われるものであるから、憲法政治とはつまるところ政党政治と同義となる。

　それでは、伊藤は憲法政治をどのようなものとみなしていたのだろうか。結論から言えば、伊藤にとってそれは日常的な政治の営みであり、それを支える国民の姿勢にほかならなかった。エートスと言い換えてもいい。また、その意味で政党政治とも区別されるべきものだった。伊藤が憲法政治に込めた意義を解き明かしていきたい。

　まず第1に、憲法政治とは君民共治の政治と説かれる。

---

[44]　この意味で、この時の伊藤の巡遊は、「憲法行脚」と称することができる。瀧井一博「伊藤博文の憲法行脚」RATIO 4号（2007年）174頁以下参照。また、瀧井・前掲注15）『伊藤博文』第3章も参照。

[45]　アッカーマンの議論については、さしあたり、長谷部恭男『憲法とは何か』（岩波書店・2006年）116頁以下を参照。Bruce Ackerman, *We the People* 3 vols., Belknap Press, 1991-2014 は、そのような「憲法政治」の観点からアメリカ憲法史における転換期を詳述した大著である。

> 憲法政治なるものは、上下の分域を明に割して以て国民と君主の為すべきことと、君主の為すべきこと即ち君主の当さに行ふべき権利、国民の享有すべき権利を明にして而して之に次ぐに国政を料理する次第を以てしたものである。[46]

このように、憲法政治とは、まず何よりも天皇と国民が共同で国家の統治を行うという君民共治の原理として説かれる。このように述べるが、重点は国民の政治参加とその責任に置かれる。議会制度と国民の参政権は、欽定憲法によって天皇から下賜されたものである。「天子が下民に向つて綸言汗の如く布かれたものであるから、此れは万古不易、決して動くべからざるもの」であり、つまり「憲法を以て与へられた所の此権利は決して奪はるると云ふことはない」[47]とされる。

欽定憲法ということからは通常、天皇が単独で憲法を国民に授与したものであり、国民の権利を抑制し、天皇の強大な政治的大権を留保したものとのイメージが導かれる。けれども伊藤にあっては、欽定憲法による国民の政治参加の権利と機会の保障という側面が強調され、しかもいったん下された権利は主権者ですら「妄に之を奪はぬ」ものとされるところに憲法の真価が求められているのである。

このように伊藤は、今や国民は天皇ですら侵すことのできない政治上の権利を保有しており、その権利を駆使して国家を盛り立てることが天皇に対する国民の義務であることを説いている。「国家なる観念の上に於て、憲法に条列してある所の権利を享有して国に対する所の義務を尽し、之を誤らぬやうに」[48]すること、それが今日の勤王の道なのである。かくして、「何時までも睡つて居つてはならぬ、睡つて居れば国に対して義務を尽くすことが出来ぬ」[49]として、国民の政治的覚醒が呼びかけられる。

立憲制度とは、このように国民の政治化を前提としている。他方で、その目的はそのように政治的に覚醒した国民の秩序化であり、前述の君民共

---

46) 東京日日新聞編『伊藤侯演説集 第三』(日報社・1899年) 82頁。
47) 『伊藤博文演説集』291頁。
48) 東京日日新聞編・前掲注46) 97頁。
49) 『伊藤博文演説集』291〜292頁。

治という政治様式の実現とされる。「憲法政治の主眼たる目的は……一国を統治遊す所の天皇と国を成す所の元素たるべき人民とが相調和して睦しくしやうと云ふのが目的である」[50] と説かれ、君民の宥和こそ憲法政治の目的であり、精神をなすものにほかならないとされる。

このように、宥和と統合こそ伊藤の立憲国家観が帰着するところであったが、それは何も天皇と国民の間のことに限られない。「立法部とか或は行政部とか云ふものの間は詰り調和が出来なければ──憲法の運用と云うことも其調和に依って出来るのであって、何時でも離齬して往けば国歩の進行仕方はないことになる」[51] と説き、政府と議会の調和も呼びかけられる。そして、この観点から、伊藤は政党のあり方について批判の矛先を向けるのである。

伊藤のみるところ、現下の政党政治は「敵討の政治」[52] に堕している。源平や新田足利の争いを髣髴とさせる体たらくであり、国民調和の政治という観点からは大いに問題がある。「日本帝国の議会をして、矢来を結った所の敵討場の如くされては堪らぬ」[53] としたうえで、彼は次のように呼びかけている。

> 凡そ政党なるものは、一国の政治上の利害に就いて人々みな其の観念を有って居る、それが同説の人が集って、即ち党派なるものを組織すると云うに過ぎぬのであって、殊更に今の政党の如く源平や、新田足利の争うたが如き争いをすると云うことは、此文明の政治、憲法政治の下に於て其仕方方法が過ぎると思う。政党なるものはも一少し軽く見なければならぬ。余り政党者流も自ら見ることが重も過ぎるし、他より之を見る者も亦た重も過ぎて居る。政見の異同は到底多数の国民であるから免れぬけれども、今のような政党と云うものの観念が強過ぎて来ると、遂に源平の争を見たようなことになって、誠に国家の為めに望ましからぬことと考へる。[54]

---

50) 同前210～211頁。
51) 同前104頁。
52) 同前218頁。
53) 同前。
54) 同前219頁。

「政党なるものはも一少し軽く見なければならぬ」とされる。「既に議会がある以上政党の分立することは已むを得ぬ」55)。しかし、その一方で、政治とは「始終動いて行くものであるから、此れは利害に依って見るより外はない、利害で見る時には、昨年は非と云ったものも今年は是と云わなければならぬかも」56) しれないものである。敷衍すれば、固定した教義を護持してそれをもって現実を裁断するのではなく、変動常なき内外の環境を見据えて状況主義的に判断し行動することが政治の本質とされる。したがって、その時々によって変遷する国家の利害という見地に立てば、派閥を築いたり政党を結んだりして自らの友軍を固めるよりも、昨日の敵といかにつるむことができるかが、政治的な思慮ということになる。伊藤は、憲法政治における譲歩の精神を説いて言う。

> 英吉利の憲法政治はなぜ斯の如く能く往て外の所は能く往かんかと云って聞いて見ると、取も直さず英吉利人は譲歩の心が強い。外は譲歩の心が少ない。譲歩の心の少ない者は憲法政治には不適当な人民である。57)

以上のように、伊藤にとって憲法政治の真価は、国家を構成する諸勢力を宥和させ調和させることにあった。そのために、それらに均しく統治権参与の権限と手段を保障するところに立憲制度の妙は求められる。これとあわせて、制度を構成する各々のファクターには、それぞれ譲歩の精神が要請される。政党も例外ではない。むしろ、その要請がより一層妥当するのが政党であった。眼下の政党は政府や他党との間の抗争にかかずらわっているが、国民の政治参与と政治への責任の自覚を憲法政治の核心とみなす伊藤にとって、政党は国民と政治を媒介して国民の諸利害を調整すべき存在として刷新される必要があった。この信念を実行に移すために、伊藤は自ら政党の結成へと乗り出したのである。

---

55) 『伊藤博文演説集』227頁。
56) 同前228頁。
57) 同前105頁。

V　伊藤博文の遺産

1　協働の原理としての立憲主義

　以上、明治憲法の制定者である伊藤博文の憲法思想について詳論してきた。これまで論じてきたことを確認しておこう。

　伊藤は、君民共治の政治を実現するためのシンボルと制度的枠組みとして憲法を制定した。天皇への主権の帰属を明確にする一方で、国民の権利を保障し、国民を国政に参加させる仕組みとして、憲法は導入された。

　このような伊藤の憲法理解に大きな影響を与えたのは、ヨーロッパでの憲法調査であり、特にウィーンでのシュタインの教えを通じて、彼は憲法を補完するもうひとつの国家の構成原理としての行政に開眼し、行政と憲法を総合した国制（constitution）の改革を行うとの考えに達した。帰国後、憲法制定に先立って彼が遂行した諸々の行政改革はその実践だった。

　他方で、伊藤はそのようにして構築した国制に盛り込むべきは、憲政だとみなしていた。憲法を通じての国民政治の理念と運動である。シュタインの国家学の重心が行政による憲政の相対化に置かれていたのに対し、伊藤においては憲政の理念に基づいた議会政治へと漸進的に移行していくことが憲法施行後の課題とされた。伊藤にとって、憲法とは、憲政とは、国制とは、すなわちconstitutionとは、進化するものとして捉えられていたのである。

　その背景には、独特の世界観があった。伊藤は、天の下変わらざるものなしと考えていた。憲法秩序も不断の変遷にさらされている。もっともそこには進化の道筋というものがあった。それは政治の民主化である。既述のように、伊藤は国民が主体となった政治へと徐々に移行させていくことを図っていた。そのことを彼は憲法発布直後から明言していたのであり、憲法が施行されてから10年後には自らそのために立憲政友会という政党を立ち上げる。

　もっとも、政友会創立には、政党政治とは区別される憲法政治の実現という企図があった。伊藤にとって憲法政治とは、様々な政治的アクターが

譲歩の精神でもって国家的な調和をもたらす政治のあり方を意味していた。政党が単なる党派的利害の代弁者となることは忌避されたのである。党派心を抑制し、議会の場で他党や政府と対話するためのメディアとなることが政友会には期待されたのである。

　以上のような伊藤の憲法実践には、立憲主義の捉え方について、1つの示唆を与えるものがあるように思われる。それは、参加型民主制と代議制を立憲主義のコアとする捉え方である。立憲主義と言えば、通常、権力の分立と抑制による国民の権利の保障を主眼とするものとして定義される[58]。しかし伊藤にあっては、立憲主義とは、国民に政治参加の権利を保障し、そのための制度としての代議制議会を設けるということであった。そこには、国民の政治参加の原理と運動として憲政（constitution）を捉えるシュタイン国家学の影響が介在している。シュタインの憲政概念の背景には、19世紀前半におけるヨーロッパ各国でのナショナリスティックな立憲運動（1848年革命）があり[59]、それは当時の日本にとっても国会開設を求める自由民権運動の展開によって無縁ではなかった。

　シュタインと異なり、伊藤は憲政に軸足を置いた国制を構想した。そこには、憲法政治に対する伊藤の強い思いがある。変動常なき世界に政治が対処していくには、行政のみならず国民の知見と活力の導入が必要とされる。それらを結節する場が議会にほかならない。そのような統治のプロセスを可能にする政治の実践を絶えず行っていくことが、伊藤にとっての立憲主義の課題であった。すなわち、その時々の問題状況にあわせて、合理的な秩序を漸進的に作っていく協働の原理と作用としての立憲主義である[60]。

---

[58]　立憲主義の歴史と意義について省察した最近の重要な業績として、佐藤幸治『立憲主義について』（左右社・2015年）。同『世界史の中の日本国憲法』（左右社・2015年）も参照。

[59]　Martin Kirsch/Pierangelo Schiera (hrsg.), *Verfassungswandel um 1848 im europäischen Vergleich*, Duncker & Humblot, 2001.

[60]　本章では触れられなかったが、伊藤は1907（明治40）年に軍政の立憲的統制を目指した制度改革に身を投じた。同時期の韓国統監就任も、韓国に駐留する日本軍を文民の立場で統制することに1つの大きな眼目があった。このような一連の改革の試みを筆者はかつて「明治40年の憲法改革」と称した。瀧井一博「明治四〇年の憲法改革」大石眞先生還暦記念『憲法改革の理念と展開 下巻』（信山社・2012年）649頁以下参照。同・前掲注15『伊藤博文』第5章、第

constitute とは、「創る」という意味である。立憲主義（constitutionalism）には、国民が政治に参画し自分たちの政治的共同体の秩序を不断に作り出していく営みという含意ももたせることができよう。国家権力の抑制も、そのような参加を通じて初めてその意義を全うするものであろう[61]。

2　憲法改正論議への示唆——憲法の威厳性の復権？

最後に、もう一度憲法草案の枢密院審議における伊藤の発言に立ち返ってみたい。そこで伊藤は、天皇の主権は無制約であると言いながら、憲法政治とは君主権制限の意義だと矛盾した言辞を弄した。これまでこのような明治憲法の相反する性格の理解にあたっては、顕教・密教の比喩が用いられてきた。国民に天皇制信仰を植えつけ、天皇統治を正当化するための顕教としての天皇主権説と天皇の統治権を国家主権の中に解消し官僚による統治を正当化する密教としての天皇機関説である。

そのような従来の理解に対して、本章では伊藤の所論を首尾一貫した憲法論として読み解こうと試みた。そして、国家の主権の絶対性と不可分性をシンボリックに体現する「表彰」としての天皇と実際の運用のレヴェルにおける権力の立憲的統制が伊藤の真意であったことを確認した。伊藤は国家権力の存立のためには、それを正当化する象徴的作用とその運用を秩序づける法治主義がともに不可欠であると認識していたのである。

ここで参考にしたいのが、憲法における「機能する部分（efficient parts）」と「威厳をもった部分（dignified parts）」を区別するイギリス憲法の考え方である。ワルター・バジョット（Walter Bagehot）は、有名な『イギリス憲政論』において、次のように論じている。

> まず憲法は、簡明な機能する部分を有している。それは、ときおり、ま

7章も参照。「憲法改革」という捉え方についての憲法学からの批判的考察については、本書Ⅷ-2章〔西村〕を参照。もっとも、歴史学の徒としては、そこでの憲法の価値づけや規範内容はあらかじめ強靭に措定されすぎており、かえって現実社会の構成能力を失っているように思われる。

61）このような捉え方は、松井茂記の唱えるプロセス的憲法観とも親和性をもつと考えられる。松井茂記『『ほっといてくれ』の憲法学から『みんなで一緒にやろうよ』の憲法学へ』紙谷雅子編『日本国憲法を読み直す』（日本経済新聞社・2000年）84頁以下参照。

た必要な場合には、これまでに実験済みのどの統治機構よりも簡単に、容易に、そしてよりよく機能することができるのである。つぎに同時にこの憲法は、歴史的な、複雑な、そして威厳のある演劇的部分をもっている。これは、はるか昔から受け継がれてきたもので、民衆の心をとらえるとともに、目に見えないが、絶大な力によって、被治者大衆を動かしているのである。[62]

　ここでバジョットが論じているのは、イギリスの国制には統治を実効的に行う機関と国家に威厳性を与える機関とがあるということである。前者を担うのが議会であり、後者を体現するのが君主ということになろう。
　バジョットの議論は、イギリスの国制上の機関の性格規定を行ったものと言えるが、これを憲法の機能論に転用することもできるのではなかろうか。すなわち、憲法には２つの機能がある、統治を実効化する機能と国家に威厳性を与える機能である、と。そうした場合、バジョットの区分はより一般的な憲法理論へと転化させることができるように思われる。憲法の実効化機能とはいわゆる統治機構論のオーソドックスな課題である。これに対して、威厳化機能とは国家存立の前提となる国民を統合する機能である[63]。
　伊藤の念頭にあったことは、このような憲法の２つの機能だったのではなかろうか。つまり、彼はまず第１に、憲法の威厳的要素の構築を目指した。憲法による統合作用である。被治者大衆たる国民を国家に統合し、その一体性を高めて国威を発揚するための機能を伊藤は憲法に期待した。そのためのシンボルとして掲げられたのが、主権者としての天皇である。天皇権力の無制約とは、国家への権力の一元化ということにほかならず、そ

62) バジョット(小松春雄訳)『イギリス憲政論』(中央公論新社・2011年) 14頁。
63) ルドルフ・スメントの統合理論が想起される。Vgl. Rudolf Smend, Verfassung und Verfassungsrecht, in: ders., *Staatsrechtliche Abhandlungen und andere Aufsätze*, Duncker & Humblot, 1995. スメントの統合理論は、国家への国民の統合を絶えざる循環として把握するものであり、永久運動の装いを呈している。それは政治の過剰をもたらすものとの警戒感を筆者などは抱く。政治の場にもハレとケがあるとするならば、統合はハレであり、またそれにとどまるものとして理論構成された方がよいように思われる。この点、多少文脈を異にするが、伊藤が政治と自治を峻別し、政治の領域を限局しようとしていることは示唆に富む。『伊藤博文演説集』208頁。

の前提には天皇を基軸とする国民の統合という裏づけが必要だった。

このようにして国民統合による国家的権威の確立を図った後で、伊藤は憲法の実効化の完遂に腐心した。憲法に基づき、政治を円滑に運営するための仕組みとプラクシスである。ここで中心となるべきは、国民の代表によって構成される議会であり、そのために伊藤は政党政治の善導を目指して、立憲政友会の創立に乗り出していく。

しかし、この点において伊藤が明治憲法に託した構想は不完全に終わった。政党政治はその後進捗し、大正期には政党内閣制の慣行の成立をみるも、昭和に入るとそれは党派的な利害政治に堕し、国民からの支持を失ってしまう。国民大衆、政党、議会、内閣、官僚、宮中、軍部といった国家を構成する各アクターの関係も調和を欠き、憲法に基づいた国政の運営は破綻をきたす[64]。伊藤が思い描いた憲法政治は、絵空事に終わったのである。

以上のように、明治憲法は威厳化作用の樹立には奏功したが、実効化作用の実現には失敗した。翻って日本国憲法を考えてみれば、そのもとで日本の政治は憲法の実効化という点で長足の進歩を遂げたと言える。議院内閣制による国政の運営は憲法上明記され、また制度的にも定着している。政体についての共通見解を欠いた明治憲法とはコントラストをなす[65]。

その一方で、日本国憲法のもとで威厳性の要素はどのように観念されているのだろうか。明治憲法とは異なり、日本国憲法は主権者の顕現の問題を忌避してきたように思われる。主権作用のシンボル的表出の問題であり、国家の統合性・一体性の演出と言ってもよい。今日の憲法体制について言うならば、国民が主権者であることを想起・確認するための契機である。

バジョットは先の引用の中で、憲法の威厳的要素を「演劇的部分」

---

64) その経緯と実相について、伊藤之雄『昭和天皇と立憲君主制の崩壊』(名古屋大学出版会・2005年)。

65) 今日では、国会におけるいわゆる「ねじれ」現象を機に、日本国憲法における衆参両院間の権限配分の不十分さによって立法の停滞が生じたことの認識から、参議院改革が憲法改正の1つの論点として浮かび上がってきている。井上武史は、憲法で見直すべき「最大の問題は、参院の選挙制度と強すぎる権限をどうするか」であると述べている(「論点スペシャル 憲法改正どう進める」読売新聞2015年11月3日)。さらに、大石眞「両院制運用への展望」北大法学論集63巻3号(2012年)106頁以下も参照。

(theatrical parts）とも形容しているが、日本国憲法のもとでも、威厳(dignity）を付与するための政治の場における演劇的演出は、国民主権を確認し、国家に統合をもたらすものとして考えられてよい。日本国憲法上、そのような「威厳のある演劇的部分」として考慮されうるものがあるとすれば、憲法改正の国民投票はまさにそれにあたると言えよう。それを通じて、主権者たる国民は憲法の信認か改正かの判断を行うことによって自らの国制に尊厳を与え、それに統合性を付与することになる。特に、日本国憲法下で初めて憲法改正の国民投票が行われた場合、それは欽定憲法史観と名実ともに訣別して国民主権に立脚した立憲体制を選択したという意義をもつことになろう。もっとも、そうであるためには1つの条件を忘れてはなるまい。それは、その国民投票が、憲法政治の理念である譲歩と妥協に基づく調和の精神にのっとり、この国を担うというできるだけ幅広い政治的立場の協働の所産たりうることである[66]。

※本章は、平成27年度科学研究費助成事業（学術研究助成基金助成金（挑戦的萌芽研究））課題番号26590003による研究成果の一部である。

---

[66] そのためには、国会での憲法改正の発議が、与党のみならず少なくとも野党第一党との共同でなされることが望ましい。国民の"選良"が、通常の政争や政局を棚上げにして改正案を問い、それに応えるかたちで国民投票がなされれば、それは日本国憲法が依拠する国民主権に実質を与え、憲法に画竜点睛を施すものとすらなろう。憲法の樹立は、国民的な"神話"の創成でもある。次の神話は、この憲法は国民が様々な政治的利害を乗り越えて作られた協働の産物、となるべきである。憲法改正が、新たな「押しつけ憲法」をもたらすことは避けなければならない。

Ⅷ-2章
憲法改革・憲法変遷・解釈改憲
日本憲法学説史の観点から

西村裕一（北海道大学）

Ⅰ 「憲法改革」とは何か
Ⅱ 明治憲法
Ⅲ 日本国憲法
Ⅳ 政治と法の間

Ⅰ 「憲法改革」とは何か

1 「憲法改革」と「憲法変遷」

「憲法改正とは、成典憲法中の条項の修正・削除および追加をなし（狭義の改正）、あるいは、別に条項を設けて、もとの憲法典を増補すること（狭義の増補）によって、憲法に意識的に変改を加える行為をいう」[1]。Ⅷ-序で論じているように、わが国においてこの意味における憲法改正が行われたのは、大日本帝国憲法（以下「明治憲法」という）の改正による日本国憲法の制定という事例しか存在しない。しかし、近代日本の歴史において、それ以外におよそ憲法変動が存在しなかったわけではない。本書のⅧ-1章を執筆している瀧井一博がかつて論じた明治40年の「憲法改革」も、

---

1) 清宮四郎『憲法Ⅰ［第3版］』（有斐閣・1979年）386頁。

その重要な事例のひとつである。

　もっとも、伊藤博文が主導した明治40年の改革を「憲法改革」と呼称するのは瀧井のオリジナルな用法である。それでは、「憲法改革」とは何であろうか。この言葉を広めた大石眞によれば、たとえば「通常の議会制定法である憲法附属法の改廃によって憲法秩序を変えるもの」などと定義されている。ところで、ここにいう「憲法附属法」とは、「国政の組織と運営に必要な規範、すなわち実質的意味の憲法に属する法規範であって、憲法典を補充する意味をもつ規範又はそれを内容とする議会制定法をいう」とされる。したがって、「憲法典の改正（憲法改正）と区別する意味で、実質的意味における憲法又は憲法秩序が変動するさま」をもって、「『憲法改革』の歩み」と説明されることになる[2]。しかしそうであるとすれば、そのような事態を呼称するための用語は、既存の憲法学の中にすでに存在している。すなわち、大石自身も――「一種の」という限定つきではあるが――認めているように[3]、「憲法変遷」がそれである。にもかかわらず、彼がそれとは別に「憲法改革」という用語をあえて選択したのはなぜなのだろうか。

　この点、憲法変遷については「無意識的」な憲法変動であるといわれることがあるのに対し、大石のいう憲法改革とは憲法附属法の改正や制定という「意識的」な憲法秩序の変動を意味しており、このことが「憲法変遷」という用語が選択されなかった理由のひとつとして挙げられるかもしれない。しかし、そもそも「憲法変遷」という用語によって語られてきた現象について考えてみると、それとは異なる理由も見出しうるように思われる。もとより、ここで論じなければならないのは、「憲法の変遷は、改正手続によらないで、憲法をいわば実質的に変更させるもの」という教科書的な定義についてではない。憲法変遷がそのようなものである結果、「場合によっては、憲法の正文と憲法の現実との不一致をまねき、しかも、それが"もぐり"の改正とか、"解釈改憲"とかいわれるものになるおそ

---

2)　大石眞『憲法秩序への展望』（有斐閣・2008年）26頁、9頁、ii頁。
3)　大石眞『憲法史と憲法解釈』（信山社・2000年）9頁参照。

れもある」ということが、ここでの問題である[4]。

　かかる説明にみられるように、「憲法変遷」が憲法学において問題にされるのは、単に実質的意味の憲法の内容が変化するという現象を超えて、「憲法に違反する国家行為が定立され、憲法の規範と現実との間にズレが生じ、不一致の関係が見られる場合である」[5]。その理由は後に説明するとして（Ⅲ）、これに対して大石は、1990年代以降の統治構造改革によって生じた憲法秩序の変動について、「そうした一連の統治構造の改革の動きが、国民主権の理念を基礎としつつ『政治主導』の統治システムの構築という目標に向けて進められてきたものととらえ、この意味で基本的にそれに賛同する」[6]と、好意的に評価している。一見して明らかなように、ここでは、かかる「憲法改革」がそもそも憲法正文に反するのではないかという視点は後景に退いているのみならず、それはむしろそれは憲法の趣旨を豊かにするものだと理解されているようである。このように、実質的意味の憲法の内容が変化しているといってもそれが憲法規範の枠内で生じた事態であることは大石にとって当然の前提である以上、違憲の憲法実例が行われていることを前提とするかのような「憲法変遷」という用語は必ずしも適切ではないがゆえに、それに代えて「憲法改革」という用語が選択されたものと解することもできよう。事実、大石が「憲法変遷」として指し示すのは、たとえば、本来憲法が構想していた半直接民主制という民主的な統治形態が半代表政へと転化し、もって国民が「囚われの主権者」として描かれるようになるという——彼の立場からみれば由々しき——事態であった[7]。

4）　清宮・前掲注1）387頁。
5）　同前。芦部信喜『憲法学Ⅰ　憲法総論』（有斐閣・1992年）82頁も、「憲法規範の意味に変化が起こり、規範の趣旨・目的を補充し発展させるような憲法制度が形成されることは、当然の現象であり、この法的性格をとくに問題にする必要はない。これは、むしろ、憲法の変遷として説明すべき場合に当たらないと言うこともできる」としたうえで、問題なのは、「憲法規範に真正面から反する解釈——清宮四郎の言う『にせの解釈』——によって形成された憲法制度（あるいは憲法現実）が、一定の段階に達したとき、憲法規範を改正したのと同じ法的効果を生ずる」という意味における憲法変遷が認められるか否かである、という。
6）　大石・前掲注2）ⅱ頁。
7）　大石眞『立憲民主制』（信山社・1996年）175頁参照。

けれども「憲法改革」とて、それが実質的には憲法変遷と同じ現象を指している以上、「"もぐり"の改正とか、"解釈改憲"とかいわれるもの」になるおそれから自由であるわけではない。もとより、大石は、憲法論と法律論との混同を厳に戒めてはいる[8]。とはいえ、たとえば、彼自身が挙げている憲法改革の具体例であるところの、衆議院議員選挙において小選挙区比例代表並立制を導入した選挙制度改革や、裁判員制度を導入した司法制度改革についても、その違憲性をめぐる争いが最高裁にまで持ち込まれたことには注意が必要であろう[9]。少なくともこれらの制度が違憲であると主張する立場からみれば、にもかかわらずそれらの制度を導入した「憲法改革」は、憲法改正手続によらずに違憲の憲法実例を作り出した「もぐりの憲法改正」に過ぎないはずである。したがって、ある憲法秩序の変動を「憲法変遷」ではなくあえて「憲法改革」と呼称するとき、そこではすでに一定の解釈論的立場の選択が行われていると考えるべきであるように思われる。

2 「憲法改革」と「解釈改憲」

さて、そうであるとすれば、瀧井が伊藤による明治40年の改革を「憲法改革」と呼称する際にも、かかる改革に対するポジティブな評価が前提とされているのではないかと推察することができよう。実際、伊藤の思想に淵源するのは「立憲政治への信念」であったと指摘する瀧井は、この改革によって成立した「明治40年体制」が明治立憲体制の崩壊を招いたと評価する見解に対しては慎重な留保を付す一方で、皇位・皇室の国家機関化と内閣中心の責任政治の確立を目指した伊藤および帝室制度調査局の試みをもって「明治立憲制そのものの補修」であると評していた[10]。その瀧井の言説の中でも、とりわけここで注目されるのが、伊藤らによる内閣中心政治の制度構想の意味を「本格的な政党内閣制への地均しをするもの」

---

8) 大石・前掲注2)125頁参照。
9) 最大判平成11年11月10日民集53巻8号1577頁・1704頁、最大判平成23年11月16日刑集65巻8号1285頁参照。
10) 瀧井一博『伊藤博文』(中央公論新社・2010年)195頁以下、同「明治四〇年の憲法改革」大石眞先生還暦記念『憲法改革の理念と展開 下巻』(信山社・2012年)649頁以下参照。

と捉えている[11]点である。

　というのも、仮に明治憲法は政党内閣を禁じているという立場に立つ者の眼からみるならば、このような憲法秩序の変動は望ましい「憲法改革」などではなく、ただ憲法違反の実例を積み重ねているだけだということになるだろう。そして明治憲法下において、少数説とはいえ、政党内閣違憲論は確かに存在していた。そうであるとすれば、皇位・皇室の国家機関化などとともに、「本格的な政党内閣制への地均し」をした明治40年の国制改革が明治憲法の枠内に収まっているのかどうかは、それ自体論点となりうるはずだと思われるからである（たとえば、伊藤の敵役として描かれている山県有朋にとってはどうだったであろうか[12]）。

　それに対し、かかる伊藤の国家構想から直ちに想起されるのは、天皇機関説（国家法人説）と政党内閣による内閣中心政治を説いた美濃部達吉の国家構想であると思われる。実際、現在の研究においては、伊藤ら明治憲法制定者の流れを汲むのは「正統学派（天皇主権説学派）」ではなくむしろ「立憲学派（天皇機関説学派）」であるとされ[13]、かかる立憲学派の雄たる「美濃部憲法学は、伊藤博文の『内閣政治』を発展させて政党内閣の憲法上の正当性を証明しようとした」[14]などと、伊藤と美濃部における国家構想の連続性が説かれているところである。確かに、Ⅷ-1章において瀧井が紹介する伊藤の憲法思想をみれば、まったく同一の国家構想を抱いていたわけではないとしても、両者の間に親和性が存することは明らかであろう。

　ここで、美濃部の政党内閣合憲論を「解釈改憲」と呼んだのが坂野潤治であった。

　　　明治憲法は天皇の発議なしには改正できなかったから、事実上は改正できない憲法であった。そうだとすれば、戦前の非民主的な憲法を民主化

---

11)　瀧井一博「明治後期の国制改革」伊藤之雄＝川田稔編『20世紀日本と東アジアの形成』（ミネルヴァ書房・2007年）270頁注53。
12)　なお山県については、岡義武『山県有朋』（岩波書店・1958年）や、伊藤之雄『山県有朋』（文藝春秋・2009年）等を参照。
13)　古典的な業績として、家永三郎『日本近代憲法思想史研究』（岩波書店・1967年）125頁以下参照。
14)　坂野潤治『近代日本の国家構想』（岩波書店・2009年）197頁。

するには、「解釈改憲」か「政治の運用」か以外に途はなかった。……大正デモクラシーを代表する二人の思想家のうち、美濃部達吉は「解釈改憲」を選択し、吉野作造は「政治の運用」を選んだのである[15]。

　坂野の言う「解釈改憲」の意味を探るためには、それと対比的に用いられている「政治の運用」からみるべきであろう。坂野の表現によれば、吉野は「天皇主権の明治憲法のもとでは、主権在民のデモクラシーは認められない」として、「天皇主権を尊重するデモクラシー」を「民本主義」と呼んだ[16]。このように、吉野による「政治の運用」は、あくまで明治憲法の枠内における政治論であったと解されているものと思われる[17]。それに対し、美濃部の「解釈改憲」とは、坂野によれば、「国務各大臣ハ天皇ヲ輔弼シ其ノ責ニ任ス」と単独責任制を定める明治憲法55条1項を「各省主任ノ事務ニ就キ高等行政ニ関係シ事体稍重キモノハ総テ閣議ヲ経ヘシ」と定める内閣官制5条によって「骨抜き」にしたうえで、「内閣は議会の多数を占めて居る政党から組織せらる、ことに成るのは、免るべからざる自然の勢であ〔る〕」[18]として政党内閣の必要性を論証する憲法論を指す、とされる[19]。ここで「骨抜き」という表現が用いられていることからしても、坂野における「解釈改憲」という言葉には、明治憲法の本来の意味を潜脱する解釈であるという含意があるように思われる。

　このように、伊藤の「憲法改革」が美濃部の「解釈改憲」へと通じていることは、しかし、「憲法変遷」という概念を補助線として引いてみればさほど驚くべきことではないのかもしれない。なぜなら、ここまでの議論から明らかな通り、憲法改革にせよ解釈改憲にせよ、「一種の」憲法変遷にほかならないからである。そうであるとすれば、憲法改正を経験したことのないわが国における憲法変動論の主題となってきた「解釈改憲」や

15)　坂野潤治『日本政治「失敗」の研究』（講談社・2010年）17頁。それに対し、「吉野は尖鋭な解釈改憲論に立っていた」とするのは、苅部直「吉野作造『憲政の本義を説いて其有終の美を済すの途を論ず』」ちくま536号（2015年）32頁。
16)　坂野・前掲注15) 16頁。
17)　吉野解釈に関して坂野が高く評価する、松本三之介『近代日本の政治と人間』（創文社・1976年）145頁も参照。
18)　美濃部達吉『憲法講話』（有斐閣書房・1912年）150頁。
19)　坂野潤治『日本憲政史』（東京大学出版会・2008年）95頁以下参照。

「憲法改革」について論じるにあたっては、結局のところ、「憲法変遷」という概念が鍵になってくるように思われる。そこで次節では、わが国の憲法学説史において「憲法変遷」という概念がどのように語られてきたのかについて、専らその出発点に焦点を絞って検討を加えてみたい。

II 明治憲法

1 憲法変遷論

周知の通り、「憲法変遷」という概念をわが国憲法学に導入したのは、美濃部の功績である。すなわち、彼は、G・イェリネックによって『憲法改正と憲法変遷』というパンフレットが1906（明治39）年に公刊されるや[20]、その翌年にはすでに、『国家学会雑誌』上においてその梗概を紹介していた[21]。そして、ここで紹介されたイェリネックの憲法変遷論に対しては、美濃部と鋭く対立していた学者の間から、直ちに批判が巻き起こったのである。たとえば、穂積八束は「近頃新説トシテ（独逸ノえりねっく〔イェリネック〕博士）凡ソ憲法ノ変更ニハ二様ノ方法アリ、其ノ改正ト其ノ変遷ト……ナリト論スルカ如キハ極メテ皮相ノ観ニシテ危険ノ説ナリト謂フヘシ」と断じ[22]、上杉慎吉は「エリネックノ近時公法学界ノ視聴ヲ聳動シタル憲法変化説ハ予カ全然同意セサル所ナリ」と憲法変遷論を一蹴した[23]。

それでは、かかる論争において、イェリネックの憲法変遷論はどのようなものであると理解されていたのだろうか[24]。この点、美濃部の説明によ

---

20) Vgl. Georg Jellinek, *Verfassungsänderung und Verfassungswandlung*, O. Häring, 1906.
21) 美濃部達吉「憲法の変更と憲法の変遷（上）（下）」国家学会雑誌21巻8号（1907年）103頁以下、同9号（1907年）95頁以下参照。
22) 穂積八束「英国風ノ政党ノ武士道」法学協会雑誌28巻1号（1910年）12～13頁。この論考は、穂積重威編『穂積八束博士論文集〔増補版〕』（有斐閣・1943年）859頁以下に収録されている。
23) 上杉慎吉「憲法ノ欠缺（承前）」法学協会雑誌28巻11号（1910年）75頁。この論考は、同・後掲注33）とともに、同『国体憲法及憲政〔再版〕』（有斐閣書房・1917年。初版は1916年）293頁以下に収録されている。
24) 以下の叙述については、美濃部・前掲注21）に加え、同「エリネツクノ憲法変化論」法学協会雑誌26巻6号（1908年）15頁以下、同8号（1908年）88頁以下をも参照した。なお後者の論考は、同『憲法及憲法史研究』（有斐閣書房・1908年）693頁以下、および同『人権宣言論外三篇』（日本評論社・1929年）217頁以下に収録されている。

れば、イェリネックの言う憲法変遷とは「憲法変更ヲ目的トスル行為ニ依ラナイ[ママ]ので憲法ノ変更スル場合デアル」ところ[25]、それには、議会・政府・裁判所の解釈によるもの、「政治上の実際の必要」によるもの、憲法慣習によるもの、などのパターンがあるとされる。ところで美濃部は、1907（明治40）年に公刊された著作において、国法の淵源には制定法・慣習法・理法（「自然法」とも呼ばれる）が存在するという議論を展開しており[26]、イェリネックの憲法変遷論もまた、「制定法ハ制定法自身ニ依ル外ニ、或ハ慣習法ニ依リ、或ハ自然ノ必要ニ依リテ、自ラ変更スルコトガアリ得ル」という「思想ヲ、国家ノ最モ重要ナル根本法タル憲法ニ就テ、……証明シヤウトシテ居ル」ものとして紹介されていた[27]。そのことを踏まえるならば、慣習法や理法による「憲法ノ変更」を認めるものとして、美濃部はイェリネックの議論を認識していたと解することができよう。

これに対して、穂積や上杉はどのような根拠に基づいて憲法変遷論を批判したのだろうか。この点、まず穂積によれば、憲法の変更方法に2種類あるのではなく憲法の性質に2種類あるところ、改正という形式によらない憲法変更はイギリスのように「法則、慣例、礼節、相錯綜交叉スルノ不文ノ規矩」を「憲法」と称する国において生じるのに対し、わが国のように「国家絶対ノ大法」を「憲法」と称する国にはそのような議論は妥当しないとされた[28]。「一切外国ノ事例及学説ニ拘泥セサルヲ主義トス」る[29] 穂積の面目躍如と言えようが、このときすでに最晩年に差し掛かっていた彼が、憲法変遷論に対するこれ以上の批判を物することはなかったようである。

その師に代わって、憲法変遷論批判を精力的に展開したのが上杉であった。すなわち彼は、後述する「厳格ナル法学的方法」という立場から、イ

---

25) 美濃部・前掲注24)法学協会雑誌26巻6号16頁。なお、同・前掲注21)（上）103頁は、Verfassungsänderung を「憲法の変更」と訳したうえで、憲法変遷を「憲法変更を目的とせざる事実上の行為又は自然力に依り事実上に憲法の変更を来たす」ことと説明する。
26) 美濃部達吉『日本国法学 上巻（上）総論』（有斐閣書房・1907年）167頁以下、333頁以下参照。
27) 美濃部・前掲注24)法学協会雑誌26巻6号20頁。
28) 穂積・前掲注22)10〜14頁［引用は12頁、10頁］参照。なお、「法則」「慣例」「礼節」は、それぞれ law、custom、convention の訳語である。
29) 穂積八束『憲法提要（上）』（有斐閣書房・1910年）小引3頁。

ェリネックらの唱える「憲法変化説」を次のように批判したのである。

> 法ト法ニ非ルトハ明確ニ限界線ヲ劃スヘク法ヲ拡張スル┐ヲ得ル所ハ論理解釈ノ及ヒ得ル所ヲ以テ極限ト為ササルヘカラス条理ノ嚮フ所ニ従ヒ又ハ一般文明諸国ノ趨勢ニ依リ又ハ国家社会ノ必要ニ応シテ自由ナル解釈ヲ以テ事々ニ当リテ法ヲ伸縮スルハ法ノ本質ニ反セリ之ヲ為スハ唯立法ノ方法アルノミ又ハ慣習法ノ成熟ヲ待ツノ外ナシ即チ実定法ハ此ノ二ノ方法ニ依ルノ外之ヲ伸縮スル┐ヲ得ルモノニ非ス[30]

ここで上杉が否定しているのは、制定法ないし慣習法によることなく、「条理」や「一般文明諸国ノ趨勢」や「国家社会ノ必要」を根拠として法を「伸縮」するような「自由ナル解釈」を行うことであった。ところで、ここに「条理」・「一般文明諸国ノ趨勢」・「国家社会ノ必要」などと呼ばれているものこそ、美濃部の言う「理法」の内実にほかならない。

> 所謂理法ハ……此ノ如キ〔＝制定法における国権の制定や慣習法における事実上の慣習のように〕何等外形上ノ標識ノ存スルコトナク、単ニ社会生活上ノ実際ノ必要、一般ノ法律思想又ハ事物自然ノ条理ニ依リテ法タル力ヲ有スルモノヲ謂フナリ[31]

したがって、美濃部と上杉との対立点は、第一義的には理法による「憲法ノ変更」を認めるか否か、換言すれば、理法を法源として認めるか否かに存したと解することができよう。実際、美濃部憲法学の特徴として理法の承認に言及するというのは、美濃部研究において長い伝統を有する由緒正しい作法でもある[32]。

---

30) 上杉・前掲注23)『憲法の欠欹(承前)』75頁。
31) 美濃部達吉「非制定法小論(承前)」法学協会雑誌27巻3号(1909年)56～57頁。この論考は、同・後掲注56)とともに、同『法の本質』(日本評論社・1948年)183頁以下に収録されている。
32) 磯村哲「市民法学(中)」鵜飼信成ほか責任編集『講座 日本近代法発達史9』(勁草書房・1960年)62頁以下、家永三郎『美濃部達吉の思想史的研究』(岩波書店・1964年)137頁以下、Frank O. Miller, *Minobe Tatsukichi*, University of California Press, 1965, pp.50-55等参照。

2 憲法解釈方法論

それでは、上杉はなぜ美濃部が唱える「理法」の存在を認めることができなかったのだろうか。その原因は、すでに示唆しておいたように、「厳格ナル法律的方法」という彼の法解釈方法論にあった。

上杉は、「予モ亦ラーバンドノ主義ヲ奉シテ其ノ学派ニ属スル者ナリ」[ママ]と宣言して憚らない[33]。周知の通り、ラーバントは、国法学において哲学的・政治的考察を排した「法学的方法」を追究した[34]。このような「国法学ノ研究方法ハ厳格ニ法学的（juristisch）ナルヘシトスルラーバンドノ主義ハ予カ全然一点ノ修正ヲ加ヘスシテ遵拠センコトヲ欲スル」[35] というのが、上杉の基本的な立場である。

ところが上杉は、返す刀でラーバントを批判する。「国法学ヲ厳ニ政治ヨリ区別シ国法学ニ純粋ニ法学タルノ形態内容ヲ与ヘ之ニ依リ近時ノ国法学確立セリトスレハ其ノ建設者タルラーバンドハ自ラ国法学ニ対スル謀叛者ナリ」[36]。その理由は、次に引用する上杉による紹介にみられるように、ラーバントが法の無欠缺性を主張している点に求められる。

> 法律学ハ字句ヲ注釈スルヲ以テ能事トスルモノニ非ス一国法律上ノ原則ヲ発見シ之ヨリ演繹シテ仮令法典ニ記載セラレタル明文ナキモ恰モ記載セラレアルカ如ク個々ノ場合ニ対スル適用ノ規則ヲ索出スルコトヲ得ルモノナラサルヘカラス予算法律不成立ノ場合ハ法典ニ之レニ対スル明文ナシト雖モ法律学ハ法律上如何ニ此ノ場合ヲ処置スヘキヤノ解答ヲ与フルコトヲ得法ハ固ヨリ欠缺ナキカ故ニ如何ナル場合ニ対シテモ論理上之ニ対スル法規ヲ発見スルコトヲ得ヘシ[37]

---

33) 上杉慎吉「憲法ノ欠缺」法学協会雑誌28巻10号（1910年）10頁。
34) Vgl. Paul Laband, *Das Staatsrecht des Deutschen Reiches*, Bd.1, 4.Aufl., J.C.B.Mohr, 1901, S. V-Ⅶ. 同書の初版は1876年に公刊されているが、上杉が「憲法ノ欠缺」で参照しているのは第4版のようである。なお、海老原明夫「ドイツ国法学の『国家学的』方法について」国家学会百年記念『国家と市民 第一巻』（有斐閣・1987年）359頁以下も参照。
35) 上杉・前掲注33) 23頁。
36) 同前16頁。
37) 同前7〜8頁。ここで上杉は、Paul Laband, *Das Budgetrecht*, J.Guttentag, 1871, S.75ff.; ders., *Das Staatsrecht des Deutschen Reiches*, Bd.4, 4. Aufl., J.C.B.Mohr, 1901, S.507ff. を参照している。

これは正しく概念法学のテーゼにほかならない[38]。しかし、たとえばプロイセン憲法争議において問題になった「予算ノ不成立ト云フカ如キ場合ニ如何ナル法律規則ニ従テ財政ノ施行セラルヘキヤト云フカ如キ問題ハ法律問題トシテ単純ニ解答セラルルコトヲ得ス法ハ茲ニ行キ止ル之ヲ判定スヘキ法規ハ在在〔＝存在？〕セサルナリト云ハント欲ス唯利害ノ較量政治ノ実際之ヲ決スルノミ事実問題ニシテ法律問題ニ非ル」のであって、にもかかわらず「之ヲ法律問題トシテ法律上ノ決定ヲ与フヘシト為スハラーバンドカ誤謬ナリ」[39]。したがって、上杉によれば、「文字」や「論理」ではなく「正理」や「利便」による法解釈は、「政治法学」として許されないことになる[40]。このように、法の無欠缺性を強調するあまり、政治的な利益衡量の問題をあたかも法解釈の問題であるかのように取り繕うことによって、国法学から政治の要素を駆逐するという自身の法解釈方法論を貫徹できていないというのが、上杉によるラーバント批判のポイントであった[41]。

　そうであるとすれば、かかる上杉の議論が、「近時ノ法律学ノ通弊」を「余リニ制定法規ノ文面ニ重キヲ置クニ偏シ、社会ノ利益ニ適合スルヤ否ヤハ全ク之ヲ問ハス、唯制定法規ノ文字ヲ根拠トシテ論理的ニ之ヲ演繹スルノミヲ以テ法律学ノ任務ヲ尽クセリト為スコト」に見出した美濃部[42]に

38)　石川健治『自由と特権の距離［増補版］』（日本評論社・2007年）80頁以下参照。
39)　上杉・前掲注33）17頁。傍点は原文強調。
40)　上杉慎吉「自由法説非ナリ」法学協会雑誌31巻1号（1913年）79頁、同・前掲注23）「憲法ノ欠缺（承前）」43頁参照。なお前者の論考は、同・前掲注23）『国体憲法及憲政［再版］』379頁以下に収録されている。
41)　「予カ法ノ無欠缺ト云フハラーバンドノ如ク如何ナル場合ト雖モ法ヲ以テ論スヘカラサルハナシト云フニ非スシテ法ハ法トシテ完全ニ他物ヲ以テ補充スルコトヲ要セサル又補充スル余地ナキヲ本質トスルノ意ナリ」（上杉・前掲注33）18頁）。「法ヲ取扱フニ論理以外ノ方法ヲ用ユヘカラサルハ法ノ本然ノ性質ニ属ス」（同・前掲注23）「憲法ノ欠缺（承前）」55頁）。「論理ノ及ヒ得ル所ハ素ヨリ有限ナリ之ヲ若シ強イテ無限ニ拡張セントスレハ自ラ或ハ法全体ノ精神ト云ヒ一般ノ原理ト云ヒ国家ノ生存ノ必要ト云ヒ条理ト云フカ如キ自然法的独断定理ヲ持チ来ラサルヘカラズ之ラーバンドガ本来絶対的ニ排斥シテ法学トシテ国法学ヲ確立スルニ至リシ根本ノ主義ニ非スヤ」（同前71頁）。
42)　美濃部達吉『日本行政法 第一巻』（有斐閣書房・1909年）82頁。なお、法解釈方法論における美濃部とゲルバーやラーバントとの同質性については、長谷部恭男「大日本帝国憲法の制定」論究ジュリスト17号（2016年）8頁を参照。

対する真っ向からの反論でもあったことは、容易に理解できよう。そして、上杉と美濃部におけるかかる対立が顕在化した具体的事例が剰余金支出違憲論争であった。これは、国庫剰余金を予算外支出に充てるという慣行が予算外支出のために予備費を設けた明治憲法69条等に反するのではないかというものであり、とりわけ1915（大正4）年の第36回帝国議会において、時の大隈重信内閣が8000万円以上にのぼる剰余金支出事後承諾案を提出したことをきっかけに大きな問題となったのである[43]。かかる剰余金支出については、上杉ら通説が違憲と解したのに対し美濃部は合憲論を展開したのであるが、その背景として、憲法の条文に忠実な解釈を行うか憲法の条文に重きを置かず目前の需要に適した解釈を行うかという解釈態度の相違があったことが指摘されている[44]。もとより、この論争が憲法解釈方法論の相違に起因するという解釈については異論もあるが、ここで重要なことは、少なくとも上杉自身はそのように認識していたという事実である。

〔美濃部〕博士ハ夙ニ貫徹セル所謂ル自由法主義ヲ執ラレ法文ノ解釈ハ時ト共ニ変遷スル実際ノ必要ニ順応スヘキモノナルコトヲ主張セラル……今博士ハ憲法ノ文義解釈トシテモ剰余金支出ノ違法ナルサラ〔＝ナラサル？〕コトヲ説クト雖此ハ寧ロ枝葉ノミ骨子トスル所ハ「国家ノ目的」ヨリ見実際ノ必要上之ヲ適法ナリト認メサルヘカラストスルニ在リ……然レトモ予ハ美濃部博士ト根本ノ見解ヲ異ニスル者ナリ「実際ノ必要」ト云ヒ又「国家ノ目的」ト云フカ如キハ法規ノ解釈ニ於テ全然之ヲ用ユヘカラサルコトヲ信ス[45]

このように「実際ノ必要」や「国家ノ目的」といった政治的な要素を法解釈に持ち込むことが、上杉が固守する「厳格法学的方法ノ主義」という立場[46]と相容れないことは、いまや明らかであろう。

43) 須賀博志「日本近代憲法学説史における剰余金支出違憲論争」大石還暦・前掲注10) 779頁以下参照。
44) 佐藤功「我が憲法史上に於ける憲法争議（二）」国家学会雑誌56巻8号（1942年）104頁以下参照。
45) 上杉慎吉「憲法ノ解釈ト運用」法学協会雑誌33巻8号（1915年）85〜89頁。この論考は、同・前掲注23)『国体憲法及憲政［再版］』390頁以下に収録されている。
46) 上杉・前掲注33) 16頁、17頁。

この点、上杉と美濃部における法解釈方法論上の対立はしばしば指摘されてきたが[47]、実際のところ、その対立点が法解釈に「文字」や「論理」以外の要素を持ちこむか否かにあるという点について、両者には共通了解が存在していたように思われる。もとより、美濃部とて法解釈において条文や論理を無視しているわけでは無論ない[48]。ただ、いかに法の欠缺を否定したとしても、条文や論理のみでは如何ともし難いハード・ケースが存在することは否定できないであろう。その際、価値や利益の衡量によって判断を下すことが「政治」の領域にあることを率直に認めるか（上杉）、それを「理法」による欠缺の補充と称する[49]ことによってあくまで「法」の領域にとどまろうとするか（美濃部）——根本的には、これがここでの争点であったと言えよう。

　そのどちらが法律家として「誠実」[50]であるのかを問うことに、あまり意味はないだろう。ただ、美濃部が「近世ノ立憲国ニ於ケル普通ノ原則等ハ其ノ〔＝理法の〕最モ重要ナル材料タルヘキモノナリ」[51]と朗らかに語ることができたのに対して、上杉にとってはそうではなかった。

> 立憲政治の根本原則と云ふものは果して定まり居るや仮りに定まり居るとしても果して〔美濃部〕博士の所謂理法と同一に見るへきものなるや否や博士が法の一淵源として理法を挙げらるゝはイエリネックが一般国法学の高邁なる意見に参酌せられたることを察するか此は学者の間に最も意見批評の起ることならんと信ずるなり[52]

　筆者がみるところ上杉には仮借なきイデオロギー批判者という顔があったと思われるが[53]、「法全体ノ精神ト云ヒ一般ノ原理ト云ヒ国家ノ生存ノ必

---

47) 岩間昭道『憲法破毀の概念』（尚学社・2002年）340頁以下参照。
48) 高見勝利『芦部憲法学を読む』（有斐閣・2004年）21頁以下参照。
49) 美濃部・前掲注42) 84頁参照。時代は下るが、同『憲法撮要［改訂五版］』（有斐閣・1932年）118頁は、理法「ヲ発見スルノ材料」のひとつとして「社会的正義及社会的利益ノ較量」を挙げている。
50) 来栖三郎「法律家」末川博先生還暦記念『民事法の諸問題』（有斐閣・1953年）252頁。
51) 美濃部・前掲注26) 338頁。
52) 上杉慎吉「美濃部博士著日本行政法第一巻」法学協会雑誌27巻12号（1909年）166頁。
53) 西村裕一「憲法 美濃部達吉と上杉慎吉」河野有理編『近代日本政治思想史』（ナカニシヤ出

要トモ云ヒ条理ト云フカ如キ自然法的独断定理」[54]の存在を疑い解釈の指針を条文や論理にしか求めることができなかったという事実の裡にも、彼のそのような一面をうかがうことができよう。

3 小　括

　もっとも、柔軟な憲法解釈を志向する美濃部が憲法変遷論を肯定し、厳格な憲法解釈を志向する上杉が憲法変遷論を否定しているというのは、一見したところ不思議な光景ではある。なぜなら、もし美濃部のように憲法解釈を柔軟に行うことができるという立場をとれば、憲法変遷という現象を認める余地はほとんどなくなるはずだからである[55]。にもかかわらずそうならなかったのは、美濃部にとって、柔軟な解釈方法を採用することと憲法変遷論を肯定することとが、同じ現象を別の観点からみたものであったからだと考えることができるように思われる。事実、彼は、類推解釈とは「厳格ナル意義ニ於テノ解釈」ではなく「其ノ実ハ唯余ノ所謂理法ヲ発見セントスルモノニ外ナラザル」ものであることを認め、それゆえ「所謂類推解釈ノ正当ナルコトハ唯制定法規外ニ独立ノ法ノ淵源トシテノ理法ヲ認ムルニ依リテノミ之ヲ証明スルコトヲ得ベシ」と説いていたのである[56]。

　そうであるとすれば、拡張解釈を超えた類推解釈を頑として認めなかった上杉[57]にとっても、そのような厳格な解釈方法論を採用することと憲法変遷論を否定することとは、コインの裏表の関係にあったことになるだろう。実際、彼が恐れていたのは、「解釈」の名のもとに憲法変遷が生じるという事態であった。

> 所謂ル解釈ヲ標榜シテ憲法ノ規定ヲ強弁シ自己ノ欲スル所ヲ行ハントスルナリ憲法違反ヲ糊塗シテ憲法違反ニ非ズト為シ適法ノ名義ノ下ニ違反ノ実ヲ行ハントスルナリ憲法ヲ増補改正セス又正面ヨリ明カニ違反セス

版・2014年）239頁参照。
54)　前注41)参照。
55)　伊藤正己『憲法［第3版］』（弘文堂・1995年）91頁参照。
56)　美濃部達吉「非制定法小論」法学協会雑誌27巻2号（1909年）169頁。
57)　上杉・前掲注23)「憲法ノ欠缺（承前）」56〜57頁参照。

> 然レトモ憲法ニ遵依スルコト能ハサルカ故ニ憲法ノ規定ヲ誣イテ之ヲ拗捩シ憲法ノ規定ハ此ノ如シ我之ニ遵依スト為スナリ強盗ヲ行ハスシテ詐欺ヲ行フナリ……輓近諸国ニ解釈ノ名ニ依リテ憲法ヲ曖昧ニセントスル者多キヲ見テ転タ人心ノ小弱巧知ニ趨ケルヲ嘆スルノミ 58)

　こうしてみると、憲法変遷論を肯定するか否かの分岐点が解釈方法論上の差異にあるというのは、つまるところ、「文字」と「論理」によって形成された憲法の「枠」――彼らがこのような表現を用いているわけではないが59)――が存在することを前提として、その「枠」を越えるような解釈を「解釈」として容認するか否かが両者の立場を分けるのだ、ということを意味するように思われる。1の最後に述べた、上杉と美濃部の対立点が非制定法である理法を法源として認めるか否かにあるという命題は、この趣旨にほかならない。

　以上のように、憲法変遷という概念は――それがイェリネックの正確な理解かはともかく60)――わが国に紹介された初発から、憲法条項における解釈の「枠」を逸脱するような解釈・実例を意味するものであると理解されていたと考えられよう。かかる理解は、しかしながら、たとえば憲法変遷論の「母国」であるドイツにおけるそれとは異なるものであり61)、むしろ端的に美濃部の影響によるものではないかという指摘もなされているところであるが62)、いずれにせよここにはすでに、「憲法変遷」という現象が「解釈改憲」という概念で呼ばれるようになっていく下地が暗示されているようにも思われる。

　そこで次のⅢでは、その過程を確認するために、憲法変遷論が戦後の憲法学界においてどのように語られてきたのかをみていくことにしたい。

---

58)　上杉慎吉「憲法ノ解釈」法学志林17巻1号(1915年)6～7頁。この論考は、同・前掲注23)『国体憲法及憲政[再版]』370頁以下に収録されているが、同書378頁の初出情報が誤っているので注意が必要である。
59)　上杉・前掲注23)「憲法ノ欠缺(承前)」61頁は、論理が及ぶ限界を「鎖」と表現している。
60)　イェリネックの憲法変遷論については、石川健治「憲法変遷論評註」樋口陽一先生古稀記念『憲法論集』(創文社・2004年)747頁以下を参照。
61)　高田篤「日本の『憲法変遷』論の背景」比較憲法学研究7号(1995年)60頁以下参照。
62)　長尾龍一『思想としての日本憲法史』(信山社・1997年)262頁参照。

III　日本国憲法

1　憲法変遷論

　戦後、事実上の新憲法制定（Ⅷ-序参照）が行われたにもかかわらず、その直後から憲法学界においては日本国憲法と乖離する憲法実例が問題となっていた。すなわち、1953（昭和28）年に憲法変遷をテーマとした助手論文を公刊した川添利幸は「新憲法もすでに6年……の歴史をもち、≪憲法変遷≫の事実も、ようやく指摘されはじめている」と述べている[63]のだが、確かに、占領政策の変貌に伴い「逆コース」と呼ばれる諸現象が早くも生じていたのである。もっとも、当時の文献の中には、日本国憲法の基本原則や条文と乖離したそのような諸現象を「変遷」と呼ぶのは適当ではないとして、憲法の「変質」や「崩壊」などと呼ぶものもあった[64]。

　このような、憲法規範と憲法現実との乖離という問題状況を背景として[65]、その後の憲法変遷論にとってエポック・メイキングであったと目される諸論考が1960年代の初めに相次いで公表された。

　まず取り上げられるべきは、「戦後日本を代表する憲法学者」であり「宮沢俊義とならび称される通説形成者」であった[66]、清宮四郎の論考である[67]。この論考は「変遷の問題を解釈による変遷という問題だけにしぼって」論じたものであるが、それによれば、解釈には解釈の枠内で行われる「本解釈」と枠を越える「にせ解釈」とがあるところ、解釈による憲法変遷にも「本解釈」による「正道」と「にせ解釈」による「邪道」とがあり、自衛隊は「にせ解釈」による違憲の存在であるからそれによる変遷は「好ましくない変遷」であるが、今のところ憲法の変遷は始まっていないとさ

---

63)　川添利幸『憲法保障の理論』（尚学社・1986年）50頁。
64)　佐藤功『憲法解釈の諸問題 第一巻』（有斐閣・1953年）298頁以下、有倉遼吉『公法における理念と現実』（多磨書店・1959年）1頁以下参照。
65)　たとえば、1958（昭和33）年4月に開催された日本公法学会第21回総会は「日本国憲法施行の実態」をテーマとしている。公法研究19号（1958年）1頁以下参照。
66)　石川健治「窮極の旅」同編『学問／政治／憲法』（岩波書店・2014年）5頁。
67)　清宮四郎「憲法の『変遷』」世界186号（1961年）111頁以下参照。

れる。かかる概念整理によって、「変質」や「崩壊」などと述べられていた現象を、枠を外れた変遷であるとして「憲法変遷」概念のもとに論じることが可能になった[68]。ここでは、解釈による憲法変遷にも解釈の枠内で行われる「好ましい変遷」と解釈の枠を外れた「好ましくない変遷」(「悪変遷」とも呼ばれた) とがある以上、「憲法変遷」という概念それ自体は価値中立的であるはずだという点が注目されよう。

けれども、本章冒頭で述べたように、その後の憲法学界においては専ら解釈の枠を越える「好ましくない変遷」が問題とされてきた。それは、上の清宮論文でも触れられていた自衛隊の存在と第9条の関係こそが、「日本国憲法の変遷の問題のうちで、もっとも重大な意義をもつもの」[69]とされてきたからである。その結果、自衛隊が憲法9条に反する存在であることは当然の前提としたうえで、違憲の憲法実例である自衛隊の創設によって第9条の「悪変遷」が生じたのかどうかが議論されることになった。このような磁場の中で、解釈論としての憲法変遷論一般を否定する見解が有力に主張されたことは、むしろ当然であろう。

そのような見解としてここで取り上げなければならないのが、「日本における憲法変遷論の文法を根底から書き直した」[70]とも評される、樋口陽一の論考である[71]。それによれば、憲法変遷を論ずるにあたっては、「実効憲法の変遷」と「憲法法源の変遷」とが区別されなければならない。この点、前者は客観的に制定憲法に適合しないような憲法実例が存在するという事態を指し、したがってこのことは事実の認識の問題として誰も否定することができない。それに対し、後者については以下のように説明される。すなわち、まず「法源」とは「特定の法制度の中で規範定立の際に規準たるべきものとされているところの、より上位の一般的規範」という意味であるところ、「硬性の憲法典を持つ国では、疑う余地なく、制定憲法その

---

68) 清宮四郎『国家作用の理論』(有斐閣・1968年) 198頁参照。
69) 清宮・前掲注1) 391頁。なお、粕谷友介「わが国における憲法変遷論の批判的考察(一)」上智法学論集19巻1号(1975年)38頁も参照。
70) 南野森「憲法・憲法解釈・憲法学」安西文雄ほか『憲法学の現代的論点[第2版]』(有斐閣・2009年) 24頁。
71) 樋口陽一「『憲法変遷』の観念」思想484号(1964年) 57頁以下参照。

ものが、この意味での憲法法源」である。そのうえで、かかる「憲法法源」が変遷するというのは、「制定憲法に内在する価値判断と解釈者のそれとのずれが余りにも大きく」なった結果として「制定憲法に内在している価値判断を……斥け、従来事実上の解釈規準であったものをその場所に差替える」ことを意味する。ところで、かかる「憲法法源の変遷」の要件としては≪心理的要素≫が挙げられるところ、それは「憲法実例の作者自体によって擬制・作出されうるものであり、何より、もともと、達成された実例への不反抗→受動的・追認的性格を負ったもの」である。そのため「憲法法源の変遷」という観念については、「法の科学の観念としては維持されえず、イデオロギーとしての有効性だけが問題となりうるが」、「制定憲法の中で余儀なくされた妥協をまき返して全面的に失地回復しようとする権力の志向を支援するイデオロギーとしての有効性しか、持ちえない」ため、「今日のわが国では、この〔＝憲法法源の変遷という意味での『憲法変遷』〕観念は、いかなる意味での護憲の立場にとっても適合的なイデオロギーとしては機能しえない」。大要このような理由で、「憲法法源の変遷」という意味における憲法変遷観念を認めるべきではない、というのである。

　この論考で括目すべきポイントのひとつは、憲法変遷という概念が有するイデオロギー性を剔抉したことにあるように思われる。すなわち、清宮論文においては憲法変遷概念はなお価値中立的であったようにみえるのに対し、樋口論文においては、「憲法変遷」という概念を用いること自体が制定憲法の内在的価値を相対化する役割を果たすという点が強調されているのである。このように憲法の規範力を重視するという点は、解釈論としての憲法変遷論を否定する見解に共通しているとみてよいだろう。たとえば、次のようにである。

　　解釈論上の変遷論が、実は国民の間に解釈論の対立がある場合に有用性を発揮する議論だということは、憲法が化体している価値を信奉し、それを守っていこうという立場に立つ者にとっては、極めて危険な理論だということである。……私が困るのは、憲法の規範力あるいは拘束力と呼ばれるもの、すなわち、公権力は憲法に拘束されねばならないという

意識が弱まることである。それを阻止していくためには、憲法規定を大事にし、違憲の実例が憲法改正をしなくとも正当化される場合があるなどということを認めるべきではないと考えるのである。[72]

2　解釈改憲論

さて、以上のような樋口の議論に影響を与えたのが、彼自身も認めているように[73]、渡辺洋三の「法源としての憲法」・「イデオロギーとしての憲法」・「制度としての憲法」という「三つの憲法」論であった[74]。すなわち、まず「法源としての憲法」とは憲法典の言葉を指すところ、それが何であるかは事実認識の問題にほかならない。しかし、それは価値判断作用である解釈の対象となるのであって、そのような価値判断作用によって一定の意味づけを与えられた「イデオロギーとしての憲法」は無数に存在する。そして、その「イデオロギーとしての憲法」のうち、権力の解釈活動の所産である憲法が「強制力をもって通用しているところの憲法秩序」たる「制度としての憲法」を構成することになるのである。ここで、「制度としての憲法」と「法源としての憲法」とが、それぞれ樋口の言う「実効憲法」と「憲法法源」とに対応することは見易い[75]。

では、なぜこれら3つの憲法を区別しなければならないのか。渡辺によれば、それは、当時の憲法改正問題について正しい理解を得るためにほかならない。すなわち、憲法問題は「法源としての憲法」の改正問題に限定される傾向があるが、しかし改憲問題の真の所在はそこにはない。なぜなら、権力は「法源としての憲法」を変えずとも、解釈を変更することによって「制度としての憲法」を反動化させることが可能だからである。「したがって、実践的問題として、護憲運動も、『法源としての憲法』というところにのみ首をつっこまず、『制度としての憲法』の反動化にどう対抗するかという問題とむすびつけて改憲問題をとりあげる必要があろう」。

---

72)　高橋和之『現代立憲主義の制度構想』(有斐閣・2006年) 225 〜 226頁。
73)　樋口陽一「随想」渡辺洋三先生追悼論集『日本社会と法律学』(日本評論社・2009年) 1079 〜 1080頁参照。
74)　渡辺洋三『憲法と現代法学』(岩波書店・1963年) 16頁以下参照。
75)　清宮・前掲注68) 209頁参照。

すでに触れたように、かかる考え方は当時の憲法改正問題を背景として登場したものである。すなわち、改憲論は、早くも1950年代の初めには保守派の中から公然と唱えられるようになっていたが、1955（昭和30）年の保守合同の前後からとみに活発化し、1957（昭和32）年8月には岸信介内閣のもとで憲法調査会が発足するに至る。ところが、当初は改憲のための道具に過ぎないと目されていた調査会は、会長であった高柳賢三のリーダーシップもあり、憲法改正に対して消極的な動きをとり続けた[76]。そのため、調査会に対抗して結成された憲法問題研究会のメンバーの中からは、高柳ら調査会内の改憲消極派と「反改憲の共同戦線」を組むべきだという声も上がっていた[77]。それに対し、明文改憲反対論の実態に注意を促すために渡辺が提唱したのが、「解釈改憲」というコンセプトだったのである[78]。

> 憲法改正問題と普通にいうときには、立法によって、「法源としての憲法」の条文を改正するということを指している場合が多い。このことが大切であることはいうまでもないとしても、その点だけに眼をうばわれ、解釈による改憲を過少評価することは護憲運動の在り方をあやまらせることになるであろう。[79]

渡辺によれば、改憲勢力の動きには、大別して立法による改憲（立法改正）と解釈による改憲（解釈改正）とがあるところ、たとえ高柳のように前者には反対で後者には賛成という立場であったとしても、現在（当時）のように政府与党が「解釈改正によるなしくずし改憲を強行しているという政治状況のもとでは」、本質的には立法改正にも賛成であるという立場を補強する役割を客観的に果たすことになる。したがって、高柳理論もまた、「決して護憲の理論でなく、明らかに改憲の理論であるといわねばならな

---

76) 西村裕一「第1期改憲論議を振り返る」法学教室416号（2015年）13頁以下参照。
77) 宮沢俊義「憲法改正についての考え方」世界222号（1964年）19頁以下参照（引用は24頁）。
78) 渡辺治『日本国憲法「改正」史』（日本評論社・1987年）23頁以下参照。
79) 渡辺洋三「護憲運動の理論的反省」鈴木安蔵教授還暦祝賀『憲法調査会総批判』（日本評論社・1964年）355頁。次段落における叙述は、同論文からの引用である。

い」。ここにおいて、解釈改憲が「制度としての憲法」ないし「実効憲法」の反動化を俎上に載せるためのコンセプトであることは、もはや明らかであろう。

　もとより、「制度としての憲法」を変更する解釈改憲と「法源としての憲法」を変更する明文改憲という対比は憲法変遷と憲法改正との対比に対応しており、したがって「『解釈改憲』という言いまわしは、論理的にいって、憲法変遷論の説くところと同じことを意味する」[80]。そして憲法変遷という概念も、「規範と現実の矛盾を正当化するための技術」[81]に堕する危険性を常に内包しているのは確かである。とはいえ、表面上は価値中立的でありうる憲法変遷論と比べて、「解釈改憲のほうが違憲の疑いが非常に強いが事実として固まっている現実を維持しようとする志向において、より積極的であるということはいえよう」[82]。その背景として、渡辺治が指摘するように、解釈改憲がある歴史的な含意をもった概念であることを忘れてはならないだろう。

　　この概念〔＝解釈改憲〕が、1960年代前半の池田内閣期の憲法政策の新たな展開に対する実践的な概念として登場したことからみても、この概念を、明文改憲と並ぶ、改憲方式の型として一般的に使うことは、即座にさまざまな困難に直面するばかりか、かえってこの概念の歴史的含意をあいまいにしかねないように思われる。[83]

　ところで、解釈改憲という概念が有するかかる歴史的含意に鑑みるならば、美濃部達吉や吉野作造といった戦前の論者の議論を説明する際に、「政府の憲法9条解釈とそのもとでの安保・自衛隊の有り様を批判する概念として提起されたもの」[84]であった「解釈改憲」という術語を用いることには、一般論としても慎重であるべきではないかと思われる。それに加

---

80)　樋口陽一『憲法Ⅰ』(青林書院・1998年) 388頁。
81)　芦部信喜『憲法制定権力』(東京大学出版会・1983年) 148頁。
82)　栗城壽夫「『解釈改憲』というとらえ方の理論的問題点」法律時報68巻6号(1996年) 22頁。
83)　渡辺・前掲注78) 27頁。
84)　長岡徹「憲法理念の定着と解釈改憲の時代」全国憲法研究会編『憲法改正問題』(日本評論社・2005年) 53〜54頁。

えて、たとえば美濃部の政党内閣論について言えば、彼は明治憲法が政党内閣を許容しているという立場を採用していたというのが筆者の解釈である[85]。言い換えれば、政党内閣は憲法の枠内ということであるから、少なくとも美濃部の立場からすれば、それを「解釈改憲」と呼んでよいのかはやや微妙であるように思われる。このように、とりわけ美濃部の政党内閣論については、二重の意味でそれを「解釈改憲」と呼ぶことには――坂野に限らず広くみられる用法ではあるが――躊躇を覚えるというのが、筆者の率直な感想である。

3 小　括

　ここでは小括として、上で述べてきたような限られた視角からではあるが、戦前の憲法変遷論との比較を試みることで、戦後の憲法変遷論の特徴を抽出してみたい。

　この点、戦後の憲法学説においては、憲法変遷論それ自体は肯定する見解が多数説であると言ってよい。しかし、上述のように、解釈論としての憲法変遷論を否定する見解も有力である。もっとも、戦後の憲法変遷否定論と戦前における否定論者であった上杉の立場とがまったく同じかと言うと、おそらくそうではない。なぜなら、戦後の憲法変遷否定論は、上杉とは異なり、法解釈が価値判断を含むことを否定しているわけではないからである。実際のところ、戦後の法解釈方法論争を俟つまでもなく、法解釈が価値判断を含む実践であることは、末広厳太郎や我妻榮、宮沢俊義らの手によって戦前においてすでに広く受け入れられていた[86]。その意味では、上杉のように価値判断をすべて「政治」の領域に放逐するという態度を維持することは、現在においてはほとんど不可能であろう。

　他方で、第９条の変遷を肯定した例外的な論者といえども、憲法の枠を越える変遷を認めていたわけではない。すなわち、代表的な９条変遷肯定

---

85)　西村裕一「坂野潤治教授の美濃部達吉に関する見解の変化について」法学会雑誌（首都大学東京）49巻2号（2009年）421頁以下参照。
86)　石川健治「憲法学の過去・現在・未来」横田耕一＝高見勝利編『ブリッジブック憲法』（信山社・2002年）274頁以下参照。

論者である橋本公亘は、憲法変遷を「憲法の条項のもつ意味が変化すること」と捉えて「現在では自衛のための戦力の保持を認めている」という限りにおいて「9条の意味の変遷」を認めているのであるが[87]、要するにこれは枠そのものの変動を認めるという主張であり、したがって憲法の枠内における解釈の変化が論じられているに過ぎない[88]。彼はこの点で、憲法の枠を越える解釈をも許容した美濃部とは異なっているのである。

　そもそも、美濃部が言うところの「近世ノ立憲国ニ於ケル普通ノ原則」が「人類普遍の原理」（日本国憲法前文）として憲法典に取り込まれた以上、戦後の憲法学説があえて「理法」の存在を唱えなければならない理由はなかった。それどころか、日本国憲法という制定法とは別に法源としての「理法」を唱えるというのは、憲法典に内在する価値を擁護しようとする立場にとっては危険でさえある。実際のところ、政府は自衛権という憲法の外にある概念を用いて自衛隊の合憲性を説明してきたのであるが[89]、これこそ、超実定法的価値＝「理法」による変遷を正面から認める議論の一例であるとみなすこともできよう[90]。

　とはいえ、そのように「解釈改憲」を行っていると批判されてきた側も、自分たちの解釈があくまで憲法の枠内のものであると主張していたことを忘れてはならない。というよりも、彼らが憲法の枠を越える解釈を行っていることを認めないがゆえに、それを批判しようとする側は違憲の解釈であることを明示する「解釈改憲」という概念[91]を創出しなければならなかったのである。このように、戦後において憲法変遷の成立を肯定したとして批判を受けた人々が、美濃部が言うような意味における「憲法変遷」が現実に生じたことまでを認めていたかどうかはなお検討の余地があるよう

---

87)　橋本公亘『日本国憲法［改訂版］』（有斐閣・1988年）45頁、439頁。
88)　浦部法穂「『憲法変遷論』について」小林直樹先生還暦記念『現代国家と憲法の原理』（有斐閣・1983年）373頁以下参照。
89)　青井未帆「9条・平和主義と自衛隊」安西ほか・前掲注70）91頁参照。
90)　長尾・前掲注62）261頁参照。
91)　解釈改憲の定義としてはたとえば、杉原泰雄「日本国憲法の50年と立憲主義」公法研究59号（1997年）48頁における、「文言の概念、規定の論理と趣旨を不可能なまでゆがめ、『明文改憲』をしなければ出てこないはずの意味を解釈の名で創出し、本来は違憲の政治を正当化しようとする憲法政治の手法」などがある。

に思われる。そしてそうであるとすれば、憲法の枠を越える解釈を大らかに認める美濃部流の憲法変遷肯定論もまた、戦後には必ずしも継承されなかったと解することもできるかもしれない。

IV 政治と法の間

1 憲法の規範力

ここまでの叙述においては、清宮に倣って客観的に確定された憲法の枠を越える「にせ解釈」の存在を前提としてきた。なぜなら、本章冒頭で述べたように、憲法変遷が違憲の実例すなわち枠を越える解釈を問題とするものであることについては、学説において広く共通了解があるように思われたからである。けれども、ある解釈が「にせ解釈」であるか否か、すなわち、憲法の枠を越えているか否かそれ自体も、本来は法解釈の作業であると考えるべきであろう[92]。この点、自衛隊違憲論と合憲論との対立は同じ土俵上で展開された9条解釈の争いと言うべきであり、自衛隊違憲論が憲法9条の論理的に唯一可能な解釈ではない以上、自衛隊を合憲とする政府解釈をして「解釈改憲」と呼ぶべきではない、との指摘[93]には説得力がある。また、たとえば憲法13条の法的性格については倫理的規定から実定的権利保障規定へという解釈の変遷があるが、それを「解釈改憲」として殊更に問題視するような主張はなされていないように思われる[94]。

このようにみると、実質的意味の憲法が変更されたある事態をもって、枠を越える「憲法変遷」ないし「解釈改憲」として批判的に捉えるか、憲法を充実させる「憲法発展」[95]として好意的に捉えるかは、必ずしも客観的な認識というわけではなく、それぞれの論者の価値判断に依存するとい

---

[92] 赤坂正浩「ドイツの三憲法典と憲法変遷論」比較憲法学研究7号（1995年）20頁参照。
[93] 高見勝利『政治の混迷と憲法』（岩波書店・2012年）215～216頁参照。ただし高見は続けて、憲法9条のもとにおける集団的自衛権容認認識は従来とは異なる新たな土俵を設定しようとするものであるから「解釈改憲」と呼ばれるにふさわしいとする。
[94] 岩間昭道『戦後憲法学の諸相』（尚学社・2008年）273～274頁参照。
[95] 田畑忍「憲法の改正と憲法の変遷」同編『憲法の改正と法律の改正』（評論社・1972年）49頁参照。

うことになるであろう。事実、美濃部は「不幸にして〔明治〕憲法は、明治維新の当時に於ける革新的精神の……甚しく薄らいだ後、未だ二十世紀の民衆的気分の一般に普及しない以前に於いて……立案起草せられた」[96]と明治憲法を評していたのであって、その美濃部が憲法変遷論を肯定して明治憲法の相対化を図ったのに対し、穂積や上杉はそれを阻止すべく憲法変遷論を否定したと考えることには十分な理由があるようにみえる。

　もっとも、かような憲法変遷論に対する態度の相違の原因を、時の憲法典に対する価値判断だけに還元するのは適切ではないように思われる。この点、憲法変遷をもって「憲法改正ノ幻相」に過ぎないと喝破する佐々木惣一[97]は、前述の剰余金支出違憲論争において、剰余金支出を認めなければ「予算ノ為ニ国家ヲ犠牲ニ供スル」と論じる穂積[98]を引用して合憲説の論拠のひとつにする美濃部[99]を、次のように批判していた。

　　　若シ夫レ、此ノ場合ニ憲法ノ定ムル方法ニ依ルコト其ノコトカ、国家ヲ犠牲ニ供スルモノナリト云ハハ、是レ即チ憲法ノ存在其ノコトカ国家ヲ犠牲ニ供スルモノナリト云フモノ、此ノ如キノ見解ハ、憲法ノ存在ヲ前提トシテ其ノ範囲ニ於テスルノ国家論トシテハ、始メヨリ之ヲ論外ニ置カサルヲ得ス。[100]

　あたかも「国家ノ目的」を憲法よりも上位に置くかのような美濃部に対し、佐々木はあくまで憲法に反する国家行為を許さない。もとより、美濃部とて剰余金支出が憲法の文言に反することを認めているわけでは決してない。とはいえ、美濃部をして「憲法ノ規定及ヒ精神ノ論ヲ後ニシ、従来ノ慣例ヲ第一位ニ置カルルヲ見テ、其ノ本末ヲ顚倒セラルルコトナキカヲ

---

96)　美濃部達吉『日本憲法の基本主義』(日本評論社・1934年) 126頁。
97)　佐々木惣一「憲法ノ改正」京都法学会雑誌大礼記念号 (1915年) 146頁以下参照。この論考は、同『法の根本的考察』(佐々木惣一博士米寿祝賀記念刊行会・1965年) 1頁以下に収録されている。
98)　穂積八束『憲法提要(下)』(有斐閣書房・1910年) 882頁。
99)　美濃部達吉「剰余金支出論」法学協会雑誌33巻6号 (1915年) 25頁参照。この論考は、同『時事憲法問題批判[第3版]』(法制時報社・1923年。初版は1921年) 197頁以下に収録されている。
100)　佐々木惣一「再ヒ所謂責任支出ヲ論ス」京都法学会雑誌10巻7号 (1915年) 78頁。この論考は、同『憲政時論集Ⅰ』(信山社・1998年) 32頁以下に収録されている。

疑フ」、「予備費ニ付テハ、政府カ任意ニ、之ヲ定メ従テ場合ニ依テ任意ニ之ヲ増額スルコトヲ得トスルカ如キハ、断シテ是レ立憲政治ノ精神ニ非ス」と断ずる佐々木[101]の方が、その解釈論的帰結に鑑みても、憲法による権力のコントロールという課題をシリアスに受け止めていたことは否定できないように思われる。少なくとも、佐々木の目には美濃部が「其ノ場其ノ場ニ於テ巧妙ニ構造セラルル論理」[102]を展開しているようにみえたことが、美濃部が解釈論において「論理」を相対的には重視しない姿勢を示していたことと符合することは、確かであろう。

けれども、翻って美濃部にとってみれば、条文や論理によるそれを含めて、憲法による権力のコントロールという課題自体がさほど重要ではなかったのではないか、と思われる節がある。なぜなら彼は、「憲法の擁護と云ふことは、大臣に対すると同様に、帝国議会に対しても、亦存在しなければならぬ」として憲法裁判所の設置を提唱していた佐々木[103]とは異なり、政府および議会が「憲法の運用に付いては最高の公の権威」であると認めている[104]ことからもわかるように、憲法が「政治」に対して有する規範力の弱さをある意味では肯定していたからである。

> 要するにわが憲法に於ては、憲法を維持するの任務は政府と議会とに一任せられて居るのであつて、その違反に対しても法律上の制裁を加ふる途は無い。即ち憲法は無制裁の法であると謂ひ得る。[105]

もとより、美濃部は柔軟な憲法解釈方法論を採用しているから、たとえば剰余金支出の場合にそうであったように、違憲の疑いのある国家行為も

---

101) 同前66頁、109頁。
102) 佐々木惣一「責任支出問題ニ関スル美濃部博士ノ示教ニ就テ㈠」京都法学会雑誌10巻9号（1915年）31頁。この論考は、同・前掲注100）『憲政時論集Ⅰ』83頁以下に収録されている。
103) 佐々木惣一『立憲非立憲［第3版］』（弘文堂書房・1918年。初版は同年）330頁以下（引用は356頁）参照。
104) 美濃部達吉「再び剰余金支出問題を論じて清水、市村、佐々木諸博士に答ふ」法学協会雑誌33巻8号（1915年）75頁。この論考は、同・前掲注99）『時事憲法問題批判［第3版］』231頁以下に収録されている。
105) 美濃部達吉『逐条憲法精義』（有斐閣・1927年）31頁。ただし同書は、「それであるから、憲法の正当なる適用を確保する為には、その正当なる解釈を国民の普通の知識と為し、国民の健全なる輿論に依つてその違反を抑制することが、殊に必要である」と続ける。

実際には憲法の枠内にあると解釈されることが多いかもしれない。しかし、過度に柔軟な解釈方法を採用して憲法の枠を拡大することは、やはり憲法そのものを無意味なものにしてしまう恐れがあるだろう[106]。いずれにせよ、かように弱い規範力しか有しない明治憲法が権力のコントロールに失敗したからこそ、日本国憲法は違憲審査制を採用して「政治」に対する「憲法の優位」の確立を試みたはずであった[107]。

2 憲法改革・再考

ところが、大石が指摘するように、その日本国憲法も明治憲法と同様に条規が簡素でかなり広い運用の幅を認める規定ぶりになっており、その分だけ「規範性が弱い」とされる[108]。他方で、「不磨ノ大典」とされた明治憲法が簡潔なものとされたのは、そのような「憲法の簡潔性」が「憲法の固定性」[109]を可能にするためだということは、夙に指摘されていた。

> 我が国の憲法起草者は憲法の重要な部分について規定を設けず時勢の変遷に対する適応性を与へることによつて、即ち憲法の実質上の変化の可能性の余地を与へることによつて、憲法の改正を避け、以て憲法を「不磨の大典」たらしめようとしたのである。[110]

そうであるとすれば、明治憲法と同様に「憲法の簡潔性」を特徴とする日本国憲法もまた「不磨の大典」であることを免れえないのではないか——大石が「憲法改革」という概念を唱える背景には、このような問題意識があるように思われる。すなわち、現代の激しい時代の変化に有効に対応するためには憲法改正が必要であるが、日本国憲法は「不磨の大典」として神聖視されてきたために憲法改正は困難である。そこで、そのような「静態的な憲法観」との摩擦を避けて実質的な憲法体制の転換を図るためには、憲法附属法による抜本的な制度改革（憲法改革）を行うことによっ

---

106) 宮沢俊義『憲法論集』（有斐閣・1978年）473頁参照。
107) 佐藤幸治『立憲主義について』（左右社・2015年）180頁以下参照。
108) 大石・前掲注2) 25頁、48頁等参照。
109) 「憲法の簡潔性」「憲法の固定性」という用語は、美濃部・前掲注105) 24頁以下による。
110) 佐藤功「我が憲法史上に於ける憲法争議(一)」国家学会雑誌56巻7号（1942年）59頁。

て「生きた憲法」を創造するというのが、ありうる方法である。大石によれば、このようにして「静態的な憲法観」から「生きた憲法」という「動態的な憲法観」への脱却が促されることになる[111]。

このように「憲法改革」という概念は、日本国民が「不磨の大典」観に通じる静態的憲法観から「生きた憲法」という動態的憲法観へと脱却するために提唱されていると理解することができよう。もとより、静態的憲法観から動態的憲法観へと転換すべきだという見解は傾聴すべきものである。しかし、静態的憲法観と「不磨の大典」観とを同一視してよいのかという点はさておき、そもそも日本国憲法は「不磨の大典」とみなされてきたのだろうか。この点、発布勅語などにおいて「不磨ノ大典」とされた明治憲法のもとでは、それが欽定憲法であったことに加えて、憲法改正の発議が天皇の専権事項とされた（明治憲法73条）結果として憲法改正について議論するだけでも天皇大権の干犯であるかのように受け取られ、そのために憲法改正がタブー視されたという事情が「不磨の大典」観を実質的に支えていた[112]。これに対し、政権政党が一貫して憲法改正を党是にしていたという事実を言挙げするまでもなく、日本国憲法を批判する自由が公権力のお墨付きで保障されている現行憲法下において、そのような議論はまったく妥当しないと言わざるをえない。よく指摘されるように、戦後一度も憲法改正が行われなかったのは、改憲論がタブー視されていたからではなく、終局的な憲法改正権者たる国民がそれを望まなかったからである[113]。

そうであるとすれば、わが国の文脈において「憲法改革」という概念を用いることの必要性を改めて問題にすることもできるように思われる。もちろん、とりわけ1990年代以降に行われた一連の統治構造改革がわが国の国制に重大な変動をもたらしたという事態（I-1章〔待鳥〕）を記述するための概念として、「憲法改革」という術語が有益であることは否定できない。しかし、それが「静態的憲法観から動態的憲法観へ」といったスロ

---

111) 大石眞「憲法『改革』の時代を迎えて」外交フォーラム14巻1号（2001年）46頁以下参照。大石は、日本国憲法の簡素な規定ぶりには批判的であるようにみえる。
112) 美濃部・前掲注96) 63〜64頁、宮沢・前掲注77) 20頁等参照。
113) 樋口陽一『自由と国家』（岩波書店・1989年）81頁以下、毛利透『統治構造の憲法論』（岩波書店・2014年）4頁等参照。

ーガンと結びついており、かつ、そこに論者自身の価値判断が抜き難く入り込んでいるとすれば、そのような文脈を離れてなおかかる概念が普遍性を主張できるかについては慎重な留保が必要であるように思われるのである。

　まず、そもそも「憲法改正」が困難だから「憲法改革」によって憲法秩序を変更しようという議論は、「法源としての憲法」を動かすことができない以上「制度としての憲法」を変えることによって憲法秩序を変更しようという議論と論理的には同型であろう。そうであるとすれば「特別の厳重な議決手続を必要とする現行憲法の改正という形式をとらないで、むしろ通常の立法手続によって既存の憲法秩序を改める」というのは、それが「望ましい」場合には「憲法改革」と呼ばれるわけであるが[114]、もしかかる立法それ自体が憲法典に反するという立場に立つならば、結局は「解釈改憲」と同じ事態を指すことになるように思われる。この点において、解釈改憲を批判していた渡辺洋三が「憲法改革という名の憲法改悪」を指弾している[115]ことは示唆的である。

　また、たとえ時代の変化にあわせて国制レヴェルの変革が必要であるとしても、憲法典の枠内でそれが可能であるならば立法その他の手段によって淡々と対応すればよいだけであって、なぜわざわざそれを「憲法」改革と称して「憲法」秩序の変動であることを明示しなければならないのか、そもそもある改革が「憲法」改革であることを誰がどのように判断するのか、といった問題も生じうるように思われる。この点については、たとえば憲法附属法の代表例である国会法ひとつとっても、「憲法は憲法、国会法は法律なの〔だ〕から、大切なのは、国会法の規定が憲法に違反していないか否か」なのであって「国会法は『憲法付属法典』だとか、憲法の規定の『具体化』だとかいったような、わけのわからない言葉に惑わされないように」しなければならないという指摘[116]があり、さらに議論を進めて「憲法附属法」や「実質的意味の憲法」といった概念は混乱に満ちてい

---

114) 大石・前掲注2) 26頁、40頁。
115) 渡辺洋三『社会と法の戦後史』(青木書店・2001年) 229頁。
116) 安念潤司「演習 憲法」法学教室298号(2005年) 124頁。

るとしてそれらの憲法解釈論上の必要性に疑問を呈する見解[117]も主張されている。このような議論の存在に鑑みると、単なる法律の改廃をあえて「憲法」秩序の変動たる「憲法」改革と呼称することの適否については憲法学界においても未だコンセンサスがあるとは言い難い状況にあるように思われる。そうであるとすれば、明治40年に伊藤博文によって断行された国制上の改革を「憲法改革」と評してよいかについても、このような地点から今一度吟味がなされてもよいのではないだろうか。

　以上のような議論は、ある概念の使用条件としてやや厳密に過ぎるのではないかと思われるかもしれない。しかし、つまるところ本章の結論は、「解釈改憲」にせよ「憲法改革」にせよ、そのような概念が提唱された（歴史的な）文脈を考慮したうえで用いられるべきであるという、ごく平凡なものである。

117）赤坂正浩『世紀転換期の憲法論』（信山社・2015年）322頁以下参照。「実質的意味の憲法の不要性」については、内野正幸「条約・法律・行政立法」高見勝利＝岡田信弘＝常本照樹編『日本国憲法解釈の再検討』（有斐閣・2004年）425〜426頁も言及していた。

あとがき

　憲法学と比較研究の間には一定の緊張がある。
　比較憲法というジャンルは厳然として存在しているし、その大家と目される研究者もすぐに思い浮かぶ。ただ、多くの憲法学者にとっては、自分が選択した特定の国・地域あるいは言語圏・法圏を1つ2つばかり比較素材として、そこから得られた知見を、日本国憲法の解釈論の補助線として活用するのが通例であり、諸国万般を比較対象とし、文字通りの比較研究をメインの活動にするタイプの研究者はそれほど多くないのが実情であろう。
　これは語学力等の背景的素養の問題でもあるが、他方で、次のような事情もあるように思われる。多かれ少なかれ根本規範あるいは自然法といった非実定法世界における超越的規範を想定するタイプの思考を（筆者も含めて）多くの憲法学者は受容してきたし、現に受容している。かかる立場がよって立つ思考は、憲法そのものの正統性を超越的規範の次元に求め、そこには普遍性を備えた何らかの原理がある、と措定するものである（代表格が、個人の尊重、個人権、公私二分論、等）。このような普遍的原理を"憲法を超えた憲法"として想定する憲法学にとっては、突き詰めると、各国固有の憲法というものは存在しない。歴史や文化の固有性に依拠した特殊憲法、アジア固有の立憲主義と近代西洋の立憲主義の相克、といったたぐいのものは憲法に非ざる別の何かであって、憲法とはむしろ歴史や文化の固有性を手なずけるための原則規範以外の何物でもない、ということになろう。
　このような（筆者のみるところ主流派の）憲法学にとっては、比較研究はむしろ原理の普遍性を相対化する営みに映る可能性がある。それが冒頭に述べた「一定の緊張関係」である。しかし、本書を最後までお読みになった読者諸氏にとっては言わずもがなであるが、実は、比較研究は原理を相対化するものではない。普遍的原理が普遍的原理のまま鎮座していても世界の隅々にまでその規範的力が行き渡るわけではない。ただ鎮座していれば

いいのだというのであれば、それは原理の倨傲であろう。むしろ、原理の普遍性は、"問題の普遍性"を前提としているのではないか。国柄や制度の多様性を所与としたとしても、文脈や表現こそ異なるだろうが、各国の"悩み"は普遍的に共有しうるのではなかろうか。固有の文化や独自の歴史の中で生じる特殊問題を、普遍的に共有される"問題"や"悩み"に読み替えて初めて、普遍的原理の適用が可能になるのではないか。本書に収められた各国事例の比較研究がまず初めに教えてくれることは、そのような比較研究と憲法学の関係である。

　かかるリベラルな憲法学は、時としてその護教論的性格や普遍の高みに安住する特権性を揶揄されてきたが、そのような憲法学を未だに正調の憲法学と信じている筆者が、本書のような企画を立ち上げた理由については、すでに I-2 章〔駒村〕で述べた。そこで触れたいくつかの問題意識に対して本書の分析・考察がどのような示唆を与えたのか、筆者の読後感を織り交ぜながら、本書を閉じるにあたり、書き留めておきたい。

＊　　＊　　＊

　「憲法も、そしてまた憲法改正も 1 つの制度である」。本書への参加をお願いするため京都大学法学部に待鳥教授を訪ねた筆者に同教授はこのように応じられた。普遍的原理は制度化を求め、制度は普遍的原理による規整を必要とする、といった優等生的整理で済ませるのではなく、果たして両者がどのような条件のもとでいかなる連関を取り結ぶのかを解明する必要がある。

　かかる関心からすれば、集団的自衛権の限定的行使容認に踏み切った、2015（平成27）年安保国会およびその前提となった 2014（平成26）年 7 月 1 日閣議決定に言及することは避けて通れないだろう。憲法学者の多くが、内閣法制局の見解に基づく従来の政府解釈を変更することに対して、違憲あるいは非立憲とみて抵抗の意思を鮮明にしたことは記憶に新しい。ところで、待鳥教授は、戦後の憲法運用をめぐって、「憲法が政府による解釈や運用によって実質的に変化すること、政治が憲法に影響を与えること」は護憲派・改憲派双方にとって「論争の共通前提だったように思われる」

と指摘している（Ⅰ-1章〔待鳥〕）。憲法のテクストにとって解釈法が重要であることはすでにⅠ-2章〔駒村〕で触れたが、待鳥教授の指摘に従えば、そのように大切な解釈法のひとつである政府解釈の命運は政治に左右されることが当然の前提であったということになろう。この点、憲法9条の命運が1972（昭和47）年の政府解釈にかかっていると考えてきた護憲派ないし憲法学者の多くは、72年政府解釈を、それが政治に影響を受けることを知りながら、内閣と内閣法制局を取り囲む政治のトポスに任せきりにしてはこなかったか。72年政府解釈の護持は唱えるものの、政府解釈一般の制度論あるいは内閣法制局の制度論、さらには内閣や首相の掌握する人事権の制度論を十分詰めてこなかったように思われる。だから、2013（平成25）年8月8日、安倍晋三内閣総理大臣が、72年政府解釈の変更をかたくなに拒絶する山本庸幸内閣法制局長官に代えて、集団的自衛権行使容認派で当時駐仏大使であった小松一郎氏を同長官にあてる異例の人事を断行したことを、護憲派や憲法学者は政治的批判を浴びせるだけで、現実的に阻止することができなかった。広い意味での憲法改正論にとって制度論が死活的に必要であることを例証する出来事である。

　　　　　　　＊　　＊　　＊

　Ⅰ-2章〔駒村〕で示したように「憲法」も「改正」も、したがって「憲法改正」も、自明の概念ではない。いろいろなヴァリエーションの組み合わせで私たちは憲法変動を認識していかざるをえない。そうすると、憲法変動をプロセスとして捉えることが重要になる。諸国の経験が教えてくれるのは、ある時点での憲法典の正規改正や基幹的政治制度の成立・変更を単体として取り出すのではなく、通時的なスパンで変動の流れを捉えてみる必要があるということである。個々の変化をその構成要素とする大きな憲法変動のうねりを眺め、その点から個別の憲法改正・制度変更を検証することにより、個別の変革の効果や意義が明らかになる。
　たとえば、イギリスの貴族院改革は、20世紀初頭からまさにインクリメンタルなかたちで持続的に行われてきた（Ⅱ-1章〔近藤(康)〕）。成典憲法のないイギリスでこれが"憲法改革"とみられているのは、まさに貴族院

が統治の重要な部分を支えてきた基幹的政治制度であることに疑いがないからである。さらに、貴族院という制度が基幹的と評価されるそのより基層にある理由は、この制度が、貴族対庶民という身分の国制に関わる制度であるからであろう。そのような次元で捉えてみると、貴族院改革が"憲法改革"であることの意味がよく理解できよう。

また、1958年にドゴールの主導で成立した憲法改正によって第五共和制がスタートしたが、それ以来、「大統領化」の路程を歩み続けているフランスの経験もまた示唆的である（Ⅳ-1章〔吉田〕）。大統領化への路程は様々な制度改革の連鎖によって持続的になされており、ここでも個別の憲法改正単体での評価ではなく、制度改革のプロセスを通時的に眺めることによって、第五共和制の歴史自体が、常識的な意味において基幹的政治制度である大統領が、見紛うことなき基幹性を身につけていく憲法変動の過程であったことがわかる。が、個別の憲法改正単体に目を転じると、実は大きな変動ではないと評価されるものもあった。議会権限の拡大によって大統領化を牽制しようとした2008年改正は、サルコジ大統領自らが公言するように第五共和制における大統領と議会の間の「均衡」（モーリス・オーリウ以来の、かの「均衡」！）を崩すものではなかった、と評価されている。これは、「大統領制を志向する議会制という枠組み」という原則的方向性が、個々の憲法改正が"憲法改正"たりうるのかを評価する原理となっていることを物語っている。

＊　　＊　　＊

以上のように、個別的な制度改革から歴史的な国制の変遷に至るまでの、多様な"憲法変動"の諸相を丁寧に観察することで、「憲法」の「改正」を正確に捉えることができるとしても、なお憲法学の立場からは、憲法典の正規改正を憲法変動の諸相を分析・評価する際のベンチマークにすべきであるという点については、すでにⅠ-2章〔駒村〕で述べた通りである。政治の動態から憲法の規範的な自律性を護ることが立憲主義の大きな条件であるとすれば、多様な憲法変動の個々の試みに対して、時に憲法典の正規改正を慎重に回避させたり、また時に正規改正に訴えるべきであること

をむしろ進んで唱道することが、憲法学の重要な役割のひとつであろう。

　ベンチマークとしての憲法改正を考えるにあたり、やはり興味深いのはアメリカのニューディールをいかに捉えるかという主題である。本書の中で何度も引かれたアッカーマンの所説によれば、ニューディールこそは、通常政治と区別される立憲政治が大々的に行われ、高次法形成が遂行された画期的事象である。しかし、アッカーマンが主張するような大衆動員的な民意のうねりは本当に存在したのか？　異例な法律が次々と成立はしたが、法律の成立は議会の普通の役割であって、それを高次法形成と評価するには何か特別な事象が発生していなければならない。もし議会・大統領・裁判所が憲法的に異例な措置を繰り返しとっているのであれば、それは違憲な行為の連続であるに過ぎない。それを凌駕する民意が大きく動いたのであれば、なぜ憲法が改正されなかったのか？

　ニューディールが憲法改正に連動しなかったことを考えると、大衆総動員的な民意の変動が実は偽装であったという身も蓋もない事情が疑われるが、この点、実際は他の事情が原因だったようである。それは、憲法改正をするにしても、当時の憲法変動を適切に条文化する文言が見当たらなかったという事情である（Ⅲ-1章〔岡山〕）。事象をテキストに書き込む際、それを簡潔に定式化した文言が見つからないというのは示唆的である。そもそもニューディール期に起きた憲法変動とは何であったのかは、広く共有されたいくつかの事象として語られているが、その核心は自明ではない。それまでの自由放任主義を変更して市場介入主義に転換した点か、ご法度の委任立法を乱発したことか、大統領に大幅な権限集中がなされたことか、裁判所法を改正して最高裁判事を抱き込もうとしたことか、はたまたそれらのすべてなのか……。諸法律の集積つまり個別の法律の水準では事象の局面局面を言語化できたものの、事象の総体を憲法典にはコード化できなかった。にもかかわらず、それを憲法変動、憲法革命、憲法改革と認識させているものは何か。それは、憲法変動と評価せざるを得ない「何か」が起きたということにほかならない。あるいは、ニューディールという事象は、個別の基幹的政治制度の改革には還元できず、事象総体として語るほかない"物語"なのかもしれない。

あとがき

ここで再び待鳥教授に登場願おう。待鳥教授によれば、戦後日本においては、憲法典の正規改正こそ行われていないが、実質的意味の憲法改正は行われている。なかでも1990年代半ばから2000年代初頭にかけての基幹的政治制度の改革は、その規模の大きさも手伝い、憲法改正あるいは憲法体制の変革と表現されるのが適切である、と同教授は言う。ところが、他方で、この一連の改革が、短期間で大規模に進められたものの、その「方向性」については一貫性を欠いていたため、実質的意味の憲法改正という認識が形成されるのを妨げているのではないか、とも指摘されている。

　「方向性」を指し示すのは物語の役割のひとつである。1990年代の諸改革を「この国のかたち」の再構築に関わるものであったと評価する佐藤幸治教授が、人格的自律権構想を基礎とする国民の"物語"として打ち出した人物でもあったことは象徴的であろう。

　基幹的政治制度の変動を憲法の変動と認識させる「何か」を探ることがやはり課題として残らざるを得ない。それを本書の各執筆者とともに今後とも探索していきたい。

＊　　＊　　＊

　本企画に参加していただいたすべての執筆者に、共編者の待鳥教授とともに、改めて感謝申し上げたい。また、本書の刊行に先立ち、本企画を基礎にした「『憲法改正』の比較政治学」というシンポジウムが2016（平成28）年2月26日に東京・三田の慶應義塾大学において開催された。このシンポジウムに参加してくださった方々、企画を担当された岡山裕教授、支援を頂戴した慶應義塾大学大学院法学研究科に御礼申し上げる。そして、企画段階から出版まで執筆を厳しく（？）見守って下さった、弘文堂編集部の登健太郎氏を忘れるわけにはいかない。本書がこうして世に出ることができたのは、登氏の忍耐と愛情のおかげである。

　　2016年5月

編者・執筆者を代表して
駒村　圭吾

【編者紹介】

駒村 圭吾（こまむら・けいご）
慶應義塾大学法学部教授。主著として、『権力分立の諸相』（南窓社・1999年）、『憲法訴訟の現代的転回』（日本評論社・2013年）など。

待鳥 聡史（まちどり・さとし）
京都大学大学院法学研究科教授。主著として、『首相政治の制度分析』（千倉書房・2012年）、『政党システムと政党組織』（東京大学出版会・2015年）など。

【執筆者紹介】

赤坂 幸一（あかさか・こういち）
九州大学大学院法学研究院准教授。主著として、『憲法改革の理念と展開 上・下巻―大石眞先生還暦記念』（共編著、信山社・2012年）、『憲法論点教室』（共編著、日本評論社・2012年）など。

浅羽 祐樹（あさば・ゆうき）
新潟県立大学大学院国際地域学研究科教授。主著として、『日韓政治制度比較』（共編著、慶應義塾大学出版会・2015年）、Japanese and Korean Politics: Alone and Apart from Each Other（Palgrave Macmillan, 2015）（共著）など。

伊藤 武（いとう・たけし）
専修大学法学部教授。主著として、『ヨーロッパのデモクラシー［改訂第2版］』（共編著、ナカニシヤ出版・2014年）、『イタリア現代史』（中央公論新社・2016年）など。

上田 健介（うえだ・けんすけ）
近畿大学大学院法務研究科教授。主著として、『首相権限と憲法』（成文堂・2013年）、『判例憲法［第3版］』（共著、有斐閣・2016年）など。

岡山 裕（おかやま・ひろし）
慶應義塾大学法学部教授。主著として、『アメリカ二大政党制の確立』（東京大学出版会・2005年）、『専門性の政治学』（共編著、ミネルヴァ書房・2012年）など。

川岸 令和（かわぎし・のりかず）
早稲田大学政治経済学術院教授。主著として、『立憲主義の政治経済学』（編著、東洋経済新報社・2008年）、Asian Courts in Context（Cambridge University Press, 2015）（共著）など。

國分 典子（こくぶん・のりこ）
名古屋大学大学院法学研究科教授。主著として、『近代東アジア世界と憲法思想』（慶應義塾大学出版会・2012年）、『アジアの憲法入門』（共編著、日本評論社・2010年）など。

近藤　正基（こんどう・まさき）
神戸大学大学院国際文化学研究科准教授。主著として、『現代ドイツ福祉国家の政治経済学』（ミネルヴァ書房・2009年）、『ドイツ・キリスト教民主同盟の軌跡』（ミネルヴァ書房・2013年）など。

近藤　康史（こんどう・やすし）
筑波大学人文社会系准教授。主著として、『個人の連帯』（勁草書房・2008年）、『現代イギリス政治［第2版］』（共著、成文堂・2014年）など。

瀧井　一博（たきい・かずひろ）
国際日本文化研究センター教授。主著として、『ドイツ国家学と明治国制』（ミネルヴァ書房・1999年）、『伊藤博文』（中央公論新社・2010年）など。

田近　肇（たぢか・はじめ）
近畿大学大学院法務研究科教授。主著として、「多元的法秩序の理論とイタリア政教関係」阪本昌成先生古稀記念『自由の法理』（成文堂・2015年）711頁以下、『憲法裁判所の比較研究』（共編著、信山社・2016年）など。

西村　裕一（にしむら・ゆういち）
北海道大学大学院法学研究科准教授。主著として、『憲法学再入門』（共著、有斐閣・2014年）、『憲法演習ノート』（共著、弘文堂・2015年）など。

南野　森（みなみの・しげる）
九州大学法学部教授。主著として、『リアリズムの法解釈理論』（編訳、勁草書房・2013年）、『憲法学の世界』（編著、日本評論社・2013年）など。

吉田　徹（よしだ・とおる）
北海道大学大学院法学研究科教授。主著として、『ミッテラン社会党の転換』（法政大学出版局・2008年）、『野党とは何か』（編著、ミネルヴァ書房・2015年）など。

【編　者】
駒村　圭吾　　慶應義塾大学法学部教授
待鳥　聡史　　京都大学大学院法学研究科教授

【執筆者】
赤坂　幸一　　九州大学大学院法学研究院准教授
浅羽　祐樹　　新潟県立大学大学院国際地域学研究科教授
伊藤　　武　　専修大学法学部教授
上田　健介　　近畿大学大学院法務研究科教授
岡山　　裕　　慶應義塾大学法学部教授
川岸　令和　　早稲田大学政治経済学術院教授
國分　典子　　名古屋大学大学院法学研究科教授
近藤　正基　　神戸大学大学院国際文化学研究科准教授
近藤　康史　　筑波大学人文社会系准教授
瀧井　一博　　国際日本文化研究センター教授
田近　　肇　　近畿大学大学院法務研究科教授
西村　裕一　　北海道大学大学院法学研究科准教授
南野　　森　　九州大学法学部教授
吉田　　徹　　北海道大学大学院法学研究科教授

「憲法改正」の比較政治学

2016（平成28）年6月30日　初版1刷発行

編　者　駒村圭吾・待鳥聡史
発行者　鯉渕　友南
発行所　株式会社　弘文堂　　101-0062　東京都千代田区神田駿河台1の7
　　　　　　　　　　　　　　TEL03(3294)4801　　振替00120-6-53909
　　　　　　　　　　　　　　http://www.koubundou.co.jp

装　幀　宇佐美純子
印　刷　大盛印刷
製　本　牧製本印刷

© 2016 Keigo Komamura & Satoshi Machidori et al. Printed in Japan

JCOPY　＜(社)出版者著作権管理機構　委託出版物＞
本書の無断複写は著作権法上での例外を除き禁じられています。複写される場合は、そのつど事前に、出版者著作権管理機構（電話 03-3513-6969、FAX 03-3513-6979、e-mail:info@jcopy.or.jp）の許諾を得てください。
また、本書を代行業者等の第三者に依頼してスキャンやデジタル化することは、たとえ個人や家庭内での利用であっても一切認められておりません。

ISBN978-4-335-35679-7